“十三五”国家重点出版物规划项目

反 恐 警 务 研 究 译 丛

中国人民公安大学系列
外文经典文献译著
（拔尖创新人才资助项目）

调查询问心理学手册

——现状与未来

[英] 雷・布尔（Ray Bull）
[英] 蒂姆・瓦伦丁（Tim Valentine）编
[英] 汤姆・威廉姆森（Tom Williamson）
刘 涛 等 译

Handbook of Psychology of Investigative Interviewing

Current Developments and Future Directions

知识产权出版社
全国百佳图书出版单位
—北京—

图书在版编目（CIP）数据

调查询问心理学手册：现状与未来 /（英）雷·布尔（Ray Bull），（英）蒂姆·瓦伦丁（Tim Valentine），（英）汤姆·威廉姆森（Tom Williamson）编；刘涛等译. —北京：知识产权出版社，2023.4

书名原文：Handbook of Psychology of Investigative Interviewing: Current Developments and Future Directions

ISBN 978-7-5130-7827-6

Ⅰ. ①调…　Ⅱ. ①雷…　②蒂…　③汤…　④刘…　Ⅲ. ①刑事侦查学—手册　Ⅳ. ①D918-62

中国国家版本馆 CIP 数据核字（2023）第 100366 号

策划编辑：齐梓伊　　**责任校对**：谷　洋
责任编辑：秦金萍　　**责任印制**：刘译文
封面设计：瀚品设计

调查询问心理学手册
——现状与未来
[英] 雷·布尔（Ray Bull）　[英] 蒂姆·瓦伦丁（Tim Valentine）
[英] 汤姆·威廉姆森（Tom Williamson）　编
刘　涛　等　译

出版发行：知识产权出版社有限责任公司	**网　　址**：http://www.ipph.cn
社　　址：北京市海淀区气象路 50 号院	**邮　　编**：100081
责编电话：010-82000860 转 8367	**责编邮箱**：1195021383@qq.com
发行电话：010-82000860 转 8101/8102	**发行传真**：010-82000893/82005070/82000270
印　　刷：天津嘉恒印务有限公司	**经　　销**：新华书店、各大网上书店及相关专业书店
开　　本：720mm×1000mm　1/16	**印　　张**：26.5
版　　次：2023 年 4 月第 1 版	**印　　次**：2023 年 4 月第 1 次印刷
字　　数：420 千字	**定　　价**：168.00 元

ISBN 978-7-5130-7827-6
京权图字：01-2022-0362

WILEY-BLACKWELL

This edition first published 2009

本书原版由 John Wiley & Sons 出版公司2009 年出版。

Wiley-Blackwell is an imprint of John Wiley & Sons, formed by the merger of Wiley's global Scientific, Technical, and Medical business with Blackwell Publishing.

Wiley-Blackwell 是 John Wiley & Sons 出版公司的版权标记，由威利的全球科学、技术和医疗业务与布莱克威尔出版公司合并成立。

注册办公所在地(Registered Office)

John Wiley & Sons Ltd, The Atrium, Southern Gate, Chichester, West Sussex, PO19 8SQ, UK

编辑部地址(Editorial Offices)

The Atrium, Southern Gate, Chichester, West Sussex, PO19 8SQ, UK

9600 Garsington Road, Oxford, OX4 2DQ, UK

350 Main Street, Malden, MA 02148 – 5020, USA

翻译说明

古今中外，询问被害人、证人，讯问[①]犯罪嫌疑人一直都是刑事诉讼中查明案件事实真相的重要方法。本书共17章，分别探讨了询问和讯问中的相关重要问题，其中一些章节进行了非常专业且深入的探讨。第1章讨论了讯问中犯罪嫌疑人供述与否的决策心理、影响犯罪嫌疑人作出供述决定的主要因素；第2章分析了犯罪嫌疑人否认指控的策略类型及应对方法；第3章详细介绍了荷兰警察学院开发的调查询问犯罪嫌疑人的结构化模式；第4章结合案例介绍了评估口供、发现虚假供述的一些方法；第5章介绍了英国对恐怖主义犯罪的调查询问，尤其是执法环境的变化对警方调查活动的影响；第6章探讨了澳大利亚官方如何询问被认为与恐怖主义活动有关联的人，以及传统刑事司法基本原则的妥协与让步；第7章介绍了澳大利亚针对有组织犯罪调查中的特殊审查询问程序；第8章从心理学角度比较了目击者证词一致性与准确性之间的关系，法律解释与认知解释的差异；第9章综述了认知询问技术在各个应用领域的研究和实践效果；第10章探讨了法庭上的交叉询问对儿童证词的影响；第11章探讨了一个复杂、争议颇多的恢复记忆问题

① 说明：就犯罪调查中讯问/审讯（interrogation）和询问（interview）这两个术语当前的使用情况来看，在我国的刑事侦查中，讯问针对的是犯罪嫌疑人，询问针对的是被害人和证人，区分是比较明确的。对于国外的情况，大体上，在美国的里德技术（the Reid Technique of interviewing and interrogation）中，对犯罪嫌疑人的正式讯问使用的是讯问或审讯（九步讯问法），正式讯问之前使用的是询问（行为分析询问法），对被害人和证人调查使用的是询问。英国在1992年之后全面采用创新的“PEACE”询问模式，不再区分针对的是犯罪嫌疑人还是被害人、证人，而是统一使用询问，将讯问/审讯改为询问，目的之一是降低讯问/审讯这种调查行为所蕴含的强制性。随着“PEACE”询问模式及其变体在西欧（如比利时、葡萄牙）、北欧（如挪威）、澳大利亚和新西兰，以及北美一些地区（如加拿大的一些司法管辖区）的推行，由讯问/审讯转向使用询问呈现出一定的趋势性。但也有一些国家在混合使用，如日本，尤其是一些学者在使用中没有严格区分。本书翻译中也存在这个问题，本书中的处理是遵照英文原文直译。

(Recovered Memories)；第 12～15 章全面探讨了辨认中的相关主要问题及其最新发展动态，尤其是辨认中的询问；第 16 章运用实验方法研究了证人和犯罪嫌疑人陈述的真实性；第 17 章全面介绍了在询问过程中评估真实性的方法及相关研究，重点介绍了一种以证据为基础的识别真相和谎言的方法/技能[阶梯式方法（step-wise approach）]。

近年来，我国以审判为中心的刑事诉讼制度改革的深入推进、国家监察体制改革的全面确立和深化、刑事诉讼法对侦查讯问和相关证据制度的修改完善，对讯问、询问取证的方法和质量提出了更加规范、更高、更严的要求。为丰富国内研究成果，对推进讯问、询问取证策略方法的研究、创新提供有价值的参考和借鉴，我们翻译了此书。

本书翻译的分工如下：

刘涛：序言、第 1～5 章；吴燕：撰稿人简介、第 6～9 章；黄靖斯：第 10～13 章；何亭苇：第 14～15 章；宋宇：第 16 章；柳林：编者简介、第 17 章。刘涛负责对全书进行统稿。

感谢中国人民公安大学研究生院为本书出版提供项目经费支持。

感谢知识产权出版社齐梓伊主任为本书出版付出的辛劳。

由于译者水平所限，书中难免有错误和不妥之处，敬请读者批评指正。

刘　涛

2021 年 8 月

编者简介

雷·布尔(Ray Bull) 是英国莱斯特大学司法心理学教授。2008年7月，他获得了欧洲心理学与法律学协会颁发的“心理学与法律终身贡献奖”。2008年6月，他获得了英国心理学会颁发的“司法心理学学术知识杰出贡献奖”。2005年，他因“在协助复杂强奸案调查中的创新和专业精神”而获得伦敦大都会警察局的嘉奖。他是2000年英国内政部委托编写2002年政府指导性文件《刑事诉讼中获得最佳证据：询问包括儿童在内的弱势或受恐吓证人指南》[*Achieving Best Evidence in Criminal Proceedings: Guidance for Vulnerable or Intimidated Witnesses, Including Children*（ABE）]的小团队成员之一。2002—2003年，他带领一个受政府委托的小团队制作了与ABE相关的大量培训材料。1991年，他受内政部委托（与一名法学教授一起）撰写了此方面的第一部工作草案：《刑事诉讼中对儿童证人进行视频记录询问的良好实践备忘录》(*Memorandum of Good Practice on Video Recorded Interviews with Child Witnesses for Criminal Proceedings*)。他曾为多个国家的大量警察部门就询问证人和犯罪嫌疑人提供建议，并在诸多审判中作为专家证人出庭。他与其他人合著并共同编辑了许多书籍，包括《调查询问：心理学与实践》(*Investigative Interviewing: Psychology and Practice*)（1999年；目前正在编写第二版）和《刑事案件中的证人辨认》（*Witness Identification in Criminal Cases*）(2008)。为了表彰他在1995年发表的研究成果的质量和范围，他被授予了更高的荣誉博士头衔［理学博士（Doctor of Science)］。

蒂姆·瓦伦丁(Tim Valentine) 是伦敦大学金史密斯学院的心理学教授。此前，他曾是剑桥大学医学研究委员会应用心理学部门的科研人员，并在曼彻斯特大学和杜伦大学担任过学术职务。1986 年他在诺丁汉大学获得博士学位。他已经撰写了 70 多篇关于人脸加工和目击者辨认的认知模式的论文，并为有线电视、英格兰和苏格兰的政府、法院和刑事案件审查委员会提供关于目击者辨认和面部识别的建议。他是《应用认知心理学》（*Applied Cognitive Psychology*）杂志编辑委员会的成员，也是《专名的认知心理学》（*The Cognitive Psychology of Proper Names*）（1996）一书的作者［与 T. 布伦南（T. Brennen）和 S. 布雷达特（S. Brédart）合著］，以及《人脸再认的认知和计算问题》（*Cognitive and Computational Aspects of Face Recognition*）（1995）一书的编辑。他也是英国心理学会的会员。

汤姆·威廉姆森(Tom Williamson) ——读者请看序言。

撰稿人简介*

查尔斯·J. 布雷纳德（Charles J. Brainerd）是美国康奈尔大学人类发展与心理学教授。他拥有实验和发展心理学的学士、硕士和博士学位。他已经发表了200多篇研究论文和相关著作的章节，以及出版了20多本书。他的研究涉及人类记忆和决策、统计和数学建模、心理评估、学习、智力、认知发展、学习障碍和儿童虐待。他目前的研究兴趣集中在儿童和成人的记忆与较高推理能力之间的关系，同时也关注虚假记忆现象。他是模糊痕迹理论（fuzzy-trace theory）的共同开发者，这是一种关于记忆和高级推理之间关系的模型，已在医学和法律领域得到广泛应用。他是美国心理学协会普通心理学分会、实验心理学分会、发展心理学分会和教育心理学分会的成员，也是美国心理学会的会员。

尼尔·布鲁尔（Neil Brewer）是澳大利亚阿德莱德市弗林德斯大学的心理学教授。他主要研究目击证人记忆和辨认，特别是目击者辨认的信心与再认和回忆准确性之间的关系。最近的研究成果发表在《实验心理学杂志：总论》（*Journal of Experimental Psychology：General*）、《实验心理学杂志：应用》（*Journal of Experimental Psychology：Applied*）、《人格与社会心理学杂志》（*Journal of Personality & Social Psychology*）、《应用心理学杂志》（*Journal of Applied Psychology*）以及《法律与人类行为》（*Law & Human Behavior*）上。他是澳大利亚社会科学院的当选成员，也是在其研究领域中五大主要国际期刊的编辑委员会成员。他经常受邀在澳大利亚各地的法官和治安法官会议上做演讲。

---

* 因原著中撰稿人简介部分的个别地方与正文中的简介存在不一致，故在翻译中为保持全书一致，统一按正文部分的简介进行表述。（译者注）

巴里·S. 库珀（Barry S. Cooper）是法医联合会的研发主任。他曾是加拿大惩教署的高级心理学家，目前受雇为不列颠哥伦比亚省司法精神科事务委员会的一名心理学家，同时在司法精神病医院和萨里司法诊所工作。他的研究和临床司法兴趣包括被害人和罪犯中的调查询问、可信度/伪装评估、司法（如风险）评估、变态心理以及目击者记忆。他的私人执业侧重于与其研究和临床司法专业知识相关的领域。

塞缪尔·德马基（Samuel Demarchi）是法国巴黎第八大学社会心理学实验室副教授。他对调查询问、目击者回忆和辨认，以及关于目击者记忆和犯罪调查的观点进行了实证研究。他目前的研究集中在识别欺骗以及记忆的理论和应用方面，包括对视觉记忆的言语重新编码（言语遮蔽效应）。他与雅克·皮（Jacques Py）合作，培训了数百名法国警官进行最佳的调查询问，包括强化的认知询问课程和有效的列队辨认。

娜丁·德斯里耶–瓦兰（Nadine Deslauriers-Varin）目前在加拿大不列颠哥伦比亚省西蒙·弗雷泽大学犯罪学院的性暴力研究中心担任项目负责人。她与魁北克省警察局行为分析部门及蒙特利尔大学犯罪学院合作，完成了一篇硕士论文，调查在警方讯问期间促使犯罪嫌疑人供认的因素，重点是证据的强度。在持续研究警方调查工作的同时，她还在攻读博士学位，探索高风险性犯罪者的作案惯技和犯罪模式的创新。

大卫·迪克逊（David Dixon）是澳大利亚悉尼新南威尔士大学法学院院长。他的著作包括《警务中的法则：法律法规与警察实践》（*Law in Policing: Legal Regulation and Police Practices*）和《审讯图像：警方询问嫌疑人的视听记录》（*Interrogating Images: Audio-visually Recorded Police Questioning of Suspects*）。他的研究侧重于法规（法律和其他方面）如何影响警务实践，包括对刑事司法、毒品监管和警务改革以及审讯方面的比较发展的研究。

罗纳德·P. 费希尔（Ronald P. Fisher）是位于美国迈阿密的佛罗里达国际大学的心理学教授，也是该校法律心理学项目的负责人。他是《实验心理学杂志：应用》（*Journal of Experimental Psychology：Applied*）和《法律和犯罪心理学》（*Legal and Criminological Psychology*）学术期刊的编辑委员会成员。他是增强证人记忆的认知询问（CI）技术的共同开发者，会同许多警察和其他调查机构，包括美国联邦调查局（FBI）、英国警方、以色列空军、美国国家运输安全委员会（NTSB）和美国国家航空和航天局（NASA）举办了关于CI技术的培训研讨会。他曾在美国司法部的规划委员会和技术工作组任职，负责研发收集目击者证词的国家指南。他的研究兴趣还包括检测构成识别欺骗行为基础的认知原则，以及证人回忆的一致性与证词准确性之间的关系。

乌格斯·埃尔韦（Hugues Hervé）是加拿大不列颠哥伦比亚省的注册心理学家，专门从事司法和法医学方面的评估与评价。他曾是加拿大惩教署和司法精神科事务委员会的心理学家，目前是法医联合会咨询服务部的合伙人和主任。他致力于调查、应用和传播良好的临床司法实践，积极参与为各种专业人士、团体和组织提供咨询、培训和研究服务，包括有效询问、可信度/伪装评估、风险评估、目击者记忆和精神病理学。

罗宾·E. 霍利迪（Robyn E. Holliday）是英国莱斯特大学心理学院法医教研室的高级讲师。她拥有澳大利亚纽卡斯尔大学的社会科学荣誉学士学位和实验与发展心理学博士学位。她常在《儿童发展》（*Child Development*）、《认知发展》（*Cognitive Development*）、《记忆》（*Memory*）、《应用认知心理学》（*Applied Cognitive Psychology*）、《发展评论》（*Developmental Review*）和《认知》（*Cognition*）等杂志上发表论文，并撰写了几本书的章节。她目前的研究兴趣集中在各个年龄段人的真实和虚假记忆过程，特别是儿童和老年人；儿童和老年目击者的证词，包括辨认能力以及司法询问方案，如认知询问。她目前正在写一本关于儿童司法心理学的书。她是英国心理学会、心理科学协会、美国心理学协会、欧洲心理学和法律学协会、美国心理学－法律学协会记忆与认知研究会，以及实验心理学会的成员。她是特许科学家和特许法医心理学家，也是英国心理学会司法心理学分部的成员。

卡因·休斯（Carwyn Hughes）是英国萨塞克斯郡警察局的一名督察。他于1988年毕业于斯旺西大学并获得历史学学士学位，之后加入香港皇家警察，担任统一行动、毒品小组和犯罪调查部门（CID）的督察。1997年，他加入萨塞克斯郡警察局，并于2002年成为暴力行为鉴定官，开始关注与辨认证据有关的问题。2005年，他从朴次茅斯大学毕业，取得了警察科学和管理学硕士学位，并因其关于辨认程序的论文而获得荣誉。他目前担任英国布莱顿市犯罪调查局的警督。

乔伊斯·E. 汉弗莱斯（Joyce E. Humphries）是英国莱斯特大学的研究助理。目击者记忆是她的主要研究方向，特别是审查那些可能影响各个年龄段目击者辨认表现的因素。具体而言，她的研究重点是目击者辨认程序以及在目击者辨认中可能影响发展差异（developmental differences）的认知和社交过程。虽然她研究的主要兴趣是目击者辨认，但她目前正在研究用于改善老年证人表现的询问程序。她在一些国家和国际会议上就目击者辨认准确性的发展差异问题发表了一些论文。

彼得·J. 范科彭（Peter J. van Koppen）是一名心理学家，荷兰马斯特里赫特大学和阿姆斯特丹自由大学法学院的法学和心理学教授。他于1984年在鹿特丹伊拉斯姆斯大学获得法学博士学位。他是欧洲心理学和法学协会的主席，也是《心理学、犯罪和法律》（*Psychology*，*Crime*，*and Law*）的联合编辑。他出版了大量心理学和法学领域的书籍和文章，并专门研究警察和法官对证据的评估。

玛格丽特·布尔·科维拉（Margaret Bull Kovera）是美国纽约城市大学约翰·杰伊刑事司法学院的心理学教授。她是美国心理学协会、美国心理学-法律学协会（APLS）和社会问题心理学研究会的成员，也是APLS的前任会长。她获得了萨利姆·沙阿奖（Saleem Shah Award）中的早期职业成就奖（心理学和法律），以及APLS的心理学和法律杰出教师/导师奖。10余年来，她一直从国家科学基金获得资助，用于研究陪审团决策和目击者辨认。

达米安·B. 马奎尔（Damien B. Maguire）在澳大利亚维多利亚律师事务所担任大律师超过30年，专门从事在重大犯罪案件的审判和相关诉讼中出庭和咨询工作，如涉及公司监管、惩戒性程序和传票诉讼等事宜。2005年年初，他被任命为维多利亚州首席审查官这一独立、法定的职位，该职位涉及强制权力的使用及控制，目的是协助警方对有组织犯罪的打击。在行使其独立权力时，他有权直接参与对被要求接受强制询问的证人进行审查。

格雷戈里·米切尔（Gregory Mitchell）拥有加州大学伯克利分校的心理学博士学位和法学博士学位。他目前受聘为美国弗吉尼亚大学的研究教授，研究的重点是社会科学在法律中的应用、就业歧视、法律行为的理性选择模型和公众的正义观念。

斯蒂芬·莫斯顿（Stephen Moston）是澳大利亚詹姆斯·库克大学司法心理学高级讲师。他是该大学法医心理学研究生职业培训项目的部门负责人和协调员。他曾是警察局长协会调查询问战略指导小组成员。曾为英国内政部和皇家刑事司法委员会就英国和澳大利亚的警察询问风格和犯罪嫌疑人行为开展了几项重要研究。他目前的研究兴趣包括评估警方询问的风格和策略、公众对警方询问的看法以及犯罪嫌疑人的否认策略。

罗德·芒罗（Rod Munro）是英国德文郡和康沃尔郡警察局（Devon and Cornwall Constabulary）的专业鉴定负责人，在这一警务业务领域有超过9年的工作经验。他是视频辨认程序中全国图像数据库的联合创始人和前任主席，是国家视频辨认战略委员会的成员，积极参与国家辨认程序的制定。他是国家警务改进机构在辨认法律和程序方面的注册讲师，曾在多个国家和国际会议及研讨会上发表了演讲。

詹姆斯·奥斯特（James Ost）是英国朴次茅斯大学心理学系的高级讲师。他的研究侧重于记忆的社会属性。他发表了关于各种司法问题的论文，包括治疗的社会动力学有时会反映在警察的审讯中，童年事件的错误报告（或虚假记忆）是如何产生的，多个证人如何影响单个证人的证词，媒体报道的曝光如何导致对非目击事件的错误报告，以及询问人员的行为如何影响司法询问中儿童证词的质量。

约翰·皮尔斯（John Pearse）（荣誉理学学士，临床心理学博士，英国心理学会副研究员，皇家医学会会员）是法证领航服务有限公司（Forensic Navigation Services Ltd.）的总经理，该公司是一家将法证咨询、调查与心理训练和实证研究相结合的独立公司。自1991年以来，他一直在警察询问和相关问题领域开展研究并出版研究成果。他在伦敦担任侦探并参与打击高级别的有组织犯罪活动共计30余年。他在专业岗位上的工作包括办理武装抢劫案件、犯罪情报、人质和绑架谈判。他以恐怖主义领域高级官员的身份结束了自己的职业生涯，曾办理过许多备受瞩目和创新的恐怖主义案件起诉。他最近承担了一项警方询问恐怖主义犯罪嫌疑人的秘密国家审查任务。

史蒂文·D. 彭罗德（Steven D. Penrod） 在2001年加入了美国纽约城市大学约翰·杰伊刑事司法学院（John Jay College of Criminal Justice）担任心理学特聘教授。他在哈佛大学法学院获得法学博士学位，并在哈佛大学获得心理学博士学位。曾担任威斯康星州和内布拉斯加州的心理学教授，以及明尼苏达州和内布拉斯加州的法学教授。他发表了100多篇关于目击者可信度和陪审团决策的科学论文，并且是一些关于陪审团和目击证人书籍的合著者。他的研究包括降低目击证人可信度的因素、能够提高目击证人表现的程序，以及目击证人自信心和准确性之间的关系。

雅克·皮（Jacques Py） 是法国图卢兹第二大学的社会心理学教授。他的工作重点是研究目击证人证词，特别是在目击者不得不回忆证词的情况下。他致力于让认知询问适应拿破仑刑事诉讼程序（Napoleonic criminal proceedings），并与塞缪尔·德马基（Samuel Demarchi）合作开发了一种技术，以改善对人物的描述，并评估法国警察如何进行列队辨认。他是《欧洲应用心理学评论》（*European Review of Applied Psychology*）的主编和法国心理学协会（Société Française de Psychologie）的前任主席。

瓦莱丽·F. 蕾娜（Valerie F. Reyna） 是美国康奈尔大学人类发展与心理学教授，也是行为经济学与决策研究中心的联合主任。她拥有洛克菲勒大学实验心理学博士学位，经常在《心理学评论》（*Psychological Review*）和《心理科学》（*Psychological Science*）等学术期刊上发表论文。她的研究包括人类判断和决策、计算能力和定量推理、风险和不确定性、医学决策、社会评价和虚假记忆。她是模糊痕迹理论（一种心理表征与决策之间关系的模型，已广泛应用于法律、医学和公共卫生领域）的开发者之一，被判决和决策制定学会选为主席。她还是美国科学促进协会的成员，美国心理学协会实验心理学分会、发展心理学分会、教育心理学分会和健康心理学分会的会员，以及美国心理学会的会员。

詹妮·范德斯林恩（Jannie van der Sleen） 是一名心理学家。她自己创办了一家名为“Kinterview”的调查询问咨询机构，已有7年时间。在此之前，她在荷兰警察学院工作了15年。她培训和指导侦探对成年和儿童证人以及弱势犯罪嫌疑人进行调查询问。她还担任了法庭专家证人。

杰弗里·M. 斯蒂芬森（Geoffrey M. Stephenson） 是英国肯特大学社会心理学荣誉教授，于1978年在该大学创建了心理学系。他推动和实施了法律和心理学方面的研究及教学，使肯特大学的创新性的理科硕士课程被引入司法心理学。他曾在多个经济与社会研究委员会（ESRC）/医学研究理事会（MRC）中的研究委员会任职，包括法律和社会科学。凭借在英国心理学会中丰富的编辑和委员会经历，他还是欧洲实验社会心理协会的前任主席。他创办了《社区和应用社会心理杂志》（*Journal of Community and Applied Social Psychology*），并仍然是该杂志的编辑顾问。他是伦敦南岸大学成瘾心理与辅导这一理科硕士课程的负责人。

米歇尔·圣－伊夫（Michel St-Yves） 是加拿大魁北克省警察局行为分析部门的一名司法心理学家，自2002年以来一直在该机构工作。作为一名重案专家，他积极参与犯罪调查，包括为犯罪嫌疑人做心理画像以及审讯准备工作。他同时在加拿大魁北克国家警察学院和蒙特利尔大学任教。他的著作和论文侧重于性侵犯、危机谈判和警方讯问。他是《调查询问心理学：从理论到实践》（*The Psychology of Investigative Interviews: From Research to Practice*）［伊冯·布莱斯（Yvon Blais）出版社，2004 年］，以及《犯罪调查心理学：寻找真相》（*The Psychology of Criminal Investigations: The Search for the Truth*）［汤姆森·卡斯韦尔（Thomson Carswell）出版社，2009 年］的作者。

加里·L. 韦尔斯（Gary L. Wells）于1977 年获得美国俄亥俄州立大学博士学位。他是艾奥瓦州立大学的杰出教授，也是北卡罗来纳州格林斯博罗法医科学和公共政策研究所的社会科学部主任。他撰写了170 多篇论文和著作中的章节以及两本专著，其中大部分都侧重于目击者辨认的可信度。他是司法部负责制定美国第一套针对目击者证词的国家指南的专家小组创始成员。他与美国各地的检察官、警察和政策制定者合作，帮助改革警方实施辨认的方式。

A. 丹尼尔·亚尔梅（A. Daniel Yarmey）在加拿大西安大略大学获得实验心理学（记忆）荣誉学士学位、硕士和博士学位。他是圭尔夫大学心理学系的名誉教授，在这里他教授心理学和法律以及运动心理学课程。他是《目击者作证心理学与理解警察和警务工作：社会心理学问题》（*Psychology of Eyewitness Testimony and Understanding Police and Police Work: Psychosocial Issues*）的作者。他是加拿大和美国有关目击证人和耳闻证人辨认相关问题的顾问和专家证人。

约翰·C. 尤伊尔（John C. Yuille）是加拿大不列颠哥伦比亚大学的名誉教授，也是一名从事私人司法执业的注册心理学家。他对儿童和成人进行了40 多年的研究。他的研究领域包括人类记忆、询问、可信度评估和精神病态。他定期为执法人员、律师、儿童保护工作者和法官提供询问和可信度评估方面的培训。他在刑事、家事和民事法庭担任专家证人超过30 年。他还是法医联合会的首席执行官。

雷切尔·扎亚克（Rachel Zajac）是新西兰奥塔哥大学的心理学讲师。她于2002年在奥塔哥大学获得博士学位，同时接受临床心理学培训。她的研究兴趣包括调查询问、目击者辨认以及对记忆的外部影响。她讲授法医、发展和临床心理学。她经常受邀为社会工作者、警察、法律从业者和医疗护理从业者提供关于询问儿童和成人过往事件的方法的建议。她的研究成果已被英国和澳大利亚用于警察和司法培训项目，并被美国联邦最高法院采纳为科学证据。

序　言

汤姆·威廉姆森（Tom Williamson）原本是本手册的主编。对于那些认识汤姆的人来说，他在59岁早逝于肺癌是一个灾难。这一悲惨事件发生在编写本书章节之前。

在构思这本手册时，汤姆邀请我协助他［鉴于他对我共同编辑书籍经验的看法，特别是与国际出版商威利（Wiley）的合作］。他还邀请了蒂姆·瓦伦丁（Tim Valentine）担任四个章节的共同编辑，内容涉及从目击证人处收集信息。当汤姆得知他患有严重癌症，并且他的健康状况可能迅速恶化时，他让我准备好接任主编工作。令人痛心的是，我不得不很快就这么做。我要感谢所有参与编写本手册的撰稿人，感谢他们为本手册的出版付出的辛勤努力，以及他们愿意建设性地回应我们的编辑指导，使得多领域（包括警察）的读者能够理解本手册中的内容。汤姆也会非常感谢他们的努力。

汤姆·威廉姆森于1947年6月11日出生于苏格兰的一个乡村，是一个奶牛场主的儿子。他17岁时离开苏格兰前往伦敦，在那里他作为学员加入了世界上最大的警察组织之一的伦敦大都会警察局（Metropolitan Police Force）。仅仅几年后，人们就注意到了他的能力，他成了伦敦警察局（London Police）局长设立的反腐败分支机构的成员。

1979年，他被授予警方资助的奖学金，全日制攻读心理学学士学位，并于1982年毕业。

他经常得到晋升，并于1989年升至高级警官。他是第一批（为数不多的）对犯罪嫌疑人询问实践进行研究的人之一（自1986年以来在英格兰对犯罪嫌疑人进行询问一直被要求录音），在20世纪90年代早期的研究期刊上刊登了一些开创性的、高质量的研究成果，他在1990年获得博士学位，并依然担任警官。与此同时，他成立了一个由警察和学术研究人员组成的委员会，其任务是为从以获取犯罪嫌疑人供认为目的的审讯转向以收集犯罪嫌疑人信息为目的询问铺平道路。

我很荣幸成为该委员会的成员，该委员会为内政部委托的警务工作小组在 1992 年提出 PEACE 询问方法奠定了基础，该方法于 1992 年被英格兰和威尔士的警察局长协会采纳。

几年后，汤姆被邀请参加在伦敦举行的会议，并获得了国家警务奖，以表彰他在警察询问工作中所取得的成就，他慷慨地邀请我陪同他出席（这就是他的典型风格）。

20 世纪 90 年代初，汤姆担任位于亨顿（Hendon）的伦敦警察培训学院负责人。20 世纪 80 年代，我在那里进行了多年的培训评估和研究项目。20 世纪 90 年代中期，当我担任朴次茅斯大学心理学系主任时，汤姆来看望我，向我咨询如何为伦敦警方的警员安排为期两年的强化培训和评估，使他们接受法律、社会科学的培训，以及可能成为本科学位学习的组成部分的类似培训。

我建议他有一些问题要问伦敦的大学（我自己所在的大学距离伦敦有 100 多公里）。几个月后，汤姆联系我说伦敦警方希望与我所在的大学建立这样的培训安排。

为了开展这项培训，我敦促我所在的大学设立了一个新的机构，该机构在史蒂夫·萨维奇（Steve Savage）的卓越领导下迅速发展。汤姆自 1995 年起担任诺丁汉郡警察局副局长，于 2001 年退休。退休后他成为朴次茅斯大学研究所的兼职成员，该研究所后来成为朴次茅斯大学最大的学术部门。

汤姆强调他称为“合乎伦理的警务”（ethical policing）部分源于他多年来负责的英国最大的谋杀案调查人员组。在《卫报》（*The Guardian*）上，他的讣告中称汤姆是“卓越的业务侦探”。他的信念来自直接的警务经验，但他利用研究和学术来支持那些信念。

1993 年，汤姆在研究期刊发表了题为《从审讯到调查询问》（*From Interrogation to Investigative Interviewing*）的学术论文，该论文中他为现在所称的“调查询问”设计了愿景范例，内容包括审讯应当努力发现事实真相，而不是尽力获得犯罪嫌疑人的供认。

我与汤姆的最后一次长时间谈话是在从巴黎飞往东米德兰兹机场的途中，当时我们是从国家宪兵队组织的一次为期五天的会议返程，会议得到欧洲委员会 AGIS 倡议的资助（该倡议为警察组织举办事关重要警务主题的国际研讨会提供资金）。在这次会议上，汤姆和我（以及来自英国的其他几位代表）很高兴得知其他一些欧洲警察组织正在积极考虑采用 PEACE 询问方法（有些人称为“英国方法”），挪威最近正在这样做。然而，我们感到难过的是，一些东欧国家似乎采取了具有强制性的询问方法，这可能对犯罪嫌疑人造成反作用。在这次谈话中，汤姆提出了谁首次使用“调查询问”这一术语的话题。我说我认为是他，而他认为是我。然后我们一致认为可能是埃里克·谢泼德（Eric Shepherd）最先提出——从 20 世纪 80 年代末到 90 年代早期——这似乎是很久以前了，自那时以来英格兰和威尔士的警察询问发生了很多事，很难准确回想起在那样早的时候发生的事情，那是一段艰难的时光。

在汤姆去世的那段时间，新西兰决定采用 PEACE 询问方法，在过去几年里，该国在培训和再培训警察方面投入了大量资金。德国的一些警察组织也开始对 PEACE 询问方法非常感兴趣。

我决定写下这些作为序言，同时积极地继续汤姆开始的工作。我现在在德国一家住宿警察培训学院的一间公寓的办公桌前，因为我受邀在德国犯罪学研究会的年度会议上就“调查询问：PEACE 模式”发表主题演讲。在此期间，我被要求解释为什么警察培训的大规模变化发生在英格兰和威尔士，描述心理学的研究、概念和理论如何为 PEACE 询问方法/模式提供支撑，以及通过对询问犯罪嫌疑人记录的分析来介绍我们最近的研究结果，分析警察是否能够采用这种方法询问犯罪嫌疑人。这正是汤姆应该向大家呈现的演讲。

令人欣慰的是，虽然汤姆不能与我们在一起，但他的开创性工作会继续在全世界传播并发挥重要作用。

雷·布尔

2008 年 10 月 14 日

目　录
CONTENTS

第 01 章　讯问中犯罪嫌疑人的决策心理 / 1

第 02 章　询问中犯罪嫌疑人否认策略的类型 / 21

第 03 章　调查询问犯罪嫌疑人的结构化模式 / 42

第 04 章　发现虚假供述 / 62

第 05 章　英国对恐怖主义犯罪的调查询问：调查人员的执法条件和氛围 / 81

第 06 章　从传统刑事司法到控制程序：持续变化语境中的讯问 / 106

第 07 章　有组织犯罪调查中的特殊审查听证程序
——2004 年澳大利亚重大犯罪（调查权）法：
首席审查官和强制权 / 127

第 08 章　目击者证词一致性与准确性之间的关系：法律解释与认知解释对比 / 139

第 09 章　认知询问：各领域应用的研究与实践 / 158

第 10 章　法庭上的调查询问：交叉询问下的儿童证人 / 190

第 11 章　恢复性记忆 / 217

第 12 章　列队辨认中的询问 / 252

第 13 章　目击证人辨认程序在英国的最新发展 / 271

第 14 章　提升询问对象描述效果方法的实证研究 / 295

第 15 章　北美地区辨认科学研究与实践的最新发展 / 316

第 16 章　证人和犯罪嫌疑人报告的真实性 / 351

第 17 章　真实性评估：在司法背景下识别真相和谎言 / 369

第01章

讯问中犯罪嫌疑人的决策心理

米歇尔·圣－伊夫（Michel St-Yves）
娜丁·德斯里耶－瓦兰（Nadine Deslauriers-Varin）*

简介

社会科学领域的一些研究表明，人类行为可能受到多种因素的显著影响，广告就是一个很好的例子。为了影响人们的消费行为，广告代理商会研究产品名称、口号等，以确保尽量让消费者选择此产品而不是另一种产品。正如关于这一主题的许多研究所表明的，这很有效并且具有影响力［参见古尔德纳（Gouldner）1960；恰尔迪尼、文森特、刘易斯、卡塔兰、惠勒和达比（Cialdini，Vincent，Lewis，Catalan，Wheeler & Darby），1975；尤里（Ury），1991］。

警方审讯同样可以如此理解。调查人员通过不同的策略方法尽量影响犯罪嫌疑人的决定，首先让犯罪嫌疑人合作，然后供述，尽管犯罪嫌疑人要面对承担与供认相关后果的风险。

在本章中，我们将描述可能影响犯罪嫌疑人是否承认其犯罪的主要因素——个人因素、犯罪因素、情境因素。我们将更密切地关注情境因素的影响，因为最近的研究表明，这些因素对决策过程的影响最大。这些情境因素

* 作者简介：米歇尔·圣－伊夫（Michel St-Yves），加拿大魁北克省警察局行为分析部门的司法心理学家，同时在魁北克国家警察学院、蒙特利尔大学犯罪学院任教；娜丁·德斯里耶－瓦兰（Nadine Deslauriers-Varin），加拿大不列颠哥伦比亚省西蒙·弗雷泽大学犯罪学院性暴力研究中心项目负责人。

包括警方警告（保持沉默的权利和获得律师辩护的权利），对现有证据证明强度的理解以及审讯/询问方法。最后，我们将对目前在北美地区使用的一些审讯方法进行反思，特别是对于它们的有效性以及与使用这些方法有关的争议。

讯问中犯罪嫌疑人的决策过程

每个因犯罪而被警察审讯的人都会发现自己处于一个非常复杂的决策过程中：我应该说话还是保持沉默？说实话还是谎言？供认会帮助还是会不利于我的辩护？这一决策过程甚至在审讯之前就开始了，并将受到各种因素的影响。一些研究者认为，在审讯一开始就作出或者之前已经作出了供认与否决定的，说服的方法对犯罪嫌疑人的决定几乎没有影响，有些研究者甚至认为这些方法几乎没有作用，或者说，至少对获得犯罪嫌疑人的供述不是必不可少的。[欧文和麦肯齐（Irving & McKenzie），1989；莫斯顿、史蒂芬森和威廉姆森（Moston，Stephenson & Williamson），1992；鲍德温（Baldwin），1993；埃文斯（Evans），1993；皮尔斯和古德琼森（Pearse & Gudjonsson），1996；皮尔斯、古德琼森、克莱尔和拉特（Pearse，Gudjonsson，Clare & Rutter），1998；布尔（Bull），2006]。

英博（Inbau）、里德（Reid）、巴克利（Buckley）和杰恩（Jayne）（2001）认为，绝大多数犯罪嫌疑人最初都打算否认他们参与了犯罪，但在审讯期间，调查人员使用的技术使他们中的很多人改变了想法并供认罪行。在最近的一项研究中，我们发现25%被定罪的人承认他们在审讯期间改变了他们的初始立场。然而，其中近一半（46%）的人表示他们最初打算认罪但后来改变了主意[德斯里耶－瓦兰和圣－伊夫（Deslauriers-Varin & St-Yves），2006]，这表明决策过程可能受到任何因素的影响。德斯里耶－瓦兰（Deslauriers-Varin，2006）也指出，有43.5%向警方供认犯罪的人表示在审讯开始时他们就准备作出供述。至于认罪的其他人，有31.5%明确表示他们在审讯开始时并没有准备供认罪行。他们为什么改变态度？是他们的律师的影响？是证据的质量？是调查人员的态度和行为？

影响犯罪嫌疑人决策过程的因素

在这一部分中，我们将描述可能影响犯罪嫌疑人向警方作出供认与否决定的主要因素。有少量研究关注了与供述相关的因素，这些因素可分为三类：①个人因素；②犯罪因素；③情境因素［古德琼森（Gudjonsson），2003；卡辛和古德琼森（Kassin & Gudjonsson），2004；圣－伊夫和兰德里（St-Yves & Landry），2004］。首先，我们简要描述个人因素和犯罪因素，然后关注情境因素，因为这是警察在审讯期间可以实施影响的唯一因素。

◆ 个人因素

在警方讯问期间，大量的与供认有关的个人因素已经得到了审查。尽管大多数关于影响供认决策过程的因素的研究最终得到的结果是相互矛盾的，但仍有可能确定出一般趋势。

1. 年龄（Age）

21 岁以下的犯罪嫌疑人比年长的犯罪嫌疑人更经常地供认［鲍德温和麦康维尔（Baldwin & McConville），1980；索芙雷（Softley），1980；皮尔斯（Pearse）等，1998；菲利普斯和布朗（Phillips & Brown），1998］。这可以解释为，与年长的犯罪嫌疑人相比，年轻人更加不了解他们的权利并因此更少地主张他们的权利［鲍德温和麦康维尔（Baldwin & McConville），1980］。其他研究强调了与审讯相关的压力可能对年轻的犯罪嫌疑人造成了更大的影响。由于不那么成熟，他们在被审讯时可能面临更多的困难并难以理解审讯的所有含义［辛格和古德琼森（Singh & Gudjonsson），1992］。然而，当纳入逻辑回归模型（logistic regression model）中时，犯罪嫌疑人的年龄似乎对他们的决策过程没有显著影响［皮尔斯（Pearse）等，1998；德斯里耶－瓦兰（Deslauriers-Varin），2006］。此外，一些研究未发现犯罪嫌疑人的年龄与供述倾向之间存在显著关系［纽鲍尔（Neubauer），1974；米切尔（Mitchell），1983；利奥（Leo），1996；圣－伊夫（St-Yves），2002］。

2. 种族本源（Ethnic origin）

一些研究表明，白种人中的犯罪嫌疑人比生活在同一国家的其他种族群体更倾向于供认罪行［利奥（Leo），1996；菲利普斯和布朗（Phillips & Brown），1998］。在性犯罪中，白种人和其他种族群体之间的差异似乎更为突出［圣－伊夫（St-Yves），2002；2006b］。有两个因素可以解释这些差异：①文化和宗教差异；②在大多数研究中，警方调查人员主要是白人。然而，其他研究并未显示出种族本源与认罪率之间存在显著关联［沃尔德（Wald）等，1967；皮尔斯（Pearse）等，1998］。菲利普斯和布朗（Phillips & Brown）（1998）认为，族群与供认罪行之间的关系可能受其他因素的调节，如年龄、犯罪背景和证据强度。

3. 内疚感（Feeling guilty）

根据伯格伦（Berggren）（1975）的观点，供认可以为犯罪嫌疑人提供具有宣泄效果的释放感。事实上，研究发现，在警察讯问期间，感到内疚会引发供述［古德琼森和彼德松（Gudjonsson & Petursson），1991；古德琼森（Gudjonsson），1992；西古德松和古德琼森（Sigurdsson & Gudjonsson），1994；古德琼森和西古德松（Gudjonsson & Sigurdsson），1999；圣－伊夫（St-Yves），2002；古德琼森（Gudjonsson）等，2004a；2004b］。根据最近一项研究的最终预测模型，从所有涉及的个人因素来看，在警方讯问期间只有内疚感这一因素显著地预估出供认罪行［德斯里耶－瓦兰（Deslauriers-Varin），2006］。同一项研究表明，对犯罪表达出愧疚的犯罪嫌疑人比没有表达出这种愧疚的犯罪嫌疑人的供认率高 50%。供述的第一个解释模型实际上强调了在供认的决策过程中内疚感的作用，认为内部压力经常推动犯罪嫌疑人承认罪行以减轻他们的罪恶感［霍罗威茨（Horowitz），1956；赖克（Reik），1973；古德琼森（Gudjonsson），1992］。内疚感和供认罪行之间的这种重要关系可能解释了为什么一些警察使用诸如激发出犯罪嫌疑人的良知并为他/她提供道德理由和借口的策略［利奥（Leo），1996］。实际上，我们难道不应该将内疚感视为情境因素而非个人因素吗？

4. 人格类型（Personality profile）

外向型人格，如反社会和自恋，在警察审讯期间不太可能合作并且相较于内向型人格者更倾向于抵抗［古德琼森和彼德松（Gudjonsson & Petursson），1991；古德琼森和西古德松（Gudjonsson & Sigurdsson），1999；伯纳德和普罗克斯（Bernard & Proulx），2002；圣－伊夫（St-Yves），2002；2004c］。这可以通过以下观念来解释：内向型人格特征更容易在犯罪方面感受到悔恨和内疚［圣－伊夫（St-Yves），2004d］。此外，具有外向型人格特征的人似乎并不会像内向型人格特征的人那样因相同的原因供认他们的罪行。前者没有或很少悔恨，更倾向于由外部压力——审讯技巧和证据的强度来决定，但后者更可能由内部压力来决定，特别是内疚和悔恨［艾森克和古德琼森（Eysenck & Gudjonsson），1989；古德琼森和西古德松（Gudjonsson & Sigurdsson），1999；圣－伊夫（St-Yves），2002；2004b］。

5. 犯罪前科（Criminal background）

一些学者认为，没有犯罪前科的人比曾被逮捕的人更倾向于认罪［纽鲍尔（Neubauer），1974；皮尔斯（Pearse）等，1998］。利奥（Leo）（1996）通过说明更熟悉警方环境和审讯方法的人更倾向于主张他们的合法权利并且不与警方合作来解释上述这种关系。另外，一些研究人员发现犯罪前科与供认率之间存在正相关关系［鲍德温和麦康维尔（Baldwin & McConville），1980；米切尔（Mitchell），1983］，而其他人则没有发现任何重要关系［莫斯顿（Moston）等，1992；菲利普斯和布朗（Phillips & Brown），1998；圣－伊夫（St-Yves），2002；德斯里耶－瓦兰（Deslauriers-Varin），2006；德斯里耶－瓦兰（Deslauriers-Varin）等，2009］。莫斯顿（Moston）及其同事（1992）的一项研究表明，犯罪前科与供认罪行之间的联系可能会因为警方在讯问中所使用的证据质量而改变。当证据强度高时，没有犯罪前科的犯罪嫌疑人比有犯罪前科的犯罪嫌疑人更容易供认罪行（78%对59%）。

◈ 犯罪因素

有两个犯罪因素尤其引起研究人员的注意：犯罪性质和严重性。

1. 犯罪性质（Nature of crime）

一些学者指出，供认率会根据犯罪的不同类型而有所不同，尤其是在比较非暴力犯罪和暴力犯罪时。纽鲍尔（Neubauer，1974）观察到，那些非暴力犯罪的人的供述可能性将近是暴力犯罪的人的两倍（56% 对 32%）。对于一些罪犯来说，最难承认的犯罪类型是性犯罪［霍姆伯格和克里斯蒂安松（Holmberg & Christianson），2002；圣 - 伊夫（St-Yves），2002；2006b］。这可以通过与此类犯罪相关的负面评价（如羞耻、遭到排斥、蒙受屈辱）来解释。然而，其他的研究则发现犯罪类型与供认率之间没有显著的关系［莫斯顿（Moston）等，1992；德斯里耶 - 瓦兰（Deslauriers-Varin），2006；德斯里耶 - 瓦兰（Deslauriers-Varin）等，2009］。莫斯顿（Moston）等人（1992）认为，先前的研究关注犯罪类型与供认之间可能存在的联系，并发现二者之间存在重要的关联，但这些研究使用了不恰当的方法。他们认为，先前的研究没有考虑到犯罪类型与情境因素之间可能存在的相互作用，例如，获得法律咨询的机会和证据的质量和/或强度。

2. 犯罪的严重性（Seriousness of crime）

越严重的犯罪，越少的犯罪嫌疑人会供认自己的犯罪行为。这一看法是合乎逻辑的，因为更严重的犯罪会导致更重的刑罚。这是实证研究的结果，该研究在各种警察部门中对警察实施的审讯进行了审查［纽鲍尔（Neubauer），1974；莫斯顿（Moston）等，1992；菲利普斯和布朗（Phillips & Brown），1998；圣 - 伊夫（St-Yves），2002］。然而，莫斯顿（Moston）（1992）等人强调，其他相关变量的影响不能被忽视，例如，在严重的犯罪案件中大多数犯罪嫌疑人要求律师辩护。

对于各种因素在警方审讯过程中影响犯罪嫌疑人作出供认决策中所发挥的作用，在上文提到的这些研究中，大多数个人因素和犯罪因素并没有得到无异议的支持。犯罪嫌疑人的供认是一个复杂的过程，不能用某一种特定因素来解释，相反地，它是一系列因素相互作用的结果。截至目前，仅有少量研究分析或者考量了这些因素的相互作用［德斯里耶 - 瓦兰（Deslauriers-Varin）等，2009］。相关研究应当对供认模型内的相关因素进行多变量而不是双变量的统计分析，以做到不仅检测每种单一变量的影响，而且检测它们之间的相互影响，这样有助于获得犯罪嫌疑人作出供述决策的过程中相关因素直接和间接关系的整体图景的相关解释。

◆ 情境因素

最近的研究表明，情境因素对犯罪嫌疑人供认过程的影响最大［德斯里耶－瓦兰和圣－伊夫（Deslauriers-Varin & St-Yves），2006；德斯里耶－瓦兰（Deslauriers-Varin）等，2009；圣－伊夫和坦圭（St-Yves & Tanguay），2009］。主要的情境因素包括：①证据的质量/强度（真实的或感知到的）；②获得法律咨询；③审讯的策略和技巧。

1. 证据的质量/强度（Quality/strength of the evidence）

即使供认的决策过程经常受到多种因素的综合影响［古德琼森（Gudjonsson），2003；圣－伊夫（St-Yves），2004a］，但犯罪嫌疑人对不利于他/她的证据强度的认知是影响其供述决策的一个决定性因素。据统计，约三分之二的犯罪嫌疑人（66.7%）在指控他们犯罪的有力证据面前承认了罪行，相比之下，在证据强度适中时，约三分之一（36.4%）的犯罪嫌疑人认罪，在几乎没有证据时，仅约十分之一（9.9%）的犯罪嫌疑人认罪［威廉姆森（Williamson），1990］。古德琼森（Gudjonsson）等人发现，接受警方讯问的人中有近70%的人承认，如果没有被警方怀疑，他们不会供认罪行。其中，55%～60%的人表示他们供认罪行是因为他们确信警方有足够的证据指控他们［古德琼森和彼德松（Gudjonsson & Petursson），1991；古德琼森和鲍恩斯（Gudjonsson & Bownes），1992；西古德松和古德琼森（Sigurdsson & Gudjonsson），1994］。在对被判处联邦罪名（两年或两年以上刑期）的成年罪犯进行的一项研究中，我们观察到当犯罪嫌疑人认为证据相对更强时，供认率几乎翻了一番（从31.4%增加到55.6%）［德斯里耶－瓦兰（Deslauriers Varin），2006；德斯里耶－瓦兰和圣－伊夫（Deslauriers-Varin & St-Yves），2006］。在逻辑回归模型中，认为指控证据强有力的犯罪嫌疑人在审讯期间供述的可能性多出两倍［德斯里耶－瓦兰（Deslauriers-Varin）等，2009］。解释起来很简单：面对压倒性的证据，否认是无用的。对于犯罪嫌疑人而言，只有两种可能的选择：保持沉默或者提供一个故事版本，使他们有机会解释（最小化）他们的行为和/或“挽回面子”。

2. 获得法律咨询（Access to legal advice）

官方的警示可能会影响犯罪嫌疑人是否向警察作出供述的决定。在加拿大，对任何被扣留者，无论其是否被逮捕，对他/她可能牵连的犯罪进行审讯都必须给予警示。加拿大的做法与美国和英国的相反，加拿大法律不承认律师在审讯犯罪嫌疑人时在场的道德必要性，只承认告知犯罪嫌疑人享有保持沉默的权利和立即联系律师的权利，并且通常是通过电话联系律师。但是，根据关于青少年司法程序的法律，当被讯问的人在 12～18 岁时属于例外。此种例外情况下，警察有权自行决定是否允许律师在讯问时在场。在这种情形下，律师将成为证人，如果对被讯问人的陈述有争议并且有必要进行预先审查（voir dire）时律师可以被传唤作证。除警示之外，警察通常会坚持要求犯罪嫌疑人与其律师联系，并确保犯罪嫌疑人与律师的谈话严格保密以使犯罪嫌疑人完全满意。通常，律师会建议他/她的当事人在警察讯问期间保持沉默。有时，律师甚至会向当事人描述警方审讯的通常程序，以及警察用来说服犯罪嫌疑人供认的最常用策略。

如果对证据强度的理解是决定供述与否的一个主要因素，那么利用自己与律师联系的权利似乎是最能解释为什么有些犯罪嫌疑人不供述或拒绝与警察合作的因素［莫斯顿、史蒂芬森和威廉姆森（Moston，Stephenson & Williamson），1992；利奥（Leo），1996；菲利普斯和布朗（Phillips & Brown），1998；德斯里耶－瓦兰（Deslauriers-Varin）等，2009］。莫斯顿（Moston）等人（1992）在他们的研究中发现，在没有咨询律师的犯罪嫌疑人中有二分之一（50%）作出了供认，相比之下，在咨询了律师的犯罪嫌疑人中只有 30% 作出了供认。皮尔斯（Pearse）等人（1998）以及菲利普斯和布朗（Phillips & Brown，1998）发现，犯罪嫌疑人利用合法权利联系律师后再向警方招供的可能性（比不联系律师而直接招供）要低四倍。最近在供认预测模型中获得的结果使量化这一因素的实际影响成为可能：获得法律咨询使供述可能性降低了 83% ［德斯里耶－瓦兰（Deslauriers-Varin），2006］。这似乎证实了一些警察的看法，他们认为犯罪嫌疑人与律师的接触是他们与警察合作的障碍［莱肯（Leiken），1970；沃尔什（Walsh），1982］。此外，莫斯顿（Moston）等人（1992）发现那些选择保持沉默的人比那些在审讯期间否认他们罪行的人更有可能被判刑。因此，保持沉默并不总是有利的。

3. 审讯的策略和技术（Interrogation strategies and techniques）

提升各种审讯技术的文献很丰富。卡尔布弗莱施（Kalbfleisch，1994）回顾了80多本关于这一主题的书籍，其中大多数来自美国。大部分是由经验丰富的调查人员撰写的［麦克唐纳和米肖（MacDonald & Michaud），1987；茹瓦夫斯基和维克兰德（Zulawski & Wicklander），1992；沃尔特斯（Walters），1995；英博（Inbau）等，2001；戈登和弗莱舍（Gordon & Fleisher），2002］，他们希望为警察传授技巧以帮助他们获得犯罪嫌疑人的供词。最流行的审讯技术是里德技术（Reid technique），然而它并非没有争议（见 www. reid. com）。根据里德研究所的文献，这种方法发展于20世纪50年代，并在20世纪60年代首次公布，在80%的案件中有效。然而，古德琼森（Gudjonsson，2003）对这一高成功率表示怀疑。事实上，在北美地区对供述率的研究中，北美地区大多数询问人员接受了里德技术（或相关技术）的培训，供认比例通常在42%～57%［纽鲍尔（Neubauer），1974；利奥（Leo），1996；卡斯尔和海曼（Cassell & Hayman），1998；圣－伊夫和拉瓦莱（St-Yves & Lavallée），2002；德斯里耶－瓦兰和圣－伊夫（Deslauriers-Varin & St-Yves），2006］。此外，在过去的40年来，平均供认率（50%）是相对稳定的［古德琼森（Gudjonsson），2003］。

各种审讯技术的实际有效性难以衡量。在一项北美地区的研究中，利奥（Leo，1996）证明了警察在审讯期间使用策略的数量和性质会影响供认率。除了使用各种审讯策略之外，唤起犯罪嫌疑人的良知似乎是对供认过程产生了更大影响的技术［利奥（Leo），1996］。其他策略，如辨别犯罪嫌疑人否认犯罪和陈述中的矛盾，使用赞美和奉承，然后允许犯罪嫌疑人减轻罪恶感并为自己辩护，同时给予他道德上的理由或心理上的借口，也体现出了有效性［利奥（Leo），1996］。这一结果并不奇怪，因为这些方法受到了有利于供认的因素（尤其是情境因素）的启发。

每个因实施了犯罪而被警察审讯的人由于认识到他们的行为带来的后果而活在恐惧中。这种利益得失会成为他们在供认过程中的主要障碍。因此，警察的作用是通过强调主要的促进因素来克服这些障碍，如证据的质量/强度

（警察并不总是拥有）和内部压力（内疚感、悔恨）。但即使竭尽努力获取供认或者展示压倒性的证据（有时），有些犯罪嫌疑人仍然会继续否认或者拒绝供述，主要原因可能是害怕后果。两种主要类型的后果会抑制犯罪嫌疑人的供认：实际后果（real consequences）和个人后果（personal consequences）[古德琼森和彼德松（Gudjonsson & Petursson），1991；古德琼森和鲍恩斯（Gudjonsson & Bownes），1992；西古德松和古德琼森（Sigurdsson & Gudjonsson），1994]。这些抑制因素可以阻碍供认过程，以及帮助解释为什么即使犯罪嫌疑人有悔恨心态并认为警方有足够或强有力的证据指控他们时，犯罪嫌疑人仍然会决定否认他们的罪行或保持沉默。

我们将所有可能发生的或者是犯罪嫌疑人在审讯中所担心的因其实施的犯罪行为而承担的具体后果称为实际后果。其中，最常见的实际后果就是对即将面临的刑事制裁的恐惧[古德琼森（Gudjonsson），2003]。在之前没有接触过刑事司法系统的人中，他们害怕会得到犯罪前科记录，尤其害怕因犯罪前科记录带来的后果，如失去工作或难以找到工作。对法律制裁的恐惧与丧失自由（监禁）有关，在某些国家则与死刑有关。对于供认罪行，某些犯罪嫌疑人还担心如果他们的陈述使其他人入罪，他们将不得不承担后果。对于有些犯罪嫌疑人而言，这种后果可能比刑事制裁更为不利。

在其他可能的后果中，有些人害怕失去亲人（配偶、子女、家人、朋友），对于涉嫌性犯罪的犯罪嫌疑人而言，这种恐惧更加强烈；有些人担心失去工作，特别是如果犯罪行为发生在工作地点；还有些人担心财务损失，特别是对于纵火犯罪或重大欺诈犯罪。这些后果很可能会实实在在地发生，这就是抑制供认过程的原因——但这些后果不是最直接的原因。犯罪嫌疑人可能会希望他们的配偶能够谅解，老板仍然能够雇用他们，法官会宽大处理。有时，在与犯罪嫌疑人讨论这些担忧时，调查人员会设法减轻其抑制性影响。然而，调查人员不能使用承诺或威胁来减轻这些抑制因素。承诺/利益或威胁的错觉会引发对后续陈述的自由和自愿性以及被指控人真正罪责的合理怀疑[圣－伊夫（St-Yves），出版中]。

个人后果通常比司法后果更令人畏惧，因为它们是最直接的，并且关乎诚信和自尊。一旦犯罪嫌疑人供认罪行，他们就会失去尊严和尊重，最初来自自身，然后来自他们在意的人。这在性犯罪中尤为明显［霍姆伯格和克里斯蒂安松（Holmberg & Christianson），2002］。为了减轻这些抑制性因素的影响，调查人员经常使用稳定心态或关注某些防御机制，如最小化策略、投射（Projection）和合理化策略。然而，有时调查人员的态度也会成为一个抑制性因素［圣－伊夫（St-Yves），2004b；2006a］。

最近的一些研究表明，询问人员与询问对象之间关系的质量对调查询问结果具有重要意义，包括对犯罪嫌疑人的询问结果。我们在北美地区进行的大多数审讯中发现，讯问的初始步骤不仅用于评估讯问对象的有意识的心理状态（conscious state of mind of the subject）［“工作心理”（operating mind）］，特别是他接受警察讯问的态度，而且用于与犯罪嫌疑人建立信任关系进而促使他/她供认罪行。事实上，我们认为，积极倾听、同理心、开放态度、尊重和揭露真相的意愿，而非不惜一切代价地获取犯罪嫌疑人的供认，这是进行调查询问必不可少的基本要素［谢泼德（Shepherd），1991；威廉姆森（Williamson），1993；圣－伊夫、坦圭和克雷波尔特（St-Yves，Tanguay & Crepault），2004；圣－伊夫（St-Yves），2006a］。

所有的审讯技术和策略都是可接受的吗？

虽然强有力的证据是犯罪嫌疑人供认过程的决定性因素，但警察往往没有足够的证据。某些研究表明，技术证据（指纹、DNA 等）仅在 10% 的案例中可用［博顿利和科尔曼（Bottomley & Coleman），1980；霍瓦特和梅西格（Horvath & Meesig），1996］。相反，许多有用的证据通常依赖于陈述，包括犯罪嫌疑人给出的陈述。

使用策略和诡计获取的供认是否可以接受？这个问题提出了法律方面的考虑（例如，不同国家法律允许的内容有哪些）和道德层面的考量（从道德上可以接受的是什么）。这是一个主观性问题，不能与审讯实施地的文化和司法语境脱离。在某些国家，酷刑是常见且合法的。此外，人们对某些审讯方法的看法和容忍度可能与该犯罪的性质密切相关。环境也会影响审讯的方式方法。反恐战争使刑事司法系统变得军事化，并改变了规则：“犯罪嫌疑人受到军方所用方式方法的审讯，但普通法院永远不会接受用这些方式方法来审讯普通犯罪嫌疑人。”［威廉姆森（Williamson），2006：5］。

在加拿大和美国，法庭接受使用某些策略和说服方法［见 *R v Oickle*（2000）］。加拿大最高法院的裁决支持调查人员在审讯期间必要的不诚实。它援引了经常被引用的拉梅大法官（Justice Lamer）的决议，他写道，犯罪调查和查找犯罪分子并不是一个必须遵循昆斯伯里规则（Queensbury rules，一项在 19 世纪引入使拳击更安全的规则）的游戏：

> 犯罪调查和对犯罪分子的审讯并不是由昆斯伯里侯爵规则管理的游戏。政府当局在对付狡猾且经验丰富的罪犯时，有时候必须采取必要的诡计或其他形式的欺骗，不应当用规则来妨碍他们的工作。应当大力约束的是他们那些震惊社会的行为。［*R v Rothman*（1981）］

因证据不足或供认在法庭上不被认可而令有罪的犯罪嫌疑人免罪获得自由，这可能令社会感到震惊。然而，近三分之一案件的调查都是如此结果［欧文和麦肯齐（Irving & McKenzie），1989；莫斯顿（Moston）等，1992；利奥（Leo），1996］。

几十年来，里德技术一直受到许多人的批评，主要原因是它被认为要对可能导致冤假错案的虚假供述承担责任。然而，在加拿大，大多数公安部门在使用里德技术（或相关技术）时，与审讯有关的冤假错案非常少见。此外，冤假错案确确实实在发生时往往与其他因素有关，如错误辨认、专业知识不足和警察的不当行为。罕见的错案记录似乎应被归因于长时间的审讯，在审讯中提问内容重复并且极具暗示性。在大多数情况下，供认不被认可是因为它是以非法或不道德的方式获得的，而不是因为它是虚假的［圣－伊夫（St-Yves），待出版］。然而，有时候，提问的方法过于具有暗示性，可能会破坏真相并导致虚假供述。缺乏客观性——通常被称为视野狭窄（tunnel vision）和不专业的态度是我们在发生此类错误时经常发现的其他因素（FPT 检控委员会工作组负责人，2004）。

毫无疑问，控制警方虐待和不当行为的最佳方法之一是对审讯录音录像，以及让警察对潜在风险保持敏感性——特别是获得虚假供述的风险，这些虚假供述是与某些审讯策略和技巧相关的；更具体地说，当被审讯的人在精神上脆弱（精神健康问题、智力能力有限等）的时候，应对潜在风险保持敏感性［卡辛和赖茨曼（Kassin & Wrightsman），1985；古德琼森（Gudjonsson），2003］。

在加拿大，对审讯录音录像的范围不限于对犯罪嫌疑人的最终陈述（在录像中对供认重述），还包括整个审讯过程、从警示到审讯结束。此外，由于要保存审讯的逐字记录，录音录像促使调查人员实施更高质量的审讯，同时也保护他们免受不合理的指控［皮特、施皮尔斯、迪茨和德沃斯金（Pitt, Spiers, Dietz & Dvoskin），1999］。录音录像提供了一个客观档案，法官可以用来判断供认的自由自愿性以及供词内容及获取的情况，而不再依赖于讯问中的主角提出的具有主观性和利害关系的主张。因此，它是防止冤假错案的极好方法。它也是审讯过程最忠实的见证人［圣–伊夫（St-Yves），2004c］。

结 论

在警方审讯期间，犯罪嫌疑人的供述决策可能受到诸多因素的影响。但情境因素似乎对犯罪嫌疑人的决策过程影响最大，而且对警察也有潜在的影响。这些情境因素有警示（保持沉默和获得律师法律咨询的权利）、证据的质量/强度以及审讯策略和技巧。正是这些审讯方法引起了很多争议，有些是因为这些审讯方法似乎是强制性的，导致了对供认“自愿性”的质疑，有些是因为这些审讯方法可能引出虚假供述，最终导致冤假错案。然而，尽管在对证人和被害人的询问中也存在司法误判的风险，但对用于促进证人记忆回忆的询问方法没有明显的反对声音。因此，培训警察使其了解审讯技巧和其中存在的一些风险，以及对整个审讯过程录音录像，都是可以大大减少与警察讯问有关的风险和疑虑的措施。对警察的调查询问进行培训是至关重要的，它可以确保所使用的技术符合法律要求并能够对调查结果产生积极影响。通过培训，我们可以推荐询问规则［圣–伊夫（St-Yves），2006a］和道德准则（参见内政部第 22/1992 号通告），以及询问应当以寻求真相而不是以寻求认罪供述为中心的哲理。当然，我们通常也能够通过供述重建部分真相。

参考文献

❶ Baldwin, J. (1993). Police interviewing techniques. Establishing the truth or proof? *The British Journal of Criminology*, 33, 325 – 352.

❷ Baldwin, J. & McConville, M. (1980). *Confessions in Crown Court trials*. Royal Commission on Criminal Procedure Research Study No 5. London: HMSO.

❸ Berggren, E. (1975). *The psychology of confessions*. Leiden: Brill.

❹ Bernard, G. & Proulx, J. (2002). Caractéristiques du passage à l'acte de criminels violents états-limites et narcissiques. *Revue Canadienne de Criminologie*, Janvier, 51 – 75.

❺ Bottomley, A. K. & Coleman, C. A. (1980). Police effectiveness and the public: The limitations of official crime rates. In R. V. G Clarke & J. M. Hough (Eds.), *The Effectiveness of Policing*. Farnborough: Gower.

❻ Bull, R. (2006). *Research on the police interviewing of suspects*. Paper presented at the Séminaire d'échanges de bonnes pratiques sur les auditions de police judiciaire. Paris, 23 – 26 January.

❼ Cassell, P. G. & Hayman, B. S. (1998). Police interrogation in the 1990s: An empirical study on the effect of Miranda. In R. A. Leo & G. C. Thomas Ⅲ (Eds.), *The Miranda debate, justice and policing*. Boston, MA: Northeastern University Press, 222 – 235.

❽ Cialdini, R. B., Vincent, J. E., Lewis, S. K., Catalan, J., Wheeler, D. & Darby, B. L. (1975). Reciprocal concessions procedure for inducing compliance: the door-in-the-face technique. *Journal of Personality and Social Psychology*, 31, 206 – 215.

❾ Deslauriers-Varin, N. (2006). Les facteurs déterminants dans le processus d'aveu chez les auteurs d'actes criminels. Master's thesis. Université de Montréal.

❿ Deslauriers-Varin, N. & St-Yves, M. (2006). *An empirical investigation of offenders' decision to confess their crime during police interrogation*. Paper presented at the 2nd International Conference on Investigative Interviewing, Portsmouth, 5 - 7 July.

⑪ Deslauriers-Varin, N., St-Yves, M. & Lussier, P. (2009). Confessing their crime: Factors influencing the offender's decision to confess during police interrogation. Paper submitted.

⑫ Evans, R. (1993). *The conduct of police interviews with juveniles.* Royal Commission on Criminal Justice Research Report No. 8. London: HMSO.

⑬ Eysenck, H. J. & Gudjonsson, G. H. (1989). *The causes and cures of criminality.* New York and London: Plenum Press.

⑭ FPT Heads of Prosecutions Committee Working Group (2004). *Report on the Prevention of Miscarriages of Justice.* http://canada. justice. gc. ca/fr/dept/pub/hop/index. html, accessed 8 December 2006.

⑮ Gordon, N. J. & Fleisher, W. L. (2002). *Effective interviewing and interrogation techniques*, New York: Academic Press.

⑯ Gouldner, A. W. (1960). The norm of reciprocity: A preliminary statement. *American Sociological Review*, 25, 161 - 178.

⑰ Gudjonsson, G. H. (1992). *The psychology of interrogations, confessions and testimony.* Chichester: John Wiley & Sons.

⑱ Gudjonsson, G. H. (2003). *The psychology of interrogations and confessions. A handbook.* Chichester: John & Wiley.

⑲ Gudjonsson, G. H. & Bownes, I. (1992). The reasons why suspects confess during custodial interrogation: data for Northern Ireland. *Medicine, Science and the Law*, 32, 204 - 212.

⑳ Gudjonsson, G. H. & Petursson, H. (1991). Custodial interrogation: Why do suspects confess and how does it relate to their crime, attitude and personality? *Personality and Individual Differences*, 12, 295 - 306.

㉑ Gudjonsson, G. H. & Sigurdsson, J. F. (1999). The Gudjonsson Confession Questionnaire-Revised (GCQ-R): Factor structure and its relationship with *personality. Personality and Individual Differences*, 27, 953 -968.

㉒ Gudjonsson, G. H. , Sigurdsson, J. F. , Bragason, O. O. , Einarsson, E. & Valdimarsdottir, E. B. (2004a). Confessions and denials and the relationship with personality. *Legal and Criminological Psychology*, 9, 121 -133.

㉓ Gudjonsson, G. H. , Sigurdsson, J. F. & Einarsson, E. (2004b). The role of personality in relation to confessions and denials. *Psychology, Crime & Law*, 10, 125 -135.

㉔ Holmberg, U. & Christianson, S. A. (2002). Murderers' and sexual offenders' experiences of police interviews and their inclination to admit or deny crimes. *Behavioral Sciences and the Law*, 20, 31 -45.

㉕ Home Office Circular 22/1992. *Principles of investigative interviewing.* London: Home Office.

㉖ Horowitz, M. W. (1956). The psychology of confession. *Journal of Criminal Law, Criminology and Police Science*, 47, 197 -204.

㉗ Horvath, F. & Meesig, R. (1996). The criminal investigation process and the role of forensic evidence: A review of empirical findings. *Journal of Forensic Sciences*, 40, 963 -969.

㉘ Inbau, F. E. , Reid, J. E. , Buckley, J. P. & Jayne, B. C. (2001). *Criminal interrogation and confessions*,4th edition. Gaithersburg, MD: Aspen.

㉙ Irving. B. & McKenzie, I. K. (1989). *Police interrogation: The effects of the Police and Criminal Evidence Act.* London: HMSO.

㉚ Kalbfleisch, P. J. (1994). The language of detecting deceit. *Journal of Language and Social Psychology*, 13, 459 -496.

㉛ Kassin, S. M. & Gudjonsson, G. H. (2004). The psychology of confessions: A review of the literature and issues. *Psychological Science in the Public Interest*, 5, 33 -67.

㉜ Kassin, S. M. & Wrightsman, L. S. (1985). Confession evidence. In S. M. Kassin & L. S. Wrightsman (Eds.), *The Psychology of Evidence and Trial*

Procedures. London: Sage, 67 – 94.

㉝ Leiken, L. S. (1970). Police interrogation in Colorado: The implementation of Miranda. *Denver Law journal*, 47, 1 – 53.

㉞ Leo, R. A. (1996). Inside the interrogation room. *The Journal of Criminal Law and Criminology*, 86, 266 – 303.

㉟ Macdonald, J. & Michaud, D. (1987). *The confession. Interrogation and criminal profiles for police officers*. Denver, CO: Apache Press.

㊱ Mitchell, B. (1983). Confessions and police interrogation of suspects. *Criminal Law Review*, September, 596 – 604.

㊲ Moston, S., Stephenson, G. M. & Williamson, T. M. (1992). The effects of case characteristics on suspect behaviour during police questioning. *British Journal of Criminology*, 32, 23 – 40.

㊳ Neubauer, D. W. (1974). Confessions in Prairie City: Some causes and effects. *Journal of Criminal Law and Criminology*, 65, 103 – 112.

㊴ Pearse, J. & Gudjonsson, G. H. (1996). Police interviewing techniques at two South London police stations. *Psychology, Crime and Law*, 3, 63 – 74.

㊵ Pearse, J., Gudjonsson. G. H., Clare, I. C. H. & Rutter, S. (1998). Police interviewing and psychological vulnerabilities: predicting the likelihood of a confession. *Journal of Community and Applied Social Psychology*, 8, 1 – 21.

㊶ Phillips, C. & Brown, D. (1998). *Entry into the criminal justice system: A survey of police arrests and their outcomes*. London: Home Office.

㊷ Pitt, S. E., Spiers, E. M., Dietz, P. E. & Dvoskin, J. A. (1999). Preserving the integrity of the interview: The value of videotape. *Journal of Forensic Sciences*, 44(6), 1287 – 1291.

㊸ Reik, T. (1973). *Le besoin d'avouer: psychanalyse du crime et du châtiment*. Paris: Payot.

㊹ Shepherd, E. (1991). Ethical interviewing. *Policing*, 7, 42 – 60.

㊺ Sigurdsson, J. F. & Gudjonsson, G. H. (1994). Alcohol and drug intoxication during police interrogation and the reasons why suspects confess to the police. *Addiction*, 89, 985 – 997.

㊻ Singh K. K. & Gudjonsson G. H. (1992). The vulnerability of adolescent boys to interrogative pressure: an experimental study. *Journal of Forensic Psychiatry*, 3, 167 – 170.

㊼ Softley, P. (1980). *Police interrogation: An observational study in four police stations.* Home Office Research Study No. 61. London: HMSO.

㊽ St-Yves, M. (2002). Interrogatoire de police et crime sexuel: profil du suspect collaborateur. *Revue internationale de criminologie et de police technique et scientifique.* 81 – 96.

㊾ St-Yves, M. (2004a). La psychologie de I'aveu. In M. St-Yves & J. Landry (Eds.), *Psychologie des entrevues d'enquête, de la recherche à la pratique* (pp. 31 – 52). Cowansville, Québec: Yvon Blais.

㊿ St-Yves, M. (2004b). Les facteurs associés à la confession: la recherche empirique. In M. St-Yves & J. Landry (Eds.), *Psychologie des entrevues d'enquête, de la recherche à la pratique* (pp. 53 – 71). Cowansville, Québec: Yvon Blais.

51 St-Yves, M. (2004c). La psychologie du suspect. In M. St-Yves & J. Landry (Eds.), *Psychologie des entrevues d'enquête, de la recherche à la pratique* (pp. 73 – 84). Cowansville, Québec: Yvon Blais.

52 St-Yves, M. (2004d). L'aveu chez les auteurs de crimes sexuels. In M. St-Yves & J. Landry (Eds.), *Psychologie des entrevues d'enquête, de la recherche à la pratique* (pp. 85 – 103). Cowansville, Québec: Yvon Blais.

53 St-Yves, M. (2006a). The psychology of rapport: five basic rules. In T. Williamson, *Investigative interviewing: Rights, research, regulation* (pp. 87 – 106). Cullompton: Willan Publishing.

54 St-Yves, M. (2006b). Confessions by sex offenders. In T. Williamson, *Investigative interviewing: Rights, research, regulation* (pp. 107 – 122). Cullompton: Willan Publishing.

55 St-Yves, M. (in press). Police interrogation in Canada: From the quest

for confession to the search for the truth. In B. Milne, S. Savage & T. Williamson, *International Developments in Investigative Interviewing*, Cullompton: Willan Publishing.

56 St-Yves, M. & Landry, J. (2004). La pratique de l'interrogatoire de police. In M. St-Yves & J. Landry (Eds.), *Psychologie des entrevues d'enquête: de la recherche à la pratique*. Cowansville, Québec: Yvon Blais.

57 St-Yves, M. & Lavallée, P. R. (2002). *L'interrogatoire vidéo: État de la situation à la Sûreté du Québec*. Direction conseil et développement en enquêtes criminelles. Sûreté du Québec. Document inédit.

58 St-Yves, M. & Tanguay, M. (2009). The psychology of interrogation: A quest for a confession or a quest for the truth? In M. St-Yves & M. Tanguay (Eds.), *The psychology of criminal investigations: The search for the truth* (pp. 9 – 40). Toronto: Thomson Carswell.

59 St-Yves, M., Tanguay, M. & Crépault, D. (2004). La psychologie de la relation: cinq règles de base. In M. St-Yves & J. Landry (Eds.), *Psychologie des entrevues d'enquête: de la recherche à la pratique* (pp. 135 – 153). Cowansville. Québec: Yvon Blais.

60 Ury, W. (1991). *Getting past no: Negotiating with difficult people*. New York: Bantam Books.

61 Wald, M., Ayres, R., Hess, D. W., Schantz, M. & Whitebread, C. H. (1967). Interrogations in New Haven. The impacts of Miranda. *Yale Law Journal*, 76, 1519 – 1648.

62 Walsh, D. P. J. (1982). Arrest and interrogation: Northern Ireland 1981. *Journal of Law and Society*, 9, 37 – 62.

63 Walters, S. B. (1995). *Principles of kinesic interview and interrogation*. New York: CRC.

64 Williamson, T. M. (1990). *Strategic changes in police interrogation: an examination of police and suspect behaviour in the Metropolitan Police in order to determine the effects of new legislation, technology and organizational poli-*

cies. Unpublished PhD thesis, University of Kent.

⑥⑤ Williamson, T. M. (1993). From interrogation to investigative interviewing: Strategic trends in police questioning. *Journal of Community and Social Psychology*, 3, 89 - 99.

⑥⑥ Williamson, T. M. (2006). Investigative interviewing and human rights in the war on terrorism. T. Williamson (Ed.), *Investigative interviewing: Rights, research, regulation* (pp. 3 - 22). Cullompton: Willan Publishing.

⑥⑦ Zulawski, D. & Wicklander, D. (1992). *Practical aspects of interview and interrogation.* New York: CRC.

Cases

❶ *R v Oickle* (2000) 2 R. C. S. 3

❷ *R v Rothman* (1981) 1 R. C. S. 640

第02章

询问中犯罪嫌疑人否认策略的类型

斯蒂芬·莫斯顿（Stephen Moston）

杰弗里·M. 斯蒂芬森（Geoffrey M. Stephenson）*

简介

在本章中，我们分析犯罪嫌疑人在警方询问中否认犯罪的策略类型。这是一个重要的司法主题。首先，警察在询问之前，需要考虑犯罪嫌疑人打算对其是否参与犯罪这一问题欺骗警察而采取的策略。在犯罪嫌疑人实施这样的欺骗策略之前，警察能否阻止其实施欺骗策略？如果无法避免，警察应该如何回应呢？其次，或许更为重要的是，有能力区分出在是否涉案方面哪些是打算欺骗的犯罪嫌疑人和哪些是真正无辜的人。所有的否认都应当受到怀疑吗？或者，在发现相互矛盾的证据之前，是否应当以其表面意义看待所有否认？是否应当由于随后会使用证据证明犯罪嫌疑人的欺骗意图而先接受他/她的否认？或者，是否最好通过灵活的提问来规避否认，以期随后会引出供述？

我们会看到专家们在这些问题上并不能达成一致［古德琼森（Gudjonsson），2006］，此外，关于否认一般采用的形式鲜有证据。在进一步研究这些问题之前，我们将简要描述一下已知的犯罪嫌疑人所采取的对立立场的情况：对他们接受犯罪有关的询问的供认。

* 作者简介：斯蒂芬·莫斯顿（Stephen Moston），澳大利亚詹姆斯·库克大学心理学系（Department of Psychology，James Cook University）高级讲师；杰弗里·M. 斯蒂芬森（Geoffrey M. Stephenson），英国伦敦南岸大学心理学系（Department of Psychology，London South Bank University）名誉教授。

在警察局的供认

自从英国引入《1984年警察和刑事证据法》（PACE）以来，已经进行了几项主要的观察性研究，样本规模超过500例，涉及警方的询问风格以及在警方的刑事询问中犯罪嫌疑人对犯罪指控的回应［莫斯顿、斯蒂芬森和威廉姆森（Moston，Stephenson & Williamson），1992；鲍德温（Baldwin），1993；莫斯顿和斯蒂芬森（Moston & Stephenson），1993；比克和布朗（Bucke & Brown），1997；菲利普斯和布朗（Phillips & Brown），1998；比克、斯特里特和布朗（Bucke，Street & Brown），2000］。此外，还有一些小规模的研究侧重于特定人群［如青少年；埃文斯（Evans），1993］或重点研究问题［如心理脆弱性对供述的影响；皮尔斯、古德琼森、克莱尔和拉特（Pearse，Gudjonsson，Clare & Rutter），1998］。

在这些研究中，在询问期间作出供认的犯罪嫌疑人的比例相当一致，从55%［莫斯顿（Moston）等，1992；菲利普斯和布朗（Phillips & Brown），1998；比克（Bucke）等，2000］到62%［鲍德温（Baldwin），1993］，其他研究结果也在这一范围内［比克和布朗（Bucke & Brown），1997：58%；皮尔斯（Pearse）等，1998：58%；莫斯顿和斯蒂芬森（Moston & Stephenson），1993：59%；埃文斯（Evans），1993：也是59%］。

令人惊讶的是，其他国家的可比性研究很少。在美国，只有两次类似的尝试量化供认率。卡斯尔和海曼（Cassell & Hayman，1996）报告称，42%的犯罪嫌疑人作出供认或承认犯罪，而利奥（Leo，1996）则认为供认/认罪率达到64%。在澳大利亚，狄克逊和特拉维斯（Dixon & Travis，2007）提供了两个独立的样本案件的数据，其中一个样本给出的供认/认罪率为76%，但第二个样本的比率较低，为46%。

国际范围内的比较充满困难，因为样本量通常相对较小［例如，狄克逊和特拉维斯（Dixon & Travis）的第二个样本中有87个案例］并且使用了不同的采样技术［例如，卡斯尔和海曼（Cassell & Haymann）的研究使用的是非随机样本］。我们还必须认识到，不同司法管辖区的警察可能在控告特定罪行的人方面，谨慎程度不一。在英国的不同部门之间也可能发生类似的变化。实际上，有一些被妥善记录的案件显示某些部门的结案率非常高，这表明犯罪嫌疑人已经承认的犯罪“被合并起诉了”（taken into consideration，TICs），提高了成功起诉的概率［吉尔（Gill），1987］。

在警察局的否认

大多数不供认的犯罪嫌疑人都以这样或那样的方式否认他们的罪责。其他人可能会保持沉默或回避直接回答，但是在英国，由于引入了修改后的警告，即警告犯罪嫌疑人如果其沉默随后可能会被视为对有罪的隐瞒，因而这样做的犯罪嫌疑人人数可能已经减少。关于否认的犯罪嫌疑人百分比的现有数据难以解释，因为有些研究未能完全提及否认率，或者是将数据（包括否认、回避和行使沉默权）整合成一个类别，这也许应当被描述为“不供认”率更好。尽管存在这些问题，研究表明，在英国35%［莫斯顿和斯蒂芬森（Moston & Stephenson），1993］和45%［菲利普斯和布朗（Phillips & Brown），1998］的犯罪嫌疑人否认参与犯罪或不供认。

来自英国PACE之前研究的数据显示出了类似的模式，索芙雷、布朗、福德、梅尔和莫克森（Softley，Brown，Forde，Mair & Moxon，1980）报告的否认率为35%，而欧文（Irving，1980）报告的数据则为42%，这表明在引入PACE之后，警方询问实践以及对询问的强制性磁带录音记录对询问效果指标几乎没有影响。

犯罪嫌疑人为何供述？

莫斯顿（Moston）等人（1992）分析了英国的1000多起案件，在这些案件中，犯罪嫌疑人接受了警察的询问。除通过调查问卷收集附有羁押记录的案件的详细记录外，他们还分析了500多份询问录音记录。他们的研究发现，有三个案件特征（证据强度、犯罪严重程度和法律建议）与询问结果之间有明确的联系。有人指出，警察的询问技巧在影响犯罪嫌疑人供认方面起着相对较小的作用。这一结论来源于两个原因。

第一，大多数认罪都是在询问开始时自愿承认的，而那些在询问开始时就否认指控的犯罪嫌疑人通常会在整个过程中保持这种否认，即使在面对看似无可辩驳的能够证明他们有罪的证据时。鲍德温（Baldwin，1993）发现了一个类似的结果模式，在600个样本中只有9名犯罪嫌疑人在询问期间表现出从拒绝到承认的回应转变。

第二，警察在询问中使用询问技巧的情况并不是很明显，这也可能是最令人惊讶的观察结果。他们只是使用了有限范围的提问技巧，询问人员似乎比他们询问的犯罪嫌疑人更加紧张。许多警察在犯罪嫌疑人首次出现抵抗迹象时就结束了询问，而其他人则固执地继续进行重复的、老套的询问或者断言认定涉嫌事实。

这些调查结果与大众对警察询问犯罪嫌疑人的看法背道而驰。可能的情况是，大多数人认为典型的审讯始于犯罪嫌疑人对指控的初步否认，但通过熟练的询问，询问人员揭示了该犯罪嫌疑人陈述中的不一致之处或与其他证据的矛盾。当面对突出的矛盾时，犯罪嫌疑人会放弃他们对犯罪的否认并作出完整的供述。这种令人眼花缭乱的连续事件确实在极少数情况下发生，但它可能并不常见。

警察询问的研究方向

对警察在询问犯罪嫌疑人过程中进行的大量心理学研究，集中在不恰当地使用询问策略将如何导致无辜的犯罪嫌疑人作出虚假供述［卡辛和古德琼森（Kassin & Gudjonsson），2004；卡辛（Kassin），2005］。相同的询问策略对犯罪嫌疑人作出有罪供认决策的影响在很大程度上被忽视了。其中一个原因比其他原因更为显著：一些否认参与犯罪活动的人很可能说的是实话，但后果是惯常使用的欺骗、最小化、威胁、虚假承诺和其他诡计行为可能导致不可接受的错误定罪数量；考虑到口供证据的重要影响，这尤其成问题。询问（以获得供认为目的的询问）很容易被用作寻找独立证据的捷径。在犯罪嫌疑人接受询问之前，警察通常并未掌握无可否认的有罪证据。如果他们有这样的证据，那么犯罪嫌疑人的供认就不是必要的，而只是方便些。事实上，正是出于同样的原因，警察有时才会实施询问，以便通过进一步调查排除那些指控证据不足、受到无罪保护的犯罪嫌疑人。

目前对英国警察指导的重点是询问的目的是确定“真相”，并且在询问前不做任何关于有罪或无罪的假定。原则上，犯罪嫌疑人应被视为证人，尽管可能但不一定是证明他们有罪的证人。否认的真实性或虚假性，无论他们可能采取何种形式否认罪行，都将根据它们与其他证据相关的合理性进行评估。如果严格遵守这种合乎道德、理想的司法途径，则将确保最少的错误定罪。然而，警察的办案时间是有限制的，如果犯罪嫌疑人配合（作出供述），采取调查行动以证明在警方熟练地询问中获得的供述真实性，无疑将比那些不配合的犯罪嫌疑人更加快速地得出结论。对不同类别否认的真实性或证据价值的研究可能对警察询问的有效性和整体完整性具有相当大的价值。

强调避免造成虚假供述对于保护公民自由具有十分突出的重要性，即目前强调的应当避免事前有罪假设的必要性几乎不需要理由。确定对犯罪嫌疑人的特定询问策略有效性的复杂性，无论他们是有罪还是无罪，无疑对研究设计产生了强大的影响。法林顿（Farrington，1981∶100）提出了以下原因，即由于其他变量的变化，几乎不可能确定不同审讯风格（interrogation style）对犯罪嫌疑人行为的影响。

> 通过相关研究可以调查出现实中讯问风格与供述可能性之间的关系。这样的研究表明，一种讯问风格引出供述的可能性明显高于另外一种风格。但是，由于所有不受控制变量的存在，在这样的研究中将这种差异归因于不同的讯问风格是不可能的。例如，某一讯问风格可能是某些警察的首选，他们能够更有效地引出供述，但供述原因却与讯问风格无关；或者某种讯问风格可能会对特定的犯罪嫌疑人使用，这些犯罪嫌疑人可能比其他人供认的可能性更大（但供认的原因再次与讯问风格无关）。只有实验可以分离讯问风格的变量并明确地表明讯问风格会影响供述。

实际上，实验研究已经证实了询问策略可以增加“供述”，但同时也存在着提高虚假供述率的风险。例如，后来对警方询问的实验性研究表明，某些常用的策略，如最小化策略［卡辛和麦克纳尔（Kassin & McNall），1991］，可能会增加错误地承认自己未犯下的一系列轻微违法行为的人数。虽然这种研究很有意思，但它往往忽视了这种策略对有罪的犯罪嫌疑人的潜在影响。此外，存在一个不成文的假设，即有罪的犯罪嫌疑人是相对同质的，并且无论犯罪性质（如财产犯罪与人身犯罪）、犯罪嫌疑人（如是否有前科）、询问人员（如男性与女性）或证据（如目击证人与指纹证据）可能存在什么不同。这是一个重要的疏忽，因为这些变量能够对询问人员的态度和假定产生巨大的影响。例如，斯蒂芬森和莫斯顿（Stephenson & Moston，1993）发现，犯罪前科和证据强度会让警察在询问之前预测犯罪嫌疑人是否有罪。然而，韦伯（Weber，2007）的一项涉及退休警察的实验研究发现，只有证据强度才能做出预测有罪的假设，而不是犯罪前科。

因此，对有罪或无罪的不同假定（assumption）可能会对询问策略的选择产生影响。卡辛、戈尔茨坦和萨维茨基（Kassin，Goldstein & Savitsky，2003）通过实验模拟讯问人员和犯罪嫌疑人，表明有罪假定对于讯问人员所选择的提问类型具有强大的影响力，并且有罪假定会促使审讯更具有侵略性，限制犯罪嫌疑人的回答。同样，韦伯（Weber，2007）发现，在（退休）警察制订的模拟询问计划中，有罪假定与选择以供认为导向的询问策略有关。

在询问期间，可以提出类似的论点来理解犯罪嫌疑人的策略。犯罪、犯罪嫌疑人、询问人员或证据的变化也可能会影响犯罪嫌疑人对指控的反应，不仅是在供认、否认或拒绝开口的决定方面，而且在于犯罪嫌疑人否认的方式。真实的否认与虚假的供述同样具有价值。此外，区分哪些是虚假的否认和哪些是诚实的否认显然有助于警察追捕真正的有罪者。作为理解否认这种犯罪嫌疑人行为的第一步，我们将在本章提供对早期审讯结果研究中获得的对否认的分析。

犯罪嫌疑人的否认策略

犯罪嫌疑人否认指控的最常见方式是什么？运用每一种“否认策略”的犯罪嫌疑人的特征和动机是什么？本章的一个中心主题是警察对犯罪嫌疑人的否认作出反应的方式，以及每一种否认策略对于犯罪嫌疑人主观认知可信度（perceived credibility）所可能具有的意义。所谓主观认知可信度，我们指的是警察关于犯罪嫌疑人是在讲真话还是说谎的假定。换言之，否认要么被接受为无辜者的陈述，要么被认为是试图逃避起诉的人提出的谎言。当然，犯罪嫌疑人可能确实会由衷地对其行为内容或行为意义有不同于警察对其行为的理解。在许多情况下，在警方询问室中的否认类似于酗酒者否认他/她对自己的饮酒行为缺乏控制。在这种情况下，可以说犯罪嫌疑人的行为（如酗酒者）“否认不是说谎。它实际上是一种感知无能（perceptual incapacity）——最原始的心理防御”［汤姆斯（Thombs），1999：69］。

在刑事案件中，错误认知可能出现在事件发生时，如危险驾驶的司机在确认他们进入另一辆车的路径之前没有仔细观察，或者暴力犯罪者将被害人对犯罪者行为完全合理的评论误读为挑衅。同样地，就像在某些性犯罪中所发生的那样，对其本质上无罪的信念可能是有关构成犯罪的错误前提的产物，甚至错误地认为他们能够对另一人犯下这种伤害。羞耻和愤怒或许会刺激那些被视为酒鬼的饮酒者拒绝外界提供的帮助，并且这些动机可能会刺激被贴上强奸犯标签的犯罪嫌疑人否认指控。

汤姆斯（Thombs）继续描述让酒鬼直面他们现实处境的危害：“使用对抗程序来打破否认可能在许多情况下具有实际上会强化否认的意想不到的效果”［汤姆斯（Thombs），1999：70］。

“真相”是对事件的一种难以捉摸和可协商的解释；假设其他方面的困难将在后面讨论。目前我们将假设警察自然倾向于认为一方说实话，另一方说谎，是相互不同的类别，不考虑这种区分所引入的过度简化，也不考虑这种假设在战术上是非常拙劣的事实。

目前，对于犯罪嫌疑人否认参与犯罪，在警方看来是否是有利的，是否是重要的，这在不同的辖区，存在根本差异。鉴于此，令人惊讶的是，对于犯罪嫌疑人否认指控的方式知之甚少。一些公安部门认为否认是一个重要因素，是确定有罪或无罪的重要证据，这取决于它们与证据相关的合理性。其他人似乎认为否认总被视为支持虚假不在场证明的最佳方式。无论哪种方式，似乎准备询问都是有必要的，以便预测无罪和有罪的犯罪嫌疑人可能提出的否认（或不在场）的类型。例如，在澳大利亚，新南威尔士州警察局（2005）被指导在提出诸如指纹之类的证据之前提出问题以引出完全否认（没有数据证实或反驳这种策略的实际使用）。荷兰采用了类似的方法［范德斯林恩（van der Sleen），2006］，重点是让犯罪嫌疑人提供详细的陈述，以防止有罪的犯罪嫌疑人否认案件中证据的意义，同时允许无辜的犯罪嫌疑人有机会解释他们为何受到怀疑。这种询问方式与美国等国家所采用的方法截然不同。在美国，主流的里德技术认为，犯罪嫌疑人的否认是可以被避免的［见英博、里德、巴克利和杰恩（Inbau，Reid，Buckley & Jayne），2001］，以确保获取真实的供述。然而，在这两种方法中，显而易见的是对“否认策略”的分析，可根据它们是由欺骗的或诚实的（即使是错误的）犯罪嫌疑人使用来表征，将为调查提供信息，我们希望这将促进程序正义。

哈特维希、格兰海格和斯特伦瓦尔（Hartwig，Granhag & Strömwall，2007）进行了一项研究，探讨了说真话者和说谎者使用的不同言语（和非言语）策略。在这项研究中，模拟犯罪嫌疑人扮演有罪或无辜的犯罪嫌疑人角色，接受了见习警察的询问。该研究发现，说谎者使用一系列策略是为了使自己显得可信。其中包括看似平静和放松，尽可能说实话，坚决否认有罪：通过否认看到过关键事项来规避犯罪细节，假装无罪，以及表现出友好和愉快。在相同研究者的另一项实验研究中［斯特伦瓦尔，哈特维希和格兰海格（Strömwall，Hartwig & Granhag），2006］，在模拟审讯期间，说真话者和说谎者在否认策略方面存在差异，说谎者倾向于“保持简单策略”。

在哈特维希（Hartwig）等人（2007），以及在瓦里吉（Vrij，2006）的研究中，说真话者和说谎者也被发现表现出不同的非言语行为。这些研究结果表明，说谎的犯罪嫌疑人可能会采用各种策略应对审讯，这些策略能够将他们与那些认为自己是在讲真话的人区分开。虽然上述研究由模拟犯罪嫌疑人扮演，但没有理由认为真实案件中的犯罪嫌疑人不会那么积极主动。

否认策略的类型

以下对否认策略的描述来自各种可用来源，包括来自英国的100多个询问录音带，这些录音由英国多家警察局的同事提供，有时用于对警察询问更为广泛的研究；澳大利亚和美国的询问笔录，这些也由警方提供；以及公共领域（主要来自英国和澳大利亚）的法庭笔录。所有案件都有一个共同点，即在警察局的询问中，犯罪嫌疑人否认犯罪。由于这是一组多样化的数据，因此未尝试量化每种策略被使用的频率。随后的研究使用了代表性的案件样本，将被要求准确地解决这个问题。

所有询问记录都是匿名的，参与者被标记为“询问人员”和“犯罪嫌疑人”（公共领域的案例除外）。这里的方法主要是描述性的，重点是说明一系列否认策略的典型特征。不可避免的是，我们不能肯定地说，说谎或诚实的犯罪嫌疑人的策略在多大程度上具有特征性。我们没有详细说明案件的后续发展，什么人被指控、被起诉和被判有罪，与那些无论出于什么原因未被继续调查、退出刑事司法系统或刑事调查的其他阶段的人相对照。需要进行此类研究，并且在进行时将遵循本研究中概述的否认策略的分类。然而，在看似合理的情况下，我们会评论将一种或另一种策略归于欺骗或诚实意图的合理性，并评论询问人员在不同情况下对策略的预期反应。

否认策略可以分为两种广泛的类型：消极的和积极的。消极的否认是犯罪嫌疑人否认指控但不提供任何申明无罪的辩解细节，积极的否认包含有申明无罪的辩解细节。

1. 消极的否认

（1）简单地否认指控。否认指控或简单地做出否认是一个人能够质疑证据或反驳指控的最基本方式，举例来说：

询问人员：然后你被看到把物品放进你的包里。

犯罪嫌疑人：没有。

犯罪嫌疑人不支持该陈述也没有提供一个关于该事件的替代版本。相反地，他只是提供一个简短的陈述（“不”“那是错的”“你错了”“我没有这样做，好吗?”等）来否认询问人员的主张。简单否认的特点是犯罪嫌疑人缺乏详细说明。没有提供对事件的替代性解释，也没有试图质疑案件中的证据（如证人陈述）。这种特殊的策略已经出现在一些引人注目的案件中，如连环杀人犯哈罗德·希普曼（Harold Shipman）。

询问人员：遗嘱中的字句都是在你的兄弟牌（Brother）打字机上打出来的。你能解释一下吗?

希普曼：不是。

……

询问人员：博士，我可以直接给你看你伪造的（遗嘱）；你用打字机打出了这封遗嘱的字句，希望能从格兰迪夫人的遗产中受益。

希普曼：这是一个问题，还是一个陈述?

询问人员：我告诉你，情况就是这样。

希普曼：事实并非如此。

询问人员：我告诉你，你应当负责，你是这封遗嘱的作者，你制造了遗嘱。你伪造了签名。

希普曼：现在我说这不是我干的。

在另外一起备受瞩目的案件中，涉嫌杀害儿童的凶手罗伊·怀廷（Roy Whiting）在审判中也采用这样的辩护策略。检察官蒂莫西·兰代尔（Timothy Langdale）质疑怀廷是“离奇事故的不幸受害者”的可能性。具体来说，他质疑被害者的头发有可能是从被害者家中取出的证据包裹中脱落，然后进入一个装有怀廷的红色运动衫的包里，并随后在此被发现。

兰代尔：另一种选择是，除非发生特殊事故，否则它只能意味着一件事……你是绑架她的人，你就是杀死那个孩子的人，你是那个埋葬她尸体的人。那是唯一的另一种选择，不是吗?

怀廷：不是我。

根据英博（Inbau）等人（2001）的看法，当犯罪嫌疑人使用诸如“我真的不会那样做”或“我发誓我没有这样做”这样的保证时，简单否认的可信度会进一步降低。然而，应当认识到，必须根据相反的充分证据来评估简单否认的合理性。如果没有这样的证据，将简单的否认解释为说谎的证据肯定是轻率的。

无论证据如何，许多询问人员在面对这种否认时都会变得敌对。这种情况的部分原因可能是感到意外。询问人员在开始询问时相信犯罪嫌疑人是有罪的，但遭到了违背他们期望的否认，会变得沮丧，甚至可能导致恼火。面对证据时的否认，尤其可能被询问人员理解为顽固，或者偶尔被视为犯罪嫌疑人的愚蠢。

（2）表现出困惑：一无所知的否认。一些犯罪嫌疑人会声称“他们对所讨论的罪行一无所知”，所以他们无法回答任何问题。这个特殊的策略有着悠久的历史，《马可福音》（*Mark*）（14：66－68）中就有以下对话。

> 当彼得在下面的院子里时，大祭司的一个女仆来了，看到彼得在为自己取暖，她看着他说：“你也和拿撒勒人（Nazarene）在一起，上帝!”但他否认了这一说法，他说：“我既不知道，也不明白你在说什么。”

在某些情况下，显然被激怒的犯罪嫌疑人在被指控或质疑的过程中可能会试图表达一种漠不关心或厌烦的感觉。其他人可能会说他们愿意提供帮助：“只要我能做到。”这种意愿可能伴随着对信息的渴求，犯罪嫌疑人渴望听到关于犯罪的所有信息。

对于有罪的犯罪嫌疑人来说，这种策略无疑是一种模仿无辜者反应的企图。然而，总是很难确定一个人是诚实的还是说谎的。这需要独立证据，如果犯罪嫌疑人是无罪的，他们可能会提供这些证据。与此处描述的其他一些策略一样，犯罪嫌疑人试图不参与询问，这可能有或者没有正当理由。然而，如果这种情况经常发生的话，即犯罪嫌疑人排除了他们可以回答的有关被调查事件的任何方面的问题的可能性，并且无法提供可核实的替代陈述，对他们的怀疑则可能是正确的。

这种类型的否认特别有可能在有证据指向犯罪嫌疑人时降低其可信度。然后，询问人员会将这种完全无法提供有关案件或事件信息的情况视作犯罪嫌疑人的有罪嫌疑。

（3）对感知的否认。在某些情况下，特别是那些被认为是共同犯罪的案件，如在盗窃或伤害犯罪中，（有罪的）犯罪嫌疑人将试图给人一种印象，即使他们参与了事件（这可能是无可争议的——这个策略的一个关键的决定性因素），但他们只是在事件的外围或边缘，而且他们没有看到任何警察感兴趣的东西。任何可能牵连他们或其同谋的事件发生时，他们都在“看着另外一边”或“没有听到”。与其他一些质疑一样，犯罪嫌疑人不太可能否认事件的发生，只是说他们没有看到或听到。也可以说，这种策略具有通过充当旁观者来保护犯罪者的特征。

无论哪种方式，其明确意图都是转移询问人员的注意力，不要向犯罪嫌疑人施压，不要让他去解释发生的事情。通过声称没有看到任何东西，犯罪嫌疑人避免了撒谎的风险。声称错过了这一事件，犯罪嫌疑人试图从询问过程中退出。询问人员提出的每个问题都会得到一个统一的“我不知道”的回应。

该策略的另一种表现是犯罪嫌疑人声称他们喝得太醉了（或吸毒）无法记住发生的任何事情。与此类问题的另一种形式一样，这通常是试图逃避询问。犯罪嫌疑人可能会接受询问人员提出的任何意见，包括承认“我可能做过——只要我能记得住”。在列举证据和接受犯罪嫌疑人简单默许的情况下，询问人员需要保持警惕。

使用这种策略的有罪犯罪嫌疑人有两种可能的动机。第一种，它可以作为警方询问人员揭示任何指向他们的证据的提示。对于犯罪嫌疑人来说，这始终是一种有用的策略，犯罪嫌疑人可以根据针对他们的证据强度决定是否做出任何承认。第二种，它试图证明犯罪行为是因为酒精/毒品而非犯罪意图，即犯罪几乎是“意外”。

（4）对动机的否认。一些犯罪嫌疑人提出疑问，理由是犯罪细节不合理，因为这些细节“并不是我的风格”，如“我会空手道。如果我打那个人他们不可能站起来”。在入室盗窃案件中也可能听到类似的申辩：“你了解我。我只会偷我能带走的东西。”

此时的一个共同主题是，犯罪嫌疑人呼吁询问人员理解，寻求信任。至关重要的是，在这种情况下，犯罪嫌疑人并未表示他们没有实施被指控的行为；而是简单地说，这不符合他们通常的模式，不符合他们的特点，尽管他们的特点确实存在且值得怀疑。对于那些具有相当多的被警方询问的经验的人来说，这可能是最常用的策略。犯罪嫌疑人巧妙地避免了用完全的否认来直接回应指控，不让询问人员有机会得出正确的结论。

该策略的另一种模式是犯罪嫌疑人质疑指控，理由是他们不会犯罪，因为它“根本不值得”。例如，可能被拿走的金额非常小，或者就货物而言，它们不值得被带走。在某些情况下，犯罪嫌疑人会提到被指控行为可能导致的惩罚性后果：“为了很少一点儿钱财入狱不值得。”英博（Inbau）等人（2001）概述了该策略的进一步变化，他们描述了一个犯罪嫌疑人的“具体否认”策略，犯罪嫌疑人会说：“我没有用柯尔特 357 手枪射杀她。”

2. 积极的否认

（1）对犯罪的否认。在儿童声称他们曾遭受了性虐待的案件中，似乎有一个共同的辩解理由，即认为“一切都是他们（儿童）的想象”。事实上，这种质疑在许多性犯罪中很常见，即便控告人是成人，也是如此。这显然是在企图破坏证人的可信度。

询问人员倾向于通过提问“所以你说这个女孩编造了这一切的事情吗?”来反驳这种辩解。但这可能会迫使犯罪嫌疑人直接地就个人或广泛概括地攻击证人的可信度，例如，“孩子总是这样编造事实，不是吗?”

对询问人员提问的另一个常见反应是“不，我没有那么说”，由此引发了一种自相矛盾的指控，但这样做可能是为了拖延时间，使自己的辩解选择更多。这种试图通过提问迫使犯罪嫌疑人表态的尝试，类似于“那你在说什么？她是不是个骗子?”不可能确保犯罪嫌疑人认罪，并可能有利于犯罪嫌疑人。如果发生这种情况，询问人员应当让犯罪嫌疑人解释为什么这个人可能会有怨恨情绪或有理由撒谎。虽然犯罪嫌疑人对不信任控告人的解释可能处于一般水平，如“孩子总是那样做”，但基于犯罪嫌疑人和控告人之间过去交集的具体解释更可能给人留下深刻印象。后者被人们理解为更加可信。

（2）对警察解读的否认。一些犯罪嫌疑人表示警方误解了他们的无辜行为。虽然在很多情境下确实可能发生这种情况，但这种策略很少以传达可信度的方式使用。犯罪嫌疑人有时候似乎不确定自己行为的动机，也未能对事件作出连贯的解释。在下面的案例中，在一次袭击之后，一名犯罪嫌疑人在逃跑时被捕：

询问人员：你为什么要跑？

犯罪嫌疑人：嗯，其他人都开始跑，我以为他们正在训练或做某事，所以我也跑了，然后你们中的一个人抓住了我。

此处一个明显的问题是其辩解中包含的“或做某事”。犯罪嫌疑人通过闪烁其词的模糊陈述，保留了选择权，目的是避免提供可能与其他被逮捕的人的陈述相矛盾的故事。有时，询问人员可能会发现在犯罪嫌疑人使用此策略时一定会包含他们的怀疑，如下例所示。

询问人员：但是，你认为他（证人）指控你犯下严重罪行的原因是什么？

犯罪嫌疑人：我不知道。

询问人员：你说你沿着街道行走，接下来你被一个拿着刀子的家伙抓住了，而你不知道发生了什么事。

犯罪嫌疑人：我真的不知道。我不知道。当时我感到很困惑，我唯一关心的就是远离那把刀，你明白我的意思吗？

询问人员：看起来非常奇怪……但是你看，它留下了一个巨大的疑问。为什么一个男人要指控你没有做过的事……

犯罪嫌疑人：我不知道。

询问人员：……你以前从未见过他？

犯罪嫌疑人：我不知道。也许他把我误认为某人。我不知道。

这种否认可能会降低说话者的可信度。犯罪嫌疑人的陈述中包含许多闪烁言辞和含糊之处，以至于他对这一事件的回忆似乎特别糟糕。在实践中，这种否认风格可能会被解释为谎言，但当然未必一定就是谎言。

（3）对因果关系的否认。一些犯罪嫌疑人试图质疑事实，如被发现藏有赃物时，他们会表示不知道这些物品是被盗的，并且是从朋友那里借来的（从而将责任转嫁到其他人身上）。犯罪嫌疑人不会质疑证据本身，因为这可能是无可争议的；相反地，他们会质疑可以从中得出的假定，特别是他们实施了犯罪的假定。

这一质疑的目的是通过引起对另外一个潜在犯罪嫌疑人的注意来转移对犯罪嫌疑人自身的注意，可能会也可能不会特指另外的犯罪嫌疑人。这一质疑的一个方面是犯罪嫌疑人可能不愿意直接指控另外一个人；通常他们只是试图提高另外一个人参与的可能性。当询问人员直接询问犯罪嫌疑人另外一人是否是犯罪者时，这种质疑往往会失去可信度，如下例所示。

犯罪嫌疑人：我没有偷走录音带；那是我刚从安迪家里借来的。

询问人员：但我刚刚告诉你它们是被盗的，所以你是指安迪偷走了它们吗？

犯罪嫌疑人：不，我不是这么说的。

这里的另一个经典场景是“我没有偷走它。我是从酒吧里一个男人那里买来的”。显然这种策略的可信度很低，因为其意图是模糊化（酒吧里的男人从来没有名字!），而且让警察很难验证。这种否认策略通常被用作警方询问活动的直接结果，这种做法将犯罪嫌疑人置于两种不良选择的情境中：接受证据或牵连朋友。如果后者被选中，询问人员可能在确定哪些犯罪嫌疑人是诚实的和哪些是在说谎的问题上遇到困难。

这种否认策略的一个变种是推卸给天意（“上帝之手”）：“我不知道这些东西是怎么到那儿去的”，当涉及赃物时这就是一个很好的例证。在这里，犯罪嫌疑人会表示指向他们的证据（他们所占有的被盗财产）神秘地出现，当他们发现这些赃物时，会比警察更惊讶。他们并不试图把原因归咎于这个小小的奇迹，也不会控诉警方伪造证据（虽然一些询问人员可能会觉得他们是在暗示），也不会牵连其他人。就好像“上帝之手”以某种方式介入此事，并将物品放在那里。

这种否认策略的关键是没有关于物品是如何被犯罪嫌疑人占有的任何推测，原因同样在于有罪的犯罪嫌疑人不愿意被束缚于对事件的单一解释，这种解释可能导致其失去可信度。

推定有罪

许多国家的警察倾向于在这样的前提下工作：讯问的良好结果是获得犯罪嫌疑人的供认［斯蒂芬森和莫斯顿（Stephenson & Moston），1993；韦伯（Weber），2007］，获取供词的数量通常界定了询问工作能力［布莱尔（Blair），2005］。这种做法为虚假供述的可能提供了基础，因为警察可能会采用强制犯罪嫌疑人撤回其先前陈述的讯问技巧。虽然传统上警察可能会将这种撤回解释为强制性技巧的合理性，但英国法官最近采取了截然不同的观点。仅凭供述证据不太可能具有说服力，在任何形式的胁迫下作出的供词都存在着不被采纳为证据的现实风险［威廉姆森（Williamson），2006］。

目前强调避免虚假供词反映了警察询问技术所起的重要作用，特别是用于操纵犯罪嫌疑人作出供述决策的心理策略。例如，警察提问技巧被认为是导致强制服从型虚假供述和强制内化型虚假供述的主要原因［参见卡辛和古德琼森（Kassin & Gudjonsson），2004］。有关警方询问犯罪嫌疑人的有限文献［英博（Inbau）等人，2001］没有对这一观点提供支持，这些文献倾向于关注如何克服否认和获取供词。这种观点在美国仍然普遍存在，毫无疑问的是，许多其他司法管辖区也是如此［巴克利（Buckley），2006］。

对性侵案件儿童被害者陈述的心理学研究促进了分析陈述准确性技术的发展，如基于标准的内容分析（criteria-based content analysis）［综述见瓦里吉（Vrij），2005］。这些技术的基本假设是，诚实儿童和说谎儿童的陈述在本质上是不同的。类似的假设是警察培训识别谎言标志的基础［如沃克利（Walkley），1987］。谎言标志被认为是能够暗示有罪的具体陈述。例如，一个言语上的谎言标志是这样的陈述："我撒谎的话，我的母亲就会死"或者"我以我的孩子的性命发誓"。有罪的犯罪嫌疑人通常会使用这种饱受争议的陈述［英博（Inbau）等人，2001］来夸大自己的无辜。某些短语可能暗含欺骗，因为它们本身就固有地缺乏可信度，但它们也可能是由于犯罪嫌疑人记忆不清，或者试图保护他人。显而易见的是，某些形式的否认有时是特定警察提问技巧的直接产物。

在过分强调无辜的概念中暗含了有罪的犯罪嫌疑人会过分强烈抗议的观点。这一观点假设的前提是一个无辜的人会在最佳水平上抗议以示清白。这些想法缺乏任何实证证据，实质上是经验丰富的调查人员传递的“智慧之言”。鉴于警察在发现说谎行为方面是出了名的“差劲”，这种言论只能被视为最好能避开的虚假说辞。

然而，在识别谎言方面有一些令人鼓舞的研究进展，使人们有理由期待能够更多地了解犯罪嫌疑人在回应指控时的行为，特别是否认策略的变化，这些研究可能有助于对谎言的科学分析［弗兰克、亚伯勒和埃克曼（Frank, Yarbrough & Ekman），2006］。但是，我们要考虑的是警察在实践中应如何回应犯罪嫌疑人的否认，进而得出结论。

对否认的处理

在询问犯罪嫌疑人时，对于警察来说，最为明显的难题之一是处理犯罪嫌疑人的质疑或者否认。对于警察而言，发现犯罪嫌疑人没有立即接受看似明显的犯罪嫌疑人有罪的指控，会令他们非常不安。无论警方调查人员的指控看起来是多么无可辩驳或者无可争议，许多犯罪嫌疑人还是会质疑证据或者否认指控。警方调查人员似乎常常将否认指控归咎于犯罪嫌疑人的愚蠢或者顽固。否认加上一定程度的不信任，反映出的观念是犯罪嫌疑人是由于过于愚蠢而不能接受明确的证据。在其他情况下，否认被驳斥的理由是“我们只是没有足够的证据”。也就是说，他们坚信只要他们收集了更多的证据，询问中无疑会得到犯罪嫌疑人的供认。最后，一些询问人员可能会觉得是他们自己说服了犯罪嫌疑人否认指控。询问可能已经很糟糕，询问人员没有使自己有说服力，或者虽然指控证据是强有力的，但给犯罪嫌疑人形成虚假印象。

本章表明，在否认指控时，犯罪嫌疑人会使用各种策略。一些策略包含了明确的否认，而其他策略则更为闪烁其词，一些犯罪嫌疑人愿意提供问题的详细答案，而其他人则将其回答限制在简短的、不屑一顾的陈述中。在提问过程中可能出现的一个明显问题是，在调查其他验证信息时，调查人员给人的印象是他们不相信犯罪嫌疑人所说的任何内容。这可能会阻止犯罪嫌疑人的任何后续回应。如果发生这种情况，询问人员可能会犯下一个不幸的错误，认为犯罪嫌疑人一定是在撒谎。

虽然说犯罪嫌疑人的某些形式的质疑更可能涉及说谎这一观点是错误的，但是询问人员可能认为某些形式的回答比其他形式更不可信。作为未来的假设，在特定情况下使用的某些类型的否认可能是相对不寻常的，因此可以成为对其可信度的预测。否认策略可能构成成年犯罪嫌疑人陈述有效性分析形式的一个组成部分，并有助于完善询问分析系统［弗兰克（Frank）等人，2006］。

参考文献

❶ Baldwin, J. (1993). Police interview techniques: Establishing truth or proof? *British Journal of Criminology*, 33, 325 –352.

❷ Blair, J. P. (2005). What do we know about interrogation in the United States? *Journal of Police and Criminal Psychology*, 20(2), 44 –57.

❸ Bucke, T. & Brown, D. (1997). *In police custody: Police powers and suspects' rights under the revised PACE codes of practice. A research and statistics directorate report.* London: Home Office.

❹ Bucke, T., Street, R. & Brown, D. (2000). *The right of silence: The impact of the Criminal Justice and Public Order Act* 1994. *A research, development and statistics directorate report.* London: Home Office.

❺ Buckley J. P. (2006). The Reid Technique of interviewing and interrogation. In T. Williamson (Ed.), *Investigative interviewing: Research, rights, regulation.* Cullompton: Willan Publishing.

❻ Cassell, P. G. & Hayman, B. S. (1996). Police interrogation in the 1990s: An empirical study of the effects of Miranda. *UVLA Law Review*, 43, 839 –931.

❼ Dixon, D. Travis, G. (2007). *Interrogating images: Audio-visually recorded police questioning of suspects.* Sydney: Sydney Institute of Criminology.

❽ Evans, R. (1993). *The conduct of police interviews with juveniles.* Royal Commission on Criminal Justice Research Study No. 8. London: HMSO.

❾ Farrington D. P. (1981). Psychology and police interrogation. *British Journal of Law and Society*, 8, 97 – 107.

❿ Frank, M. G., Yarbrough, J. D. & Ekman, P. (2006). Investigative interviewing and the detection of deception. In T. Williamson (Ed.), *Investigative interviewing: Rights, research, regulation.* Cullompton: Willan Publishing.

⓫ Gill, P. (1987). Clearing up crime: The big 'con'. *Journal of Law and Society*, 14, 254 – 265.

⓬ Gudjonsson G. H. (2006). The psychology of interrogations and confessions. In T. Williamson (Ed.), *Investigative interviewing: Rights, research, regulation.* Cullompton: Willan Publishing.

⓭ Hartwig, M., Granhag. P. A. & Strömwall, L. A. (2007). Guilty and innocent suspects' strategies during police interrogations. *Psychology, Crime and Law*, 13, 213 – 227.

⓮ Inbau, F. E., Reid, J. E., Buckley, J. P. & Jayne, B. C. (2001). *Criminal interrogations and confessions.* 4th edition. Gaithersburg, MD: Aspen.

⓯ Irving, B. (1980). *Police interrogation: A case study of current practice.* Royal Commission on Criminal Procedure Research Study No. 2. London: HMSO.

⓰ Kassin, S. M. (2005). On the psychology of confessions. *American Psychologist*, 60, 215 – 228.

⓱ Kassin, S. M. & Gudjonsson, G. H. (2004). The psychology of confessions: A review of the literature and issues. *Psychological Science*, 5, 33 – 67.

⓲ Kassin, S. M. & McNall, K. (1991). Police interrogations and confessions: Communicating promises and threats by pragmatic implication. *Law and Human Behavior*, 15, 223 – 251.

⑲ Kassin, S. M., Goldstein, C. J. & Savitsky, K. (2003). Behavioral confirmation in the interrogation room: On the dangers of presuming guilt. *Law and Human Behavior*, 27, 187-203.

⑳ Leo, R. A. (1996). Inside the interrogation room. *Journal of Criminal Law and Criminology*, 86, 266-303.

㉑ Moston, S. & Stephenson, G. (1993). *The questioning and interviewing of suspects outside the police station.* Royal Commission on Criminal Justice Research Study No. 22. London: HMSO.

㉒ Moston, S., Stephenson, G. M. & Williamson, T. M. (1992). The effects of case characteristics on suspect behaviour during police questioning. *British Journal of Criminology*, 32, 23-40.

㉓ New South Wales Police (2005). *Code of practice for custody, rights, investigation, management and evidence (CRIME)*. Sydney: NSW Police.

㉔ Pearse, J., Gudjonsson, G. H., Clare, I. C. H. & Rutter, S. (1998). Police interviewing and psychological vulnerabilities: Predicting the likelihood of a confession. *Journal of Community and Applied Social Psychology*, 8, 1-21.

㉕ Phillips, C. & Brown, D. (1998). *Entry into the criminal justice system: A survey of police arrests and their outcomes.* Home Office Research Study No. 185. London: HMSO.

㉖ Sleen, J. van der (2006). *A structured model for investigative interviewing of suspects.* Paper presented at 2nd International Investigative Interviewing Conference, University of Portsmouth, 6 July.

㉗ Softley, P., Brown, D., Forde, B., Mair, G. & Moxon, D. (1980). *Police interrogation: An observational study in four police stations.* Home Office Research Study No. 61. London: HMSO.

㉘ Stephenson, G. M. & Moston, S. (1993). Attitudes and assumptions of police officers when questioning criminal suspects. In E. Shepherd (Ed.), *Aspects of interviewing.* Issues in Criminological and Legal Psychology No. 18. Leicester: British Psychological Society.

㉙ Strömwall, L. A. , Hartwig, M. & Granhag, P. A. (2006). To act truthfully: Nonverbal behaviour and strategies during a police interrogation. *Psychology, Crime and Law*, 12, 207 –219.

㉚ Thombs, D. L. (1999). *Introduction to addictive behaviours.* London: Guilford Press.

㉛ Vrij, A. (2005). Criteria-based content analysis: A qualitative review of the first 37 studies. *Psychology, Public Policy, and Law*, 11, 3 –41.

㉜ Vrij, A. (2006). Challenging interviewees during interviews: the potential effects on lie detection. *Psychology, Crime and Law*, 12, 193 –206.

㉝ Walkley, J. (1987). *Police interrogation: A handbook for investigators.* London: Police Review Publishing Company.

㉞ Weber, Y. (2007). The effects of suspect history and strength of evidence on police interviewing styles. Master's thesis. Queensland: Department of Psychology, James Cook University.

㉟ Williamson, T. (2006). Towards greater professionalism: minimizing miscarriages of justice. In T. Williamson (Ed.), *Investigative interviewing: Research, rights, regulation.* Cullompton: Willan Publishing.

Statutes

Police and Criminal Evidence Act 1984

第03章

调查询问犯罪嫌疑人的结构化模式

詹妮·范德斯林恩（Jannie van der Sleen）*

导　论

在对犯罪嫌疑人进行询问时，主要目的是获得真实的陈述，同时确保犯罪嫌疑人不会作出（或部分作出）虚假供述。近年来，对这一过程中涉及的因素已经进行了大量的心理学研究。

古德琼森和彼德松（Gudjonsson & Petursson，1991）进行了一项自评研究（a self-report study），其中犯罪嫌疑人被问及导致他们承认犯罪的情况。该研究在北爱尔兰［古德琼森和鲍恩斯（Gudjonsson & Bownes），1992］和冰岛［西古德松和古德琼森（Sigurdsson & Gudjonsson），1994；古德琼森和西古德松（Gudjonsson & Sigurdsson，1999）］重复进行。研究人员得出结论，在大多数情况下，促成供认的有如下三种促进因素：

- 促成供认的外部压力：研究人员指的是，警方使用的强制性询问技巧、询问期间的警察行为以及犯罪嫌疑人对被监禁的恐惧；
- 促成供认的内部压力：如果犯罪嫌疑人对自己犯下的罪行感到内疚并希望通过供认罪行来减轻罪恶感，就会发生这种情况；
- 嫌疑人对证据的感知：犯罪嫌疑人认识到否认他们参与犯罪毫无意

---

* 作者简介：詹妮·范德斯林恩（Jannie van der Sleen），心理学家，“Kinterview”调查询问咨询机构的负责人。

义，因为警方最终能够证明他们的罪行。

参与这两项研究的研究人员发现，致使犯罪嫌疑人供认的主要因素（60%）是他们相信指控他们的证据的证明力。有趣的是，相对于警方掌握的指向犯罪嫌疑人的客观证据而言，犯罪嫌疑人的供认与其对证据的看法（perception）明显更加相关。

从这些自评研究中得出的另一个结论是，犯罪行为人对他们作出供认的看法和态度与他们给出的原因有关。由外部压力引起的供述主要与极大的不满和遗憾有关。这组中的受试者回想起他们轻易承认罪行并且没有完全理解他们认罪的后果。他们后来开始对作出供认感到痛悔。相比之下，在警察审讯时感受到的证据和内部压力越强，犯罪者对其供认行为越感到满意。

布尔和米尔恩（Bull & Milne，2004）的报告称，索卡拉、布尔和瓦里吉（Soukara，Bull & Vrij，2002）研究了警方询问实践中犯罪嫌疑人从否认到供认的变化。他们发现这一变化与以下因素有关：

- 适当披露证据和强调矛盾；
- 重复提问和质疑犯罪嫌疑人的陈述；
- 询问人员表达关心。

信息收集方法包括提出开放式问题，然后根据回答追加提出一系列问题，而指控性方法则涉及从询问一开始就对犯罪嫌疑人提出指控（“你拿走了钱包，不是吗?”）。瓦里吉、曼和费希尔（Vrij，Mann & Fisher，2006）发现，对于被询问人员来说，信息收集询问在认知上更具挑战性（具有更高的认知负荷）。此外，信息收集询问还引发了更多的言语和非言语的欺骗线索［瓦里吉（Vrij），2006；瓦里吉，曼和费希尔（Vrij，Mann & Fisher），2006］。

根据他的研究，瓦里吉（Vrij，2004）提出了几种在询问中增加认知负荷的方法。他建议提出后续问题，让犯罪嫌疑人详细说明他们之前所陈述的内容。后续问题可能超出了犯罪嫌疑人已准备好的故事。撒谎的犯罪嫌疑人会知道拒绝回答这些问题不是（或不再是）一种选择。瓦里吉（Vrij）还建议提出与时间相关的问题。如果犯罪嫌疑人在询问期间使用准备好的故事情节（这意味着他们可能描述了实际发生的事件但描述中发生的时间与真实时间不符，在这种情况下，事件发生的时间是犯罪嫌疑人唯一说谎的部分），那么与事件发生时间相关的问题将会增加犯罪嫌疑人的认知负荷。瓦里吉（Vrij）还建议让犯罪嫌疑人重复他们之前所说的内容，并以相反的顺序描述发生的事情，或者将这两个选项结合起来并让犯罪嫌疑人以相反的顺序重复他们之前所说的内容。瓦里吉（Vrij）建议询问人员也可以指示犯罪嫌疑人与询问人员保持眼神接触。最后他建议策略性地使用证据（SUE），这意味着在询问的后期阶段才会披露针对犯罪嫌疑人的证据。在向犯罪嫌疑人披露证据之前，询问人员根据证据提出旨在收集信息的问题。哈特维希、格兰海格、斯特伦瓦尔和克龙奎斯特（Hartwig，Granhag，Strömwall & Kronkvist，2006）的一项研究对接受了 SUE 技术培训的警察进行的询问与未接受过该技术培训的警察进行的询问进行了比较。研究人员发现，在接受过 SUE 技术培训的警察进行的询问时，说谎的犯罪嫌疑人所作的陈述与证据不一致的程度更高。因此，接受过 SUE 技术培训的询问人员（85. 4%）比未接受过该技术培训的询问人员（56. 1%）更能够发现欺骗行为。随后的一项研究［哈特维希、格兰海格和斯特伦瓦尔（Hartwig，Granhag & Strömwall），2007］表明，如果犯罪嫌疑人没有意识到这种情况，SUE 技术可以更容易地识别有罪的犯罪嫌疑人。它还可以更容易地识别无辜的犯罪嫌疑人，但在这种情况下，无辜的犯罪嫌疑人知晓询问人员认为他/她是无辜的。研究人员认为这对于询问过程是有帮助的。获得犯罪嫌疑人有罪的深层次证据（further evidence）对于获得真实陈述很重要，但认识到犯罪嫌疑人是无辜的同样重要，因为它减少了面对越来越大的压力而作出虚假供认的风险，因为无辜的犯罪嫌疑人的言语和非言语的行为会被错误地理解为认罪。

在过去，虚假供述曾导致司法误判。在英格兰，吉尔福德四人案（the Guildford Four）和伯明翰六人案（the Birmingham Six）是发生这种情况的两个最著名的案例。在荷兰，斯希丹公园（Schiedam Park）谋杀案［波斯蒂默斯（Posthumus），2005］中发生过这种情况，很有可能在艾娜·波斯特（Ina Post）案［伊斯雷尔斯（Israëls），2004；高斯威尔和蒂默曼（Gosewehr & Timmerman），2007］和皮滕（Putten）谋杀案［布洛乌（Blaauw），2000］中也发生了这种情况。在挪威，一名 20 岁的青年错误地承认谋杀了他的堂兄［古德琼森（Gudjonsson），2003］。因此，询问人员的态度或行为中的几个要点已经被确认为是增加虚假供认风险的因素［布洛乌（Blaauw），2000；古德琼森（Gudjonsson），2003；莱西特（Lassiter），2004］。

（1）从询问开始，询问人员坚信犯罪嫌疑人是有罪的。一旦人们形成了初步的信念或期望，他们就会在无意中以确认其信念的方式去寻找、解释和创建后续信息，同时忽略相互矛盾的数据：确认偏见和固守信念［尼斯比特和罗斯（Nisbett & Ross），1980；特劳普和利伯曼（Trope & Liberman），1996；尼克森（Nickerson），1998；莱西特（Lassiter），2004］。如果询问人员从一开始就认为犯罪嫌疑人是有罪的，他/她将会不可避免地从有罪的角度解释犯罪嫌疑人的行为和陈述，并且会越来越相信犯罪嫌疑人是有罪的。询问人员的唯一目的是让犯罪嫌疑人供认罪行，因为这与询问人员的信念是一致的，询问人员认为这就是真相。

（2）当犯罪嫌疑人提供询问人员想要的信息时就给予其积极的反馈，当他们提供询问人员不想要的信息时则给予其负面反馈。这一风险因素源于询问人员坚信犯罪嫌疑人犯下了被调查的罪行。如果犯罪嫌疑人作出了倾向于承认罪行的陈述，那么询问人员会说以下这样的话语作为积极反馈："你看，你确实知道发生了什么""最终，我们走向了正确的方向。这样你就能早点儿回家了""现在我们就能够立即解决这个问题"。如果犯罪嫌疑人作出了否认参与犯罪的陈述，就会引发询问人员的负面反馈。例如，"你是个多么失败的人，只会坐在那儿撒谎""如果你有胆量，你会说出真相""照这样下去，你整晚都会待在这里"。正面和负面反馈也可能以（不）允许犯罪嫌疑人休息的形式表现。

（3）让犯罪嫌疑人猜测并作出假设性陈述："假设你已经做了这件事，你会怎么去做?"让犯罪嫌疑人解释他们将如何实施犯罪，并引导他们回答，使之逐渐拼凑出一个像是供认的故事，并可能导致一些犯罪嫌疑人相信这个故事。

（4）暗示存在足够的证据证明犯罪嫌疑人犯下了罪行，但他/她可能只是忘记了实施犯罪的事实。

（5）用不存在的证据对质犯罪嫌疑人。

（6）尽管已经讨论了所有的事情，但继续询问这个主题，询问的主要内容是重复前面讨论过的内容并设法说服犯罪嫌疑人坦白供认。

调查询问犯罪嫌疑人的一种结构化模式

20 世纪 90 年代初，荷兰警察学院开发了一种模式，用于结构化地询问犯罪嫌疑人。此后，该模式根据新的研究结果进行了多次修订和改进［阿梅尔斯福特、里斯彭斯和格罗尔曼（Amelsvoort，Rispens & Grolman），2007］。

该模式提出的方法基于以下原则：

- 最小化抵抗。实施询问的方式要使犯罪嫌疑人的抵抗最小化，这能减少犯罪嫌疑人对说出真相的抵触。在询问过程中，犯罪嫌疑人会面临越来越多的归罪证据。对证据的披露时机、方式、顺序等要经过精心策划。
- 询问人员提出与证据有关的问题，但不向犯罪嫌疑人披露证据。在犯罪嫌疑人面对证据之前，询问人员通过提出问题来验证证据，提出的问题使询问人员能够探查相关信息，并排除犯罪嫌疑人可能借助的其他替代性解释。
- 如果在面对证据之后，犯罪嫌疑人改变他/她的陈述以解释证据，并使其陈述更符合证据，询问人员应以温和、积极的态度作出回应，当然不能用消极的方式回应。

为了能够应用该模式，必须满足以下条件：

- 必须有足够的指向犯罪嫌疑人的证据以制订提问方案。
- 犯罪嫌疑人必须愿意并能够讨论案件。如果犯罪嫌疑人行使沉默权保持沉默或者只准备与询问人员讨论与案件无关的事情，则不可能使用这种方法。如果犯罪嫌疑人有精神疾病或心烦意乱，也不可能使用这种方法或任何其他形式的询问。

◆ 制订询问计划

询问人员用表格列出针对犯罪嫌疑人的所有可能证据，注明每一证据的来源或可追溯的源头。一项证据可能有多个来源。例如，两名与犯罪嫌疑人有私交的证人可能都曾在犯罪现场见过犯罪嫌疑人。

询问人员决定他们希望在询问中讨论哪些证据。然后，询问人员会考虑犯罪嫌疑人解释证据的可能方式，无论犯罪嫌疑人的解释是真实的还是捏造的。

【案例1】12月2日星期日至12月3日星期一的晚上，一名男子涉嫌在10 Bishops Close社区入室盗窃。犯罪嫌疑人没有住在被盗的房子附近——他居住在三公里外。犯罪嫌疑人之前曾三次被判入室盗窃罪。有一位目击者住在10 Bishops Close社区，在那个夜晚的凌晨两点，看到犯罪嫌疑人的车停在一个偏僻的地方，并记下了车辆登记号牌，因为他认为这辆车看起来很可疑。

犯罪嫌疑人对于在10 Bishops Close社区附近看到他的车，可能会给出以下任何一种解释。这些解释可能是真的，也可能是假的。

- 犯罪嫌疑人和他的车在那里。
- 犯罪嫌疑人在当晚将他的车借给了其他人。
- 犯罪嫌疑人在当晚之前卖掉了他的车。
- 那天晚上有人在犯罪嫌疑人没注意到的情况下使用了犯罪嫌疑人的车。
- 目击者记下的车辆登记号牌不正确。犯罪嫌疑人的车在当晚并未去10 Bishops Close社区附近。

对于在当晚有人看到犯罪嫌疑人出现在10 Bishops Close社区附近，犯罪嫌疑人可能会给出以下任何一种解释。这些解释可能是真的，也可能是假的。

- 犯罪嫌疑人是在那里进行入室盗窃。
- 犯罪嫌疑人和其他人在一起。另一个人去10 Bishops Close社区盗窃了。
- 犯罪嫌疑人正在拜访附近的某个人。
- 犯罪嫌疑人有其他合理的理由（他开车路过，只是停在那里抽了一支烟，或停下来小便等）。

在考虑了全部可能的解释之后，询问人员规划出可以验证每一项证据的问题。这些信息收集问题必须是开放式问题。询问人员首先提出一般性的开放式问题进行询问，然后导向更具体的开放式问题，即使用被称为漏斗的模式（funnel model）。在收集信息以验证证据时，至关重要的一点是，提出的问题不能向犯罪嫌疑人提供有关询问人员知道的或怀疑的任何信息。

【案例2】像“你上周末在10 Bishops Close社区或者在那附近吗?”这样的问题就向犯罪嫌疑人提供了更多的关于询问人员知道或怀疑的信息，如果询问人员只是问犯罪嫌疑人“你上周末做了什么?”则会更恰当。

在提出信息收集问题时，重要的是要确保问题不仅集中在询问人员想要知道的内容上。首先，提出的问题需要更广泛和更普遍，并且还必须专门谈到不相关或不太相关的情况。如果实施盗窃的人可能在犯罪现场丢失了某些东西，如打火机，那么在提出收集信息的问题时，最好首先询问犯罪嫌疑人可能携带过的其他物品，如香烟、笔或钱包，而不是简单地去询问有关打火机的问题。这可能有助于让犯罪嫌疑人猝不及防，使犯罪嫌疑人不知道询问人员的意图或询问人员可能有什么信息。

除了提出与证据相关的问题，询问人员还可以提出与证据来源相关的问题。例如，如果犯罪嫌疑人认识提供某一证据的证人，可能就很重要。在这种情况下，除了提出与证人提供的证据有关的问题，还可以向犯罪嫌疑人提出有关证据来源的问题以确定犯罪嫌疑人对来源的印象。如果在回答信息收集问题时，犯罪嫌疑人将证人描述为可靠的人，并且说对这个证人他没有什么可指责的，那么犯罪嫌疑人在随后质证证人提供的信息时就难以声称证人不可靠。

【案例3】一名男子被发现死在酒吧附近。酒吧男招待说，被害者和犯罪嫌疑人都经常在酒吧喝酒，而且在当天晚上他看到两个人在那里争吵。他是从他们的姿势看出他们俩在争吵，因为他们互相咒骂，大声喊叫，他能听到他们吵架的声音盖过了音乐——因为他们站在距离他很近的地方。

在这种情况下，酒吧男招待是这一重要证据的来源。一旦询问人员确定犯罪嫌疑人经常光顾酒吧，询问人员就可以向犯罪嫌疑人提出以下问题:

- 你在酒吧遇见的人是谁?
- 你还知道有谁经常去那里吗?
- 你认识在那里工作的人吗?
- 他们在那做什么工作?
- 你如何看待A、B、C和D?(询问人员可以询问犯罪嫌疑人对其提到的所有人是否友善、诚实、可靠和职业道德的印象。)你和A、B、C和D有什么样的关系？

如果犯罪嫌疑人将酒吧男招待描述为一个讨人喜欢、可靠的家伙，或者如果嫌犯说虽然他认识酒吧男招待，但与其没有联系（无论是积极的，还是消极的），那么在后面的询问中，犯罪嫌疑人将更加难以声称酒吧男招待是一个幻想家或骗子，并且对他有怨恨，想要伤害他。

在规划信息收集问题时，重要的一点是，要明确提问想要确定的内容。为使询问人员和犯罪嫌疑人同样保持清晰和结构感，每一个信息收集问题应该只有一个目标。

【案例 4】12 月 2 日星期日至 12 月 3 日星期一凌晨两点，犯罪嫌疑人的车停在 10 Bishops Close 社区的外面。鉴于这一情况，针对个体的信息收集问题的目的应当是确定以下内容：

- 犯罪嫌疑人是当晚唯一使用这辆车的人；
- 那天晚上，犯罪嫌疑人的车停在 10 Bishops Close 社区之外；
- 那天凌晨两点，犯罪嫌疑人的车停在 10 Bishops Close 社区之外。

规划提问方案的下一步是决定当犯罪嫌疑人对信息收集问题的回答与证据不一致时该怎么办。在向犯罪嫌疑人尽可能多地提出信息收集问题之后，一种可能性就是立即用证据与犯罪嫌疑人对质，也可以在稍后阶段与犯罪嫌疑人对质证据。实施任何一种对质都必须要向犯罪嫌疑人提出足够多的关于该证据的信息收集问题，如此才能用证据质疑犯罪嫌疑人。与此同时，很重要的一点是，应考虑到在增加犯罪嫌疑人压力的时候，在这一阶段使用证据与犯罪嫌疑人对质是否恰当。例如，相对于证明犯罪嫌疑人出现在犯罪现场附近的证据，使用证明犯罪嫌疑人出现在犯罪现场的证据，将给他/她带来更大的压力。由于这一询问模式遵循的基本原则之一是在询问过程中逐渐给犯罪嫌疑人建立压力以便使阻力最小化，因此重要的是，就连续质证（confrontation）中质疑的程度而言，在可能的情况下应当确保压力的积累足够平缓。

除了在连续质证中提高质疑的程度，在询问过程中，质证还需要更具体地与犯罪相关并且应当更频繁。换句话说，质证需要不断深入地导向犯罪，这会使它们能够更有力地证明犯罪嫌疑人有罪，并且应当在询问过程中以较短的间隔进行，如有必要，一个接一个地进行。

并非所有的信息收集问题都会导致质证，原因很简单，因为有可能在某个问题上不可能进行质证。例如，如果询问人员已经提出了一个或多个信息收集问题，以确定犯罪嫌疑人或犯罪嫌疑人以外的其他人是否在当晚使用了犯罪嫌疑人的汽车，如果询问人员没有任何证据证明犯罪嫌疑人是当晚唯一使用这辆车的人，那么询问人员不能在接下来的询问中与犯罪嫌疑人进行质证。如果在询问期间，犯罪嫌疑人声称他当晚将车借给了某个熟人，则有必要调查以核实犯罪嫌疑人的陈述。如果调查显示犯罪嫌疑人所说的是不正确的，那么犯罪嫌疑人可能会在稍后的询问中受到该证据的质证。

一旦准备阶段完成，询问人员将有一个提问方案，明确在询问中以什么顺序和在什么时间点与犯罪嫌疑人讨论哪些证据。该计划还将表明在询问中，是否以及如果这样做，将在什么时候与犯罪嫌疑人对质调查获得的证据。

有关入室盗窃犯罪嫌疑人使用汽车的部分提问方案的实例附在本章的最后。

◆ 实施询问

询问人员不必牢记提问方案，也不必将提问方案带入审讯室，并且不需要对此保密。询问人员可以简单地向犯罪嫌疑人解释询问人员希望提出的诸多问题，并且随身带来了一些文件以确保涵盖所有需要涵盖的内容。这通常会给犯罪嫌疑人带来积极的印象。由于询问人员已经制订了提问方案，并且在制订过程中仔细考虑了在询问过程中需要提出的问题，因此询问人员通常已经在心里牢记了大部分提问方案。

在询问过程中，有效使用提问方案需要询问人员的技巧。不建议完全按照提问方案进行，因为这会使得询问人员只是简单地提出一个又一个问题。询问人员必须具有足够的灵活性，以便确保在相关层面上与犯罪嫌疑人展开的交流属于“正常”的对话。有时候，询问人员可能需要进行提问方案中没有预料到的质疑。该询问方案只能用作询问期间的（主要）指导。

在询问过程中，询问人员按照他们准备的顺序向犯罪嫌疑人提出信息收集问题。一旦询问人员向犯罪嫌疑人提出了与某一证据相关的所有信息收集问题，询问人员就会对犯罪嫌疑人所说的内容进行总结，并确认他/她是否正确地理解了犯罪嫌疑人的陈述。在总结犯罪嫌疑人所说的内容时，询问人员需要确保他/她的总结尽可能完整，并且包括所有相关和不相关的要点。

【案例5】一名涉嫌抢劫国王街富通银行的人称，他有三个银行账户——一个是在富通银行，另一个是在邮政银行，还有一个是在荷兰银行。在回答询问时，他说他上个月去了富通银行，他多年没有去过荷兰银行，而且他是通过互联网操作邮政银行的账户。他还说了上次去富通银行和荷兰银行的时间。

询问人员应当像下面这样总结信息：

> “因此，如果我没有理解错的话，你在邮政银行的账户是通过互联网操作的。上周五，你去国王街的富通银行取钱，但在此之前你已经有好几个月没去过了。你多年没有去过荷兰银行，不再在该银行使用你的账户。对吗？”

询问人员不应以如下方式总结信息：

> “因此，如果我没有理解错的话，你上周星期五去了富通银行。对吗？”

如果信息收集问题的答案达到了一开始就确定的目标，那么询问人员可以继续提出下一组信息收集问题。如果犯罪嫌疑人的陈述与证据一致，案件情况就是如此。如果不一致，询问人员可以选择用证据来与犯罪嫌疑人对质（这将取决于在提问方案中规划的行动）。

在与犯罪嫌疑人对质证据时，询问人员应当简短、明确和中立。当面对与他/她自己的陈述相冲突的证据时，犯罪嫌疑人将经历一定程度的内部心理压力来解释他/她的故事与证据之间的不一致。如果在与犯罪嫌疑人对质证据时，询问人员说话的时间太长，以至于质证成为询问人员独白的形式，那么犯罪嫌疑人正在经历的心理压力就会减弱。在询问人员发言时，犯罪嫌疑人不需要说什么。这就是为什么对质证据需要简短的原因。对质证据还需要明确，如果询问人员的表述含混不清，犯罪嫌疑人就能够提问。例如，如果询问人员说：“有人在那里看到你。”犯罪嫌疑人可以问：“他们在哪里见到我?”或“真的吗?谁见过我?”“真的吗?什么时候?”这将削弱质证产生的影响。如果询问人员未能保持中立并以攻击的形式质证，犯罪嫌疑人更容易对攻击而不是质证的内容作出回应。如果询问人员说：“你是在撒谎。”那么犯罪嫌疑人可以回答：“你这么认为?好吧，那你自己去解决吧。这是我对这个问题的最后一句话。”如果质证是以中立的方式表达的，那么犯罪嫌疑人别无选择，只能回应质证的内容并解释任何与证据不一致之处。

以正确的方式进行质证的示例：

> 询问人员：因此，12 月 2 日星期日，你开车到某朋友（住在另一城镇）家。你周日晚上住在那里，12 月 3 日星期一晚些时候再次开车回来。对吗?[总结]
>
> 犯罪嫌疑人：是的。
>
> 询问人员：那么，12 月 2 日星期日至 12 月 3 日星期一的晚上，住在 10 Bishops Close 社区的一名证人怎么看到你的车停在他家外面，并记下了你的车牌号码?

如果在对质证据后，犯罪嫌疑人坚持其原始陈述，并且与证据不一致，那么询问人员就没有必要与犯罪嫌疑人陷入“是的，你做过”或“不，我没有”的讨论。询问人员最好只是继续进行提问方案的下一步。

如果在对质证据后，犯罪嫌疑人对证据提出了全新的解释，那么询问人员可以根据新的解释追问一系列问题，以便对犯罪嫌疑人的陈述进行调查。

如果在对质证据后，犯罪嫌疑人改变其陈述以使其与证据一致，则询问人员不应以消极方式作出回应。例如，询问人员不应该说：“最后才承认!为什么你拖了这么长时间?你可以从一开始就这么说!”如果询问人员作出这样的反应，那么犯罪嫌疑人就没有动力去改变他/她早些时候所说的任何不准确之处，因为犯罪嫌疑人会觉得如果他这么做，那将只会得到消极的反馈。询问人员最好采取温和的积极态度：“你说清楚了，这很好。”犯罪嫌疑人将意识到，如果他/她改变了之前作出的陈述，询问人员不会提出反对。然后犯罪嫌疑人可能会更加容易地改变陈述。同时，询问人员不宜奖励犯罪嫌疑人改变故事，使其与证据保持一致。如果询问人员这样做，施加不当影响的风险将会过高，特别是在犯罪嫌疑人倾向于顺从的情况下［古德琼森（Gudjonsson），2003］。

一旦犯罪嫌疑人改变了他/她的陈述以使其与证据一致，询问人员就可以根据犯罪嫌疑人修改的陈述追问一系列问题。显然，如果犯罪嫌疑人只说“是的，那是对的，事实上我在那里”，这肯定是不够的。接下来，询问人员必须要求犯罪嫌疑人提供更详细的解释，并在可能和适当的情况下以自由回忆的方式进行解释。“好。你说事实是你在那里。你已经说清楚了，这很好。现在详细地告诉我到底发生了什么。”然后，询问人员必须向犯罪嫌疑人提出有关其修改后的陈述的一系列开放式问题。随后可以将修改后的陈述与调查所揭示的事实进行比较。

此模式的局限性

如果所有证据都是由单一来源提供的，比如在性侵害案件中通常就是这种情况，那么就没有足够的信息来制订有效的提问方案。如果一个儿童声称她的父亲对她实施了性侵害并且所有证据都是基于这个儿童的陈述，那么就不可能提出有效的信息收集问题。话虽如此，在准备询问时，可以与犯罪嫌疑人讨论证据来源（在这种情况下，证据来源是儿童）。

让犯罪嫌疑人重复他之前说过的话并让犯罪嫌疑人以相反的顺序重复他所说的内容并不是这种模式的一部分。

布尔和米尔恩（Bull & Milne，2004）报道了由索卡拉、布尔和瓦里吉（Soukara，Bull & Vrij）进行的一项研究，该研究显示，如果询问人员表示关心，犯罪嫌疑人更有可能改变他们的供词。凯贝尔、赫伦和马泽罗勒（Kebbell，Hurren & Mazerolle，2006）进行的一项研究表明，应以开放的态度对待可疑的性犯罪者，这种态度表现出人性而不是支配地位，以最大化供认的可能性。在上文概述的模式中没有明确地讲到这些方面。该模式仅关注询问的内容，并未提供有关如何接近和处理个别犯罪嫌疑人的任何指导。

使用这一模式的优势是什么？

当按照结构化模式对犯罪嫌疑人进行询问时，犯罪嫌疑人不是经历外部压力（表现形式为强制性询问技巧、承诺、提高声音等），而是会经历内部（心理）压力。如果在回答信息收集问题的时候，犯罪嫌疑人作出了与证据不符的陈述，则随后会用中立的方式与犯罪嫌疑人对质证据。然后，犯罪嫌疑人可以看到自己的陈述与证据之间的不一致，并认为自己有义务进行解释，这一过程的结果就是犯罪嫌疑人的内部压力会增加。

在质证之前，询问与证据相关的问题会影响犯罪嫌疑人对证据的看法。要确保开始验证证据时，询问人员有效地增加了犯罪嫌疑人对指控其证据的信念的强度。如果犯罪嫌疑人已经回答了一系列收集信息的问题，他们可能会发现提出另一种解释比在被问及一系列信息之前向他们展示证据时要困难得多。例如，如果询问人员告诉犯罪嫌疑人他们在犯罪现场发现了他/她的指纹而没有先询问一系列信息收集问题，那么犯罪嫌疑人很容易说他/她有正当理由出现在犯罪现场。如果询问人员在告诉犯罪嫌疑人有关指纹之前已经排除了这种可能性，那么犯罪嫌疑人将更难以提供令人信服的解释来说明指纹是如何在犯罪现场出现的。

该模式假设的信息收集方法对犯罪嫌疑人施加了很高的认知负担——当然，如果被询问人员犯了罪——这很可能带来更多的言语和非言语的欺骗线索。瓦里吉（Vrij，2004）提出的增加犯罪嫌疑人认知负荷的一些提示包含在模型中，或者可以纳入提问方案中：在收集信息时，询问人员可以向犯罪嫌疑人询问一系列后续问题。与时间相关的问题也可以纳入提问方案中。

该模式建议的方法包括策略性使用证据（SUE）。这应该使询问人员能够更快地识别有罪的犯罪嫌疑人和无辜的犯罪嫌疑人。在回答信息收集问题时，无辜的犯罪嫌疑人将提供与证据一致并说明证据的解释。

由于询问人员在准备询问时被迫考虑对指控犯罪嫌疑人的证据进行可能的替代解释，因此询问人员不太可能自动假设犯罪嫌疑人犯下了罪行。询问人员被迫从不同的角度审查证据，并从一开始就考虑可能的解释。

询问人员不应只是简单地寻求获得供认，而是必须集中精力提出问题，并以正确的方式运用证据来对质犯罪嫌疑人。试图说服犯罪嫌疑人他/她必须——或者最好供认，因为已经有足够的证据证明他/她犯罪，不再是询问的主要焦点。

由于询问人员一直在使用一个准备好的提问方案，所以很清楚何时可以结束询问。一旦询问人员提出所有问题，询问就完成了。这有助于确保询问不会退化为对已经讨论过的点的无休止的讨论，这种讨论实际上有一种几乎不加掩饰的企图，说服犯罪嫌疑人最好认罪。

总结来看，该模式提出的结构化方法包括了一些研究表明的有助于从有罪犯罪嫌疑人那里获取真实陈述的要素。与此同时，它还有助于最大限度地减少询问人员行为中的风险因素，否则可能会促使无辜的犯罪嫌疑人作出虚假供述。

最后，引用一段对被判谋杀了自己女友的犯罪嫌疑人的询问。在调查过程中，对其按照结构化方法进行了询问。他对他的经历描述如下［《文摘精选》（*Recherche Magazine*），2002］：

> ……我被自己的陈述搞砸了，但我不能说他们欺骗了我。他们做得非常聪明……他们问了我很多问题，我无法继续使我的故事可信。他们的技巧非常娴熟。显然他们进行了非常仔细的思考。他们在各方面都做得很好。他们本可以早点儿逮捕我，但他们利用时间准备所有的情况。在我们这些被羁押的人中有90%的人对他们受到的处理有很多抱怨。但我不得不说他们对我的处理一直是无可挑剔的。警察从未咄咄逼人。

参考文献

❶ Amelsvoort，A. van，Rispens，I. & Grolman，H.（2007）. *Handleiding verhoor.* 's-Gravenhage：Reed Business Information bv.

❷ Blaauw, J. A. (2000). *De puttense moordzaak.* Baarn: Uitgeverij De Fontein bv.

❸ Bull, R. & Milne, R. (2004). Attempts to improve the police interviewing of suspects. In G. D. Lassiter (Ed.), *Interrogations, confessions, and entrapment* (pp. 181 – 196). New York: Kluwer.

❹ Gosewehr, D. & Timmerman, H. (2007). *Wanneer de waarheid... Het ware verhaal over Ina Post.* Amsterdam: Rozenberg Publishers.

❺ Gudjonsson, G. H. (2003). *The psychology of interrogations and confessions.* Chichester: Wiley.

❻ Gudjonsson, G. H. & Bownes, I. (1992). The reasons why suspects confess during custodial interrogation: Data for Northern Ireland. *Medicine, Science and the Law*, 32, 204 – 212.

❼ Gudjonsson, G. H. & Petursson, H. (1991). Custodial interrogation: Why do suspects confess and how does it relate to their crime, attitude and personality? *Personality and Individual Differences*, 12, 295 – 306.

❽ Gudjonsson, G. H. & Sigurdsson, J. F. (1999). The Gudjonsson Confession Questionnaire-Revised (GCQ-R): Factor structure and its relationship with personality. *Personality and Individual Differences*, 27, 953 – 968.

❾ Hartwig, M., Granhag, P. A., Strömwall, L. A. & Kronkvist, O. (2006). Strategic use of evidence during police interviews: When training to detect deception works. *Law and Human Behavior*, 30, 603 – 619.

❿ Hartwig, M., Granhag, P. A. & Strömwall, L. A. (2007). Guilty and innocent suspects' strategies during police interrogations. *Psychology, Crime & Law*, 13, 213 – 227.

⓫ Israëls, H. (2004). *De bekentenissen van Ina Post.* Alphen aan den Rijn, Kluwer.

⓬ Kebbell, M., Herren, E. & Mazerolle, P. (2006). An investigation into the effective and ethical interviewing of suspected sex offenders. *Trends & Issues in Crime and Criminal Justice*, no. 327.

⑬ Lassiter, D. (2004). *Interrogations, confessions, and entrapment.* New York: Kluwer Academic/Plenum Publishers.

⑭ Nickerson, R. S. (1998). Confirmation bias: A ubiquitious phenomenon in many guises. *Review of General Psychology*, 2, 175 - 220.

⑮ Nisbett, R. & Ross, L. (1980). *Human inference: Strategies and shortcomings of social judgment.* Englewood Cliffs, NJ: Prentice-Hall.

⑯ Posthumus, F. (2005). *Evaluatieonderzoek in de Sehiedammer Parkmoord. Rapportage in opdracht van het College van procureurs-generaal.* Amsterdam.

⑰ Sigurdsson, I. & Gudjonsson, G. H. (1994). Alcohol and drug intoxication during police interrogation and the reasons why suspects confess to the police. *Addiction*, 89, 985 - 997.

⑱ Soukara, S., Bull, R. & Vrij, A. (2002). Police detectives' aims regarding their interviews with suspects: Any changes at the turn of the miliennium? *International Journal of Police Science and Management*, 4, 110 - 114.

⑲ Trope, Y. & Liberman, A. (1996). Social hypothesis testing: Cognitive and motivational mechanisms. In E. Higgins & A. Kruglanski (Eds.), *Social psychology: Handbook of basic principles.* New York: Guilford Press.

⑳ Vrij, A. (2004). Why professionals fail to catch liars and how they can improve. *Legal and Criminological Psychology*, 9, 159 - 181.

㉑ Vrij, A. (2006). Challenging interviewees during interviews: The potential effects on lie detection. *Psychology, Crime & Law*, 12, 193 - 206.

㉒ Vrij, A., Mann, S. & Fisher, R. (2006). Information-gathering vs. accusatory interview style: Individual differences in respondents' experiences. *Personality and Individual Differences*, 41, 589 - 599.

本章附表：针对在入室盗窃时所使用的汽车的提问方案（部分）

序号	证据	目标	信息收集问题	+/−	归纳总结	对质	+/−	确认	进一步提问或调查
7	霍华德驾驶着她母亲的红色路虎（车牌号为 DP－KH－28） 证据来源：我们的卡口信息系统、政府道路运输局和我们的调查	确认霍华德驾驶其母亲的红色路虎（车牌号为 DP－KH－28）	你如何四处走动？ 你有哪些交通方式？其他的呢？这辆车属于谁？这辆车是什么颜色的？这辆车的登记号牌是什么？这辆车是什么牌子？你什么时间使用这辆车？你上一次使用这辆车是什么时候？你用这辆车干什么？对这辆车你和你母亲有什么协议	+ −	因此，你能够使用你母亲的红色路虎（车牌号为 DP－KH－28） 对其他替代性解释总结	对质 1：那么为什么我们的信息里会有一条记录，警方确定有人看见你驾驶了你母亲的红色路虎（车牌号为 DP－KH－28） 对质 2：那么为什么在政府道路运输局登记车主为你母亲的车牌号为 DP－KH－28 的红色路虎会在搜查期间出现在你家附近	+ −	这件事情清楚了	
8	X 来源：无	确认霍华德是最近这两天唯一使用这辆红色路虎的人	你开这辆车多久了？还有谁使用这辆车？其他任何人？你最后一次开这辆车是什么时候？你	+	所以你是最近两天唯一使用这辆车的人	X 无对质			

续表

序号	证据	目标	信息收集问题	+/-	归纳总结	对质	+/-	确认	进一步提问或调查
8			把钥匙放在哪里？谁还有车钥匙？你最后一次使用这辆车是什么时候						
9	这辆红色路虎(DP-KH-28)今天凌晨时停在霍华德家附近的米尔伍德的米尔巷2号 证据来源：搜查报告和我们的调查	确认霍华德将这辆红色路虎(DP-KH-28)停在了米尔伍德的米尔巷2号	你最后一次使用这辆车后你把它停在哪里了？你最后停车的地方是哪里？你停在了哪条街道？离你家有多远？什么时候？停车是在什么时间	+ -	所以你在……(时间)……(日期)将红色路虎停在了米尔伍德的米尔巷2号外/附近 对其他替代性解释总结	那么为什么我们在搜查时发现这辆红色路虎停在了你家附近的米尔巷2号	+	好的，这一点清楚了	
10	红色路虎被锁在了停车处 证据来源：我们的调查	确认霍华德在把车辆停在他家附近后将车上锁了	你把车停完后做了什么？还有其他的吗？你是怎么离开这辆车的？你是怎么锁上车的？这辆车一共有几把钥匙	+ -	因此，你将车锁在了停车处 对其他替代性解释总结	那么，为什么我们在搜查时发现车辆被锁了	+	很好，这点明确了	

续表

序号	证据	目标	信息收集问题	+/-	归纳总结	对质	+/-	确认	进一步提问或调查
11	在搜查期间发现路虎的钥匙放在客厅的桌子上 证据来源：搜查报告	确认霍华德将车钥匙放在客厅的桌上并且没有其他人使用车钥匙	你锁上车后如何处理车钥匙的？你通常怎么处理？你进入客厅后怎么处理钥匙的？你把车钥匙放在哪里了？你具体将它放在哪里？之后有谁碰过这把钥匙	+ -	因此，你把车钥匙放在了我们搜查时发现的客厅的桌子上 对其他替代性解释总结	那么，为什么我们在搜查期间发现路虎车的钥匙放在你家客厅的桌上	+	好了	
12	上周日凌晨2点30分有人看到有一辆红色路虎（车牌号为DP-KH-28）停在老巷子内 证据来源：目击者蒂维的陈述	确认霍华德在上周日凌晨2点30分将红色路虎停在了米尔伍德的老巷子内	你把车停在你家附近的巷子时，你是从哪儿回来的？你开着这辆车还去了哪儿？你把这辆车还在哪里停过？还有哪些地方？上周日凌晨2点30分它停在哪里	+ -	因此，在周日夜里你开着这辆车去了……然后你在凌晨2点30分把车停在了老巷子里 对其他替代性解释总结	那么为什么目击者蒂维说他在上周日凌晨2点30分看见一辆红色路虎（车牌号为DP－KH－28）停在了老巷子里	+	这点明确了	

续表

序号	证据	目标	信息收集问题	+/−	归纳总结	对质	+/−	确认	进一步提问或调查
13	一名符合霍华德特征的男子被看见在老巷子中的红色路虎旁边走动 证据来源：目击者蒂维的陈述	确认霍华德上周日凌晨2点30分出现在老巷子里	你昨晚在哪里？你去了哪条街道？凌晨2点30分左右你在哪里？你去老巷子时是几点	+ −	因此，凌晨2点30分时你在Cock街上走路。 对其他替代性解释总结	那么，为什么目击者蒂维说他看见一个符合你特征的男子在上周日凌晨2点30分时走在老巷子里的红色路虎旁	+	这点明确了	

资料来源：荷兰警察学院。

第04章

发现虚假供述

彼得·J. 范科彭（Peter J. van Koppen）*

酷刑折磨产生的供述

供述在很多方面都是一种宗教体验。在中世纪末期，欧洲各地引入了一种新的证据体系，其中酷刑仍然占有一席之地［以下介绍基于朗拜因（Langbein），1977］。新规则用人类的判断取代了神的审判。然而，据了解，只有在严格规则的指导下，人们才能相信对证据的评估。因此，只有少数类型的证据被认可：①法院可以根据不少于两名实际看到犯罪发生的证人的陈述进行定罪；②如果证人少于两名，则要求犯罪嫌疑人供认之后才能被定罪；③只有间接证据或情况证据时，无论其多么令人信服，都不得确定有罪。

因此，两名证人的证词或犯罪嫌疑人的供认可以构成完整的证明，但由于在许多情况下没有犯罪目击者，犯罪嫌疑人的供词就起到了重要作用。如果犯罪嫌疑人没有自愿认罪，可以通过使用武力获得，即酷刑逼供。但是，酷刑逼供只能用于罪行性质严重的案件——被判死刑或某种形式的残害。这些规则不适用于不太严重的罪行，即轻罪案件（delicta levia）。在这些案件中，法官可以依其信念进行定罪，而信念又可以仅仅依据间接证据或情况证据，因此在这些案件中不再使用酷刑逼供。

---

* 作者简介：彼得·J. 范科彭（Peter J. van Koppen），荷兰马斯特里赫特大学及阿姆斯特丹自由大学（Maastricht University and Free University Amsterdam）法学院的法学和心理学教授。

罪行的严重性并不是在使用酷刑之前必须满足的唯一条件，至少应有一半的证明。这种一半的证明可以是单一的证人陈述或严肃的情况证据。当然，在遭受严厉酷刑时，每个人都会承认被指控的任何罪行。因此，通过酷刑折磨获得的供词至少应当表明犯罪嫌疑人对犯罪有深入的了解。因为，不允许刑讯者提出诱导性问题或者向犯罪嫌疑人提供详细信息。对于通过酷刑折磨获得的供认应当尽可能地根据其他来源的证据予以证实。即使这样，通过酷刑折磨获得的供认仍然不会被视为有效的证明。只有在法庭上自愿地重申供认时，案件才会被视为得到有效的证明。当然，这不可能是自愿的；犯罪嫌疑人知道，如果他们在法庭上改变了他们的供认，他们将被送回酷刑室。

在这个制度中，法庭对证据的自由评估几乎没有任何裁量余地。随着时间的推移，这一制度已有所发展，但只是间接出现。在情有可原的情况下，法庭可以通过提出特别投票（poeno extraordinario）来忽略应当作出的强制性判决。如果没有足够的证据指控犯罪嫌疑人，也可以提出这一点。在证据完整的情况下，特别投票总是弱于强制性判决。这种法庭对严重犯罪证据的评估制度，与已经存在的轻罪制度一致。在越来越多的司法管辖区内，专业法官对非专业法官的取代强化了这一制度，案件主要由专业法官进行裁决。通过这种方式，供认不再是证据的重要组成部分，酷刑折磨开始过时，因此在19世纪时，它在西欧的各个地方被正式废除。“只有当供述证据对于定罪不再必要时，欧洲法律才摆脱了其几个世纪以来对司法酷刑的依赖”［朗拜因(Langbein)，1983：1555－1556］。

尽管1798年荷兰废除了酷刑逼供［Staatsregeling（国家宪法）第36条］，但其他一些规则并未消失。在目前的《刑事诉讼法》中，单一证人的证据仍然不足以定罪（《刑事诉讼法》第341条）。但对于口供，情况发生了变化：不能单凭供词而给犯罪嫌疑人定罪，需要进一步的证据。因此，正式供认的重要性降低到与任何证人陈述相同的水平。然而，实践中的情况并非如此。

供述被认为是证据的重要部分。即使在有大量其他证据的情况下，警察也倾向于讯问犯罪嫌疑人，不仅是让他们有机会讲述他们的故事或让他们描述所发生事件的版本，而且要让他们供认罪行。朱利恩 · C（Julien C）（在荷兰，犯罪嫌疑人的全名不公开）就是这样一个例子，他被指控杀害8岁的杰西·丁厄曼斯（Jesse Dingemans）。2006年12月1日，一名男子进入一所小学，发现杰西独自一人在教室里（杰西正在收拾东西）并割开了他的喉咙。有大量的证据指向朱利恩——例如，在树林里发现了他藏起来的衣服，衣服浸染了杰西的血。朱利恩否认了杀人指控，并将事情推卸给三名东欧男子，但他的解释令人难以置信。他受到了13次冗长的警方审讯，最终朱利恩被地方法院和上诉法院定罪，被判处无期徒刑｛斯海尔托亨博斯上诉法院［Hof（Appelate Court）'s-Hertogenbosch］，2008年2月26日，LJN-number BC 5105，见 www. rechtspraak. nl｝。

如果在有大量证据的情况下，警察都认为有必要审讯像朱利恩这样的犯罪嫌疑人，那么在指控犯罪嫌疑人的证据不是很有力的严重案件中，他们必然会开展更多的审讯。警察对供认的需求可能导致虚假供述。

在许多情况下，很难评估犯罪嫌疑人的供认是否虚假。这就是我要在本章讨论的问题：在犯罪嫌疑人作出供述之后，我们如何识别错误的供述？有几种方法是可行的：①评估犯罪嫌疑人的心理特征；②评估（一系列）询问和拘留环境的特征；③评估供述的内容。我将对一些案件进行总结，在某些情况下，可以将虚假供认与真实供认区分开来。为此目的，评估供认的内容比其他两种方法更有价值。

评估犯罪嫌疑人的心理特征

古德琼森（Gudjonsson）指出，一些人格特质会使犯罪嫌疑人更容易作出虚假供述：低智商、对自己的记忆力缺乏信心、心理障碍、易受暗示和顺从以及其他相关特征［古德琼森（Gudjonsson），2003］。在古德琼森和其他人进行的一系列长期研究中，证明具有这些特征的犯罪嫌疑人更多地作出了虚假供述［霍斯伦博格、默克巴赫和约瑟夫斯（Horselenberg，Merckelbach & Josephs），2003］。

但是，这并不能使人格特征成为识别虚假供述的黄金工具：对虚假供述的研究通常是实验性的，其中的问题是具有某些特征的人是否会或多或少比其他人更容易作出虚假供述。然而，在实践中，问题完全不同：某个特定的供述是虚假的吗？要回答这个问题，人格特征并不是很实用。首先，使用人格特征来识别虚假供词的问题在于许多犯罪嫌疑人已经是低智商人士，并且上述其他特征也适用于他们。这就意味着，可以毫不夸张地说，犯罪嫌疑人人格特征的基准或多或少的都是容易使犯罪嫌疑人作出虚假供述的人格特征。我们知道，偏离强基准率就很难预测。

其次，个人行为不仅是人格的结果，还取决于人格与情境的相互作用［贝姆和丰德（Bem & Funder），1978；米舍尔（Mischel），1977，1979］。这意味着如果通过温和的审讯形式，只有易受影响的犯罪嫌疑人容易作出虚假供述，但粗暴的审讯则几乎可以使每个人都承认任何事情。最后，即使犯罪嫌疑人容易作出虚假供述，他也可能犯了罪，因此供认实际上可能是属实的。

似乎可以公平地说，如果犯罪嫌疑人具有上述人格特征，则知道这一点对于区分真假供述并不是特别有帮助。然而，如果一个犯罪嫌疑人具有相反的特征——高智商、记忆可信赖、才能全面、既不易受暗示也不易顺从——我们可能得出的结论是任何供述都不会成为其性格的产物。因此，在区分真假供述时，人格特征似乎有一些用，但又不是很有用。但是，这并不意味着它在其他方面与审讯没有高度相关性。因此，如果警察有理由相信犯罪嫌疑人具有易于供认的特征，那么警察就会明智地进行审讯。

评估询问和拘留环境的特征

那么我们是否应该得出结论，审讯的性质与识别虚假供述更为相关？这要看具体情况。让我们采取极端的审讯，这种审讯通过酷刑折磨进行，或者类似的其他情况。我们可以假设在这种情况下几乎所有的人都会供认罪行。如果警察创造了一个每个人或几乎每个人都会供认的环境，那么这种供述就无法区分无辜和有罪，因此作为证据就没有意义［瓦赫纳尔，范科彭和克劳姆巴格（Wagenaar，van Koppen & Crombag），1993］。

在西方社会正规警察的世界里，这种审讯情况可能很少见。然而，有各种各样的情况可能会使一些或许多犯罪嫌疑人作出虚假供述。例如，在荷兰，如果自由通信会妨碍警方调查，法院可以命令犯罪嫌疑人被单独监禁。这意味着犯罪嫌疑人每天有 23 个小时被关在牢房里，不允许阅读报纸或者看电视，也不允许与他/她的律师以外的任何人交流，然后会被带出牢房与两名友好的警察交谈。可以预料，在这种情况下，任何犯罪嫌疑人都会乐于说话。虽然我们没有可靠的实验研究——从道德上考虑不允许进行这样的研究，但可以预想到这种情况会增加犯罪嫌疑人作出供述的可能性。如果作出供述的可能性增加，那么作出虚假供述的可能性也就会增加。

在这种状态下，各种警察使用的方法都可能会增加犯罪嫌疑人作出虚假供述的可能性。但是，这也不是问题所在。我们要确定一份特定的供词是否虚假。即使在胁迫下，犯罪嫌疑人也可能会作出真实的供述。但与此同时，如果犯罪嫌疑人易受影响，在已知作出虚假供词的可能性增加的情况下被审讯，则有充分的理由仔细审查已作出的供词，正如下面的案例所述。

◆ 这不是供认①

奥舍（Ofshe，1989）基于案例研究认为，为了作出虚假供述，犯罪嫌疑人会被说服做两件事情。第一，犯罪嫌疑人必须接受他实施了犯罪行为，即使他不记得实施过。第二，必须引导犯罪嫌疑人相信他不记得有关犯罪的事情是有充分理由的［另见奥斯特、高斯托和布尔（Ost，Costall & Bull），2001］。

能用来说明奥舍观点的一个很好的例子是斯内克阳台谋杀案（Sneek balcony murder）。2004 年 11 月 9 日，丹尼斯（Dennis）、他的女朋友和他最好的朋友罗纳德（Ronald）去找丹尼斯的奶奶共度下午时光，他奶奶住在斯内克一栋公寓的四楼。去之后，他们都开始喝酒。下午丹尼斯和他的女朋友两人先离开了，但罗纳德和奶奶继续喝酒。下午 6 点，奶奶从阳台上掉下来，后来在医院里死亡。那时她的血液酒精含量高达 0. 36% 。

问题是，她是怎么坠楼的？这不是很容易认定。在坠楼几分钟前，有一

---

① After René Magritte, *La trahison des images*, 1928 – 1929.

位证人在公寓大楼外骑行。他说，他看到老太太以非常危险的方式悬挂在阳台上。然而，骑自行车的人并没有停下来等着看接下来会发生什么。没有其他人能够作为目击证人。

但发生了其他的事情。老奶奶坠楼后，罗纳德冲下楼，跪在她身边。当时在现场的一名警官听到罗纳德说："我把我的朋友丹尼斯推出了阳台"，或者说了类似的意思表达。其他在场的证人或多或少地都说了同样的内容。罗纳德被捕并且在警察局坚持认为坠楼的人是他的朋友丹尼斯。经过检验，他的血液酒精含量为0.28%。那天晚上，罗纳德被告知死者不是丹尼斯而是丹尼斯的奶奶。

罗纳德处于较严重的醉酒状态。在清醒过来之后，他接受了审讯，在后来的几天里审讯总共约15个小时。在这些审讯中，他进行了全面供认。我的同事马斯特里赫特大学（Maastricht University）的马尔科·耶利西奇（Marko Jelicic）测试了罗纳德并得出结论：他的智力水平相当低，犯了许多认知错误并且不相信他自己的记忆，在审讯时遭受了心理问题，并且易受暗示，具有顺从性。他建议法院让专家仔细审查审讯过程。

在这个案件中，我担任专家证人。罗纳德确实供认了，但是以一种奇怪的方式。以下内容是基于案件档案和审讯录音带。

在其基本形式中，审讯进行如下：两名警察持续与罗纳德交谈，说服他相信他曾经意外地将奶奶扔出阳台。在成功地做到这一点之后，他们开始说服罗纳德，让他相信他是故意这样做的。在第三阶段，他们说服罗纳德相信他这么做是有动机的：为图书馆借阅证争吵。罗纳德以一种特殊的方式供认了这一切。对于他供认的一切，他添加了一个限制。他似乎高度顺从，当时他是这样叙说事情经过的：

> 那么，我希望这次我做对了……唉。（审讯，2004年11月10日15时11分）
>
> 我整晚都在绞尽脑汁地想这件事。（审讯，2004年11月10日15时21分）

警察这样鼓励他：

讯问人员：如果你一次又一次地讲述你的故事，那么你可以做得更好。

罗纳德：当然，当然。

（审讯，2004 年 11 月 10 日 16 时 12 分）

但与此同时，罗纳德却处于一种无知（ignorance）的状态。他说的话如下：

讯问人员：有人在那里见过你，对吗？

罗纳德：是的，有可能。我们没有吵架。这是不可能的，这是一个非常友善的下午……不过我喝了很多酒，所以我不知道了。

（审讯，2004 年 11 月 10 日 17 时 12 分）

讯问人员：你的律师知道你把奶奶推出栏杆吗？

罗纳德：呃……不，因为我自己也不知道。

（审讯，2004 年 11 月 11 日 12 时 18 分）

讯问人员：你确定知道吗？

罗纳德：不，我不确定，我不记得了。对不起，我真的很抱歉。

讯问人员：所以实际上，你不知道？

罗纳德：我真的不知道，对不起。

（审讯，2004 年 11 月 10 日 18 时 53 分）

罗纳德：这么说我应该为奶奶的死亡负责。确定吗？

讯问人员：那你觉得不需要为此负责任吗？

罗纳德：现在，我真的不知道。

讯问人员：你自己感觉如何？

罗纳德：几乎不可能不是这样（意即自己对该事件不负责的可能性几乎没有）。

讯问人员：我们就是这个意思。

（审讯，2004 年 12 月 14 日 14 时 42 分）

对于罗纳德来说，审讯是一种重建形式。他试图和讯问人员一起重建奶奶坠楼时可能发生的事情。但重建受到了一些误导性技术的影响，这些技术对于任何观看审讯录像带的人来说都是显而易见的，但似乎审讯人员和罗纳德都没有发现。

首先，讯问人员一直鼓励罗纳德猜测。讯问人员甚至使用这样的话语："你激动起来。你根本不在那里，但你正在变得激动。"（审讯，2004年11月13日14点50分）

其次，讯问人员强调罗纳德能够记住一切事情，但由于某种原因，现在在讲述整个事件方面存在困难。当他跪在垂死的奶奶身旁时，他知道：

> 讯问人员：当时你说的那句话来自你的潜意识。当时你在那里完全被压力笼罩，你没有能力去思考"嘿，我打算告诉你完全不同于它的实际情况"……它来自你的内心。
>
> （审讯，2004年11月12日10时05分）

最后，讯问人员采用众所周知的最小最大化策略（minimax strategy）[瓦里吉（Vrij），1998；英博、里德、巴克利和杰恩（Inbau，Reid，Buckley & Jayne），2001]，例如：

> 罗纳德：我仍然确信我没有故意推奶奶。我不敢那样做。
>
> 讯问人员：不，不是故意的，但可能是意外。
>
> 罗纳德：一定是意外发生的。但我应该意识到这一点，不是吗？
>
> 讯问人员：你肯定能够记住——这种事情应当被记住。
>
> 罗纳德：我不知道。
>
> 讯问人员：后果很严重，不是吗？对所有人来说，这真的很难过。
>
> （审讯，2004年11月10日19时09分）

通过这种方式，审讯表现为恢复罗纳德记忆的共同努力。

> 讯问人员：你现在比昨天知道得多。你做得很好。
>
> （审讯，2004年11月10日19时56分）
>
> 讯问人员：但从现在开始，它会变得更好。因为现在我们三个人正在共同努力解决问题。

（审讯 2004 年 11 月 11 日 11 时 07 分）

罗纳德：嗯，我希望我做的一切都是对的。

讯问人员：你做了什么不对的吗？

罗纳德：嗯，因为我对发生的事情很不确定，我知道得很少。

（审讯，2004 年 11 月 11 日 11 时 08 分）

讯问人员：你也想知道真相，不是吗？

罗纳德：嗯，是的，当然，肯定的。

（审讯，2004 年 11 月 11 日 14 时 12 分）

罗纳德：奇怪的是，我几乎没有记住任何事情。……整件事我都忘了。

讯问人员：我们必须深入探究一切，也许你就回想起来。我认为，如果有人对检察官说："我不知道，我不知道，也许我推她了"，那么检察官今天下午肯定会不高兴。他想要一个清晰的故事。就算不是为了你自己的利益，也要为被害人的家人考虑。

罗纳德：我在努力地全面配合。

讯问人员：你有一定的责任。如果你愚蠢地在（阳台）栏杆旁喝醉了，然后把（她）推下去了，那你就有责任了。

（审讯，2004 年 11 月 12 日 9 时 51 分）

需要注意的是，在这种情况下，不可能去检验供认中提供的信息。因为没有目击者，没有痕迹证据；甚至奶奶从阳台上跌落下来的方式都还不清楚。警察全面重建了奶奶可能会摔下楼的情况，并确定如果她身高 1.78 米，那么她就可以被推下去；但如果她只有 1.72 米，这是不可能的。问题是奶奶的身高未知。病理学家测量她的身高为 1.79 米，但躺着的人会更长。护照上显示她的身高是 1.72 米，一年前医生测量她的身高为 1.69 米。因此，罗纳德在他的供词中提供的所有信息都符合警方的推断，但不一定是真实发生的情况，因为没有人知道到底发生了什么。

更重要的是，罗纳德不知情的原因很简单：他喝得太醉了而无法记住［范奥索、默克巴赫、拉韦利、奈基曼和迈金 - 波朗（van Oorsouw，Merckelbach，

Ravelli，Nijman & Mekking-Pompen)，2004]。警察使他相信了他们重建的事实。罗纳德一直承认这些事实，但通过说他并不记得这些事予以限制，并且警察已经说服他这是肯定发生了的事情。罗纳德六个月后写的一封信也证明了他缺乏记忆，他在信中向奶奶的家人道歉。在信中，罗纳德称他表示诚挚的道歉，因为他“一定杀死了”奶奶。

由于诸多原因，斯内克阳台谋杀案的供认乍一看似乎没有问题。首先，犯罪嫌疑人显然是在说一个相当完整的故事。再一看，这个故事完全建立在讯问警察的暗示之上。其次，犯罪嫌疑人似乎没有受到严酷的审讯或某种形式的胁迫。事实上，真正的胁迫根本不是获取虚假供词所必需的。{可以参见一些我们知道的引发虚假供述的荷兰案例，如斯希丹公园谋杀案[范科彭（van Koppen)，2008]或皮滕谋杀案[瓦赫纳尔和克劳姆巴格（Wagenaar & Crombag)，2005]。}

在皮滕谋杀案中，两名男子因强奸和谋杀一名年轻女子克里斯特尔·安布罗修斯（Christel Ambrosius）而被定罪。1995 年 10 月 3 日星期日，克里斯特尔去看望她的祖母，她的祖母住在树林边缘的一间小屋里。她到达时，祖母去探望朋友了，于是克里斯特尔在谷仓拿到了房屋后门的钥匙。在屋内，她遭到强奸和谋杀。四名男子被捕并接受长时间的审讯。四个人都供认了罪行，但其中一名叫威尔科·维茨（Wilco Viets）的人在供认时好像在说梦话一样。有两名犯罪嫌疑人承认站在屋外，看着另外两人实施犯罪。尽管在克里斯特尔腿上发现的精液与任何犯罪嫌疑人的都不相符，威尔科·维茨（Wilco Viets）和赫尔曼·杜波依斯（Herman Dubois）依然承认强奸和谋杀并被判有罪。此外，这四份供词是互不相同的，不能相互印证，并且在许多方面也与犯罪现场不符。多年后，维茨和杜波依斯在重审中被无罪释放。其他两人从未被起诉。

四名男子向四组不同的警察供认了罪行。审讯有录音记录，但录音带只用于补写陈述摘要，然后就被重复使用了。据我所知[我在案件重审中担任专家证人；另见布劳（Blaauw)，2002；瓦赫纳尔和克劳姆巴格（Wagenaar & Crombag)，2005]，审讯并不十分严苛。警察通过讯问策略使犯罪嫌疑人进行了供认，其中六种讯问策略能够得到确认。第一，引导犯罪嫌疑人怀疑他们自己的记忆。第二，他们被鼓励在假设中谈论犯罪可能是如何发生的。接下来，一旦假设情况得到充分的预演，就开始讨论犯罪是如何实际实施的。第三，讯问人员使用技巧，例如，暗示在现场发现的痕迹与犯罪嫌疑人匹配或可能会与犯罪嫌疑人匹配。第四，一旦某些犯罪嫌疑人认罪，就会拿这些已作出的供认与其他犯罪嫌疑人对质。第五，警察泄露信息。第六，鼓励犯罪嫌疑人推测犯罪。如果猜测错了，就会鼓励他们继续猜测；如果他们猜对了，猜测就会被记录为犯罪嫌疑人的陈述。要做到这一切会耗费警察们的时间；犯罪嫌疑人被审讯了许多个小时。据记载，他们一共在 200 个不同场合被审问，但实际可能更多。已知的陈述摘要记录有 812 页之多。

仅仅使用讯问的陈述摘要记录就已展现出皮滕谋杀案中的警察策略，毫无疑问，如果有审讯录音，我可以说出更多。但即使那样，也不可能期望得到有关陈述真实性的可靠结论。我的分析得出的结论是，对于四名犯罪嫌疑人作出的供词应当非常谨慎，甚至有人支持这样的假设，即供词是虚假的。与此同时，这些供述是真实的假设不能仅仅从犯罪嫌疑人陈述的本身被驳斥。事实上，这些陈述与克里斯特尔在她奶奶家中经历的事情非常不同——就我们从犯罪现场可以看出的情况而言——并且考虑到克里斯特尔身上有不明人士的精液，这些情况致使法庭在重审中无罪释放了两名犯罪嫌疑人。精液来自何人一直未被查明。

为了确定供词确实是错误的，必须彻底分析审讯录音带和案件档案的其余部分。在斯内克阳台谋杀案中，可以使用录音带证明犯罪嫌疑人的陈述是如何被警察的暗示引导的。但在皮滕谋杀案中，由于没有可以分析的录音带，这就使得得出确定结论变得更加困难。不过，记录审讯的录音带不存在或并不总是可用的情况并不罕见。那其中的可能性是什么呢？

评估供述的内容：犯罪细节及来源

在许多国家，通常不会对所有犯罪嫌疑人的讯问进行录音。例如，在荷兰，直到近期才开始录像记录审讯。现在有计划在所有非常严重的案件中对审讯进行录像记录，如谋杀案和强奸案。起诉、辩护和庭审过去完全依赖于警察的审讯报告。但是在过去，审讯报告最多只是对所有陈述的总结，而且通常仅仅是讯问人员在审讯时认为的具有相关性的内容摘要。

尽管如此，这些警察报告确实允许对犯罪嫌疑人供述的真实性进行审查。举一个例子：斯希丹公园谋杀案［对这一案件更全面的描述，详见范科彭（van Koppen），2003；2008］。2000年6月22日，两名儿童，10岁的尼恩可（Nienke）和她11岁的朋友迈克尔（Maikel）在鹿特丹附近的斯希丹镇的贝娅特丽克丝公园（Beatrixpark）玩耍。过了一会儿，他们认为该回家吃饭了。在他们去取停放在距离不远处的自行车时，一名年轻人抓住了他们的脖子，拉他们走了大约90米距离进入灌木丛。袭击者命令孩子们自己脱衣服，然后他在迈克尔的脖子上刺了好几刀。最后，他用迈克尔军靴上的鞋带勒死了两个孩子。迈克尔因装死而活了下来；尼恩可被杀害。

袭击者离开后，迈克尔走出灌木丛，赤身裸体，只有鞋带和靴子仍缠绕在他的脖子上。他走向一名站在灌木丛附近的桥上的男子。那名男子拦住了一名过路的骑车人，凯斯·波尔斯波姆（Kees Borsboom），后者随后用手机报警。

在谋杀案发生后的两天内，迈克尔在医院接受了警方的询问，当时他因被刀刺伤在医院住了几天。他告诉了警察事情经过，并且还描述了凶手：一名年龄在20～35岁的男子，身高1.80米，极度苍白，脸上有痤疮且邋遢，凶手脸上的脓包被划伤并渗出血和脓。后来证明，迈克尔的陈述非常准确，对罪犯的描述也是正确的，甚至描述了凶手的不常见特征。迈克尔是该男子将两名儿童带入灌木丛并企图谋杀他们的唯一直接证人。

在谋杀案发生的前几周，凯斯·波尔斯波姆，即报警的男子，在同一个公园内询问一名男孩是否想赚25荷兰盾。虽然男孩说了“不”，但波尔斯波姆说：“如果你帮我手淫，我会给你25荷兰盾。”那男孩跑回了家。谋杀案发生后一段时间，男孩再次看到了波尔斯波姆，回家叫上了他的父亲。他的父亲是一名警察，向波尔斯波姆表明了自己的身份，并问他对自己儿子的所作所为。波尔斯波姆立即道歉并告诉这位警察他正在治疗他的行为并且他再也不会这样做了。不过，几天后他同意去警察局。在会谈开始之前，警察在电脑中输入了波尔斯波姆的名字，发现他是尼恩可谋杀案的证人。从那时起，波尔斯波姆成为该案的主要嫌疑人。他随后被起诉并被地区法院和上诉法院定罪。他被判处 18 年监禁，随后在法医精神病医院接受强制监禁；这实际上是一种终身监禁。

波尔斯波姆完全不符合迈克尔给出的对罪犯的描述，他是无辜的。我们清楚这一点，因为几年后另一名男子对该谋杀案供认不讳。他对案件详情有着深入的了解，他的 DNA 与犯罪现场的样本相匹配。接下来让我们再次聚焦于凯斯·波尔斯波姆。

在 2000 年 9 月的一个周末，波尔斯波姆作出了供认。他的审讯没有被记录，他的律师也没有出席。甚至律师要求出席，但检察官拒绝了律师的出席要求。波尔斯波姆后来辩解说，他在审讯中被胁迫了。当然，两名负责审讯的警察否认了这一点。即使在当时，有迹象表明波尔斯波姆说的是实话，也应当去怀疑他的供认。不是因为波尔斯波姆说供认是虚假的——很多嫌疑人都这么说——而是因为他说的故事与迈克尔提供的许多细节非常不同，警方就不应当相信他的供词。请记住，迈克尔是谋杀案中唯一真正的目击者。

我举几个例子。①迈克尔告诉警方，凶手抓住他们的脖子说："来，跟我走。"他手里一直拿着一把刀。然而，波尔斯波姆在他的供述中说，他开始时手里拿着刀，但是他抓住孩子时把刀放进了口袋里。②迈克尔说凶手命令他们脱衣服。迈克尔脱不下军靴，所以凶手开始拉他们并扯他们的衣服。波尔斯波姆坚持说在孩子们脱光衣服之前没有碰到他们。③凶手戴着一顶蓝色棒球帽。波尔斯波姆说他没戴帽子。事实上，那天遇到他的人都没有见到他戴帽子。④凶手在灌木丛中完成所有行为的顺序在迈克尔和波尔斯波姆的故事版本中是不同的。

那么，为什么警方在波尔斯波姆的供词中没有看到这些差异呢？有一个简单但不合逻辑的理由：他们不相信迈克尔。调查团队中有许多人认为迈克尔可能杀死了尼恩可。警方聘请了一位教育专家路德·布伦斯（Ruud Bullens），为询问迈克尔提供指导，并在询问中为迈克尔的权益服务。几乎从一开始，甚至早在波尔斯波姆被拘捕之前很久，他们就不太相信迈克尔。其主要原因似乎是迈克尔比警察更聪明，他们认为他是一个非常奇怪的男孩。此外，他们认为迈克尔表现出的行为是奇怪的：即使有很多人在灌木丛边经过，他也没有在遇袭中的任何时间大声喊叫。更重要的是，布伦斯告诉警方，迈克尔有一个“大秘密”，却没有说明这个秘密可能是什么，也没有解释——在之后亦是如此——他是怎么得知的。警察怀疑迈克尔杀死了尼恩可，他刺伤和勒伤了自己，并且藏起了刀（作为作案工具的这把刀一直未被找到）。在波尔斯波姆被捕之后，警察试图通过再次严格询问迈克尔来解释犯罪嫌疑人供词和被害人陈述之间的明显差异。迈克尔没有让步，所以必须通过其他方式作出解释。警方再次使用了布伦斯和一名审查了迈克尔接受询问的录音带的心理学家的陈述。在他们给出专家报告之后，得出的结论是，由于高度情绪化，迈克尔的认知变得非常模糊，以至于无法采信他的言辞。因此，警察、检察机关和法庭都不相信他对罪犯的描述以及在他的陈述中所有与波尔斯波姆的供词相矛盾的地方。

当然，这是不符合逻辑的，但是没有任何一个审判参与者对此感到困扰。如果波尔斯波姆是凶手而迈克尔是无辜的，那么就没有理由不相信迈克尔，只有在波尔斯波姆是无罪的情况下，才有理由怀疑迈克尔并且不信任他。但警方既认为波尔斯波姆有罪，同时又不信任迈克尔，这一选择似乎有悖常理。

对犯罪过程中的私密信息是否了解是衡量供认真实性的重要标准。事实上，荷兰警察在接受培训期间学习过一名犯罪嫌疑人称自己实施了犯罪是毫无意义的。犯罪嫌疑人的陈述应符合警方从其他来源获得的证据。

但是，用这种方式来检验犯罪嫌疑人的供认并不像乍看起来那么简单。首先，如果犯罪嫌疑人的故事与其他来源的证据一致，结合犯罪嫌疑人没有从其他来源获得信息，可以将其视为供认真实性的一个标志。但是，我们必须知道警察在讯问中没有向犯罪嫌疑人提供相关信息。能够有效保障的第一步是对审讯进行录音记录。然而，我们仍然需要知道，例如，在将犯罪嫌疑人从监狱押运到警察局时，警察并未透露私密信息。此外，我们需要确定犯罪嫌疑人没有从其他来源获得信息，例如，因为他曾经出现在犯罪现场，但并不是犯罪者，或犯罪者将犯罪经过告诉了他。

从这个意义上说，确定供认是错误的相对更加容易。如果犯罪嫌疑人根本就不了解犯罪过程中的私密信息或者供认出了各种错误的信息，正如波尔斯波姆对于是否杀害尼恩可所做的那样，可以得出结论其认罪供述是虚假的。

在这种情况下，汉·伊斯雷尔斯（Han Israëls）提出了另外一种可用于验证供认真假的案件信息形式（form of knowledge），他称为警方信息（police knowledge）［伊斯雷尔斯（Israëls），2004；伊斯雷尔斯和范科彭（Israëls & van Koppen），2006］。下面使用艾娜·波斯特（Ina Post）案来说明其工作方式。

1986年8月22日晚，89岁的克尔斯蒂（Kolstee）女士的尸体在她位于海牙附近的莱岑丹（Leidschendam）的公寓里被发现。警方的调查很快转向了在养老院工作并照顾克尔斯蒂女士的一名妇女。不仅有人谋杀了克尔斯蒂，还从她的公寓里偷走了支票并兑现了其中大部分。部分（但不是全部）护理人员接受了笔迹鉴定，只有艾娜·波斯特（Ina Post）的笔迹模糊地与支票上的笔迹相似。因此，她成为首要的犯罪嫌疑人。她在公寓里接受审讯，帮助警察确定可能被盗的东西。9月8日波斯特被捕，9月11日她对犯罪事实作出了供认。当时未对审讯录音；这在当时十分罕见。警方报告中引用波斯特的话："在我之前的陈述中，我没有说实话。现在我准备说实话……我需要钱，我的账户已经出现赤字了。"她告诉警察她如何打开橱柜寻找财物。当克尔斯蒂女士进入房间时，波斯特用她的手杖击打了她。之后，克尔斯蒂女士失去了知觉。"我当时惊慌失措"，艾娜·波斯特称，然后她用电线勒死了克尔斯蒂女士。

艾娜·波斯特案的特别之处在于她在警方调查过程中受到审讯。当时警察还有很多信息尚未掌握。事实上，他们当时怀有一些强烈的误解。这些可以在波斯特的供词中找到线索证明她所承认的不可能来自她自己的记忆，只能来自警方对她的暗示。让我举几个例子。

波斯特在从9月11日晚开始的几次审讯中作出了供认。那天晚上，她告诉警察局的羁押警察，她希望在被催眠的状态下接受讯问。该警察打电话给负责案件调查的警官，他和另一名警察一起回到了警察局。该另一名警察开车经过克尔斯蒂女士的公寓拿走了她的邮件。在邮件中有一份银行对账单显示该账户的所有支票都是在9月4日提交的（请记住，谋杀发生在8月22日星期五）。因此，警方认为所有支票都是在谋杀案发生后的星期一开始兑现的。那天晚上，波斯特承认在谋杀案发生后的一周内，即9月1日至4日几乎兑现了所有支票。直到后来，警察收到银行的原始支票时，才发现这些支票都不是在银行兑现的，而是在一家百货公司，并且也不是在谋杀发生后的那一周内兑现的，而是在谋杀发生的第二天，即 8 月 23 日。接下来发生了什么？在下一次讯问期间，波斯特承认她于 8 月 23 日星期六在海牙的一家百货商店兑现了支票。因此，我们可以肯定，波斯特只是告诉警方，她在谋杀案发生后的当周内兑现了支票，因为她受到了警方暗示的影响。

从她供述中的其他几个部分也可以看到同样的情况。举一个例子，艾娜·波斯特承认她偷了几件物品，其中包含了一个有银行对账单的文件夹。这在当时似乎是一条犯罪细节信息，但我们现在知道这是来自警方的暗示。中间发生了什么？实际上是一名侦探在犯罪现场找到了文件夹并检查了它的痕迹。然而，审讯警察认为该文件夹失踪了。因此，艾娜·波斯特承认她偷了这一文件夹。

让我再举一个例子。所有支票都在百货公司的货币柜台兑现了最高金额，除了其中的一张。那一张被用来在百货商店买东西。艾娜·波斯特承认了这一点，但陈述非常奇怪。她承认她买了价值 34 荷兰盾的东西——写在支票上的金额——但不知道她买了什么。这与人们的思维方式不同：我们通常更容易记起我们所购买的东西，而不是它的价格。

汉·伊斯雷尔斯将此类信息定义为警方信息：犯罪嫌疑人供述的内容只能追溯到警方提供的不准确的暗示。波斯特供词中的警方信息证明她是从警察的暗示而不是她自己的记忆中获得了关于犯罪事实的信息。

因此，警方信息可以证明供认是虚假的，或者至少能证明供认的某一部分是虚假的。这就提出了一个问题，即在得出整个供认是虚假的结论之前，需要多少警方信息。同样，在我们可以断定整个供认是虚假的之前，需要多少错误的有关犯罪的细节信息。对此，我没有现成的答案，但有些因素似乎与此相关。首先，重要的是警察信息或不准确的有关犯罪的私密细节信息涉及的是犯罪的核心要素还是外围要素。其次，某种类型的信息可能比其他类型的信息更能表明供述是虚假的。与奥尔森和韦尔斯（Olson & Wells，2004）提出的关于不在场证据的建议相似的制度可能对于审查判断供述有用。最后，使用警方信息和不准确的有关犯罪的私密细节信息可以从逻辑上证明供述是虚假的。

结　论

关于虚假供述以及犯罪嫌疑人为什么会作出虚假供述，已经积累了大量知识。但大多数知识都是关于什么可能预测或诱发虚假供述。然而，司法实践需要不同的知识，即在回溯真实供述时，如何将其与虚假供述区分开来。关于如何克服这个问题，我们知之甚少。在本章中，我认为，如果对审讯及其环境的情况了解充分（参见斯内克阳台谋杀案），可以对供述真实性给出明确答案。如果知道得较少，有时候可以给出明确的答案，如斯希丹公园谋杀案。我还认为，在识别虚假供述时，人格特质和审讯本身的性质不是很有用，但也不是完全无用的。

致　谢

我要感谢门诺·恩辛加（Menno Ezinga）、妮科尔·哈斯（Nicole Haas）、金·梅根斯（Kim Megens）和鲁斯·马利津·科克（Roos Marijn Kok）帮助我分析斯内克阳台谋杀案的审讯。所有引用均来自警方审讯正式笔录，并由作者从荷兰语翻译而来。

参考文献

❶ Berm, D. J. & Funder, D. C. (1978). Predicting more of the people more of the time: Assessing the personality of situations. *Psychological Review*, 85, 485-501.

❷ Blaauw, J. A. (2002). *De Puttense moordzaak: Reconstructie van een dubieus moor donderzoek* [*The Putten murder case: Reconstruction of a dubious murder inquiry*], 3rd edition. Baarn: Fontein.

❸ Gudjonsson, G. H. (2003). *The psychology of interrogations and confessions: A handbook.* Chichester: Wiley.

❹ Horselenberg, R. , Merckelbach, H. & Josephs, S. (2003). Individual differences and false confessions: A conceptual replication of Kassin and Kiechel (1996). *Psychology, Crime, and Law*, 9, 1–8.

❺ Inbau, F. E. , Reid, J. E. , Buckley, J. P. & Jayne, B. C. (2001). *Criminal interrogation and confessions*, 4th edition. Gaithersburg, MD: Aspen.

❻ Israëls, H. (2004). *De bekentenissen van Ina Post* [*The confessions by Ina Post*] . Alphen aan den Rijn: Kluwer.

❼ Israëls, H. & Van Koppen, P. J. (2006). Daderkennis, politiekennis en sturend verhoren [Suspect knowledge, police knowledge and steering interrogations]. *Nederlands Tijdschrift voor Rechtsfilosofie en Rechtstheorie*, 35, 8–18.

❽ Langbein, J. H. (1977). *Torture and the law of proof: Europe and England in the ancien régime.* Chicago: University of Chicago Press.

❾ Langbein, J. H. (1983). Torture. In S. H. Kadish (Ed.), *Encyclopedia of crime and justice.* New York: Free Press.

❿ Mischel, W. (1977). The interaction of person and situation. In D. Magnusson & N. S. Endler (Eds.), *Personality at the crossroads: Current issues in international psychology.* Hillsdale, NJ: Lawrence Erlbaum.

⓫ Mischel, W. (1979). On the interface of cognition and personality: Beyond the person-situation debate. *American Psychologist*, 34. 740–754.

⓬ Ofshe, R. J. (1989). Coerced confessions: The logic of seemingly irrational action. *Cultic Studies journal*, 6, 1–15.

⓭ Olson, E. A. & Wells, G. L. (2004). What makes a good alibi? A proposed taxonomy. *Law and Human Behavior*, 28, 157–176.

⓮ Ost, J. , Costall, A. & Bull, R. H. C. (2001). False confessions and false memories: A model for understanding retractors' experiences. *Journal of Forensic Psychiatry*, 12, 549–579.

⓯ Van Koppen. P. J. (2003). *De Schiedammer parkmoord: Een rechtspsychologische reconstructie* [*The Schiedam park murder: A legal psychological reconstruction*]. Nijmegen: Ars Aequi Libri (met medewerking van Ch. Dudink,

M. van der Graaf, M. de Haas, J. van Luik en V. Wijsman).

⑯ Van Koppen, P. J. (2008). Blundering justice: The Schiedam Park murder. In R. N. Kocsis (Ed.), *Serial murder and the psychology of violent crimes.* Totowa, NJ: Humana.

⑰ Van Oorsouw, K. I. M., Merckelbach, H., Ravelli, D. P., Nijman, H. L. I. & Mekking-Pompen, I. (2004). Alcoholic blackout for criminally relevant behavior. *Journal of the American Academy of Psychiatry and the Law*, 32, 364-371.

⑱ Vrij, A. (1998). Interviewing suspects. In A. Memon, A. Vrij & R. H. C. Bull (Eds.), *Psychology and law: Truthfulness accuracy and credibility.* London: McGraw Hill.

⑲ Wagenaar, W. A. & Crombag, H. F. M. (2005). *The popular policeman and other cases: Psychological perspectives on legal evidence.* Amsterdam: Amsterdam University Press.

⑳ Wagenaar, W. A., Van Koppen, P. J. & Crombag, H. F. M. (1993). *Anchored narratives: The psychology of criminal evidence.* London: Harvester Wheatsheaf.

Case

Hof (Appelate Court)'s-Hertogenbosch, 26 February 2008, LJN-number BC 5105 (see www. rechtspraak. nl).

第05章

英国对恐怖主义犯罪的调查询问：调查人员的执法条件和氛围

约翰·皮尔斯（John Pearse）*

2001年“9·11”恐怖袭击后，为预防和打击恐怖主义犯罪，英国采取了相应的政治和法律对策，本章将探讨这些政治和法律活动如何影响警方对恐怖主义犯罪嫌疑人的调查，尤其是对警方询问人员工作职能的影响。具体而言，本章将审查常规的犯罪案件调查与恐怖主义犯罪案件调查之间的根本区别，因为最近的立法变化旨在限制被拘留者行使沉默权的程度，最终使读者能够深入了解警察在最近的恐怖主义犯罪案件调查中所采用的策略的性质和类型。

导 言

2001年9月（“9·11”）在纽约发生的重大伤亡事件使恐怖主义成为每个人关注的焦点；这是一起令人愤慨的残暴事件，不仅在个人层面，在国家和政治层面上也引发了大量的反思。近来，英国颁布了《2000年恐怖主义法》（TACT），取代了以前“临时性的”有关恐怖主义的规定。虽然英国的反恐以其在北爱尔兰的恐怖主义经历为框架，但引入TACT被视为是默认接受了为在英国及国外反恐怖主义活动进行永久立法的必要性。该法取代了自

* 作者简介：约翰·皮尔斯（John Pearse），法证领航服务有限公司（Forensic Navigation Services Ltd.）总经理。

1974 年 11 月起生效的临时立法［《防止恐怖主义法（暂行规定）》］，该临时立法要求议会每年更新一次。面对全球恐怖主义分子能够实施多方面攻击并不受地理位置限制的“新”威胁，英国政府的回应包括更多的恐怖主义立法，以及对英国境内的应对机制和应对此类恐怖主义活动的应变能力的审查。早在 2001 年 10 月 3 日，英国政府就颁布了《2001 年反恐怖主义、犯罪和安全法》（ATCS）。当然，因重大和悲惨事件促成立法的方式并不新鲜，如之前的 1974 年伯明翰炸弹爆炸事件，1998 年的奥马（Omagh）悲剧事件，以及最近的“9·11”事件后美国颁布了《2001 年爱国者法》。［关于 ATCS 法的详情，请参阅沃克（Walker），2002。］

内政部公布的一份讨论文件［2004；也可参见卡莱尔勋爵（Lord Carlile）关于 TACT 运行的各项报告以及针对恐怖主义的相关法律的修改建议；www. homeoffice. gov. uk］巧妙地反映了这一反恐审查的实质和不断发展的框架，文件中承认国际范围内的新的自杀式威胁以及英国和美国的利益面临着不断增加的风险。文件还证实，恐怖主义组织使用先进的新型通信技术，善于逃避监控，有能力伪装多重身份并轻松跨越边境。世界各地聚集了多个非传统的、结构松散的恐怖组织，这些恐怖组织的动机是基于宗教和文化信仰体系而非任何特定政治意识形态，这确实给收集和分享可靠情报方面造成了相当大的困难。

根据英国既有的法律规定，成功地起诉恐怖主义犯罪嫌疑人仍然是政府持续打击恐怖主义的主要目标之一。然而，在试图追求这样一个目标的过程中，出现了许多令人挫败的实践和伦理性问题。其中包括一些外国政府不允许其材料以证据形式使用，以及英国情报部门在能够解禁可能满足证据门槛要求而不危及原始来源或有关方法的敏感材料方面遇到的持续困难。英国现在有一些具有外国国籍的恐怖主义犯罪嫌疑人，但无法对他们提出指控，而且由于担心其原籍国可能侵犯人权而不能将他们驱逐回去，上述困境被巧妙地掩盖了。这些人依据 ATCS 第 4 部分的规定被拘留但没有受到指控——这一措施后来被英国议会上议院于 2004 年 12 月宣布为非法的［（2004）UKHL 56］。此后，政府废除了 ATCS 第 4 部分规定的权力，取而代之的是《2005 年防止恐怖主义法》（*Prevention of Terrorism Act 2005*）中的一种控制指令制度（a system of control orders）[参见沃克（Walker），2002]。

“9·11”之后的时期也见证了世界各地恐怖主义暴行的增加，以及在英国新苏格兰场（New Scotland Yard）的反恐怖主义指挥部（CTC）领导调查了一些备受瞩目的多机构参与的反恐怖主义行动。此类行动包括：“斯普林伯恩行动”（Operation Springbourne）（俗称“蓖麻毒素阴谋”）；在伦敦北部的芬斯伯里公园进行搜查和逮捕；以及2005年7月21日在伦敦对那些企图发动自杀式袭击的人提起指控，当然还有其他许多人仍然未出庭，在等待审理中。在国际层面，也注重把注意力集中在与许多不同国家和地区的司法制度相关的差异，以及与证据交换或情报分享有关的兼容性问题上。然而，在英国安全部门和反恐警察的队伍中，有一种看法认为，目前的法律制度未能认识到或没有将从涉嫌恐怖主义罪行的被拘留者那里收集情报的机会最大化（见《2000年恐怖主义法》的2004年行动报告，第37页，第136段及以下）。

既然警察对犯罪嫌疑人进行询问仍然是收集证据和情报的最佳途径之一，在我们考虑法律问题之前，检视我们在警察询问领域进行实证研究后所学到的知识是必要的。

英国警察的询问

在英国，询问过程代表了对抗式司法体系中唯一的纠问因素。其目的在于让犯罪嫌疑人有机会驳斥任何指控，提供他/她自己关于事件的说法，或者在面对提问时保持沉默从而限制自证其罪的可能性。对于警方来说，这是一个调查指控可信度的机会，并在必要时质疑被拘留者对事件的陈述。《1984年警察和刑事证据法》（PACE）规定，所有警方对犯罪嫌疑人的询问都必须录音，到1992年，这种技术已经部署到英国的所有警察局。除提供更加透明和负责任的参考以协助刑事司法程序外，询问录音还提供了以研究为目的的可靠且准确的记录。

1993年为皇家刑事司法委员会进行的研究（内政部，Cmnd 2263）揭示了警方询问存在诸多需要改进的领域，尤其是发现警察往往准备不足，缺乏信心，未能掌握起诉案件的核心要求［见鲍德温（Baldwin），1993］。此后，为弥补所发现的这些不足，英国警方询问工作进行了重大改革，实施了国家级的警察询问培训计划，并首次为英格兰和威尔士的所有警察提供了明确的可遵循的询问框架，使用有助记忆的 PEACE 方法［计划和准备（Planning and preparation），建立关系和解释（Engage and explain），叙述、澄清与质疑（Account，clarification and challenge），结束（Closure）和评估（Evaluation）］来强化这一新模式。其目的在于教育警察了解询问这一信息收集过程的好处，为他们提供一种直截了当且适应性强的机制，引导他们不再将询问的目的视为追求供认本身，而是寻求真相这一更加符合伦理要求的目标：从审讯刻意转向调查询问［威廉姆森（Williamson），1993］。该计划现在是针对所有警察进行第一级询问培训。

有趣的是，为同一皇家刑事司法委员进行的对警察局法律咨询质量的审查发现了类似的问题，并批评了许多法律从业者采用的被动角色以及所给出的建议的有限性［麦康维尔和霍奇森（McConville & Hodgson），1993］。因此，英国律师协会实施了新的培训制度，所有担任警察局法律顾问的不合格律师都必须在此新计划的范围内获得资格认证［英国律师协会，1994；伊德和谢泼德（Ede & Shepherd），2000；后者出版的作品被认为鼓励警察局法律顾问采取更具对抗性的方法］。

对警方询问内容的准确录音的可用性为科学研究开启了以前只能在背地里进行的对话。因此，法律顾问、翻译人员和适格的成年人（AA）这些独立于警察的角色，其作用是保护弱势个体的福利和权利，现在也成为审查对象。关于人们为什么供认或选择行使他们的沉默权（right of silence，RoS）也受到了实证调查。

犯罪嫌疑人供认原因的研究成果

研究文献表明，有三个重要的情境因素与犯罪嫌疑人认罪或作出供述有关：

- 获得法律咨询；

- 针对犯罪嫌疑人的证据强度；
- 警察采用的询问策略。

［关于此问题研究领域的优秀综述，请参阅古德琼森（Gudjonsson），2003。］

还有三个与供认和认罪过程相关的交叉促进（或内部）因素：

- 外部压力（有说服力的询问策略、担心被监禁、警察行为）；
- 内部压力（感到愧疚并有供认的需求）；
- 对证据的感知（他们相信否认罪行已经毫无意义）。

客观地说，这些因素很重要。

英国的认罪/供认率从55%到59%不等，尽管各地之间的差异很大。与没有接受法律咨询的犯罪嫌疑人相比，选择获得法律咨询的犯罪嫌疑人的供认或认罪可能性要低四倍［皮尔斯、古德琼森、克莱尔和拉特（Pearse，Gudjonsson，Clare & Rutter），1998］。研究人员发现法律顾问是否在场对一个人在多大程度上行使其沉默权有重大影响。莫斯顿、史蒂芬森和威廉姆森（Moston，Stephenson & Williamson，1993）发现各地之间存在很大差异，其中在伦敦霍尔本（Holborn）地区有8%的犯罪嫌疑人行使了沉默权，而在阿克斯布里奇（Uxbridge）地区这一数字为25%。这些研究人员认为，行使沉默权也与所犯罪行的严重性和犯罪前科相关。他们还指出，沉默权的使用并没有影响起诉决定，使用这种策略的人比那些在询问中选择否认犯罪的人更有可能被定罪。整体而言，四分之三的犯罪嫌疑人会回答警察的提问，其余的人则不回答任何问题，或选择性地回答。这些调查结果有效地浇灭了最为经久不衰的警方询问神话之一：在律师的建议下，所有的犯罪嫌疑人都不会作出任何陈述。

最近，根据《1994年刑事司法和公共秩序法》（*Criminal Justice and Public Order Act 1994*）第34～37节引入的立法修改，允许法官和/或陪审团在警察询问期间从犯罪嫌疑人的沉默中得出对其不利的推论。关于这种额外权力的初步研究在很多方面是模棱两可的。例如，将近40%的行使沉默权的犯罪嫌疑人被给予了这种“特别警示”，但相对而言，只有很少的人对此给出了令人满意的回应。另外，拒绝回答部分或全部警方提问的犯罪嫌疑人比例从23%降至16%，给出“无可奉告”回应的犯罪嫌疑人比例从10%下降到6%

［比克、斯特里特和布朗（Bucke，Street & Brown），2000］。

这一额外权力背后的初衷是双重的：阻止犯罪嫌疑人在事后捏造辩解，鼓励犯罪嫌疑人在调查过程中尽早提出真实的辩护。最近，内政部一直在审查一种说法，即针对犯罪嫌疑人沉默作出不利推论的机会正在被有效地瓦解，越来越多的辩方代表提交了准备好的陈述，使他们的当事人继续采用“无可奉告”策略。［内政部、警察局、政策研究中心（CPS）和其他机构之间的内部通信］。换句话说，如果犯罪嫌疑人被指控犯下了罪行，辩护律师将与他们的当事人合作，制造一个简短而毫无意义的陈述，用于驳斥对他/她的犯罪指控。

使用不利推论的一个重要辅助因素在于询问前警方提供的披露材料的数量。上诉法院认为，如果对案件信息的披露很少或根本没有透露，以至法律顾问无法正确地为其当事人提供建议，这可能是建议犯罪嫌疑人保持沉默的充分理由［女王诉阿金特（*R v Argent*）（1997）；女王诉伊姆兰和侯赛因（*R v Imran & Hussain*）（1997）；女王诉诺布尔（*R v Noble*）（1997）CLR 346］。因此，调查人员有责任披露足够的信息，以确保犯罪嫌疑人了解逮捕的性质和情况。但是，没有要求警察在询问前提供表面证据确凿的案件信息［女王诉伊姆兰和侯赛因（*R v Imran & Hussain*）；女王诉法雷尔（*R v Farrell*）（2004）；以及上议院在沃德诉北爱尔兰警察局（*Ward v Police Service of Northern Ireland*）（2007）一案中作出的裁决，2007 年 11 月 22 日《泰晤士报》报道］。

第二个情境因素——证据的强度，重要的是，犯罪嫌疑人对事件状况的看法 ——是决定其行为的一个关键性因素。依据莫斯顿、史蒂芬森和威廉姆森（Moston，Stephenson & Williamson，1992）的研究，在证据不足的情况下，只有不到 10% 的案件中犯罪嫌疑人作出了供认，而 77% 的案件中犯罪嫌疑人会否认指控。相反，当证据有力时，这些数据发生了全面逆转，有 67% 的案件中犯罪嫌疑人作出了供认，只有 16% 的案件中犯罪嫌疑人否认指控。就影响犯罪嫌疑人作出供认的促进因素而言，重要的是犯罪嫌疑人认为没有必要否认犯罪，因为警方有足够的证据最终证明这一点。让犯罪嫌疑人形成这种个体认知正是一些审讯手册所建议的并且应由询问警察通过操控达成的目标。这种询问策略引发了许多法律和道德问题［对此问题的全面综述见古德琼森（Gudjonsson），2003；相关具体策略的详细信息，请参见英博、里德、巴克利和杰恩（Inbau，Reid，Buckley & Jayne），2001］。

第三个重要的情境因素涉及警察采用的询问策略的类型和性质。这与外部压力的内部促进因素重叠，这一因素不仅包括有说服力的警察策略，还包括对警察行为和被监禁的担忧。已有研究明确区分出了在一般案件和严重案件中采用的询问策略类型［皮尔斯和古德琼森（Pearse & Gudjonsson），1999］之间的不同。在前者中，似乎犯罪嫌疑人已经决定供认或否认并且无论外部因素如何都能够坚持这一立场。实际上，在这种情况下，犯罪嫌疑人作出供认并不是因为警方使用了询问策略，而是犯罪嫌疑人自己作出的决定。在严重案件中，如谋杀、抢劫、敲诈勒索和强奸，我们更有可能发现使用强制性、操控性和强有力的策略使询问的强度更大，并且监禁时间通常会更长［皮尔斯和古德琼森（Pearse & Gudjonsson），1999；皮尔斯（Pearse），1997］。

1997年，我审查了20个非常严重的刑事案件的独特数据集，根据这些案件的询问录音带，犯罪嫌疑人（包括男性和女性）被说服了，改变了立场：由否认指控转变为认罪，尽管承认这些严重犯罪会使他们承担沉重的法律后果［皮尔斯（Pearse），1997］。当然，找到在询问中犯罪嫌疑人由否认转为认罪的例子是非常困难的，因为这种情况非常罕见。对实现这种转变的实际情况的仔细审查表明，询问警察采用了强制性和延长询问时间策略的组合，集中利用了许多情境因素和操控运用了上述内部因素。与轻罪的显著差异包括询问的持续时间（在轻罪的情况下，平均询问时间为22分钟，范围为2分钟~109分钟，严重犯罪情况下平均询问时间为2小时16分钟，范围为24分钟~12小时42分钟），以及压制性的“讯问策略技巧群”。其中，有8起案件（40%）的口供在法庭上被裁定为不具有可采性，尽管这8起案件中有5起（63%）有法律顾问［皮尔斯（Pearse），1997］。

总之，虽然许多因素与犯罪嫌疑人在作出供认或否认指控方面的决策过程有关，但从研究中可以得出的主要结论是：“促使犯罪嫌疑人供认最常见和最重要的原因是他们相信指控其罪行的证据的证明力。”［古德琼森（Gudjonsson），2003：153］。

近几十年来，研究被警方拘留的人的个人特征的可用性也有所增加。这些人可能容易提供误导性信息，或者可能无法理解他们的回答的重要性或其困境所带来的后果。1993 年皇家刑事委员会主导了该领域的第一项实证研究。一些具有重大意义的司法误判已经得到确认，并显示出在同一个地方很难发现导致司法误判的根本原因；相反，通常是事件和问题的结合共同导致了这些有瑕疵的起诉。因此，犯罪嫌疑人心理上的弱势（易受暗示、顺从和学习障碍）可能没有被识别或采取有针对性的措施，他们已经存在的精神疾病或抑郁症可能没有得到承认，他们可能会受到长期的监禁和大量的警察询问谈话。持续的与同伴隔离、拘留带来的陌生感和衰弱感以及睡眠和食物匮乏也可能使环境因素起作用［古德琼森、拉特、克莱尔和皮尔斯（Godjonsson, Rutter, Clare & Pearse），1993；另见古德琼森（Gudjonsson），2003］。在恐怖主义领域，在古巴的关塔那摩监狱和伊拉克阿布格莱布监狱管理体制中发现了由环境因素引发的当代案例［皮尔斯（Pearse），2006］。

法律视角

由于经常侵害无辜者，恐怖主义活动被视为暴力的极端例子，所以必须采取特别措施来打击这一威胁。英国议会准备提出新立法支持这种论点，英国的司法机构也这样认为。一些法律机构认为：

> 有理由认为，恐怖主义和防止恐怖主义的立法应该以一种特殊的方式加以考量：在恐怖主义案件中，对权利或自由的更多干预是合乎情理的。［罗（Rowe），2000：527－542］

支持这一立场的论据可以在国家保护其公民的权利和义务中找到（《欧洲人权公约》第 2 条——保障生命权），其道德基础是将恐怖主义宣告为暴力表达的非法形式，恐怖主义行为最好被理解为特殊形式的犯罪，需要特别的应对措施来克服调查和起诉过程中遇到的困难。人们一直认为，“对民主社会而言，没有比应对恐怖主义更大的挑战了”（内政部，2004）。

在当前的恐怖主义立法和法律判决中，可以找到法律承认将恐怖主义问题视为特殊情况的必要性的证据［沃克（Walker），2002，他将TACT描述为“西欧最广泛的反恐怖主义法典”］。例如，在英国，TACT第44条规定扩展了警察的拦截和搜身权。2003年3月，布鲁克（Brooke LJ）和司法部部长莫里斯·凯（Maurice Kay）表示，随机使用拦截和搜身的权力以及由此产生的任何侵犯人权的行为都是合理的，因为“除了战争时期，在这个国家，特别是其首都整体上正面临着前所未有的威胁”（2003 EWHC 2545）——这一看法在2006年3月得到了上议院的支持。在一些情况下，恐怖主义犯罪嫌疑人被拘留的时间可以在没有法律顾问的情况下长达48小时，而在其他情况下，恐怖主义犯罪嫌疑人只能在“合格”警务人员的监控下[①]咨询律师［TACT第8段和第9段的附表8（第1部分）］。

依据TACT第57条，以恐怖主义为目的持有财物构成犯罪是该法案通过期间在英国议会最激烈的辩论点之一，因为它被解释为将举证责任由控方转移到辩方。[②] 在上议院对这个问题作出判断时，库克勋爵（Lord Cooke）的观点认为恐怖主义应被视为一个特例，并且在恐怖主义时期对被告施加证明责任并非不成比例［罗（Rowe），2000：529；另见TACT第18（2）条规定的举证责任倒置（reverse burden）］。[③] 最近，议会延长了羁押期限，犯罪嫌疑人可以在不被指控的情况下被关押14~28天。这一延长是在议会进行重要政治辩论后得出的，政府的原始提案是建议在不提出指控的情况下设置90天的拘留期。政府继续向议会下议院提出延长拘留期限的提案，最近的一次提案为42天。额外的恐怖主义罪名也被引入，如支持恐怖主义、为恐怖主义做准备或培训恐怖主义分子（《2006年恐怖主义法》第1条、第5条和第6条规定）。这些情况表明，警察在对恐怖主义犯罪嫌疑人的询问中发生的情况

① 这种监控要求不仅看得见而且还要听得见，比一般的“看得见但听不见”的监视要求严。（译者注）

② TACT第57条规定，构成此罪控方只需要证明有合理的怀疑（a reasonable suspicion）：被指控人持有某项财物与实施、准备实施或者煽动恐怖主义活动有关。被指控人辩护则需要证明他/她持有某项财物并不是出于实施、准备实施或者煽动恐怖主义活动的目的。（译者注）

③ TACT第18条规定的是与恐怖主义相关的洗钱犯罪。第18（2）条规定，被指控人需要证明自己不知情以及自己没有合理根据怀疑该涉案财产的处理与恐怖主义财产有关才能成立辩护。（译者注）

可能处于刑法和实践的边界，特别是与典型的刑事案件相比时。

在英国，最近提出的有关恐怖主义立法的修改引起了相当多的议会和公众辩论，新苏格兰场揭示了恐怖主义犯罪调查人员所面临的任务规模和后勤需求的一些表现［见 http：//www. homeoffice. gov. uk/Terrorism/Terrorismandthelaw，助理专员安迪·海曼（Andy Hayman）致内政大臣查尔斯·克拉克（Charles Clarke）的信，2005 年 10 月 6 日］。这表明，与一般的刑事案件不同，为了保护公众和挽救生命，往往需要尽可能早地逮捕恐怖主义犯罪嫌疑人。这种有一定风险的快速行动可能是基于敏感的情报，而且往往发生在有时间收集足够的证据之前，而这些证据是检察机关在考虑对恐怖主义犯罪嫌疑人进行起诉定罪的可能性时所必需的。与一般的刑事逮捕不同，引入《1984 年警察和刑事证据法》（PACE）背后的整体理念是为警方提供足够的权力以便在逮捕前收集证据，从而减少拘留时间。

警方在恐怖主义案件调查中遇到的其他障碍，包括实施的许多调查的性质复杂多样［身份造假，电话和其他通信搜索，需要审查硬盘驱动器和软件（有时会还被加密）的国际联系，财务方面］，以及面面俱到的司法搜查要求，有些需要数周时间才能完成。这些是为了将恐怖主义犯罪嫌疑人的拘留期限从 14 天延长到 90 天而提出的论点的一部分。

遗憾的是，英国对恐怖主义案件的全面研究甚少，而且这一特定询问场景中的确切动态并不为人所知。最近，我被获准分析一些恐怖主义案件，与许多在职反恐官员进行了面对面的访谈，同时使得我能够向新苏格兰场反恐怖主义指挥部内的在职人员分发调查问卷。在本章中，被检验的主要假设是警方对恐怖主义犯罪嫌疑人进行询问的方式与对待严重的刑事犯罪嫌疑人一样，警察将采取一系列强制性和操控性的询问策略，以影响犯罪嫌疑人的决策过程，获得供述或认罪。

方法论考量

本研究分为三个部分：对 30 起反恐案例的分析；通过个人访谈，调查从高级调查人员和管理人员到警督、探长和警员的意见和看法；以及向调查人员（探长和警员）随机分发一份定制的调查问卷。由于在一章的范围内可以容纳的能够满足需要的数据量有限制，我将这一审查的范围限制在刑事案件和恐怖主义案件之间的重要区别、“特别警示程序”的影响以及警察采用的询问策略的性质和类型。

为了使案件符合本研究的目的，研究人员需要获取每一起案件中的以下材料：

- 询问恐怖分子的录音带；
- 所有询问笔录；
- 犯罪嫌疑人的羁押记录副本；
- 查看最初的皇家检控署（CPS）报告或案件细节的概要。

查看皇家检控署（CPS）的报告是必要的，目的是了解每一起案件的指控性质，并且能够获得犯罪嫌疑人的个人羁押记录，个人羁押记录有助于深入了解与其羁押、处遇或福利相关的任何问题。这可能包括医学观察——医生检查的结果，与他/她的精神状态有关的信息以及与监禁环境有关的任何情况。

录音带和询问笔录的存在使得我能够考察实际情况，以及可以有准确的文件用以批注。这种详细的研究方法远比许多以前的研究更具优势，以前的那些研究仅仅依赖于观察数据或者仅仅依赖于一种媒介（如笔录）[皮尔斯（Pearse），1997]。在以前的研究中，发现获取录音带对于纠正法庭笔录中的大量、有时非常严重的错误是非常宝贵的——例如，一起强奸案件犯罪嫌疑人否认犯罪，笔录表明嫌疑人认罪，但后来又否认犯罪[皮尔斯（Pearse），1997：181]。

来自新苏格兰场反恐怖主义委员会的30起恐怖主义案件符合这项研究的条件。对每起案件都研究了案件细节并审查了医学观察或心理脆弱表现的监禁记录。询问录音带与相关的询问笔录交叉参照，然后将其分为询问期间（时间段）进行分析。一个询问期间被定义为任意的连续询问（询问超过60分钟且没有休息）。在之前的研究中，通常根据每个录音带的个体时间来分析案例，但这未能充分反映警方询问的全部范围和实际情况。例如，允许犯罪嫌疑人与其法律顾问进行协商或为提出证据和恢复精神进行简短的休息并不罕见。本研究共分析了187段询问。因此，通过了解所有相关指控和一些犯罪嫌疑人被羁押经历的信息，有利于我开始分析每个案件。

询问策略与问卷分发

我已经分析过数百例警方询问，并开发了一种有效的方法来理解和解释在这种特定交流中发生的事情。基本上，可以从一种特殊设计的编码框架中获取警察采用的询问策略的性质和类型，该编码框架基于三维类型学（three dimensional typology）：信息传递（delivery）—最大化（maximization）—操控（manipulation）［皮尔斯（Pearse），1997；另见皮尔斯（Pearse），2006。这种编码框架扩展了研究方法，以帮助理解在阿布格莱布（Abu Ghraib）和关塔那摩湾（Guantanamo Bay）羁押中心采用的审讯策略］。

信息传递方式是一个非常重叠的类别，贯穿整个过程，旨在获得应提出"什么"类型的问题（封闭式、诱导性、开放式等）；它们是"如何"被提出的（肃静地，降低音调，或者严厉和咄咄逼人地）以及任何相关的情境特征（提出问题的"地点"——监禁环境）。它会获取所有的情境特点。最大化是一种"硬性推销"（hard-sell）技术，其中审讯者试图通过宣称有关证据的情况（虚假或其他的）以及夸大指控的严重性和/或罪行的严重程度来恐吓和胁迫犯罪嫌疑人作出供认［皮尔斯（Pearse），2006：76］。这包括旨在增加犯罪嫌疑人内心焦虑的任何策略。最后，操控涉及更加微妙和狡猾的询问形式，攻击犯罪嫌疑人对犯罪或其行为后果的看法，包括操纵细节问题或重要的其他方面、奉承、做出不切实际的承诺，以及攻击犯罪嫌疑人的自尊心或名声。

研究人员在反恐分支机构内向反恐官员随机分发了70份问卷，共回收了50份（71%）。问卷向调查对象提供了传统的格式来回答，包括"是"或"否"，或"不选择"。但是，有时一些调查对象没有作出选择。出于统计目的，这种情况被记录为"不选择"，并且将不可避免地影响每个问题的整体回答情况和统计结果。在整个研究期间，每当发生重大案件或处于调查期间时，都会在获取询问材料或联系人员方面产生数月的延迟。在少数案件中

(5起)，无法找到独立的录音带，但在每个案件中都有可用的询问笔录。迄今为止，只有3份羁押记录无法找到。

调查结果与评析

现役反恐警官在实施面对面询问时所产生的首要问题之一是他们处于被要求尽早逮捕犯罪嫌疑人的窘境中。这些警官被问道：

有观点认为，过早逮捕犯罪嫌疑人的战略性决定（通常是为了挽救生命）会产生损害拘留和询问过程的影响。例如，通过立即施加时间压力并且不依赖于可用和充分的证据，如监控证据、法医鉴定、获取的计算机信息、金融信息和国际调查要求。你在多大程度上赞同这种观点?

有41名警官（82%）“赞同”或“十分赞同”这一观点（见表5.1）。

表5.1 过早逮捕对询问过程的影响

反对或赞同	频率 $N=50$	占比 /%	累积占比 /%
强烈反对	5	10	10
反对	4	8	18
赞同	23	46	64
十分赞同	18	36	100

在刑事逮捕中，支撑PACE的精神是为警察提供足够的权力在逮捕前收集证据，从而缩短拘留期限。相比之下，为了保护公众和拯救生命，往往需要尽早逮捕恐怖主义犯罪嫌疑人。这种行动可能是基于敏感的情报，而且往往是在有时间收集足够的证据以便检方认为有可能被定罪之前［见助理专员安迪·海曼（Andy Hayman）致内政大臣查尔斯·克拉克（Charles Clarke）的信，http：//www. homeoffice. gov. uk/Terrorism/Terrorismandthelaw］。

本研究发现，这种“公共安全”逮捕引发了一系列乏味和无效的前期询问（antecedent interviews），在此之前通常有含糊的披露通知，而这反过来促使果断的法律顾问向其当事人提出“无可奉告”的建议：周期性的僵局导致了明显的受挫并有效地破坏了执法官员处置事件的机会，这些机会最好由反恐官员来把握。当他们陷入上述困境时，他们提出了这样的请求："除非我们很快得到证据，否则我们还不如在开始询问的时候讲笑话（在情况汇报会议期间获得的资料）。"

值得注意的是，超过三分之一的询问（37%）是在拘留的前两天发生的，其中多数由先前的调查主导。加雷思·皮尔斯（Gareth Peirce）律师在她向内政专门委员会提交的证明（恐怖主义拘留权，2005—2006 年会议第四次报告，第Ⅱ卷，第 13 页）中认为 90% 的询问都遵循这种模式。同样的活动也限制了在询问中利用相关心理学研究成果的机会，相关心理学研究成果已经证实了在询问中犯罪嫌疑人对案件感知的重要性，尤其是对案件性质，或者他们对案件性质的理解，以及他们对不利于自己的证据的看法。依据官员们的说法，频繁的公共安全逮捕往往使他们处于一种站不住脚的状态，并且已经形成了一句消极的口头禅：为什么要费心地询问，（我们没有什么可以给他们的，）而且犯罪嫌疑人不会说什么！一名官员将这种情况描述为类似于"在希思罗机场以停滞模式盘旋——等待信息，等待证据以继续"。

从心理学的角度来看，如果我们采信这名官员的观点，他们正面临压力——需要在一个非常负责任的环境中询问国际恐怖主义犯罪嫌疑人——由于缺乏可靠的证据以进行有意义的对话，他们感觉深度暴露在公共安全案件中。这种高度依赖性和消极心态的组合为创造一种持久的自证预言（self-fulfilling prophecy）提供了沃土。

表 5. 2 详细提供了 187 次询问期间警察使用各种策略方法的程度。最直接的发现是对许多类别的策略方法使用有限。"使用证据"（95%）是最流行的策略，涵盖了展示物品、照片和其他材料，但它们往往发生在相当枯燥和敷衍的询问氛围中。"质疑"的有限使用表明了与犯罪嫌疑人交流的礼貌和非对抗性质，即使重要的犯罪嫌疑人普遍行使其沉默权。考虑到先前的、1999 年之后的研究，我们十分惊讶地发现使用最大化策略（强调犯罪性质的严重性）、最小化策略（减少犯罪嫌疑人对犯罪后果的感知）或操控性策略（使用主题，奉承）［皮尔斯和古德琼森（Pearse & Gudjonsson），1999］是相当有限的。

表 5.2　警方询问策略的使用范围

使用频率 N = 187 策略方法	从不使用	很少使用	适中使用	频繁使用	非常频繁地使用
开放式提问	0	3 （1.6%）	75 （40%）	104 （56%）	5 （2.7%）
封闭式提问	4 （2%）	54 （29%）	105 （56%）	21 （11%）	3 （1.6%）
诱导性提问	84 （45%）	73 （39%）	27 （14.4%）	2 （1%）	1 （0.5%）
重复提问	159 （85%）	20 （11%）	8 （4%）	0	0
多重提问	165 （88%）	14 （7.5%）	7 （3.7%）	1 （0.5%）	0
多人提问	175 （94%）	7 （3.7%）	5 （2.7%）	0	0
质疑	56 （30%）	42 （22.5%）	63 （34%）	19 （10%）	7 （3.7%）
不恰当的策略	184 （98.4%）	3 （1.6%）	0	0	0
操控性策略	150 （80.5%）	17 （9%）	19 （10%）	1 （0.5%）	0
最小化策略	170 （90.9%）	12 （6.4%）	5 （2.7%）	0	0
最大化策略	123 （66%）	18 （9.6%）	39 （21%）	7 （3.7%）	0
使用证据	10 （5%）	23 （12%）	51 （27%）	63 （34%）	40 （22%）

在本研究中，这些数据可得出的可靠结论为，对恐怖主义犯罪嫌疑人的询问最好被描述为“礼貌、无威胁，而且通常是无成效的”。

对特别警示程序（《1994 年刑事司法和公共秩序法》第 34 ~ 37 节；见表 5.3）的使用极少。确定使用了特别警示程序的案件只有三个，对询问没有产生影响。在进入审判的两个案件中没有证据表明使用了此警示。29 名警官（58%）报告在之前的恐怖主义案件询问中使用了特别警示程序，但 24 名警官（48%）表示特别警示程序的使用没有任何影响，只有一名警官知道有一起案件在审判中引入了不利的推论。反恐官员们对这些有价值的条款的正当性缺乏信心，这是令人担忧的。

表 5.3　特别警示（SW）的使用和影响

特别警示程序的使用 $N=187$	使用频率	对询问的影响	对庭审的影响
使用	3（2%）	0	0
未使用	184（98%）	3	2[a]

注：a 表示有一起案件被告人被无罪释放。

这提出了一个有趣的方法论问题：应该给出多少警告？然而，这不是一个明确的问题。首先，数据集是一个有偏向的选择——它只包含了有犯罪嫌疑人交谈的案件，因此不具代表性。其次，如果犯罪嫌疑人在询问开始时选择不说话，但后来又说了，这能否被认为是特别警示且应该立即对其进行使用？这显然是一个判断问题，人们需要掌握所有相关事实，并对当时的许多问题和背景保持敏感。也许更有成效的方法是审查何时可以/或应该使用特别警示。根据这一标准，一起案件应该对犯罪嫌疑人给出特别警示，另外三起案件可以适用特别警示。

更令人担忧的是，官员们对这些条款缺乏信心，需要确定他们的主张是否有任何实质内容，即控方不会充分利用对犯罪嫌疑人的不利推论。最近内政部对该领域的审查要求要加强培训，并要求在整个起诉过程中提高认识，但没有进行可靠的研究来确定问题的严重程度（内政部工作组的个人通信）。业界存在这样一种看法，丧失个人的反对自我归罪特权会被司法机构视为是对个人自由的不可接受的侵犯。卡莱尔勋爵在向内政部专门委员会提供的证据（2006年2月14日）中，对特别警示条款的价值不屑一顾，如果将此条款设定为不利于那些在询问过程中实际上回答了警察提问的当事人的固有危险，他将这一条款描述为一种“轻微的损伤”（a fleabite）。

讨 论

本研究结果表明（这里仅简要描述），警察在恐怖主义案件中对犯罪嫌疑人进行询问的最佳描述为礼貌、无威胁，而且往往是无成效的。这项研究不支持1997年在该领域的研究结果，1997年的研究涉及英格兰和威尔士警方在严重刑事案件中调查使用的询问策略的类型和性质。

为了理解这些发现，我们不仅需要审查与这种互动询问相关的许多情境问题，而且需要在警察拘留的限定范围内审查这种互动询问发生的实际环境和氛围。

情境问题

与调查恐怖主义罪行有关的情境问题显然涉及多种层面，本章只能概述涉及的诸多政治、法律、心理和组织问题中的一部分。

英国首相宣布“游戏规则正在发生变化”，简明扼要地说明了政府准备考虑的改革进程的意图和程度，以打击恐怖主义活动对该国构成的威胁。[①] 布莱尔对“游戏规则”的提及是一个明确的声明，表明政府有意审查公民自由与安全之间的平衡并进行必要的变革，以确保能保障用以捍卫我们自由的民主。

---

① 英国首相托尼·布莱尔（Tony Blair）的讲话，约翰·皮纳尔（John Piennar）引用，网址：http：//newsvote. bbc. co. uk/mpapps/pagetools/print/news/bbc. co. uk/l/hi/uk-politics/47。

已宣布的下一步恐怖主义立法将引入额外的（以及一些追溯性的）权力，旨在为打击极端主义分子和那些从事宣扬仇恨和暴力或为仇恨和暴力辩护的人创造一个更加坚定的环境。可将一个人在没有指控的情况下拘留长达28天的选项可能会对未来警方和犯罪嫌疑人互动的性质和状态产生直接影响。令人困惑的是，虽然拘留恐怖主义犯罪嫌疑人的期限从7天增加至14天，一直到现在的28天，却没有实证研究来审查这种变化对整个调查过程或者对犯罪嫌疑人的心理健康和福利待遇可能产生的影响。

在某些方面，法律环境与适应极端主义活动所构成的特殊挑战的政治层面相似：推动习惯做法的界限，以“特殊方式”处理恐怖主义犯罪案件，并在被告人身上施加额外负担，而这在传统起诉中可能是不被允许的。但是，或许在恐怖主义调查的法律背景下，PACE 和 TACT 之间的运作关系也是如此。

支撑 PACE 的原则——公正、公开和可行性——在很大程度上，由在调查和起诉过程中的透明性和责任性维持［皇家刑事诉讼委员会（1981）］。PACE 被称为世界刑事立法中最负责任的一部立法［皮尔斯（Pearse），1997：8］。然而，当 PACE 于 1986 年 1 月首次引入时，人们担心警察逮捕权力的增加以及对财产和物品的使用（根据司法授权）超越了他们之前的权限范围。对这些权力的平衡是一个严格控制和调控框架：管理对犯罪嫌疑人的拘留及其福利待遇，定期提供法定的司法审查监督，并确定最长的拘留期限。引发 PACE 的 1981 年飞利浦报告（Philips Report）是基于法律和调查实践的特定领域的实证研究结果；事实上，这是第一个参与此类研究的皇家委员会。PACE 的目的是使警察有权在逮捕之前获得足够的证据，以便迅速、有效地进行调查，进而限制被拘留者被监禁的时间。当恐怖主义犯罪嫌疑人根据 TACT 被捕时，他们在 PACE 规定的范围内被拘留和接受询问。

根据新苏格兰场写给内政部的信，在一些重大案件中，逮捕恐怖主义犯罪嫌疑人的决定并没有带来先前研究的优势以及可用的适当证据。在恐怖主义袭击旨在造成大规模伤亡并且没有任何警告的时代，为了保护生命和维护公共安全，他们进行了大量逮捕。现在可以在一个系统性的语境下来解读这种僵局和操作上的困境，这就是：警察面临着对许多根据 TACT 被逮捕的犯罪嫌疑人进行询问，但他们被要求在可向被拘留者提供极少或没有可靠证据的情况下依据 PACE 的规定进行询问，在某些情况下，他们甚至可能不知道被捕者的真实身份。

在本项研究中，有可能（以相当粗略的形式）验证这一假设：根据相关官员提供的信息将案件分为 7 个“基于证据的”逮捕和 23 个“基于公共安全目的”的逮捕两组。（根据设计，过去几年的公共安全逮捕不能包括在这个样本中，因为它们不符合标准。）分组后出现了一些区别：

- “基于证据的”逮捕组中，所有 7 名犯罪嫌疑人均被指控犯有非恐怖主义法（non-TACT）犯罪；其中 6 人作了认罪答辩，1 人被判有罪。
- 在询问中，警察有足够的证据并一开始就出示。
- 在 20 次询问中犯罪嫌疑人只有一次充分使用了沉默权。

可以理解的是，这是对复杂主题的相当肤浅和主观的审查（只使用了小规模和非代表性的样本），但这些结果确实支持了总体命题。82% 的官员认为“基于公共安全目的”的逮捕对询问和拘留过程不利。

同样清楚的是，在“公共安全”调查中，官员定期进行一般性的事实调查和前期询问只是为了争取时间，而英国国内和国外的伙伴机构实施了大量的司法搜查和情报搜集，相关情报信息可能会传递给他们使用。这种系统性失败的影响在该样本中的询问互动的细节中是明显的。显然需要在这一重要领域进行更详细的研究，以研究“情报”逮捕对调查和起诉过程的影响。

上文谈到了为本研究提供背景框架的政治、法律和制度性问题，同样重要的是，不能忽视相关的心理学研究。

毫无疑问，为警方询问犯罪嫌疑人引入录音制度显著增加了法律和侦查方面的研究，研究大大增加了我们对这种复杂社会交往的认识和理解。现在我们对分析这种互动有了更大的信心，因为研究已经确定了有关被拘留者个人特征的相关变量以及影响询问人员的心理动力；可对策略和反应进行分类；非常冗长的询问现在可以被分解为更易于管理和可视化的模式［皮尔斯（Pearse）等人，1999］。旨在引出供述或认罪的特定战术和询问策略的影响和效用正在被适当地记录下来，并且已经从研究中开发出了许多成功的询问模式。至关重要的是，对整个研究的权威性审查得出的结论，即导致供述的最常见和最重要的因素是犯罪嫌疑人对指控他们的证据的了解。在这种情况下，显然令人遗憾的是，在恐怖主义案件中，大量的逮捕发生在官员获得这些有影响力的证据材料之前。

总之，英国似乎有提供正确的立法环境来对抗不断演变的恐怖主义威胁的政治意愿，并且默认传统的司法界限可能在提起恐怖主义诉讼时遭受挑战，但制度性问题似乎解决起来更加困难。目前，在针对恐怖主义犯罪嫌疑人的以情报导向为主的调查中，要求警察在没有充分证据可用的情况下对被拘留者进行询问，这种情况与公布的心理学研究结果完全不一致，可能严重削弱英国政府成功起诉犯罪者的决心。

询问恐怖分子的氛围

在严重的犯罪案件中，在过去，警察有时采取具有质疑性和操控性的询问策略组合，但在此样本中几乎没有证据表明这一点。在表 5.2 中，“质疑”在超过一半的询问中“从不使用”或“很少使用”（合计 52.5%）。更令人惊讶的是，“最大化”询问策略的使用非常有限。在四分之三的询问中，这种策略“从不使用”或“很少使用”。最大化技术包括强调指控的严重性及其可能的后果，旨在增加嫌犯的内心焦虑。

对于询问恐怖主义犯罪嫌疑人缺乏更强有力的方法的一个可能原因在于官员对于运用后来被认为具有压迫性的技术的关注，而这削弱了整个询问过程的公正性。法律文本中提供的指导意见认为：

> 通过敌意和攻击性提问对被告人施加压力并不一定会使供认变得不可靠。询问的时间长度和所提问题的性质是重要的注意事项［R *v* L (1994)，Archbold，2000：1483］

作为本研究的评估指南，我愿意使用《PACE 操作规程》（PACE Codes of Practice）（p. 122）中的建议，人们可以期待在询问中看到“特别探究性问题”。

在听取并研究了187次询问后，大多数官员很明显地都愿意对那些对他们的知识和可能拥有的从不同地点收集的无数证物、照片和文件表现顺从的犯罪嫌疑人进行审查询问。这种活动被归类为一种询问策略——“使用证据”，但在许多情况下，专注程度降低，人们停止工作，开始实施自动化的过程。官员们几乎没有引入任何变化，也没有提出任何检验或侵入性（intrusive）问题——没有精细的参照来检验所获信息的深度和准确性。这往往是对警察的一种支持机制，也是犯罪嫌疑人的一段无压力的经历。我发现，相关警察和心理学研究文献中所倡导的诸多询问技巧和策略极少有使用的迹象。

另一种趋势是对先行信息进行延伸性查找，这是一种显然已确立的传统，经常发展成对政治和宗教信仰制度以及全球事件的审查。在恐怖主义案件中，这些信息可能具有重大关系，并且在更广泛的起诉问题范围内被认为是重要的，但在这些样本案例中，询问提问并没有真正的紧迫性或连贯性。官员满足于从犯罪嫌疑人那里获得部分信息。对于部分名称、部分地址和非特定地点未在第二阶段提问中以更具体的问题要求进行跟进。这是另一个自动化过程，我并未发现询问中对“特别探究性问题”的使用。

缺乏强有力的提问可能是因为这种方法不是来自PEACE询问模式的一部分，而且调查结果可能至少部分地反映了PEACE培训的结果及其基础哲理。然而，令人担忧的是，反恐官员在询问中缺乏侵入性提问以及他们缺乏应对不断变化的环境的能力；他们太满足于无条件地接受或肤浅地质疑询问对象的回答。

在一些情况下，犯罪嫌疑人在与警官交谈和主张沉默权之间摇摆不定。鉴于这种情况出现的概率，样本案例中仅有三段询问使用了特别警示，这有点儿令人惊讶。这是一个相当强大的立法条款，旨在劝阻犯罪嫌疑人不要在晚些时候进行虚假辩解，并鼓励犯罪嫌疑人尽快提供解释，因为保持沉默可能导致在后续的诉讼程序中法庭对其作出不利的推论。目前，反恐官员显然对这一有价值的法律权力缺乏信心。

结 论

这项研究确定了警方对恐怖主义犯罪嫌疑人询问有效性的一些重要发现，这些发现将促进我们对这一重要的法律和社会交往的理解，并有助于提供一定的心理学研究文献。

已经确定了一些通常超出询问官员控制范围的情景因素，这些因素共同阻碍了创造一个利用证据材料或利用机会收集情报的良好环境的机会。特别是为维护公共安全而进行“过早”逮捕的必要性被认为是一个重要的削弱因素，在这种询问场景中，人们注意到询问官员没有采用特别探究性的询问方法。

目前，围绕调查恐怖主义罪行的总体情况所产生的影响似乎已经产生了一个无益的阴影，影响了对恐怖主义犯罪嫌疑人进行询问的氛围。

延长拘留期限表明，这是在若干关键领域进行进一步研究的适当时机。包括：

- 进行比较研究，审查与依据证据的逮捕相比，在情报案件中过早逮捕恐怖主义犯罪嫌疑人对调查和起诉程序造成的定性和定量影响；
- 需要审查延长拘留羁押时间对被拘留者的福利待遇和心理健康造成的影响；
- 审查在恐怖主义案件调查和整个起诉过程中使用特别警示规定的程度及其影响。

参考文献

❶ Archbold: *Criminal pleadings, evidence and practice: 2001* (2000). J. Richardson (Ed.). London: Sweet & Maxwell.

❷ Baldwin, J. (1993). Police interviewing techniques. Establishing truth or proof? *The British Journal of Criminology*, 33, 325 – 352.

❸ Bucke, T., Street, R. & Brown, D. (2000). *The right of silence.*

London: Home Office. Ede, R. & Shepherd, E. (2000). *Active defence*, 2nd edition. London: Law Society.

❹ Gudjonsson, G. H. (2003). *The psychology of interrogations and confessions: A handbook.* Chichester: Wiley.

❺ Gudjonsson, G. H., Rutter, S., Clare, I. C. H. & Pearse, J. (1993). *Persons at risk during interviews in police custody: The identification of vulnerabilities.* Research Study No 12. London: HMSO.

❻ Home Affairs Committee (2006). *Terrorism detention powers. Fourth Report of Session 2005 – 06.* London: HMSO.

❼ Home Office (2004). *Counter-terrorism powers: Reconciling security and liberty in an open society: A discussion paper.* London: Home Office, Cm 6147.

❽ Inbau, F. E., Reid, J. E., Buckley, J. P. & Jayne, B. C. (2001). *Criminal interrogation and confessions*, 4th edition. Gaithersberg, MD: Aspen.

❾ Law Society (1994). *Advising a suspect in the police station: Guidelines for solicitors.* London: Law Society.

❿ McConville, M. & Hodgson, J. (1993). *Custodial legal advice and the right of silence.* The Royal Commission on Criminal Justice, Research Study No. 16. London: HMSO.

⓫ Moston, S., Stephenson, G. M. & Williamson, T. M. (1992). The effects of case characteristics on suspects' behaviour during questioning. *British Journal of Criminology*, 32, 23 – 40.

⓬ Moston, S., Stephenson, G. M. & Williamson, T. M. (1993). The incidence, antecedents and consequences of the use of the right to silence during police questioning. *Criminal Behaviour and Mental Health.* 3 (1), 30 – 47.

⓭ Pearse, J. J. (1997). Police interviewing: an examination of some of the psychological, interrogative and background factors that are associated with a suspect's confession. Unpublished PhD thesis, University of London.

⓮ Pearse, J. (2006). The interrogation of terrorist suspects: The banality of torture. In T. Williamson (Ed.), *Investigative interviewing: Rights, research, regulation.* Cullompton: Willan Publishing.

⑮ Pearse, J. & Gudjonsson G. H. (1999). Measuring influential police interviewing tactics: A factor analytical approach. *Legal and Criminological Psychology*, 4 (part 2), 221-238.

⑯ Pearse, J., Gudjonsson, G. H., Clare, I. C. H. & Rutter, S. (1998). Police interviewing and psychological vulnerabilities: predicting the likelihood of a confession. *Journal of Community and Applied Social Psychology*, 8 (1), 1-21.

⑰ Report on the Operation in 2004 of the Terrorism Act 2000, p. 37, para. 136 et seq. Lord Carlile of Berriew QC. London: Home Office.

⑱ Rowe, J. J. (2000). The Terrorism Act 2000. *Criminal Law Review* (pp. 527-542). London: Sweet & Maxwell.

⑲ Royal Commission on Criminal Justice, Chairman Viscount W. G. Runciman (1993). Cmnd 2263. London: HMSO.

⑳ Royal Commission on Criminal Procedure (1981). Sir, C. Philips Cmnd 8092. London: HMSO.

㉑ Walker, C. (2002). *Blackstone's Guide to the anti-terrorism legislation.* Oxford: Oxford University Press.

㉒ Williamson, T. M. (1993). From interrogation to investigative interviewing. Strategic trends in police questioning. *Journal of Community and Applied Social Psychology*, 3, 89-99.

Cases

❶ *R v Argent* (1997) 2 Cr App R 27

❷ *R v Farrell* (2004) EWCA Crim 597

❸ *R (on the application of Gillan and another) v Metropolitan Police Commissioner and another* (2003) EWHC 2545

❹ *R v Noble* (1997) CLR 346

❺ *R v Imran & Hussain* (1997) Crim LR 754 CA

❻ *R v L*（1994）Crim. L. R. 839 CA

❼ *Ward v Police Service of Northern Ireland*（2007）

Statues

UK Legislation

❶ Anti-Terrorism Crime and Security Act 2001

❷ Criminal Justice and Public Order Act 1994

❸ Police and Criminal Evidence Act 1984

❹ Prevention of Terrorism Act 2005

❺ Prevention of Terrorism（Temporary Provisions）Act 1974

❻ The Terrorism Act 2000

❼ The Terrorism Act 2006

US Legislation

Patriot Act 2001

第06章

从传统刑事司法到控制程序：持续变化语境中的讯问

大卫·迪克逊（David Dixon）*

简介

对犯罪嫌疑人的询问是在更广泛的制度规定、优先事项和价值观构成的语境中进行的。本章将表明，在大多数西方国家中，这种情况正在发生根本性变革。人们普遍接受的刑事司法基本原则正在妥协让步、贬值，甚至被抛弃，正在向被理解为具有完全不同的价值观和优先事项的控制程序（control process）快速转变。对于这种整体趋势，本章将通过案例予以说明，这些案例涉及澳大利亚官方如何询问被认为与恐怖活动有关联的人，以及对这种询问结果的司法考量。同时，还将思考检察官和政府的作用。

调查询问方案的倡导者需要意识到这些语境的变化。有观点认为，目前重点关注的对主要犯罪嫌疑人的审讯需要扩大，应重视对那些处于边缘地带的犯罪嫌疑人更为普通的询问，并为此进行规定。

传统刑事司法

英语司法管辖区的刑事司法范式于20世纪时已经成熟，在这里，对犯罪

* 作者简介：大卫·迪克逊（David Dixon），澳大利亚悉尼新南威尔士大学（University of New South Wales，Sydney）法学院院长。

嫌疑人的询问具有特定的地位［迪克逊（Dixon），2008］。犯罪嫌疑人应当在被逮捕与被指控犯罪之间受到严格规定的时间范围内接受询问。这种询问通常在警察局进行，警务主管负责确保犯罪嫌疑人获得各种权利，特别是享有获得法律咨询的权利。调查拘留的时间期限受到严格限制（例如，在英格兰和威尔士，尽管根据《1984年警察和刑事证据法》，调查拘留的时间为不得超过96个小时，但监管障碍确保大多数犯罪嫌疑人在6个小时内被起诉或释放）。在被起诉后，不能就该罪对犯罪嫌疑人进行进一步询问。这些是刑事司法范式的具体表达，它深深地根植于政府与人民关系的自由民主信念中。

对于我们这类已经对这些办案流程习以为常的专业人士来说，重要的是要了解它们相对较近的起源。直到19世纪中叶，一直是由治安法官而非警察主导犯罪调查。到了20世纪中叶，警察在逮捕和指控之间询问犯罪嫌疑人的适当性还不明确。长期以来，这种询问引发了司法批评。20世纪后期，在许多司法管辖区，直到立法介入之前，对这种调查性拘留的合法性一直存在争议［迪克逊（Dixon），1997］。

这种询问地位受到限制和具有争议性的概念既是刑事司法范式的产物，又是更广泛的刑事司法范式的一部分。此范式的主要特征包括：

（1）个人主义：个人为其行为承担责任至关重要；

（2）地方主义：刑事司法与其管辖范围保持一致；

（3）权利：个人受到权利的保护，这些权利可以用积极的形式和/或对国家干预个人自由（和财产）的限制的政治理解来表达；

（4）程序原则：为获得定罪，控方必须承担证明责任，超越合理怀疑地证明被指控人是自愿和故意做出（并且通常是故意造成了后果）在当时被禁止的行为（即无追溯效力）；

（5）司法独立：个人有权依法在公正的法官和陪审团面前接受公正的听审；

（6）检察客观：检察官负有公正诉讼并独立于政府的专业职责；

（7）被动反应：已完成的行为及其后果是刑事司法程序的关注点；

（8）惩罚：个人因其所作所为而受到惩罚。

控制程序

在过去的10年中，一种新的范式已经形成，我称为“控制程序”。需要强调的是，它所关注的不仅仅是刑事司法范式中通常理解的“罪犯”或“正义”。这种范式的关键特征与传统刑事司法形成了鲜明对比。

- 最重要的是群体的社群主义和安全，而不是个人的权利。
- 全球主义：个人可能会因在其他司法管辖区实施并被调查的行为而受到惩罚。
- 积极主动和先发制人：在可能的情况下，必须识别风险并采取预防措施。进一步来说，预防措施要求在风险发生之前采取行动。
- 剥夺能力和阻止：事后惩罚已经太晚，必须采取包括羁押拘留在内的类似使人丧失能力的手段。
- 行政行为：司法程序以外的首选方法。

[加兰（Garland），2001；塞德纳（Zedner），2007；2009；更积极的观点，参见德肖维茨（Dershowitz），2006。]

在新的控制程序中，自由民主刑事司法的核心概念发生了贬值。现在的主要关注点是风险最小化和群体的安全性。个人不再是关注的焦点，因此，刑事司法程序中不再那么强调个人权利，也不再强调需要通过正当程序机制并达到超越合理怀疑的程度来证明个人有罪。程序的灵活性取代了规则和程序的确定性特征。“先发制人”、服从和效率比对个人惩罚或正当程序更为重要：对潜在的性犯罪者和其他人进行预防性拘留、反社会行为令、行为管理合同、不结社和活动范围限制令以及使用保释条件等作为一种主动的犯罪控制措施就是比较突出的例子。与正常接受的犯罪概念相比，人们对理解犯罪因果关系的兴趣更少，这是一个控制和防范犯罪的选择，即“试图矫正或惩罚犯罪似乎不如采取措施管理犯罪并使其成本最小化更合乎逻辑”［塞德纳（Zedner），2005a：284］。政府对犯罪控制的责任“通过政府特许授权外包给私人供应商，委托给个人和社区，或者完全由不断发展的私人安保行业接管”［塞德纳（Zedner），2005a：284］。警方会主动进行干预、预防和先发解决问题，而不是追溯解决问题。

简言之，这一切都违背了传统刑事司法的基本原则，就像在抱怨没有按照国际跳棋规则下棋一样。游戏方式已经发生了变化，允许政府中的那些人以不合时宜和无关紧要为由来驳斥针对新警察权力的普通公民自由主义者的反应。为了阐明两者之间的差异，此处夸大了传统刑事司法与控制程序之间的对比。通过指出传统刑事司法始终包括实质性的预防要素来作出回应已经是陈词滥调。现代英国警务在皮尔派保守党员（Peelite）的传统中就有强有力的预防承诺。对于被拒绝保释的人、精神病患者、惯犯、患有某些传染病的人、非法移民、难民、性犯罪者和其他人，可以进行预防性拘留。同样地，威慑本质上是前瞻性的，但威慑的启动取决于犯罪行为被实施。这说明了至关重要的一点，即传统刑事司法中包含了预防和威慑因素，但这些因素并没有改变意识形态对反应性、个人主义程序的核心承诺。

这些发展已经进行了一段时间，但在 2001 年“9·11”恐怖袭击之后迅速加速。议会现在处于一个不断扩大反恐立法的持续循环之中，这种循环通常以反恐必要的名义背离自由民主原则。必须承认，从传统刑事司法到控制程序的转变并不是在 9 月 11 日那天突然发生的。相反，必须将对恐怖主义的反应视为加快了正在进行的变化，特别是在我们这个时代的另一场“战争”中，即对非法毒品的战争。执法部门对非法毒品和有组织犯罪以及与之相关的犯罪的应对，给刑事司法基本原则赋予了一系列的妥协和例外，减轻了控方的证明责任，将举证责任从控方转移给辩方，并确立了剥夺资格的民事和刑事处罚。此外，新范式强调预防性干预和拘留的许多基础工作是针对来自性犯罪者和其他危害的可预知风险的回应。

但是，传统刑事司法与控制程序之间的根本区别是真实且明显的，并正在从前者向后者转移。这些差异可以通过分析两种范式中审讯的不同作用来说明。在传统刑事司法范式中，警察在逮捕和起诉之间询问犯罪嫌疑人，以获取有关涉嫌由犯罪嫌疑人犯下的具体罪行的证据，这些证据随后可在法庭上被采纳。在控制程序范式中，审讯的目的可能更加广泛：重点不是犯罪嫌疑人的过去行为，而是他/她所了解的其他人未来将要实施的行为。作为对“9·11”事件的回应，“调查人员的兴趣已从获取可行的起诉证据转变为获取可靠的信息以防止未来的恐怖主义行为” [施特劳斯（Strauss），2003：206]。在这种情况下，能算得上成功的可能比获得供认要少得多。

> 审讯人员发现事实真相的微小部分、信息碎片、数据碎片。我们进入了数百英里宽的广阔沙漠，其中散布了数千个拼图。我们在一个囚犯身上花费了数周的时间，只提取到了一块拼图（如果是的话）。我们收集，然后传递这些拼图碎片，希望我们的上级办案人员能够将它们完整地拼接起来。[麦基（Mackey），2004：xxv]

当通过讯问获得具有可采性的证据不是主要目标时，围绕可能被法庭视为不具有可采性而被排除这一宗旨设计的，对审讯过程进行控制的措施的价值是有限的。传统刑事司法和控制程序是两种范式，它们之间既没有清晰的界限，也没有连续性，不是简单地用一个替换了另一个。然而，恰恰是这种不协调的重叠产生了一些重要问题，下面通过具体案件的分析来展开讨论。

酷刑和审讯

本章并不主要关注酷刑，也许有些人感到失望，而另一些人感到宽慰。虽然在几年前，酷刑就被广泛地（尽管是错误地）视为历史遗物，但其现代使用却催生了大量文学作品。调查记者和人权组织对（部分）发生在伊拉克阿布格莱布监狱（Abu Ghraib）和美国及其盟友的全球监狱网络中的事件披露就是一项非凡的成就。它促使西方许多人质疑和挑战美国及其盟友在“9·11”事件后的政策和行动。但是，从两个角度来看，这种关注的焦点似乎存在问题。首先，一些关于酷刑的学术讨论似乎分享了一些当代电影和电视剧中表现出的黑暗、强迫，几近色情、利益等元素。其次，与本章问题更相关的是，对消极询问方法的关注意味着我们一直关注在询问犯罪嫌疑人时，一定不能做什么，而不是应该做什么。我个人的兴趣是在常规、日常的询问中对被认为是调查活动的边缘（或与边缘相连的）人员进行询问时，应当被允许的询问方法。对于每一名备受关注的犯罪嫌疑人，官方在收集大量反恐相关的信息的过程中，有数百人被当局拘留和询问。

酷刑问题——其道德、合法性和效力——在与恐怖主义有关的审讯的争议中占据了主导地位，这是不可避免的。在撰写本章时（2008 年），人们仍然在认真讨论是否应将模拟溺水［“水刑”（water-boarding）］视为酷刑，这也表明界限在最近几年中挪动了多远。2008 年布什总统否决了一项法案，该法案本来禁止中央情报局使用诸如水刑等讯问手段（《纽约时报》，2008）。同时，哈立德·谢赫·穆罕默德（Khalid Sheik Mohammed）被指控谋杀了“9·11”恐怖袭击中的受害者，除其他外，起诉的依据是通过“水刑”获得的供认。尽管可能有必要，但是关于酷刑以及在审讯中不应当采取的方法的争论将注意力从应该做什么的实践问题上转移开。这个问题的答案部分取决于造成酷刑辩论的道德困境，同时也取决于讯问的目的。如果把讯问视为将导致或可能导致刑事起诉的一部分，并将其与把讯问看作情报收集活动的一部分相对比，答案会有很大不同。当然，实际上，这种区分很难维持。正如我们将在下面对澳大利亚案件的讨论中看到的那样，事实证明，传统刑事司法与控制程序之间的重叠是非常有问题的。

尼尔·詹姆斯（Neil James）给“反恐战争中的法律与自由”会议的投稿为该问题提供了一个很好的例子，他在审讯方面具有操作、监督和培训经验。他的论文对酷刑进行了熟悉的批评，重点是工具的有效性和实用性问题。他力图将酷刑与合法讯问区分开。詹姆斯引用《澳大利亚国防军审讯人员手册》（他是第一作者）中的话：

> 在遵守法制的国家中，专业讯问人员对讯问工作的通常定义是“仅通过心理攻击从自愿或不自愿的个人那里系统地提取信息”。因此，审讯本质上是一个智力过程，而不是肉体过程。不涉及身体或精神上的疼痛或严厉折磨。可以通过说理和克服抵抗意志来说服讯问对象进行合作。（《澳大利亚国防军审讯人员手册》，2007：161）

一些人可能会说，酷刑和讯问之间的界限并不像詹姆斯所建议的那样清晰。但此处不是我所关注的重点。相反，我关注的重点是在传统刑事司法模式中接受这种形式的讯问。对讯问这样描述，对于任何证据律师都会竖起耳朵听：不自愿地被提取信息、心理攻击和克服抗拒的意志，因为这些认罪是非自愿的，为辩护提供了弹药，未能达到证据可采性的首要条件。

当詹姆斯的研究更加深入时，问题得到了澄清："旨在鼓励合作的令人不适或烦躁的措施或条件并非不合理……通过明显的保障措施，例如，在法律上可能包括严格控制和临时使用诸如隔离、感觉剥夺或睡眠剥夺"等措施（《澳大利亚国防军审讯人员手册》，2007：162）。尽管这种处理可能并不构成刑事犯罪，但在许多国家，根据当前的证据法，这种处理无疑会导致由此产生的供认不具有可采性。

詹姆斯关注更为严重和调查更加困难的案件。我的主要兴趣有些不同。尽管这种情况已经引起了极大的关注，但即使有，发现"定时炸弹"（ticking bomb）的讯问也很少发生。随着案件严重程度的降低，讯问人员（对他们而言，剥夺睡眠这样的方法是合理的，但因为案件不严重）很少去讯问此类犯罪嫌疑人。就像一般的警务工作中经常出现的情况一样，人们并不关注日常和"正常"实践之外的东西。绝大多数与恐怖主义有关的审讯将继续涉及边缘地带的底层人员。对于他们来说，拘留时间的长短将是关键变量。

目前批评酷刑和相关方法的标准部分是，其他方法更为有效，即使是询问那些涉嫌参与恐怖主义的人。尤其是，有观点认为具有适当的语言技能、文化知识和受过培训的询问人员可以与犯罪嫌疑人建立起融洽关系，并因此而产出成果［盖利斯、麦克法登、R. 博勒姆和 B. 沃斯科（Gelles, McFadden, Borum, R. & Vossekuil, B.），2006；皮尔斯（Pearse），2006］。问题是，在标准的刑事司法制度允许的短期内，这种融洽关系不太可能建立。正如盖利斯（Gelles）等人建议的，"建立融洽关系（或以关系为基础）的方法将在几天/几周/几个月的询问/讯问中产生最佳结果"（Gelles, 2006：31）。詹姆斯确认了可利用的时间是至关重要的（《澳大利亚国防军审讯人员手册》，2007：161）。在这些方法中，理所当然的是必须延长对审讯对象的羁押时间，才能使审讯获得成功。但这必然与诸如 PACE 之类的刑事司法制度的基本原则背道而驰，PACE 是基于这样一种理解而构建的，即长期拘留本身会使供认变得不可靠，因为人们会说出任何话（即使付出长期代价）来逃离调查性拘留，赢得短期释放。

如果审讯的目的是提供为传统刑事司法范式所接受的供述和认罪，那么漫长的起诉前拘留是不能接受的，因为这会破坏自愿性，而自愿性是证据可采性的先决条件。如果讯问的目的主要是产生信息和行动情报，而不是具有可采性的证据，那么传统刑事司法的关注将不是最重要的。另外，当冗长的为获取情报的审讯结束时，当局也会遇到麻烦。是否可以无限期地拘留审讯对象（或者说，如果存在区分的话，直到“反恐战争”结束）？是否只是将他们释放并置于限制其活动和联系的行政控制命令之下？还是应该尝试建立一个替代性刑事司法系统，用一些合法的外衣来粉饰穷兵黩武的控制程序？当然，这些都是美国在面对关塔那摩监狱（Guantanamo Bay）中被拘留者时所试图解决的问题。

涉恐审讯：三起案例研究

在有关“9·11”恐怖袭击之后，关于刑事司法中自由与安全的对比及相关变化的大量研究文献很多都是笼统和抽象的。本部分简要分析三起涉嫌恐怖主义罪行的澳大利亚案件，在这些案件中引起争议的审讯起着关键作用，从而使关注点更加紧密、具体。

◈ 杰克·托马斯（Jack Thomas）案

2003年，澳大利亚公民杰克·托马斯在巴基斯坦被逮捕并拘留了五个月。在此期间，“巴基斯坦、美国和澳大利亚官员对他进行了多次审讯，他时常被蒙着眼睛、蒙着头巾并戴着镣铐”［林奇（Lynch），2006：313］。根据犯罪嫌疑人的陈述，澳大利亚法院认为其陈述是真实的，他受到攻击，面临酷刑和妻子被强奸的威胁，并受到换取他合作优待的利诱。

在巴基斯坦的最后一次讯问中，托马斯接受了澳大利亚联邦警察局（AFP）特工的询问。这次询问与先前接受安全官员和警察的询问在同一个房间内进行，这些AFP询问人员都参加了之前的一些询问。这次询问的目的是“以一种可以在澳大利亚法院被认可的形式和程序收集证据”［林奇（Lynch），2006：314］。换句话说，这是试图弥合控制程序与传统刑事司法之间、在外国安全设施中进行一系列询问与在澳大利亚法院进行诉讼之间的鸿沟。在这次询问中，AFP 特工试图满足传统刑事诉讼程序的要求：解释了沉默权，强调了接受询问是自愿的。澳大利亚的相关法律要求应当向犯罪嫌疑人提供获得法律咨询的机会：AFP 特工试图为犯罪嫌疑人安排律师，但巴基斯坦三军情报局（Inter-Service Intelligence）的官员拒绝了［林奇（Lynch），2006：315］。澳大利亚维多利亚州上诉法院评论说，询问是“以可以被合理地描述为传统方式进行的”［*R v Thomas*（2006），第 51 段］。一年以后，当托马斯在澳大利亚被捕并被指控犯有从恐怖组织获得资金及提供支持的罪行时，他在这次询问中所作的陈述作为针对他的案件的一部分被提交给了法院。

澳大利亚法院面临的关键问题是，是否可以将最终询问与之前的询问区分开，以使所产生的证据能够达到传统刑事司法的标准——尤其是供述或认罪必须是自愿作出的这一基本要求。在预先审查中，审判法官裁定该认罪是自愿的，托马斯被定罪并被判处五年监禁。狭隘地遵守法律规定、同情警察和检察官以及对现实的狭隘看法是澳大利亚刑事审判法官的常见特征。审判法官得出的结论是，托马斯可以选择是否回答问题，并行使了选择权。回答的压力不是来自询问人员的“明示或暗示”，而是来自托马斯自己对“在巴基斯坦被无限期拘留或被遣返美国或古巴的风险”评估［*DPP v Thomas*（2006），第 42 段］。法官认为，这次询问可以与之前的询问及询问中的利诱区分开来：“在目的、功能和形式上，澳大利亚安全情报组织（ASIO）的询问和澳大利亚联邦警察局（AFP）的询问之间有明显的区分。托马斯完全理解这些区分。”［*DPP v Thomas*（2006），第 50 段］。

维多利亚州上诉法院驳回了这种人为因素，并重申了公认的普通法原则，即由官方人员（如安全机构的询问人员）早期提供的诱因（可能是威胁或承诺，在律师的术语中为“对偏见的恐惧或对利益的渴望”）会继续影响犯罪嫌疑人的自愿性。维多利亚州上诉法院的结论与对这种情况下的任何常识性理解是相同的——最终询问不能与之前的询问剥离［“同一地点，同样的联邦警察，同一主题”（2006 VSCA 165，第 84 段）］。

显然，可以看出，申请人（托马斯）在决定接受 AFP 的询问（最后一次）时，他被拘留、面对各种利诱和对他的威胁、将被无限期拘留的可能性这些事实和情况一直在影响着申请人的心智。尽管在询问过程中没有发生任何能够被看到的压制申请人意志自由的事情，但毫无疑问的是，当时他正遭受某种外部施加的压力，这种压力压制了他的意志自由，从实际意义上讲，限制了他能够作出的选择及其行事方式（2006 VSCA 165，第92段）。

澳大利亚联邦警察局（AFP）试图将传统刑事司法的皮毛覆盖于控制程序结构之上的尝试遭到了驳回。值得注意的是，未能向犯罪嫌疑人提供法律咨询不能仅仅归因于巴基斯坦当地政府的拒绝，而使澳大利亚询问人员脱责。他们的拒绝意味着不能在巴基斯坦进行符合澳大利亚法律要求的询问（2006 VSCA 165，第111段）。

对于类似托马斯案这类案件的将来，当局的替代方案是明确的。为不同目的而实施的讯问必须在讯问的时间、地点和人员上有更大的区别，或者起诉必须基于供认或认罪陈述以外的其他证据，或者必须推行传统刑事司法的替代方法。我们将看到，澳大利亚当局正在探索所有选项。从这个角度看，审判法官在托马斯案中的意见是可以理解的：尽管存在缺陷，但它们代表了维持传统刑事司法范式实用性的一种尝试。

◈ 穆罕默德·哈尼夫（Mohammed Haneef）案

在澳大利亚昆士兰州执业的印度医生穆罕默德·哈尼夫在2007年6月伦敦和格拉斯哥（Glasgow）发生汽车炸弹事件后被拘留。这标志着人们对恐怖主义的关注发生了重大变化。先前公认的是，恐怖主义威胁与少数族裔的疏离和行为失范有关，但据称与伦敦和格拉斯哥事件有关的人并不是失业的中心城区青年，而是医生。这说明了从风险到预防的转变［塞德纳（Zedner），2005b；2007］。如果专业精英人士卷入恐怖主义，那么确定出可核查的风险因素的尝试似乎就是注定的，但相反的是，当局的反应似乎是风险无处不在，因此有必要采取预防措施。

哈尼夫医生涉嫌与英国炸弹事件有关，因为他的远房表亲在格拉斯哥事件中因烧伤身亡，并且在涉嫌的汽车炸弹袭击者的财物中发现了哈尼夫购买的一张电话 SIM 卡。另外，由于他企图乘坐航班从澳大利亚飞往印度而增加了对他的怀疑。在面临大选的政府的鼓励下，至少是默许的——政府此前曾利用安全恐慌来获取政治优势，部分媒体将哈尼夫视为战利品。例如，据称他还打算炸毁昆士兰州黄金海岸旅游区的一栋公寓楼。

令人惊奇的是，针对哈尼夫的“案件”随后分崩瓦解：他飞往印度是为了看他刚出生的孩子；公寓炸弹的故事只不过是根据哈尼夫和他的妻子在黄金海岸海滩上的照片编造的；与最初报道不同，SIM 卡不是在开往格拉斯哥机场的汽车中发现的，而是在利物浦。（哈尼夫在他离开英格兰时将 SIM 卡交给了别人，以免余额被浪费。）就像在托马斯案中一样，我们看到法院采用了传统刑事司法原则，但是这些原则难以对抗新的控制程序中的紧急状态。当治安法官采取了勇敢而不同寻常的做法，下令将哈尼夫保释释放，澳大利亚政府介入，撤回了他的移民签证，并将调查拘留转变为驱逐出境前的拘留。行政自由裁量权取代了法律的“正统流程”［林奇（Lynch），2007：228］。政府这样做是（出于国家利益的考虑）为了试图（最终未成功）避免对该决定进行司法审查。随后该案起诉的弱点曝光，公众对警察的广泛批评随之而来。尽管澳大利亚政府继续对哈尼夫与恐怖主义的关系含糊其词，但联邦检察长最终还是撤销了对他的指控。哈尼夫被释放，并第一次去印度看望其女儿［林奇（Lynch），2007：226－227］。令政府更加丢脸的是，联邦法院在一项决定中严厉谴责了移民部长的行为，裁定取消签证是非法的。在撰写本章时，哈尼夫正在考虑重返澳大利亚恢复他的医疗职业。

澳大利亚联邦警察局特工对哈尼夫进行的审讯在这一逆转中起了至关重要的作用。哈尼夫接受了几天的讯问。“他是第一个根据新的反恐权力被拘留的人，新的反恐权力允许澳大利亚警察在不提出指控的情况下延长对犯罪嫌疑人的拘留时间，在此期间可以进行长达 24 小时的讯问”［林奇（Lynch），2007：225］。询问时间很长，但询问是根据传统刑事司法价值观和标准进行的。有关立法遵循了标准惯例，即规定了一个积极调查的最长期限，在此期间还增加了“暂停”（time-out）制度，即进行其他调查时会停止计算拘留时间，也允许犯罪嫌疑人休息和吃饭。在“暂停”制度下，拘留时间的不确定受到了批评。但是，长期拘留的问题很少像在哈尼夫这一案件中清晰地体现出来：在提起指控之前，他被拘留了 12 天，之后被指控为参与恐怖活动的组织提供“支持或资源”［林奇（Lynch），2007：225－226］。他被拘留的这一时间长度比负责起草法律的人认为可能发生的时间长得多［林奇（Lynch），2007：228］。

询问人员虽然准备得不够充分，但是有礼貌、态度尊重。我们之所以知道这一点，是因为哈尼夫的出庭辩护律师史蒂芬·凯姆（Stephen Keim）向媒体发布了记录第一次询问的笔录，以回应政府、警察和媒体关于他的当事人虚假陈述的说法（见 www. hindu. com/nic/0058/haneef. htm）。笔录除显示哈尼夫充分配合外，还显示案件中针对哈尼夫的起诉的某些方面是没有根据的。例如，他有充分的理由澄清他企图离开澳大利亚的嫌疑。事实证明，他的某些行为显然与有罪不符——例如，他并没有逃避调查人员，而是曾多次尝试联系英国警察［林奇（Lynch），2007：227］。在移民部部长继续有选择地公开第二次询问笔录的片段以试图证明他的立场是正当的，同时又声称由于可能损害正在进行的警方调查，他无法公布完整笔录［林奇（Lynch），2007：227］的时候，哈尼夫的律师再次公开了完整的询问笔录。笔录的内容瓦解了政府试图证明对哈尼夫的处理是合理的努力。与其他情况一样，全面的询问记录（不仅仅是重复的供认记录）可以为犯罪嫌疑人和警察提供宝贵的资源［迪克逊（Dixon），2007］。

◆ 以斯哈·乌尔－哈克（Izhar Ul-Haque）案

2003 年年初，澳大利亚公民以斯哈·乌尔－哈克在巴基斯坦由“虔诚军”（Lashkar-e-Taiba）控制的一个营地里度过了 3 个星期，该组织随后被澳大利亚法律定义为恐怖组织。回国 6 个月后，乌尔－哈克受到了澳大利亚安全情报组织（ASIO）官员的讯问，随后被指控在恐怖组织中接受训练。讯问乌尔－哈克时的情况出现在对他的审判中。在关于审讯结果的预先审核裁定中，主审法官严厉抨击了 ASIO 的行为：他不仅拒绝接受询问记录作为证据，而且他得出结论，调查人员在对待乌尔－哈克时犯下了严重的刑事犯罪和民事违法行为。他的裁判生动地描绘了传统刑事司法与控制程序之间的差别。

如上所述，在传统刑事司法范式中，审讯的目的是获得有关个人所犯罪行的信息，并在适当的时候获得具有可采性的证据。在乌尔－哈克案中，所指控犯罪的功能只是向乌尔－哈克施加压力的一种手段，目的是收集和获得涉嫌更严重犯罪的人的信息，审判法官评论说："几乎可以肯定，他与一名叫法丁·洛迪（Fadeen Lodhi）的人有牵连，这促使官方对被告人采取了行动。"（洛迪后来被判犯有恐怖主义罪行。）乌尔－哈克与洛迪有家族联系：乌尔－哈克从巴基斯坦返回后，"两家之间的交流使当局感到兴奋，并促使当局采取行动，这也导致了在本文中备受质疑的询问和最后的起诉"［*R v UI-Haque*（2007），第 13 段］。根据乌尔－哈克的说法，官员告诉他，他们不想与他谈他在巴基斯坦接受的培训，他们说："不，我们知道那些事。我们对此不关心。"［*R v UI-Haque*（2007），第 21 段］。一名官员告诉法院，他的同事询问了乌尔－哈克，因为"我们正在进行一项调查，并且我们掌握的信息表明他（乌尔－哈克）掌握的信息有助于我们的调查"［*R v UI-Haque*（2007），第 30 段］。乌尔－哈克声称一名官员告诉他："我们把你当作帮助者、线人和目击者。……我认为你没有做错任何事情。"［*R v UI-Haque*（2007），第 78 段］。

2003 年 11 月，ASIO 官员在乌尔－哈克从医学院回家的一个火车站拦截了他。他没有被正式逮捕。官员和乌尔－哈克对初次交锋的描述有所不同，但差异不大。显然，这种事情经常发生，一个命令被稍稍掩饰成一个要求。正如乌尔·哈克所说："选择的想法从未真正发生过，因为我承受着极大的紧张和压力。"［*R v UI-Haque*（2007），第 21 段。关于"同意"与行使警察权力的关系，请参见迪克逊（Dixon），1997：第 4 章］。正如法官的结论，"虽然被描述为一项要求……但被告人知道陪同他们到附近的公园是一个指令，并打算照此行事"［*R v UI-Hague*（2007），第 27 段］。

他坐在汽车后座的两名警官之间，被带到一个公园，并被问及对洛迪的了解。一名 ASIO 官员告诉他"他遇到了严重麻烦，他需要与 ASIO 全面合作……"［*R v UI-Hague*（2007），第 25 段］。根据警官自己的描述，这些话中包含了激烈的讨论和询问人员的大量提示［*R v UI-Hague*（2007），第 23 段］。这场审讯没有同步记录，而且双方描述的口吻再次不同。他们（警官）

同意他可以选择合作，如果选择不合作就会面临严重的后果：从官员的角度讲，这意味着继续进行调查；而对于乌尔 – 哈克而言，这意味着将对他采取行动，除非他收集并提供有关洛迪的信息［*R v UI-Hague*（2007），第 20 ~ 21 段］。对于一名意识到"反恐战争"当前形势的年轻穆斯林男子而言，这种威胁的潜在影响是非常严重的。

> 当他说"我们可以通过轻松或严厉的方式做到这一点"时，我相信除非我持续……回答他们的问题，否则他们将对我使用严厉的方式，这对我而言，意味着……比如我可能被驱逐出境、可能被逮捕、可能被带到一个秘密地点接受审讯……而我的家人……将被拘留［*R v UI-Hague*（2007），第 71 段］。

法官接受了乌尔 – 哈克关于他很恐惧的陈述："被告人被告知他需要与警方合作才会符合他的利益，隐含着一种威胁，即如果他不这样做，可能会产生一些对他不利的后果。"［*R v UI-Hague*（2007），第 67 段］。

随后，乌尔 – 哈克在去其父母家的途中，在车上接受了进一步的询问，约 25 名 ASIO 官员和警察对其父母家进行了搜查，然后在回火车站的路上再次对他进行了询问（乌尔 – 哈克的车留在了火车站）。然后，他在一名特工的陪同下返回其父母家，在那儿接受了另外 2 小时 46 分钟的询问，结束时间是凌晨 3 点 45 分。当天晚些时候，以及五天之后，联邦警察局特工在警察局对他进行了进一步的询问。两周后（经过无数次电话联系），特工返回了乌尔 – 哈克家。澳大利亚联邦警察的表述是他们要求乌尔 – 哈克"通过秘密调查或作为证人进一步协助联邦警察"。乌尔 – 哈克的说法是，警察威胁要阻止他继续学医，并且让他的家庭"生活困难"［*R v UI-Hague*（2007），第 110 段］。

许多人不会对 ASIO 对待乌尔 – 哈克的方式感到惊讶：这是情报机构会实施的预期行为。但是，当试图通过起诉指控乌尔 – 哈克而使控制程序转变为传统刑事司法程序时，问题就出现了。（起诉的真正动机似乎是惩罚他不与 ASIO 合作，而不是因为他短暂地参与"虔诚军"。）安全机构的惯常做法可能会在刑事法院受到挑剔而严格的审查。从刑事司法的角度来看，法官对

ASIO 的做法的剖析是无情的：去公园的“要求”是非法逮捕；乌尔 - 哈克应当被告知他享有的权利，被带到警察局，按照规定拘留并记录对他的询问；没有告知他涉嫌的具体罪行，而是告诉他“他知道自己做错了什么”，这“使人想起了卡夫卡（Kafka）”［*R v UI-Hague*（2007），第 31 段］，而“以（搜查）令的名义对被告人进行了广泛的询问，对他进行单独关押，完全违反了根据该令赋予警察的权力”［*R v UI-Hague*（2007），第 44 段］。询问人员对乌尔 - 哈克的“提示”被谴责为是糟糕的做法：根据法官的说法，“ASIO 人员会在他们认为乌尔 - 哈克没有说实话时，告诉或暗示他真相是什么”，警察不能使用这种方法，因为它“被用来获取犯罪嫌疑人认为询问人员想听到的信息……不可避免地，所说的事实可能——如果不确定的话——会受到不利影响”［*R v UI-Hague*（2007），第 46 段和第 102 段］。

根据法官的看法，ASIO 官员的行为不仅影响询问乌尔 - 哈克获得的证据的可采性，还包括故意犯下的一系列刑事犯罪——错误监禁、绑架和攻击［*R v UI-Hague*（2007），第 59 段和第 61 段］。这些评估完全是在宪法原则的基础上进行的，即违反了行政人员干涉个人自由的法律授权要求［*R v UI-Hague*（2007），第 60 段］。ASIO 官员的行为是：

> 严重不当并构成对被告人身自由的不正当和非法干涉，（并且）是政府特工严重干涉被告人作为公民的合法权利。而无论他是否涉嫌犯罪行为，是否是穆斯林，他都依法享有这种权利。此外，该行为是故意进行的，目的是压制被告人，希望他能合作［*R v UI-Hague*（2007），第 62 段和第 95 段］。

法官明确指出，ASIO 应对其个别官员的不当行为负责：“不当行为……是严重的。没有迹象表明这些官员的行为违反了 ASIO 的行动方案，并且有充分的理由相信他们没有违反。”［*R v UI-Hague*（2007），第 105 段］。

与哈尼夫案一样，电子记录为辩护提供了帮助。虽然没有同时记录 ASIO 在公园、房间和汽车中的讯问，但联邦警察在警察局的讯问被录音录像，因此法官可以评估乌尔 - 哈克的行为和回答问题的方式：“我观看询问过程得到的压倒性印象是被告人被威胁了。”［*R v UI-Hague*（2007），第 73 段］。乌

尔 – 哈克在询问结束时对有关威胁、承诺或利诱的常规问题给出了消极的回答，这有助于法官作出评估，因为“他只是决定自己会服从并希望询问结束”［*R v UI-Hague*（2007），第 75 段］。他把表现出威胁、承诺或利诱的问题看作“一种空洞的形式”［*R v UI-Hague*（2007），第 92 段］。法官认识到法律谎言的怪异之处，即任何在询问期间受到威胁、承诺或利诱而意志自由被压倒的犯罪嫌疑人，还能够抛开其影响并诚实地回答结论性问题。

三起案件小结

这三个案件截然不同：托马斯自己陈述曾与恐怖组织有密切关系，是合法的讯问对象；哈尼夫的远亲关系似乎足以激发澳大利亚政客从“恐怖分子”闹剧中提取政治因素，而安全机构则渴望展示自己的价值；在乌尔 – 哈克案中，调查似乎主要是为了让乌尔 – 哈克合作，以提供和收集其他人的有关信息，如果他拒绝合作，将对他进行起诉。为了当前的目的，将他们联系起来的，是对刑事司法与控制程序范式之间不融洽关系的说明，以及审讯所发挥的中心性、争议性作用。

法律资源及限度

当负责任的、独立的专业人员认真对待传统刑事司法范式的原则和价值时，刑事司法范式就不会消亡。托马斯、乌尔 – 哈克和哈尼夫的律师提供了一个很好的例子，说明了律师长期以来的传统，他们拒绝受到恐吓，他们依赖法治和自然正义的基本原则。哈尼夫的律师值得特别评论：他们拒绝在政客和媒体对其客户的臆想中随波逐流，他们坚持正当程序，并通过发布询问记录与当局进行斗争。为这些律师提供动力的法律原则并不复杂：在刑事案件中，在独立法官适用上述刑事司法原则之前，要依法进行公正的听证。

正如这句话所表明的那样，司法官员起着举足轻重的作用。审理托马斯上诉案的维多利亚州上诉法院法官，在哈尼夫案中准予哈尼夫保释的昆士兰州治安法官和乌尔 – 哈克案中新南威尔士州法官可以自豪地成为由迪岑豪斯和思韦茨（Dyzenhaus & Thwaites）认证的小组成员：“这似乎就像是一个自愿组成的司法组织联盟——法官准备在面对国家安全的行政主张时坚持法治”（2007：10）。上面引用的判决中显然有证据表明，法官对当前的趋势感到不安，并准备就其各个方面向政府提出挑战。

一些政府部门已经对应对恐怖主义措施的合法性受限制或被排斥表示关注。这经常体现在呼吁放弃战争言论，将反恐视为执法任务的呼声中［威尔逊（Wilson），2005］。但在这种情况下，“执法”的含义尚未明确，警察和安全部门的职责重叠，相互配合，有时争吵不休。

但是，法律对于权力的限制有常见的限度。法院处理案件既昂贵又缓慢。代表公诉人行事的律师通常类似于政府人员，而不是独立的专业人员。许多史诗般地对自由的司法确认都是来自法官的异议。但是，即使此类法官占多数，法院也几乎没有最终决定权：政府和议会可以通过采取立法行动或诉诸行政而非司法控制手段来破坏他们不喜欢的司法裁决。他们在澳大利亚这样对个人权利的宪法保护非常有限的司法管辖区中，尤其能够做到这一点。例如，托马斯可能没有被定罪，但是他受制于行政控制命令｛高等法院在托马斯诉莫布雷［*Thomas v Mowbray*（2007）HCA 33］一案中认定为合法｝。具有讽刺意味的是，对法律的依赖可能会促使政府行为超出法律原则的范围，因为以前不可接受的行为已经合法化。正如林奇（Lynch）悲观地得出结论，全世界的法律体系正在“迅速地进行调整，以应对‘9·11’恐怖袭击之后的世界”（2007：231－232）。

如果法院表现出“对恐怖主义软弱”，它们就会受到越来越多的攻击［林奇（Lynch），2006］。本章讨论的这几起案件的判决引起了大众媒体的广泛批评，尽管有一些优质的新闻媒体对此表示支持。但更为令人关注的是，政府的回应：迄今为止，澳大利亚政府还没有认可任何司法评论，更不用说对执法官员的不当行为进行惩戒或纪律处分。安全部门并不认为承认合法性是对这些法院裁决的适当回应。另外寻找解决方案似乎更具吸引力，澳大利亚联邦警察局局长宣布：“在英国和澳大利亚，我们都在试探法院的态度。我们对此不表示歉意……这是警察工作的一部分……并将有助于防止这个国家遭受恐怖袭击。”［《澳大利亚人报》（*The Australian*），2007］。有人威胁要对挑战当局的律师采取行动。例如，哈尼夫案中的大律师斯蒂芬·凯姆

（Stephen Keim）必须为自己辩护，以免被指控他向媒体披露询问录像带的行为违反了律师职业行为准则。政府对法官在乌尔－哈克案中提出的批评的回应不是对警察和 ASIO 官员采取行动，而是针对法官提出正式投诉。

结　论

传统刑事司法范式易受行政行为和立法变革影响的脆弱性导致悲观的结论。最后，也许可以用被关押在关塔那摩监狱的两个澳大利亚人，马姆杜·哈比卜（Mamdouh Habib）和戴维·希克斯（David Hicks）的案例作为结尾［塞尔斯（Sales），2007］。哈比卜在没有被提出指控的情况下被释放，这显然是因为美国当局不希望未来公众对他在去往古巴的途中长期停滞在埃及监狱中发生的事情进行更多的审查。在撰写本章时，希克斯是关塔那摩监狱中一名被定罪的被拘留者。但是，对他定罪的依据仅具有表面合法性，多年的审讯获得对根本不存在的罪行的认罪答辩，地点是在美国政府试图从国际法中孤立出来的法院中。认罪答辩意味着既没有军事“委员会”，更不会有真正的法庭来审查获得犯罪嫌疑人供认的审讯手段。在撰写本章时，希克斯刚刚从澳大利亚监狱获释，在那里他度过了拘留的最后几个月，他已经崩溃了，不是由于酷刑而是因为长期的拘留（通常是处于隔离中的拘留）。然而，即使在这种情况下，希克斯的美军律师迈克尔·莫里（Michael Mori）少校与其他律师组成的团队［斯塔福德·史密斯（Stafford Smith），2007］付出了巨大的个人代价、巧妙地为当事人战斗，使得法律原则的力量变得显而易见。哈比卜和希克斯现在都受到无期限的安全监视和行政控制命令的约束。

本章讨论的法律和政治问题似乎与调查询问的专业和技术问题相距甚远。这不是汤姆·威廉姆森（Tom Williamson）的方法。汤姆的工作的与众不同之处在于，他致力调查询问，不仅是将其作为一种专业技术，还是对尊重人权、合法性和正义的表达［威廉姆森（Williamson），2006］。通过研究传统刑事司法与控制程序之间不断变化的关系对审讯的影响，汤姆·威廉姆森将继续为我们提供良好的示范。

再会，汤姆。

致谢

感谢我的同事，吉尔·亨特（Jill Hunter）教授和安德鲁·林奇（Andrew Lynch）副教授给我的建议和帮助。我对托马斯案的表述在很大程度上借鉴了林奇博士发表的研究成果。

参考文献

❶ The Australian (2007). Keelty attacked for 'court testing'. *The Australian*, 17 December, p. 3.

❷ Dershowitz, A. (2006). *Preemption.* New York: W. W. Norton.

❸ Dixon, D. (1997). *Law in policing: Legal regulation and police practices.* Oxford: Clarendon.

❹ Dixon, D. (2008). Authorise and regulate: A comparative perspective on the rise and fall of a regulatory strategy. In E. Cape & R. Young (Eds.), *Regulating policing* (pp. 21 – 44). Oxford: Hart.

❺ Dixon, D. with Travis, G. (2007). *Interrogating images: Audio-visually recorded police questioning of suspects.* Sydney: Institute of Criminology.

❻ Dyzenhaus, D. & Thwaites, R. (2007). Legality and emergency – the judiciary in a time of terror. In A. Lynch, E. Macdonald & G. Williams (Eds.), *Law and liberty in the war on terror* (pp. 9 – 27). Leichhardt: Federation.

❼ Garland, D. (2001). *The culture of control.* Oxford: Oxford University Press.

❽ Gelles, M. G., McFadden, R., Borum, R. & Vossekuil, B. (2006). Al-Qaeda-related subjects: A law enforcement perspective. In T. Williamson (Ed.), *Investigative interviewing* (pp. 23 – 41). Cullompton: Willan Publishing.

❾ James, N. (2007). Torture: What is it, will it work and can be justified? In A. Lynch, E. Macdonald & G. Williams (Eds.), *Law and liberty in the war on terror* (pp. 155 – 164). Leichhardt: Federation.

⑩ Lynch, A. (2006). Maximising the drama: 'Jihad Jack', the Court of Appeal and the Australian media. *Adelaide Law Review*, 27: 311 – 334.

⑪ Lynch, A. (2007). Achieving security, respecting rights and maintaining the rule of law. In A. Lynch, E. Macdonald & G. Williams (Eds.), *Law and liberty in the war on terror* (pp. 222 – 233). Leichhardt: Federation.

⑫ Mackey, C. with Miller, G. (2004). *The interrogator's war.* London: John Murray.

⑬ New York Times (2008). 'Veto of Bill on CIA tactics affirms Bush's legacy'. *New York Times*, 9 March.

⑭ Pearse, J. J. (2006). The interrogation of terrorist suspects: The banality of torture. In T. Williamson (Ed.), *Investigative interviewing* (pp. 64 – 83). Cullompton: Willan Publishing.

⑮ Sales, L. (2007). *Detainee 002: The case of David Hicks.* Melbourne: Melbourne University Press.

⑯ Stafford Smith, C. (2007). *Eight o'clock ferry to the windward side: Seeking justice in Guantanamo Bay.* New York: Nation Books.

⑰ Strauss, M. (2003). Torture. *New York Law School Law Review*, 48, 201 – 274.

⑱ Williamson, T. (2006). Investigative interviewing and human rights the war on terrorism. In T. Williamson (Ed.), *Investigative interviewing* (pp. 3 – 22). Cullompton: Willan Publishing.

⑲ Williamson, T. (Ed.) (2006). *Investigative interviewing.* Cullompton: Willan Publishing.

⑳ Wilson, R. A. (Ed.) (2005). *Human rights in the 'war on terror'.* Cambridge: Cambridge University Press.

㉑ Zedner, L. (2005a). *Criminal justice.* Oxford: Oxford University Press.

㉒ Zedner, L. (2005b). Securing liberty in the face of terror. *Journal of Law and Society*, 32, 507 – 533.

㉓ Zedner, L. (2007). Pre-crime and post-criminology? *Theoretical Criminology*, 11, 261 – 281.

㉔ Zedner, L. (2009). Fixing the future? Precaution and the pre-emptive turn in criminal justice. In S. Bronnit, B. McSherry & A. Norrie (Eds.), *Regulating deviance: The redirection of criminalization and the futures of criminal law*. Oxford: Hart.

Cases

❶ *DPP v Thomas* (2006) VSC 243

❷ *R v Thomas* (2006) VSCA 165

❸ *R v UI-Hague* (2007) NS WSC 1251

❹ *Thomas v Mowbray* (2007) HCA 33

Statutes

Police and Criminal Evidence Act 1984

第07章

有组织犯罪调查中的特殊审查听证程序

——2004年澳大利亚重大犯罪（调查权）法：首席审查官和强制权

达米安·B. 马奎尔（Damien B. Maguire）*

简介

本章的主题是“2004年重大犯罪（调查权）法：首席审查官（Chief Examiner）和强制权（Coercive Powers）”。在本章中，我将概述该法的实施情况，解释该法的运作方式，分享我关于法律界人士应在“强制权”审查听证过程中代表证人发挥什么作用的观点。

首席审查官这一法定职位的创设历史

任命

2005年1月25日，在澳大利亚维多利亚州律师事务所执业大约30年之后，我被任命为维多利亚州首位首席审查官。首席审查官的职位是成文法的产物，根据《2004年重大犯罪（调查权）法》［Major Crime（Investigative

---

* 作者简介：达米安·B. 马奎尔，澳大利亚维多利亚州首席审查官。

本章原文标题为：2004年重大犯罪（调查权）法：首席审查官和强制权［Major Crime（Investigative Powers）Act 2004：The Chief Examiner and Coercive Powers］，结合本章正文内容和本书主旨，改为“有组织犯罪调查中的特殊审查听证程序”，原文标题作为副标题。（译者注）

Powers) Act 2004] 设立。

法定职位形成的环境

维多利亚州政府为应对所谓的黑帮战争和警察腐败等严重问题而采取的一系列措施之一就是设立了首席审查官办公室。

1. 黑帮战争

1998~2004 年，有 21 起杀人案是由黑帮战争引起的，部分是由黑帮的血债血偿原则造成的，但黑帮战争的主要目的是控制暴利的毒品贸易，特别是苯丙胺、可卡因和摇头丸贸易。

其中一些杀人案涉及备受瞩目的罪犯。在不详细说明每起黑帮杀人案件的情况下，援引一些案件会让你了解这类案件为何能引起公众的广泛关注。

2003 年 6 月 21 日，贾森·莫兰（Jason Moran）与另一名男子坐在一辆面包车里，旁边还有一群孩子正在足球场上参加培训班。许多家长也在场陪伴孩子们。就在莫兰坐在车中时，凶手出现并向车内开枪杀死了莫兰及其同伴。贾森·莫兰与他的父亲和弟弟马克（Mark）在墨尔本的毒品交易中发挥了重要作用。大约 3 年前，他的弟弟也被谋杀。

莫兰犯了一个错误，他以为他和他的孩子与其他父母和孩子们一起乘坐自己的车是安全的。

2003 年 10 月 25 日，另一名从事毒品交易的男子迈克尔·马歇尔（Michael Marshal）在家门外当着妻子和 5 岁儿子的面被枪杀。

2004 年 3 月 23 日，安德鲁·“本吉”·韦尼亚明（Andrew “Benji” Veniamin）在一家比萨餐厅的厕所里被一个名叫米克·加托（Mick Gatto）的人枪杀，据说该杀手是卡尔顿组织的成员。据称，该组织的成员被韦尼亚明杀害。加托被指控谋杀了韦尼亚明，但经过审判后最终被无罪释放。

2004 年 3 月 31 日，即韦尼亚明葬礼的第二天，刘易斯·莫兰（Lewis Moran，马克和贾森的父亲）于傍晚在一个知名的郊区俱乐部被枪杀，当时有其他人员在场，电车、机动车和行人经过案发现场。

从上面这些案例中可以看出，即使是黑社会的通用规则也被无视了。

2. 政府和警方的回应

在贾森·莫兰被谋杀之后的那段时间，社区强烈呼吁建立一个皇家委员或成立一个犯罪委员会，以寻求方法对付一直在发生的数量惊人的谋杀案件和与毒品相关的、同时期披露出的警察腐败问题。还有一个问题是两者之间是否存在联系。

维多利亚州政府一贯反对实施这两个提议。同时，维多利亚州警察局正在寻求通过建立特别工作组来处理这些问题，计划先处理警察腐败问题并在之后解决黑帮杀人案。

在这些调查过程中，警察利用了澳大利亚犯罪委员会的强制性权力，这是一个联邦机构，拥有有限的处理州犯罪的权力。审查听证会参照与毒品有关的案件进行。

在利用澳大利亚犯罪委员会的权力的背景下，维多利亚州警察局首席专员要求政府赋予警察同样的权力。尽管政府永远不会将这些权力直接授予警察，但政府确实同意警察可以使用这些权力，同时施加了很大的限制。

维多利亚州州长在 2004 年 5 月和 6 月宣布了一项针对严重犯罪的立法计划，其中包括承诺提供新的强制性讯问权，使警察能够更有效地调查有组织犯罪。政府说，这些权力旨在协助警察打破以往阻碍调查有组织犯罪的“缄默法则”（code of silence）。大约在同一时间，另外成立了一个负责警察廉政事务的法定部门来处理警察的腐败行为。

关于有组织犯罪的立法最终于 2004 年 11 月通过，并于 2005 年 7 月 1 日生效。该法确立了首席审查官的职位，并规定了使用强制性权力的程序是《2004 年重大犯罪（调查权）法》。

《2004 年重大犯罪（调查权）法》：如何运行

◆ 警方申请强制权令

该法授权维多利亚州警察局向维多利亚州最高法院的一名法官申请签发强制权令（a coercive powers order）。获得这样的命令是警察能够间接接触证人的程序的开始。

维多利亚州警察局成员向最高法院提出的申请必须经警察局局长或其代表同意才会获得支持。为了使申请成功，提出申请的警官必须说服最高法院大法官，他/她有合理理由怀疑犯罪嫌疑人已经、正在或将来可能实施有组织犯罪。该申请必须与现有调查相关，它不能用于帮助搜索情报。它与澳大利亚犯罪委员会的运作方式大不相同，后者依据被称为“指引”（reference）的文件实施，通常不涉及特定调查。

该法对“有组织犯罪”进行了界定，含义如下：

> “有组织犯罪”是指违反维多利亚州法律的可公诉罪行，无论涉嫌的犯罪何时被实施，均应处以五级监禁（最长10年）或以上的刑罚，并且需同时满足以下四个条件：
>
> （a）涉及两名或以上的罪犯；
>
> （b）涉及大量的计划和组织；
>
> （c）构成系统的和持续的犯罪活动的一部分；
>
> （d）目的是获得利润、收益、权力或影响力。

在签发强制权令之前，还需要满足许多其他事项，包括公共利益。但是，我将在其他地方讨论这些问题。

如果最高法院同意下达命令，则该命令将与特定的有组织犯罪有关，并可能被允许最多在12个月内使用该命令。也可能施加有关使用该命令的其他条件。

首席审查官介入

获得强制权令后，警察随后就可向最高法院或首席审查官申请发出传票或者下达羁押令。通常，这些申请是向首席审查官提出的。且不说具体情况，如果满足特定的立法标准，则首席审查官将签发传票或下达禁令。通常，此类申请会涉及警方调查人员挑选的证人。但是，首席审查官在这方面确实具有独立的裁量权。

在送达传票或执行监禁令后，审查听证会适时举行。

立法要求首席审查官应当通过亲自询问证人来进行审查。但是，如果情况需要，可以由首席审查官在律师的协助下进行，也可在其他适当的人（可能具有某些专业知识的人）协助下实施审查。

调查案件的警方会参与审查，通过会议的形式指导首席审查官并提供与审查相关的材料。在听证会期间将继续提供这种协助。

◆ 举行审查听证会

审查听证会是纠问式的，必须不公开举行，对于谁可以在审查听证会期间在场或者部分审查听证会期间在场，以及在审查期间禁止公开或传播提出的证据等事项，首席审查官有权作出指令。

审查听证中最重要的事项是取消了反自证其罪的特权。但是，审查期间获得的证据在之后法庭诉讼中的使用存在限制。

然而，法律职业特权仍然适用。因此，除非证人可以依靠法律职业特权，否则如果有要求提出，他/她必须回答问题或出示文件或其他东西。（没有保持沉默的权利。）

如果证人拒绝到庭，或者到庭后不宣誓或不进行代誓声明，或者拒绝回答问题，他/她可能会被指控藐视法庭，可能会被逮捕并移交给最高法院，而且根据该法，证人可能会被指控构成犯罪，若被定罪，最高可被判处五年监禁。此外，如果证人提供虚假或误导性证据，则该证人可能会被指控犯有该法规定的犯罪行为，并被处以同样的刑罚。

证人在审查听证会上有权聘请律师进行代理。但是，由于这一程序的纠问性质，法律执业者在这个程序中的作用有限。下文将更详细地说明这个问题。

另一个重要的问题是，首席审查官必须在审查询问开始时确保对程序进行录像。

显然，关于立法、审查询问程序和首席审查官的职能还有很多细节可以讨论。但是，我认为上面阐述的内容已经为理解审查询问过程的环境提供了必要的背景。

法律代理和法律执业者在审查听证会中的作用

该法规定，在审查听证中作证的证人“可以由一名法律执业者代理”。[第34（1）节]。在我看来，本小节的用语是允许和授权，因此，在正常情况下，首席审查官应当允许证人在证人希望的情况下获得法律代理［*Ward v Williams*（1955），第505页］。

此外，人们已经认识到，法律代理人制度是符合公共利益的，因为这有助于增强和改进司法行政［格兰特诉唐斯（*Grant v Downs*，1976），斯蒂芬、梅森和墨菲·JJ（Stephen，Mason，and Murphy JJ），第685页］。

该法还有许多其他有关法律代理问题的规定。

有关法律代理的进一步规定

第30节涉及询问的实施，其第（1）小节规定：“首席审查官在进行审查时不受证据规则的约束，可以制定他/她认为适当的实施程序。”

第36（1）节赋予了法律执业者代理证人参加审查听证会的资格，同时赋予了首席审查官认为适当或在调查有组织犯罪罪行有关的情况下酌情决定权。

该法这几节授予首席审查官的权力明确意味着，审查官对于如何进行审查听证会具有广泛的自由裁量权；该自由裁量权包括对法律执业者在审查听证过程中扮演的角色进行监管。

还有许多其他条文规定了法律执业者在审查听证程序中的其他方面作用。

第33（1）节对在审查听证会中为证人出庭作证的法律从业者提供保护，含蓄地加强了证人可以由其法律代理人出庭的事实。

第35（2）节赋予代理证人的法律执业者在审查听证中出庭的权利，即使首席审查官并未根据第35（1）节作出具体指示允许这种出庭。但是，这项权利受首席审查官监管自己的诉讼程序的权力限制［参见霍根诉澳大利亚犯罪委员会（*Hogan v Australian Crime Commission*）（2005）FCA 913.（2005）154 ACrim. R336］。

我认为，法律明确规定，证人有权在强制性权力审查听证会上获得法律代理。

◆ 法律执业者的作用

现在来考察法律执业者在首席审查官组织的审查听证会中扮演的角色。

根据该法进行审查询问时，首席审查官有义务根据自然正义规则行事；这些规则必须考虑法律代理人在审查听证会中应发挥的作用。

有关自然正义的规则可能会有所不同，这部分取决于调查的性质，该人行为所涉及的法律以及审查听证会或程序的目的［参阅国家公司和证券委员会诉新闻集团有限公司（*National Companies and Securities Commission v News Corporation Ltd.*）（1984）］。

因此，在考虑如何将自然正义规则适用于首席审查官和法律代理人时，有必要审查首席审查官的角色、立法和审查听证程序的目的。

根据该法，对证人进行的审查询问是在强制权令赋予的权力下进行的，目的是调查有组织犯罪行为。该法明确规定此程序中证人不享有反对自证其罪的特权，接受审查询问的证人必须回答问题，违者将被处以监禁刑。

首席审查官在审查听证过程中使用的审查询问权在其调查目的范围内不受阻挠，并且应当迅速进行。在这些要求的背景下，必须平衡自然正义规则的适用。因此，我认为法律执业者在审查听证会中所扮演的角色将受到限制，而他/她将履行的职能与律师在刑事审判中扮演的角色完全不同。

当确定法律执业者在审查听证程序中所发挥的有限作用的现状究竟如何时，我通过参考高等法院的权威资料和立法规定获得了很多的帮助，其中规定了法律代表在非常类似的强制性权力审查听证会中所扮演的角色。

《2001年公司法》第5.9部分规定了对个人在涉及公司事务方面的强制审查。

该法第597（16）节规定了法律执业者在审查听证中的角色。该规定如下：

> 根据本章规定被命令出庭或出席其他法庭接受询问的人可以自费聘

请一名事务律师，或聘请一名事务律师和一名出庭律师，如果法院或其他法院（视情况而定）为了使该人能够解释或说明该人给出的任何答案或提供的任何证据，该事务律师或出庭律师（视情况而定）可以向该人提出问题。

因此，可以看出，在与公司有关的事项上参与强制审查程序的法律执业者的角色受到限制，受制于法院认为的“为了使该人能够解释或说明该人给出的任何答案或提供的任何证据”这一目的。该法提供的权利实质上是允许法律执业者在询问过程完成后重新询问证人。

第 597（16）节的规定反映并采纳了高等法院针对 NCSC 诉新闻集团（*NCSC v News Corporation*）一案中早期的类似立法所采取的观点。在那起案件中，委员会试图限制新闻集团的法律代表在委员会主导的调查中所扮演的角色。高等法院的大多数成员支持委员会的权力，即在委员会没有致力于作出裁决的情况下，在进行调查时，会限制法律执业者的作用。高等法院认为，在这种情况下进行的调查程序，遵守了自然正义规则。

我认为，根据《公司法》及其立法的前身和程序进行强制审查的目的，与《2004 年重大犯罪（调查权）法》适用于询问的目的和程序非常相似。两者都是由政府行政部门发起的行政调查来进行强制性询问，其并不具有司法性质。两者都只是为了寻求获得信息，并不针对询问对象形成裁决。

因此，在这种情况下，根据法律适用，首席审查官以根据《公司法》进行强制询问相同的方式举行审查听证会是适当的。以这种方式进行调查/审查听证会是公平的，并符合自然正义的规则；完成这一要求无需其他条件。因此，首席审查官以下列方式进行与法律代表有关的审查听证。

- 在正常情况下，首席审查官允许证人聘请法律代表。
- 在某些情况下，可能需要将证人聘请的特定法律执业者排除在审查听证会之外。即在特定律师出席可能会损害调查的情况下，可能会出现此要求。首席审查官可以通过行使其管理审查听证会行为的一般权力来阻止特定律师出庭［见霍根诉澳大利亚犯罪委员会（*Hogan v Australian Crime Commission*）］。
- 正如我所解释的那样，代表证人的法律执业者只能在审查询问过程中发挥有限的作用，并且通常不会提出异议。

• 如果证人在审查听证会期间合理地寻求法律咨询，则听证会中止，以便法律执业者可以为证人提供建议。

• 在审查询问的总结阶段，代理证人的法律执业者可以向其委托人提问，以解释或说明在审查证人过程中出现的事项。该程序实质上是一个重新审查询问的过程。

• 在审查询问结束时，代表证人的法律执业者不可以提交任何材料。

◆ 法律执业者在审查听证中代表证人应注意的相关法律事项

尽管法律执业者在询问过程中所发挥的作用有限，但法律执业者仍应知晓许多重要事项，这些事项必须是向委托人提供建议的主题，特别是在审查听证会之前的一段时间。我建议处理其中一些问题。

第一个也是最重要的问题是，如果向证人送达证人传票，则该证人必须参加审查听证会。如果不这样做，几乎肯定会对该证人签发逮捕令，并对该证人提出最高可判处 5 年监禁的刑事罪行的指控。

如果委托人按照传票出庭，他/她可能拿到另一份被称为保密通知的文件。这是首席审查官或最高法院在某些情况下必须签发的文件；在其他情况下，他们对是否应签发这一保密通知拥有自由裁量权。送达该通知意味着被送达的人不得在无合理理由的情况下告知任何人传票的存在、传票（或命令）中提到的有组织犯罪主体或与证人传票（或命令）有关的任何官方事项（见该法第 20 节）。获得法律咨询能够构成合理理由，“官方事项”这一术语该法有明确的定义。

下一个重要的问题是，在审查听证会上的询问中取消了反自证其罪的特权（参见该法第 39 节）。

但是，自认的使用是受到限制的，因此证人给出的任何答案或提供的任何文件或其他东西都不能在刑事诉讼程序中用作指控他/她的证据，也不能在任何可能判处其刑罚的程序中使用。这意味着该人必须处于被控人或被告人的诉讼地位才能如此。如果该人是证人，则不适用。

然而，应当注意的是，该法并不限制通过在审查听证会期间获得的信息而产生的任何衍生信息的使用。

显然，该立法的创设目的是鼓励证人在审查听证会上提供真实且准确的证据。如果证人提供此类证据，则当证人被指控时，他/她所提供的证据不能被用于指控证人本人，也不会有被指控违反该法的危险。在这种情况下，法律执业者告诉其当事人在审查听证会中准确、真实地回答问题似乎是很好的法律建议。

法律职业特权确实适用（参见该法第 40 节）。但是，受特权约束，不回答问题、未能在需要时提交文件或其他物品，或者提供虚假或误导性证据即属犯罪。拒绝或未能回答问题或者未能提交文件或其他物品，涉嫌犯可公诉罪行，最高可判处五年监禁。证人提供虚假和误导性证据或者证人提供明知关键细节上是虚假和具有误导性的文件或物品，也同样构成可判处最高五年监禁的可公诉罪行。

如果在审查听证会上出现法律职业特权方面的问题，则很可能会要求法律执业者就此问题提交意见书。对于特权问题是否首先出现在询问上，然后出现在文件或物品上，存在不同的程序。

藐视首席审查官的处理

该法规定，在某些情况下，首席审查官可以指控他人犯有藐视罪；如果发生这种情况，证人可能会立即被逮捕、起诉并被带到最高法院。然后，最高法院将判定该人是否构成犯罪以及应判处的适当刑罚。

该法第 49 节规定了藐视首席审查官的内容，其第（1）小节详细列明了藐视首席审查官可能发生的情形。这些情形如下：

（a）没有正当理由未能提供证人传票所要求的全部文件或其他物品；

（b）在审查中作为证人被传唤或被询问，拒绝宣誓或拒绝作出代誓宣言，或者在无合理理由的情况下拒绝回答或无法回答与审查主题有关的问题；

（c）从事任何其他构成藐视最高法院的行为，如果该首席审查官是最高法院的。

根据第 75 号令第 3 部分，最高法院具有处理藐视指控的司法管辖权。

对于代理证人的法律执业者来说，熟悉法律的要求并将不遵守法律的可能后果告知其当事人显然很重要，同时也要意识到，根据维多利亚州立法，首席审查官可以使用藐视首席审查官的权力，但在澳大利亚犯罪委员会的联邦立法中则不存在这一权力。

审查不公开进行

该法规定，审查必须不公开进行，并且首席审查官可以对在审查过程中或部分审查中可能出席的人作出指示（参见该法第 35 节）。此外，在某些情况下，法律要求首席审查官通过指示来限制在听证会上公开或传递证据，而在其他情况下，他/她则有权裁量是否予以这种限制。

违反此指示是一个严重的问题，最高可判处 5 年监禁的可诉罪名。如果法律执业者代表其当事人参加审查听证会，他/她可能会被要求就是否必须或者应当给出该指示提交意见书。

结　论

《2004 年重大犯罪（调查权）法》是一项独特的立法。它建立了一种制度，允许使用特殊权力，尽管与澳大利亚犯罪委员会的相关立法相比，该特殊权力在许多重要方面有所不同。但是，一旦对该特殊权力的使用变得更熟悉和更加了解，警察将来可能会频繁地使用该法。在这种情况下，法律界人士也应当在警方利用该法赋予的强制性权力举行的审查听证过程中发挥更加突出的作用。

参考文献

Cases

❶ *Grant v Downs*（1976）135 CLR 674

❷ *Hogan v Australian Crime Commission*（2005）FCA 913.（2005）154

ACrim. R 336

❸ *National Companies and Securities Commission v News Corporation Ltd*（1984）156 CLR 296

❹ *Ward v Williams*（1955）92 CLR 496

Statutes

Major Crime（Investigative Powers）Act 2004

第08章

目击者证词一致性与准确性之间的关系：法律解释与认知解释对比

罗纳德·P. 费希尔（Ronald P. Fisher）

尼尔·布鲁尔（Neil Brewer）

格雷戈里·米切尔（Gregory Mitchell）*

导　言

在目击银行抢劫案十分钟后，巴恩斯（Barnes）女士在现场接受了第一名警察的询问。她描述称抢劫者为白人男性、无胡须、中等身高、强壮、戴着墨镜和棒球帽。3个月后，辩方律师要求巴恩斯女士宣誓作证并再次描述抢劫者。这次，她报告了一些她告诉最初的警察的事实（白人男性、中等身高、强壮、戴着墨镜），但是她省略了前面提到的细节（戴着棒球帽）。更重要的是，她报告了一些之前没有描述的新细节（抢劫者穿着一件红色衬衫），并且与她最初作出的陈述相矛盾（抢劫者有胡须）。几个月后，法庭审理该案件，巴恩斯女士出庭作证。在交叉询问中，辩方律师着眼于巴恩斯女士在两次描述中存在的明显矛盾之处。具体来说，律师提请注意两个关键事实：第一，巴恩斯女士在两次询问中自相矛盾（在最初的警察询问中为“无胡

* 作者简介：罗纳德·P. 费希尔（Ronald P. Fisher），美国迈阿密佛罗里达国际大学（Florida International University）心理学教授；尼尔·布鲁尔（Neil Brewer），澳大利亚弗林德斯大学心理学院（School of Psychology，Flinders University）教授；格雷戈里·米切尔（Gregory Mitchell），美国弗吉尼亚大学（University of Virginia）的研究教授。

须”，在宣誓证词中为“有胡须”）；第二，在犯罪发生 3 个月后，她回忆起了在犯罪发生后的 10 分钟没有回忆起的细节（在宣誓作证中说抢劫者穿着一件红色衬衫）。“所以，巴恩斯女士”，辩方律师施压，“当你与警察谈话并说抢劫者没有胡须的时候，你说错了吗？还是你在宣誓证词中说抢劫者有胡须时是错误的呢？或者，也许你两次都错了？”律师明白他已经占了上风，便继续施压盘问道：“你什么时候记忆力更好呢？是在犯罪发生后的 10 分钟，你不记得抢劫者的衬衫时，还是在 3 个月后，你报告抢劫者穿着一件红色衬衫时？”继证人巴恩斯承认犯罪发生后她的即时记忆更好后，辩护律师试图解释她新发现的回忆，指出她的回答似乎违反了每个人的直觉信念：记忆会随着时间的流逝而模糊。辩方律师甚至可能会问：“你是被警察告知抢劫者有一件红色衬衫吗？”由此引发对警察的调查询问质量的怀疑。最终，在总结陈词中，辩方律师向陪审团指出，巴恩斯女士前后不一致的回忆使辩方对她记忆的准确性产生了严重怀疑，陪审团应质疑她整个证词的可信度。

尽管此段叙述的细节是虚构的，但这一系列事件在犯罪调查中是司空见惯的。在一起刑事案件中，证人可能会反复作证。在这些询问中，证人自己可能会在具体陈述中自相矛盾，或者在之后的询问中（警察询问、宣誓作证或法庭证词）记起一些在之前的询问中没有想起的细节。发生这种情况时，他们的整个证词可能都会受到质疑。在本章中，我们审查两个关键问题：证人证言中的矛盾；以及证人对之前未报告过的事实的回忆［记忆恢复（reminiscence）］。证词中的矛盾和记忆恢复如何预测证人证词的整体准确性？法律制度如何解释这些问题？其结论是否适当、合理？我们将对这些现象的法律分析与认知理论中的分析进行比较。最后，我们描述了一些实证研究，研究了在受控的实验室条件下证人回忆不一致和准确性之间的关系，并根据这些研究结果为改进法律制度提出了建议。

法律上的处理

法官、诉讼律师和法律学者都认为证人证词的一致性是衡量证人可信度重要的标准之一。美国联邦法院和州法院经常使用的陪审团指导模板中，明确要求指导陪审员在确定证人法庭证词的权重时，应考虑证人证词的自相矛盾之处。标准的关于证人可信度的联邦指令要求指示陪审员注意“证人在作证时是否前后矛盾”或者“证人在任何其他时间，所说所做或未说未做与在证人席上作证时的表现不一致”（模范陪审团指令委员会，第六巡回区刑事陪审团模范指令，2005 年第 107 号）。标准的州法院有类似的指令，要求告知陪审员：“您可以考虑证人在本次审判中是否发表过前后不一致的陈述。您也可以考虑证人先前是否作出了与他/她在本次审判中的证词不一致的陈述”（法院管理委员会办公室，纽约州刑事陪审团指令第 2 版，“证人的可信度——前后陈述不一致”，2007 年）。

这些指令反映了法院和评论人士的长期立场，即“先前的自相矛盾表明证人在记忆或诚信上存在缺陷”［威格莫尔（Wigmore），1970：993］。重要的经验假设是，个别的矛盾表明了整体的不可靠：“一旦发现证人对某一点作出错误的陈述，我们就可以推断他有能力对其他事项作出错误的陈述”［威格莫尔（Wigmore），1970：993］。威格莫尔（Wigmore）收集了 19 世纪和 20 世纪美国的许多案件，在这些案件中，法院对上述假设也是持赞同态度的，而且相信这种观点正确的力量仍然很强大。例如，尤维莱尔（Uviller，1993）对联邦法官的调查发现，这些法官认为内在不一致和外在矛盾是证人可信度的最佳衡量标准。麦考密克（McCormick）出版的一本很有影响力的著作——《论证据》［斯特朗（Strong）1999 年修订］指出，“最广泛使用的一种质疑（弹劾）技术就是证明证人的审前陈述与他/她的法庭证词不一致”［斯特朗（Strong），1999：50 – 51］。其他人［如帕克、伦纳德和戈德堡（Park，Leonard & Goldberg），2004］则同意麦考密克（McCormick）对这种弹劾技术的持续推广。

尽管是法院和评论人士提出了“不一致意味着缺乏可信度”的理论，但诉讼律师却严格地将这一理论付诸实践。律师及其助手受过培训，会仔细检查证人的陈述以发现不一致之处［波茨纳和多德（Pozner & Dodd），1993］。他们不仅会搜索证人先前的陈述以发现不一致之处，而且会以产生这种不一致之处的方法在证人席上质询证人［如扬努齐（Iannuzzi），1999］。格里桑（Glissan，1991：108）建议：“真实的前后矛盾能有效地摧毁证人，有时甚至可以摧毁整个案子……如果你发现了一个真实的矛盾之处，或者你有能力制造一个，那么就可以使用先前的证词把它送回家。”同样，贝利和罗斯布拉特（Bailey & Rothblatt，1971：177）建议，“要利用这些冲突。这是让证人全部证词失去效力最有效的方法”。这些策略主要针对证词中的矛盾之处，但是也有类似的建议针对的是记忆恢复性陈述。例如，马沃特（Mauet，1980）指出，如果证人回想起先前回忆中遗漏的细节，则他可能会受到怀疑。其他人也表达了同样的关注：“可以通过表明证人证实的事项在其先前提交的文件中被遗漏了来质疑证人的可信度，即使该文件的提交时间接近事件发生时。”［阿拉维和艾哈迈德（Alavi & Ahmad），2002：18］。

提示陪审员注意证词中的矛盾之处，会使这些矛盾更加突出。但是，是否有证据表明陪审员的决定实际上受到了矛盾证词的影响？有两个来源的证据表明陪审员及法律体系中的许多其他参与者确实受到了矛盾证词的影响。布鲁尔（Brewer）及其同事对包括大学生、警察、检察官和辩护律师在内的许多人进行了调查，调查结果显示他们认为矛盾证词对判断证人的可信度具有诊断价值［布鲁尔、波特、费希尔、邦德和卢兹奇（Brewer，Potter，Fisher，Bond & Luszcz），1999；波特和布鲁尔（Potter & Brewer），1999］。他们发现，所有这些群体都认为证人证词中的矛盾强烈地表明了证词的不准确性。此外，实验研究还检验了证词矛盾在模拟陪审团中的作用［林赛、利姆、马兰多和库里（Lindsay，Lim，Marando & Cully），1986；伯曼、纳贝和卡特勒（Berman，Narby & Cutler），1995；伯曼和卡特勒（Berman & Cutler），1996；布鲁尔和伯克（Brewer & Burke），2002；布鲁尔和胡普费尔德（Brewer & Hupfeld），2004］。在这些研究中，由大学生以及间或有一些普通社区成员组成的模拟陪审团观看或者听取了缩减版的庭审，庭审中控方证人的陈述存在矛盾之处。庭审后，模拟陪审员对证人的可信度或证词效力、被告犯罪的可能性以及裁决等事项作出判断。这些研究中的大多数（虽然不是全部）［如林赛（Lindsay）等人，1986；布鲁尔和伯克（Brewer & Burke），2002］表明，证词中的矛盾会折损证人的可信度，进而影响对有罪可能性的判断。总之，大量模拟陪审员的研究表明，陪审员的决定与律师在法庭上的论点和法官的指示一致，即证人证词的准确性会因证词矛盾受到质疑。

法庭辩论与陪审团指示的基本原理

引导法庭辩论和陪审团指示的基本原理是什么？我们假设陪审员必须依靠证人的陈述来确定关键事件的真实情况，因为他们没有关于该事件的其他相关信息。陪审员最有可能感觉到证人的记忆可能是不完整或不准确的，因此寻找线索来评估他们对关键事件的回忆是否准确和完整。陪审员使用什么线索来判定证人证词的质量？信息来源之一是相关的社会知识。例如，陪审员可能知道从X地到Y地所需的时间，因此陪审员能够确定证人的证词是否可信。更多的情况下，陪审员会依靠证人对关键事件描述时的相关行为线索来作出判断：看上去证人对他的故事充满信心还是不确定，就像在他陈述时的犹豫/迟疑所表现出的那样［埃里克森、林德、约翰逊和奥巴尔（Erickson，Lind，Johnson & O'Barr），1978］？证人是否详细描述了关键事件，还是只提供了一些细节［韦尔斯和雷珀（Wells & Leippe），1981］？如果证人反复被要求描述事件时，证人是否提供了相同的细节，还是改变了自己的描述［雷珀、马尼恩和罗曼齐克（Leippe，Manion & Romanczyk），1992］？

在这里，我们关注证人证词前后不一致这一线索，特别是关注于证词的矛盾点和记忆恢复。对证词矛盾和记忆恢复的评估基于不同的论据，因此我们将分别予以研究。当证人证词自相矛盾时（例如，一次说抢劫者是刮了胡子的，而另一次说抢劫者是蓄胡子的），很明显地，这些报告中至少有一次必然是不正确的，因为抢劫者不能同时既刮了胡须又留了胡须。当出现这种前后矛盾的情况时，律师在交叉询问时当然可以询问证人较早的一份证词（当她说抢劫者刮了胡须的时候）和现在的证词（当她说抢劫者有胡须的时候）哪一个是错的。同样，法官提醒陪审员注意证人证言中的矛盾也是适当的，因为证词中至少有一部分必然是错误的。如果已经确定证人对关键事件的某一方面（抢劫者的面孔）的记忆一定是错误的，那么假定证人对整个事件的记忆是不可信的，看起来就很合理。

记忆恢复，是指证人在之后的某一次作证中（例如，在一次宣誓作证中）回忆起在先前（例如，在最初的警察询问中）的作证中没有回忆起的一些细节。这似乎违反了人们直觉上认为的显而易见的记忆原则，即随着时间的流逝，记忆会模糊。因此，律师认为，这些违反直觉的事件应当很少发生，一旦发生，就应当引起怀疑。但记忆恢复表明证人的记忆似乎随着时间推移不断改善，我们还能作出其他解释吗？乍一看，律师质疑这些新回忆的来源并非没有道理。也许该证人是从另外一名证人、媒体甚至从警方调查人员那里了解到了更多的事实。如果证人确实是从非犯罪来源获悉了这些新得到的事实，那么证人的回忆就并不一定反映出他对犯罪本身的记忆，而是从另一个来源得知了有关犯罪的内容。不足为奇的是，法律对此类事件外证人的知悉存有疑问，并且会经常使用传闻证据规则和亲自知悉（personal knowledge）规则来限制证人用事件发生后知悉的事实来作证的资格。

上面这些论点在法庭上很平常，并且看上去很合理。但是，他们对记忆工作原理的假设是否正确？我们可以通过查看这些假设是否可以预测在受控的实验室中的实验结果来检验这些假设［有关使用受控的实验室测试的优势，参见费希尔和里尔登（Fisher & Reardon），出版中］。从技术上讲，我们不要求律师和法官来预测实验室实验的结果。相反，我们审查了他们在法庭上的行为（律师的论点和法官的指示），并将这些行为背后的明显逻辑转化为特定的预测。也就是说，从事所描述的法庭行为的人应该对受控的实验室的实验结果给出以下预测。我们将这些法庭论点和陪审团指示所依据的隐含理论称为记忆的“法庭理论”。具体来说，“法庭理论”的假设是什么？

（1）回忆的一致性是证人记忆质量的直接标志。因此，影响回忆一致性的因素应对回忆准确性具有相同的影响。增强（削弱）回忆一致性的实验因素应增强（削弱）回忆准确性，反之亦然。任何实验因素都不应使回忆的一致性和准确性分离（对其产生不同的影响）。

（2）矛盾的陈述应当是不准确的——至少与一致的陈述相比，是不准确的。

（3）作出许多矛盾陈述的证人整体上的准确性（在其整个证词中）要比很少或根本没有矛盾陈述的证人的准确性低很多。从统计上讲，证人证词不一致的程度与证人证词的整体准确性之间，应存在强烈的负相关关系。

（4）记忆恢复应很少出现。此外，解释记忆恢复需要一种非同寻常的

（非认知性的）机制，如警察向证人告知了犯罪细节。

（5）记忆恢复性陈述应当是不准确的——至少与一致的陈述相比。

（6）作出许多记忆恢复性陈述的证人整体上（在整个证词中）应当不如很少或没有作出记忆恢复性陈述的证人准确。从统计学上讲，证人证言中的记忆恢复数量与证人的整体准确性之间应存在强烈的负相关关系。

与法庭上的记忆理论相比，认知心理学将如何解释这些证人行为？

认知理论

“法庭理论”和“认知理论”之间的主要区别在于认知理论的两个原理：回忆提取过程（retrieval process）的重要性，以及各组成部分的独立性。我们将简要描述这些原理。

◈ 回忆提取过程

回忆不仅反映了记忆储存的内容，还反映了记忆提取的过程［塔尔文（Tulving），1983］。如果在两种情况下运用的记忆提取过程不同，则即使记忆储存的内容没有改变，回忆也将有所不同。记忆提取过程部分取决于被提出的特定问题。因此，如果在不同询问中向证人提出的问题有所不同，则证人的回忆可能会改变。一般而言，不同询问中的提取线索（retrieval cue）（问题）越不同，所得到的回忆就越不相同。因此，如果在第一次询问中没有出现提取线索，而在第二次询问中出现了提取线索，则可能引起记忆恢复。记忆恢复的数量应反映两次询问中提取线索（问题）之间的差异。

◈ 组成部分的独立性

复杂事件由许多部分组成，每个部分的发展在一定程度上是彼此独立的［费希尔、菲利普斯和克鲁科娃（Fisher，Phillips & Krioukova），2000；米切尔、霍和费希尔（Mitchell，Haw & Fisher），2003］。因此，如果证人未能回忆起犯罪事件中的某一个部分，或者即使他误解或错误地回忆起了犯罪事件中的一个组成部分，他仍然可以感知或正确地回忆起犯罪事件中的其他组成部分。

基于这两个原理，认知心理学假定了被反复询问的证人有以下行为：

（1）一些心理过程是能够巩固有利于一致性和准确性的措施。例如，记忆痕迹（memory trace）的质量应同时影响回忆的一致性和准确性。被更好编码的事件应比编码质量较差的事件回忆起来更一致、更准确。相比之下，其他心理过程并不能同时支持回忆的一致性和准确性：要么它们对一致性和准确性同时产生相反的影响，要么只影响一项，而不影响另一项。例如，两次询问中使用的提取线索的相似性会影响回忆的一致性，但不影响回忆的准确性。因此，我们应当期望某些实验操作对一致性和准确性有相似的影响，而其他操作对一致性和准确性有不同的影响（实验性分离）。

（2）如前所述，编码质量更好的事件比编码质量较差的事件回忆起来应更一致、更准确。我们还应该认识到，相较于指令证人在自愿回答提问之前先确定自己的答案，鼓励证人进行猜测更易导致不一致和不准确的回答。这两个命题都预测了前后一致的回忆比不一致的回忆更准确。

（3）复杂事件的每个组成部分都独立于其他部分发展。因此，回忆复杂事件的某些组成部分的准确性可能不一定能预测证人回忆其他组成部分的准确性。证词矛盾较多的证人在某些具体的陈述上可能是不准确的；但是，他们在其他证词上可能是准确的。也就是说，不一致程度与证人证词的整体准确性之间的相关性可能相对较弱。

（4）记忆恢复应当是一种普遍的经历。此外，记忆恢复的数量应通过传统的认知理论解释，该理论将记忆恢复与不同询问中检索线索/回忆提示（retrieval cue）的变化相关联。

（5）记忆恢复性陈述可能是准确的，也可能是不准确的。记忆恢复性回答是否准确取决于多种因素，如所提问题的性质：开放性问题或探查（例如，描述他的脸）应比封闭性问题（例如，他的眼睛是什么颜色？）获得更准确的回忆。

（6）基于与上文第（3）点所述相同的理由（构成要件的独立性），

作出许多记忆恢复性陈述的证人，在其证言中作出的其他陈述（非恢复性陈述）未必不准确。记忆恢复量与证词整体准确性之间的相关性可能相对较弱。

实验测试

我们报告了19个实验结果的综述，以评估法庭理论和认知理论的预测。每个实验都遵循以下一般步骤。证人（通常是大学生，但其他人也得到相同的结果）要么观看模拟犯罪（抢劫或杀人）的录像带，要么观看现场直播的无害事件或两个人之间上演的对抗。然后，对证人进行正式测试（纸笔测试），或者像大多数实验一样，对他们进行面对面询问，以评估他们对事件的记忆。大多数证人接受了两次测试。测试或询问是在观察事件后不久（30分钟内）或延迟了最多两周后进行的。询问提问或探查是开放式（例如，描述一下抢劫犯）或封闭式的。共有三种封闭性问题：线索性回忆（cued recall）问题（例如，抢劫者的眼睛是什么颜色?），多项选择（multiple choice）问题（抢劫者的眼睛是什么颜色：绿色、蓝色、黑色或棕色?）和是/非（true/false）问题（抢劫者的眼睛是绿色的：正确还是错误?）。有时鼓励证人在自愿回答之前进行确认，有时鼓励猜测，有时对于确定性没有给出明确的指示。

我们比较了两次询问中的证人陈述，并将其归为以下四种类型之一：前后一致（第一次和第二次回答相同，例如，第一次抢劫者是白人男性，第二次抢劫者是白人男性）；前后矛盾［第一次（剃胡须）和第二次（留有胡须）有矛盾的答案］；记忆恢复［第一次没有回答，但在第二次提供了答案（红衬衫）］；遗忘［证人在第一次询问提供了答案（棒球帽），但在第二次询问没有回答］。然后，我们除核算整体证词的准确性外，还核算了四个回答类别（前后一致、前后矛盾、记忆恢复和遗忘）的准确性。正确陈述的数量除以陈述总数，例如，如果一个证人在10个陈述中作出8个正确陈述，那么他/她的准确率是0.8（8/10）。

这些实验结果是围绕“法庭理论”和“认知理论”的假设组织进行的。

实验性分离：普遍与独特的心理过程。一些实验操作对证词的一致性和准确性具有相同的影响，而其他操作对这两项具有不同的影响。当指示证人在自愿回答之前先确认答案时，相比于在证人不确定答案时指导他们进行猜测，他们的证词既一致又准确［菲利普斯，费希尔和克鲁科娃（Phillips，Fisher & Krioukova），1999］。改变问题的形式（开放式与封闭式）也对一致性和准确性产生了平行影响：开放式问题比封闭式问题产生的回答更一致，答案也更准确［费希尔和帕特森（Fisher & Patterson），2004］。但是，其他操作对回忆的一致性和准确性有不同（有时是相反）的影响。具体而言，在关键事件发生后不久（30 分钟内）进行测试时，证人的一致性较弱，但准确性却高于两周后进行的测试［费希尔、施赖伯、布尔格拉和阿尔瓦拉斯（Fisher，Schreiber，Burguera & Alvarez），2003］。也就是说，延迟测试会提高一致性，但会降低准确性。这种实验性的分离表明，与“法庭理论”相反，一致性和准确性可能反映了不同的潜在机制［塔尔文（Tulving），1985］。

矛盾陈述的准确性。在我们所有的实验中，矛盾答案的准确率都很低［布罗克、费希尔和卡特勒（Brock、Fisher & Cutler），1999；费希尔和帕特森（Fisher & Patterson），2004；吉尔伯特和费希尔（Gilbert & Fisher），2006］。例如，在吉尔伯特和费希尔（Gilbert & Fisher）的研究中，矛盾陈述的准确率仅为 0.49；相比之下，前后一致答案的准确率几乎是完美的（0.95）。“法庭理论”和“认知理论”都正确地预测了矛盾陈述的准确性。

矛盾作为证词整体准确性的预测指标。尽管矛盾陈述比一致陈述的准确性要低得多，但作出大量矛盾陈述的证人（整体证词中的所有陈述）的整体准确性并不比仅作出少量矛盾陈述的证人的准确性低。根据证人证词的整体准确性和所有矛盾陈述的比例来对证人进行评分（通常，这一比例相对较小，因为认真对待任务的证人不会作出较多的矛盾陈述）。在各种实验条件下，矛盾陈述的比例与整体证词准确性之间的相关性相对较低（皮尔逊相关系数通常在 0.00 到 0.35）［费希尔和卡特勒（Fisher & Cutler），1995；布鲁尔（Brewer）等人，1999；费希尔和帕特森（Fisher & Patterson），2004；吉尔伯特和费希尔（Gilbert & Fisher），2006］。矛盾不能很好地预测证人的整体证词准确性，这一发现直接违反了“法庭理论”。

记忆恢复：频率和特别解释。在我们以及其他研究人员的研究中［斯格里夫纳和塞弗（Scrivner & Safer），1988］，记忆恢复是一种普遍现象［佩恩（Payne），1987］。在吉尔伯特和费希尔（Gilbert & Fisher，2006）的研究中，接受两次测试的证人中有约98%的人（192名中的189名）至少作出两次记忆恢复性陈述，并不是“法庭理论”所表明的那样是一种罕见的现象。此外，证人所作的记忆恢复性陈述的数量与两次测试所提出的问题［提取线索（retrieval cues）］的相异度高度相关。当测试1和测试2的提取线索发生改变时，相比于两次测试给出相同的提取线索，证人作出的记忆恢复性陈述（10.1）几乎是后者（6.1）的两倍。由于这一发现与“认知理论”是一致的，因此无需像“法庭理论”所建议的那样用假定的特殊机制来说明记忆恢复。

记忆恢复的准确性。记忆恢复性陈述的准确性在各个研究中各不相同，从最低的0.66［布罗克（Brock）等人，1999］到最高的0.87［吉尔伯特和费希尔（Gilbert & Fisher），2006］。这种记忆恢复性陈述可能非常准确，但这违反了“法庭理论”的预设，该理论预设性地认为记忆恢复是存在问题的［另请参见拉罗伊、派普和默里（La Rooy，Pipe & Murray），2005］。

尽管记忆恢复性陈述通常是准确的，但它们不如一致性或遗忘性的陈述准确。例如，在吉尔伯特和费希尔（Gilbert & Fisher，2006）的研究中，一致性、遗忘性和记忆恢复性陈述的准确率分别为0.95、0.93和0.87［另请参见布罗克（Brock）等人，1999；费希尔和帕特森（Fisher & Patterson），2004，相似的模型］。然而，记忆恢复性陈述比矛盾性陈述（0.49）要准确得多。因此，至少我们应当区分不同类型的不一致，并较多地关注直接的矛盾。

记忆恢复作为证词整体准确性的预测指标。记忆恢复性陈述的盛行并不能预测整体证词的准确性。记忆恢复更多的证人，与那些获得更少恢复性回忆的证人相比，准确度更低，而且意义不大。在吉尔伯特和费希尔（Gilbert & Fisher，2006）的研究中，记忆恢复性陈述的比例与整体准确性之间的皮尔逊（Pearson）相关系数为-0.05。在两个测试中，此相关性始终较低：测试

1（0.03）和测试2（-0.14）表明记忆恢复性陈述的比例与证词整体准确性无显著相关性。在费希尔和帕特森（Fisher & Patterson，2006）、戈登和福尔默（Gordon & Follmer，1994）的研究中也发现了类似的非显著相关性模式。

相对于一致的回忆（这是迄今为止最常见的回答类别），记忆恢复性的回答相对较少［吉尔伯特和费希尔（Gilbert & Fisher）2006年的研究中占所有回复的22%］，矛盾回答非常少见（不到1%）。因此，为了提高这些罕见事件的可靠性，我们将矛盾陈述和记忆恢复性陈述合并为一个分数，以确定这些“麻烦”的矛盾现象在综合后是否能更好地预测证词的整体准确性。具体地说，我们检查了不一致的数量是否与一致性项目的准确性有关。不一致（矛盾加上记忆恢复）的数量根本无法预测一致性项目的准确性（相关系数=-0.06）。即使我们比较最不一致的证人（给出了12~18个不一致证词的人）和证词最一致的证人（0~6个证词不一致），一致性项目的准确率也没有什么差异，分别为0.94和0.96。无论我们如何对数据进行评分，都没有证据支持“法庭理论”，即“记忆恢复”预示了整体证词的不准确性。

难题分析

这里有一个明显的难题：不一致的陈述，尤其是存在前后矛盾的陈述，不如一致的陈述准确，但是作出不一致陈述（无论是矛盾陈述、记忆恢复性陈述，还是两者的结合）的证人，并不比作出一致陈述的证人的准确性低很多。我们认为，这一难题可以通过以下观点来解释：记忆对复杂事件的各个组成部分（例如犯罪）的处理是相互独立的。也就是说，对于一个复杂事件某一个组成部分的记忆的准确性，与对该事件其他组成部分的记忆的准确性并无关联。因此，虽然可以根据证人自相矛盾而认为某项特定陈述（例如，面部毛发）不准确，但这没有告诉我们他的证词中其余部分的准确性，也就是我们对他的其余证词的准确性知之甚少，甚至一无所知。为了验证这一观点，我们进行了几次实验，实验中证人试图描述复杂事件的各个组成部分。然后，我们衡量了对这些不同组成部分的陈述之间的准确程度或维度之间的关系。例如，布鲁尔（Brewer）等人，1999年将银行抢劫案的证人证词分为五个维度——对犯罪者描述、描述犯罪者行为、对旁观者描述、描述旁观者行为以及抢劫对象——但未能发现各个维度准确性之间存在任何有意义的关系。其他研究也重复了这一发现［例如，费希尔（Fisher）等人，2000；米切尔（Mitchell）等人，2003］。因此，对犯罪几个独立部分的不准确记忆（由矛盾的陈述推断）不足以预测证人整体证词的准确性。也就是说，不一致的回忆，尤其是矛盾陈述，使我们知道了不准确的具体陈述，但对其余证词的准确性却知之甚少。

评估整体证词准确性的替代性指标

我们拒绝在没有提出评估证人证词准确性的替代方案的情况下，放弃法律制度使用的传统线索（前后不一致）。因此，我们重新审查了来自实验的数据，以查看是否有其他线索可以更准确地预测证词准确性。能够高度预测回忆准确性的一个线索是问题的形式（开放式或封闭式）。毋庸置疑的是，对开放式问题的回答要比对封闭式问题的回答准确得多。例如，费希尔和帕特森（Fisher & Patterson，2004）的研究表明，无论是在事发几分钟后，还是两周后对证人进行测试，证人对自由回忆问题（描述抢劫者）的回答都几乎完全准确［正确的比率分别为0.97（几分钟后）和0.94（两周后）］。相比之下，无论是在事发几分钟，还是两周之后，对线索性回忆问题（例如，抢劫者的外套是什么颜色?）的回答，其准确性均大大降低［正确的比率分别为0.70（几分钟后）和0.54（两周后）］。同样，在几分钟或两周后进行测试时，对多项选择再认（recognition）问题（例如，抢劫者外套是什么颜色：蓝色、白色、绿色、红色?）的回答也很差［正确的比例分别为0.74（几分钟后）和0.64（两周后）］。此外，对于开放性问题的回答具有明显的优势，对陈述最一致的证人和最不一致的证人都是如此。如果在未来的测试中能够可靠地获得开放式问题的这种明显优势，那么法院不妨更多地关注问题形式，这似乎对回答准确性具有高度的诊断能力，而对回答的一致性的关注可以更少些，其对回答准确性的诊断能力似乎较弱。

结　论

将法庭审判的重点放在证人证词的不一致之处，而不是更多地放在证词准确性的诊断线索上，这会促使诉讼律师利用证人的不确定性，并鼓励陪审员以错误的理由低估（discount）证据。如果交叉询问策略有效，证人因为其回忆不一致而被质疑，则陪审员将不采信一些证人的证词，并根据较少的信息作出决定。给予陪审员准确信息量的减少会导致其决策的准确性降低。简而言之，与两个世纪以来公认的法律传说（legal folklore）相反，不一致的证人可能不是不准确的证人。此外，在一方派出大多数证人的情况下，质疑证人将对双方造成不成比例的影响，进而歪曲证据。这两种弊病——减少了有价值的证人证据的数量并歪曲了提供给陪审员的证据——可能会损害司法公正。

建　议

根据我们的研究，我们提出以下建议。

（1）如果鼓励陪审员以证词的一致性作为确定证据可信度的准则，就应当大力鼓励陪审员仅考虑个别陈述的可信度，而不是整个证人的可信度。不一致是对错误的诊断，但仅仅是在个别陈述的层面上：不一致的陈述不太可能是正确的。但是，陪审员不应将其推论到证人的程度上，因为总体而言，作出不一致陈述的证人的准确性不低于只作出一致陈述的证人的准确性。法官应指示陪审员从案件的个别事实来考虑，而不是从证人来考虑。至少，陪审员不应该仅因为证人的陈述不一致就不相信其证词。过分依赖（不）一致性作为真理的手段就会成为拉尔夫·沃尔多·爱默生（Ralph Waldo Emerson）这一观点的牺牲品："愚蠢的一致性是心胸狭小的妖怪。"

（2）并非所有不一致的陈述都可以同等地诊断错误。直接矛盾自然应当用来质疑特定的陈述。相比之下，记忆恢复性陈述比矛盾性陈述要准确得多，并且在某些情况下几乎与一致性陈述一样准确。因此，记忆恢复性回答应当仅被视为“轻微”的不一致。至少，在否定记忆恢复性回答之前，应该考虑其他因素。例如，两次询问中的问题是否彼此相似？问题是开放式的还是封闭式的？是否有鼓励证人自愿提供不确定的答案？

本研究的局限性

我们在这里提出的结论最多只是试验性的，因为支持该结论的数据库并不强大。首先，研究数量很少，大多数研究仅在两个实验室中进行。我们鼓励其他研究人员进行实证研究以扩展数据库。其次，所有研究都是自愿的证人在受到控制的实验室条件下进行的。此类研究逻辑上和伦理上的局限性使我们无法在高度激发的条件下审查记忆，也无法在关键事件和询问之间或两次询问之间间隔很长的时间条件下来检查记忆。扩大研究范围以囊括更多激发性事件并在更长的时间间隔条件下进行测试肯定会增强数据库。到目前为止，我们的研究仅审查了大学生年纪的证人［尽管注意到了与儿童证人有相似的发现；戈登和福尔默（Gordon & Follmer），1994；拉罗伊（La Rooy，2005）等人］。再次，涵盖更多的证人样本就可以提高我们对结果进行归纳概括的能力。我们研究中的所有参与者都被激励要诚实。因此，我们的结论仅限于试图自愿提供真实信息的合作证人。在这里，我们没有对欺骗性证人的证词做出任何要求［有关撒谎者和讲真话者的一致性的最新有趣发现，请参见格兰海格、斯特伦瓦尔和琼森（Granhag，Strömwall & Jonsson），2003］。最后，我们没有在任何研究中对证人进行交叉询问。强烈的交叉询问可能会揭示准确的和不准确的证人回忆之间的更多差异。我们十分鼓励未来的研究人员弥补我们研究中的这些局限性。我们希望我们的工作至少已经激发了研究人员和法律界人士的兴趣，让他们更仔细地审查证人证词中的不一致问题。

致　谢

本章旨在纪念一位真正的朋友、同事和绅士，汤姆·威廉姆森博士（Dr Tom Williamson）。

参考文献

❶ Alavi, A. & Ahmad, N. (2002). *Credibility and impeachment: Fundamentals of direct and cross-examination.* Paper presented at the University of Houston Law Foundation Continuing Legal Education Workshop, 1-29.

❷ Bailey, F. L. & Rothblatt, H. B. (1971). *Successful techniques for criminal trials.* Rochester, NY: The Lawyers Co-op Publ. Co. & Bancroft-Whitney Co.

❸ Berman, G. L. & Cutler, B. L. (1996). Effects of inconsistencies in eyewitness testimony on mock-juror decision making. *Journal of Applied Psychology*, 81, 170-177.

❹ Berman, G. L., Narby, D. J. & Cutler, B. L. (1995). Effects of inconsistent eyewitness statements on mock-jurors' evaluations of eyewitnesses, perceptions of defendant culpability and verdicts. *Law and Human Behavior*, 19, 79-88.

❺ Brewer, N. & Burke, A. (2002). Effects of testimonial inconsistencies and eyewitness confidence on mock-juror judgments. *Law and Human Behavior*, 26, 353-364.

❻ Brewer, N. & Hupfeld, R. M. (2004). Effects of testimonial inconsistencies and witness group identity on mock-juror judgments. *Journal of Applied Social Psychology*, 34, 493-513.

❼ Brewer, N., Potter, R., Fisher, R. P., Bond, N. & Luszcz, M. (1999). Beliefs and data on the relationship between consistency and accuracy of eyewitness testimony. *Applied Cognitive Psychology*, 13, 297-313.

❽ Brock, P., Fisher, R. P. & Cutler, B. L. (1999). Examining the cognitive interview in a double-test paradigm. *Psychology, Crime and Law*, 5, 29-45.

❾ Committee on Pattern Jury Instructions of the District Judges Association of the Sixth Circuit (2005). *Sixth Circuit Criminal Pattern Jury Instructions.*

Cincinnati, OH: Judicial Council for the U. S. Court of Appeals for the Sixth Circuit.

⑩ Erickson, B., Lind, E. A., Johnson, B. C. & O'Barr, W. M. (1978). Speech style and impression formation in a court setting: The effects of 'powerful' and 'powerless' speech. *Journal of Experimental Social Psychology*, 14, 266 – 279.

⑪ Fisher, R. P. & Cutler, B. L. (1995). Relation between consistency and accuracy of eyewitness testimony. In G. M. Davies, S. Lloyd-Bostock, M. McMurran & C. Wilson (Eds.), *Psychology and law: Advances in research* (pp. 21 – 28). Berlin: DeGruyter.

⑫ Fisher, R. P. & Patterson, T. (2004). *The relationship between consistency and accuracy of eyewitness memory*. Paper presented at 45th annual meeting of the Psychnomic Society: Minneapolis.

⑬ Fisher, R. P. & Reardon, M. C. (in press). Eyewitness identification. In Carson, D., Milne, R., Pakes, F., Shalev, K. & Shawyer, A. (Eds.), *Applying psychology to criminal justice*. Chichester: John Wiley & Sons.

⑭ Fisher, R. P., Phillips, M. R. & Krioukova, M. (2000). *Independent recall of the various components of a complex event*. Paper presented at the 41st Annual Meeting of the Psychonomic Society, New Orleans, November.

⑮ Fisher, R. P., Schreiber, N., Burguera, M. & Alvarez, C. (2003). *Consistency of eyewitness recollection as an indicator of accuracy*. Poster presented at the 44th annual meeting of the Psychonomic Society: Vancouver, Canada.

⑯ Fisher, R. P., Patterson, T. & Hazel, J. (2006). Question format and response consistency as predictors of the accuracy of eyewitness testimony. In preparation. Miami, FL: Florida International University.

⑰ Gilbert, J. A. E. & Fisher, R. P. (2006). The effects of varied retrieval cues on reminiscence in eyewitness memory. *Applied Cognitive Psychology*, 20, 723 – 739.

⑱ Glissan, J. L. (1991). *Cross-examination: Practice and procedure.*

Sydney: Butterworths.

⑲ Gordon, B. N. & Follmer, A. (1994). Developmental issues in judging the credibility of children's testimony. *Journal of Clinical Child Psychology*, 23, 283 - 294.

⑳ Granhag, P. A., Strömwall, L. A. & Jonsson, A-C. (2003). Partners in crime: How liars in collusion betray themselves. *Journal of Applied Social Psychology*, 33, 848 - 868.

㉑ Iannuzzi, J. N. (1999). *Handbook of cross-examination: The mosaic art*, 2nd edition. Englewood Cliffs, NJ: Prentice Hall.

㉒ La Rooy, D., Pipe, M. E. & Murray, J. E. (2005). Reminiscence and hypermnesia in children's eyewitness memory. *Journal of Experimental Child Psychology*, 90, 235 - 254.

㉓ Leippe, M. R., Manion, A. P. & Romanczyk, A. (1992). Eyewitness persuasion: How and how well do fact finders judge the accuracy of adults' and children's memory reports? *Journal of Personality and Social Psychology*, 63, 181 - 197.

㉔ Lindsay, R. C. L., Lim, R., Marando, L. & Cully, D. (1986). Mock-juror evaluations of eyewitness testimony: A test of metamemory hypotheses. *Journal of Applied Social Psychology*, 16, 447 - 459.

㉕ Mauet, T. (1980). *Fundamentals of trial techniques*, 4th edition. New York: Little, Brown & Co.

㉖ Mitchell, T., Haw, R. & Fisher, R. P. (2003). *Eyewitness accuracy: Can accuracy for one statement be predictive of more 'global' accuracy*? Paper presented at European Psych-Law Society. Edinburgh.

㉗ Office of Court Administration Committee on Criminal Jury Instructions (2007). *New York Criminal Jury Instructions*, 2d. New York: NYS Office of Court Administration.

㉘ Park, R. C., Leonard, D. P. & Goldberg, S. H. (2004). *Evidence law*, 2nd edition. St. Paul, MN: Thomson West.

㉙ Payne, D. G. (1987). Hypermnesia and reminiscence in recall: A historical and empirical review. *Psychological Bulletin*, 101, 5-27.

㉚ Phillips, M. R., Fisher, R. P. & Krioukova, M. (1999). *Metacognitive processes in eyewitness memory*. Paper presented at the 40th Annual Meeting of The Psychonomic Society, Los Angeles, November.

㉛ Potter, R. & Brewer, N. (1999). Perceptions of witness behaviour-accuracy relationships held by police, lawyers and jurors. *Psychiatry, Psychology and Law*, 6, 97-103.

㉜ Pozner, L. & Dodd, R. (1993). *Cross-examination: Science and techniques*. Charlottesville, VA: The Michie Company.

㉝ Scrivner, E. & Safer, M. A. (1988). Eyewitnesses show hypermnesia for details about a violent event. *Journal of Applied Psychology*, 73, 371-377.

㉞ Strong, J. W. (1999). *McCormick on evidence*, 5th edition. St. Paul, MN: West Group.

㉟ Tulving, E. (1983). *Elements of episodic memory*. New York: Oxford University Press.

㊱ Tulving, E. (1985). How many memory systems are there? *American Psychologist*, 40, 385-398.

㊲ Uviller, H. R. (1993). Credence, character, and the rules of evidence: Seeing through the liar's tale. *Duke Law Journal*, 42, 776-832.

㊳ Wells, G. L. & Leippe, M. R. (1981). How do triers of fact infer the accuracy of eyewitness identification? Using memory for detail can be misleading. *Journal of Applied Psychology*, 66, 682-687.

㊴ Wigmore, J. H. (1904; revised by J. H. Chadbourn, 1970). *Evidence in trials at common law*, Vol. 3A. Boston: Little, Brown & Co.

第09章

认知询问：各领域应用的研究与实践

罗宾·E. 霍利迪（Robyn E. Holliday）
查尔斯·J. 布雷纳德（Charles J. Brainerd）
瓦莱丽·F. 蕾娜（Valerie F. Reyna）
乔伊斯·E. 汉弗莱斯（Joyce E. Humphries）*

简介

在过去的25年中，有关证人证言的研究大量增加。这项研究大部分是关于从弱势证人和犯罪被害人那里获得准确的证词［塞西和布鲁克（Ceci & Bruck），1995；布雷纳德和蕾娜（Brainerd & Reyna），2005］。本章将重点介绍弱势证人——16岁以下的儿童、65岁及以上的成人以及有智力障碍的儿童和成人。在这些案件中，尽可能敏锐地询问这些证人以确保其所报告的信息准确可靠，是非常重要的。

诸多因素决定了证人证词的可靠性。本章涉及其中一个因素，即调查询问方法。询问证人的方式方法对于犯罪调查和成功起诉至关重要。本章将重点介绍一组经过广泛测试的司法询问技术，即最初的认知询问（CI）方案［盖泽尔曼、费希尔、弗斯滕伯格、赫顿、沙利文、艾维提沙与普罗斯科（Geiselman，Fisher，Firstenberg，Hutton，Sullivan，Avetissian & Prosk），

---

* 作者简介：罗宾·E. 霍利迪（Robyn E. Holliday），英国莱斯特大学（University of Leicester）心理学院高级讲师；查尔斯·J. 布雷纳德（Charles J. Brainerd），美国康奈尔大学（Cornell University）人类发展与心理学教授；瓦莱丽·F. 蕾娜（Valerie F. Reyna），美国康奈尔大学（Cornell University）人类发展与心理学教授；乔伊斯·E. 汉弗莱斯（Joyce E. Humphries），英国莱斯特大学（University of Leicester）研究助理。

1984］及其修订版［费希尔和盖泽尔曼（Fisher & Geiselman），1992］。首先，我们将说明最初的CI技术以及CI技术所依据的理论原理。随后将按照时间顺序介绍各项实证研究，被询问者从幼儿开始到老年人。其次，我们考虑将CI技术应用于有学习障碍的儿童和成人以及存在认知障碍的老年人的可行性。最后，我们将讨论21世纪CI技术研究和实践的现状——对犯罪嫌疑人使用CI技术的应用前景［费希尔和佩雷斯（Fisher & Perez），2007；费希尔和卡斯塔诺（Fisher & Castano），2008］，以及针对儿童和老年人使用的简化版CI技术的开发进展。本章末尾表9.2列出了对弱势群体应用CI技术的研究成果。

认知询问技术

司法询问方案的特征是坚持非常相似的结构。例如，通常都采用分阶段［漏斗式（funnel）］方法，即建立融洽关系，进行真话和谎言测试，要求自由回忆，然后进入提问阶段，在提问阶段中，开放式问题后跟进特定问题，最后询问结束［费希尔和施赖伯（Fisher & Schreiber），2007］。有许多可用的询问方案，如英国的询问指导文件［良好做法备忘录（Memorandum of Good Practice），1992—MOGP；获得最佳证据（Achieving Best Evidence），2001，2007—ABE，均由内政部制定］以及加拿大的阶梯式询问方案（Canadian Stepwise protocol），开发者为尤伊尔、亨特、约菲和扎帕努克（Yuille，Hunter，Joffe & Zaparniuk，1993）。认知询问（CI）技术是最为著名的调查询问方案之一。CI技术的依据是实证研究以及认知和社会心理学原理［费希尔和卡斯塔诺（Fisher & Castano），2008］。

最初的CI技术旨在改善成人（任何年龄）目击者的证词质量［盖泽尔曼（Geiselman）等人，1984］。它为许多研究提供了动力［有关评论，请参见盖泽尔曼和费希尔（Geiselman & Fisher），1997；费希尔、布伦南和麦考利（Fisher，Brennan & McCauley），2002］。CI询问方案基于三个基本的心理学原理和原则。第一个核心原理是记忆/一般认知，可以分为以下五个子原则。

（1）有限的认知处理资源（limited cognitive processing resources）［巴德利（Baddeley），1986］，也就是说，可用于处理信息的认知资源是有限的。如果同时尝试进行多个认知任务，则证人对事件叙述的质和量可能会受到负面影响。费希尔（Fisher）等人（2002）建议询问人员记录询问内容，并避免在询问对象的回忆叙述中将其打断。

（2）适配证人的提问（witness compatible questioning）——证人对其经历具有独特的心理表现，因此询问人员必须相应地调整问题。在霍利迪、霍利迪和阿尔本（Holliday，2003a，2003b；Holliday & Albon，2004）的研究中，提问完全以每个孩子在其叙述性回忆中所提供的信息为基础。

（3）情境恢复（context reinstatement）——对证人在待回忆事件的生理、认知和情感状态的心理重建将改善记忆［也就是编码特异性；塔尔文和汤姆森（Tulving & Thomson），1973］。

（4）多感官编码（multisensory coding）——除概念表征外，目击事件还具有感官特性［佩维奥（Paivio），1971］，诸如气味、声音、视觉细节等［费希尔（Fisher）等人，2002］。（3）和（4）的实施示例来自霍利迪（Holliday）及其同事的研究［霍利迪和阿尔本（Holliday & Albon），2004］。如询问儿童时使用以下指导用语：闭上眼睛；想象自己回到观看视频的房间；你感觉怎么样？你在房间里看到什么？你在房间里听到什么？你坐在谁旁边（第 269 页）？

（5）多种途径提取（varied retrieval）——记忆可以通过多种提取路径来提取和恢复［塔尔文（Tulving），1974；安德森和皮切特（Anderson & Pichert），1978］。多样的提取途径减少了证人使用先前知识和期望来填补其对目击事件记忆的任何空白的可能性。转变视角（change perspective）的指令有助于进行各种记忆提取，即从同一事件的另一位参与者或其所在位置的角度来回忆该事件："你说比利打开了他的礼物。现在，我希望你成为比利。你首先做了什么？（第 269 页）"然后改变顺序，以不同的顺序（例如，倒序）再次回忆该事件。"现在，我需要你告诉我比利生日视频中你记得的最后一件事情。在那之前发生了什么？"重复此提示，直到孩子无法回忆起更多的细节或回到回忆事件的开始为止。

CI 技术的第二个核心原理是社交动力（social dynamics）。无论是合作的证人，还是犯罪嫌疑人，司法询问都反映出社会地位的失衡（如警察和儿童证人）。社交动力包括：①证人的积极参与——询问人员必须向询问对象强调，询问对象是其目击内容的专家；因此，询问对象应当积极控制询问过程（转移询问控制权）；②发展融洽关系——询问人员应花时间建立融洽的关系［费希尔（Fisher）等人，2002］。

CI 技术的第三个核心原理是沟通（communication）。询问人员需要从证人证词中提炼有关其经历的具体细节。同样，询问对象必须向询问人员传达其目击内容的具体细节。首先，通过提倡广泛的、详细的回答，可以促进交流［费希尔（Fisher）等人，2002］。“报告一切”指令——告知证人他/她应报告所有的信息，无论他们认为这些信息是否与案情相关——都可以促进详细的回答。例如，我想让您告诉我您能记住的所有内容，您可以记住的每个小细节［霍利迪和阿尔本（Holliday & Albon），2004］。其次，询问人员应注意，证人希望提供的某些信息可能是非言语的。在这种情况下，应当实施“兼容性代码输出”（code-compatible output）。费希尔（Fisher）等人（2002）举了一个例子，“如果证人通过触觉经历一个事件（例如，触碰到纺织物），那么证人可以通过触摸各种织物而以类似的触觉模式作出回答”（第 268 页）。

CI 方案的实证评估

自 1984 年首次发表 CI 技术的研究以来［盖泽尔曼（Geiselman）等人，1984］，在美国、英国、澳大利亚和德国进行了许多有关最初的 CI 技术和增强版 CI 技术的实验室研究。在对最初的 CI 技术的早期测试中，大学生在课堂上目睹了上演的辩论并于两天后接受了询问［盖泽尔曼（Geiselman）等人，1984］。研究结果支持了这样的预测，即在回忆目击事件时，在运用四种 CI 助忆术进行指导的情况下，学生回忆起的正确细节，会比在控制条件下回忆起的更多。不正确的报告或虚假信息的数量未见明显增加。

自 CI 方案诞生以来，已有 100 多项研究对 CI 方案进行了评估［费希尔和卡斯塔诺（Fisher & Castano），2008］。毫无疑问，CI 方案可以使许多不同的人群在作为证人时提高对其目击事件的正确回忆，如本章中讨论的人群（儿童、老人、有学习障碍的人群）以及可适用于多种语言环境（除英语外），包括德语［科恩肯、希莫赛克，阿舍曼和霍夫（Köhnken，Schimossek，Aschermann & Hofer），1995］、葡萄牙语［斯坦因和梅蒙（Stein & Memon），2006］和西班牙语［埃尔南德斯·费尔诺和阿隆索·奎库蒂（Hernández-Fernaud & Alonso-Quecuty），1997；坎珀斯和阿隆索·奎库蒂（Campos & Alonso-Quecuty），1999］。

一些早期的研究报告称，伴随着正确细节的增加，错误的和虚构的细节也有所增加。确实，大约 10 年前，科恩肯、米尔恩、梅蒙和布尔（Köhnken，Milne，Memon & Bull，1999）发表了一个对 55 项研究的元分析（meta-analysis），比较了使用 CI 方案组和对照组的询问所获得的回忆。研究人员报告称，与对照组的询问相比，使用 CI 方案组的询问往往会产生少量但在统计上显著增加的虚假信息。鉴于自科恩肯（Köhnken）等人的论文发表以来，已发表的研究的数量几乎增加了一倍，因此进行新的元分析将是适时的［有关综述，请参见盖泽尔曼和费希尔（Geiselman & Fisher），1997；费希尔（Fisher）等人，2002；费希尔和施赖伯（Fisher & Schreiber），2007］。

CI 技术的积极效果能扩展到儿童证人吗？

有研究人员报告称，CI 技术对儿童证人有效性的结果比较复杂。然而，总的来说，从幼龄儿童到大龄儿童，相比对照组的询问，CI 技术能够让儿童记住更正确的细节［盖泽尔曼和帕迪拉（Geiselman & Padilla），1988；塞维茨、盖泽尔曼和博恩斯泰因（Saywitz，Geiselman & Bornstein），1992；麦考利和费希尔（McCauley & Fisher），1996；格兰海格和斯普尤特（Granhag & Spjut），2001；米尔恩和布尔（Milne & Bull），2002；2003；阿克赫斯特、米尔恩和科恩肯（Akehurst，Milne & Köhnken），2003；霍利迪（Holliday），2003a，2003b；拉森、格兰海格和斯普尤特（Larsson，Granhag & Spjut），

2003]。在霍利迪（Holliday，2003a）进行的一项针对 4 ~ 5 岁和 9 ~ 10 岁儿童的研究中，对比 MOGP 询问（内政部，1992），考虑儿童发育改进后的 CI 方案（MCI）（省略了“转变视角”）在人物、动作和对象细节方面的报告更加准确。在后来的两项研究中，霍利迪（Holliday，2003b）针对 4 岁和 8 岁的孩子重复了这些发现。霍利迪（Holliday，2003b）报告了使用 MCI 收集的详细信息类型中存在发育差异的证据。年龄较大的儿童比年龄较小的儿童回忆出更正确的人物、动作、对象和位置的详细信息。同样，米尔恩和布尔（Milne & Bull，2003）的研究报告称，与对照组的询问相比，8 岁和 9 岁的儿童在 CI 中（省略了“转变视角”）能够更加正确地回忆人和动作的细节。另一方面，梅蒙、克罗宁、伊夫斯和布尔（Memon，Cronin，Eaves & Bull，1996）的研究则没有发现有证据表明完整的 CI 可以改善 6 岁和 7 岁儿童对眼科检查的记忆。同样，梅蒙（Memon）等人的报告称，将每项 CI 助忆术与“再努力想想”这一指令（指导用语）进行比较时，儿童的正确回忆率没有差异。

正如在对成年参与者运用 CI 方案的早期评估中所指出的那样，一些开发研究人员报告说，在针对儿童评估 CI 技术时发现，正确回忆增加的同时，错误和/或虚构的回忆增加了［麦考利和费希尔（McCauley & Fisher），1995；梅蒙、克罗宁（Memon，Cronin）等人，1996；海斯和德拉莫斯（Hayes & Delamothe），1997；梅蒙、沃克、布尔和科恩肯（Memon，Wark，Bull & Köhnken），1997］，尽管其他研究人员没有报告这种影响［米尔恩和布尔（Milne & Bull），2002；阿克赫斯特（Akehurst）等人，2003；霍利迪（Holliday），2003a；2003b；霍利迪和阿尔本（Holliday & Albon），2004］。在下一部分中，我们将讨论错误信息研究和 CI 方面的一些令人振奋的新进展。

CI 技术可以降低儿童的暗示感受性吗?

霍利迪和她的同事在四项对儿童的研究中第一次提出了这个重要问题［2003a，2003b；霍利迪和阿尔本（Holliday & Albon），2004］。鉴于 6 岁以下的儿童受到错误信息的影响不成比例，因此重要的是确定询问方案（如CI）是否可以减少错误信息对儿童证人的负面影响。塞西和布鲁克（Ceci & Bruck，1993）认为，儿童对目击事件的回忆可能会受到许多认知因素（如记忆力、注意力）和社交因素（如顺从性、需求）的影响。许多实验室研究报告称，儿童的记忆受到错误信息的负面影响，尤其是3~4岁的幼儿受到的影响最大［综述参见布鲁克和塞西（Bruck & Ceci），1999］。大量证据都是使用“标准”和“修正”的强制选择（forced-choice）提问收集的［塞西、罗斯和托利亚（Ceci，Ross & Toglia），1987；霍利迪、道格拉斯和海斯（Holliday，Douglas & Hayes），1999；霍利迪和海斯（Holliday & Hayes），2001；萨拉戈萨（Zaragoza），1991］，或者是使用是/否再认记忆测试［例如，霍利迪和海斯（Holliday & Hayes），2000；有关评论，请参见霍利迪、蕾娜和海斯（Holliday，Reyna & Hayes），2002；蕾娜、霍利迪和马尔凯（Reyna，Holliday & Marche），2002］。

有少量实验室研究检测了CI指令是否最大限度地减少了误导性问题对学龄儿童证人的影响。例如，在梅蒙（Memon）等人（1996）的研究中，8岁和9岁的儿童看了一部短片。他们在12天后返回实验室，并在询问之前或之后被问到具有误导性和中立性的问题。在该询问中，“情境恢复”和“报告一切”的指令均用作记忆提示。梅蒙（Memon）等人报告说，正如他们所假设的那样，询问类型对询问之前问题的回答没有影响。但是，对于那些在询问后被提问的儿童，与对照组的儿童相比，接受（先前）CI指令的儿童对误导性问题的回答更正确［另见米尔恩和布尔（Milne & Bull），2003］。海斯和德拉莫斯（Hayes & Delamothe，1997）报告称，在CI指令之前出现误导性暗示，“情境恢复”和“报告一切”指令对6岁和10岁孩子的暗示感受性没有影响。霍利迪（Holliday，2003a）发现，尽管与对照组的询问相比，CI可以增加5岁和10岁儿童的正确回忆，但没有证据表明，在接受CI后进行的强制选择记忆测试中，暗示感受性会受到询问类型的影响。显然，造成这些不同结果的关键因素之一可能是错误信息和询问的时间安排。

霍利迪（Holliday，2003b）在针对5岁和8岁儿童的两项研究中解决了这一问题。这两项研究是完全相同的，只是错误信息的呈现和询问的时间不同。在第一项研究中，儿童在接受询问后被误导。在第二项研究中，他们在询问之前被误导。结果很明确：如果在儿童进行记忆力测试之前接受了考虑儿童发育而改进的 CI 方案（省略了“转变视角”）的询问，则减少了在询问中和随后的记忆力测试中错误信息的报告。霍利迪和阿尔本（Holliday & Albon，2004）在对 4 岁和 5 岁的儿童进行研究时重复了这些发现。重要的是，他们的研究表明，仅两项 CI 指令（“情境恢复”和“报告一切”）的组合就可以减少儿童在询问中和之后的记忆测试中对错误信息的报告。我们将在下面回到此研究。

CI 技术是否增强了老年证人的回忆？

老年人代表一群特殊的证人。在许多国家，越来越多的老年人仍然活跃在社区中。因此，有些人可能会目睹犯罪或者成为犯罪的被害者。此外，据报告，老年人遭受身体和情感虐待的频率越来越高（阻止虐待老年人行动组织，2004），其中 75 岁以上的老年人特别易受侵害。现在，从老年证人那里获得可靠的目击证词已成为决策者和专业人员的主要关注点，但只有少数实验室研究评估了老年人作为目击者回忆的可靠性和准确性。这些研究的结果表明，与年轻目击者相比，无论是对幻灯片放映［亚尔梅和肯特（Yarmey & Kent），1980］、观看短片［利斯特（List），1986］还是上演事件［亚尔梅（Yarmey），1993］，老年人回忆的完整性和准确性都较差。当在目击事件发生后立即、数分钟后或数天后进行记忆力测试时，这种年龄差异就会显现出来［布里马科姆、昆顿、南斯和加里奥奇（Brimacombe，Quinton，Nance & Garrioch），1997；参见米勒 - 约翰逊和塞西（Mueller-Johnson & Ceci），2007，非常出色的综述］。

有少量研究评估了 CI 技术对老年人的有效性。在早期的研究中，向年轻人（18 ~ 35 岁）和老年人（65 ~ 80 岁）展示了一部上演的抢劫短片［梅洛和费希尔（Mello & Fisher），1996］。半小时后，两个小组都接受了正规的警察询问，使用完整的 CI 或改进的 CI 技术（省略了“转变视角”）。在研究中发现了一个意外的年龄模式，即如果使用完整的 CI 技术，则老年人比年轻人提供了更多的正确信息。麦克马洪（McMahon，2000）的研究评估了完整的CI技术是否会增加对模拟犯罪电影的正确回忆。观看电影后，年轻人（18～50岁）和老年人（60～88岁）分别接受了30分钟的询问。正如预期的那样，年轻人比老年人能回忆起更多的正确信息，但仅在对照询问中才得到这一结果［另见伊辛格里尼、瓦祖和勒洛伊（Isingrini，Vazou & Leroy），1995］。在罗斯、布尔和瓦里吉（Rose，Bull & Vrij，2003）的研究中，年轻人（18～31岁）和老年人（59～84岁）观看了一部上演的关于抢劫的短片。30分钟后，所有参与者都被安排了列队辨认的任务。虽然老年人比年轻人做出更多错误的识别，但未发现心理或身体上的情境恢复指令对辨认效果的影响。威尔科克、布尔和瓦里吉（Wilcock，Bull & Vrij，2007）报告，在最近的第二次针对年轻人（16～30岁）和老年人（64～86岁）的列队辨认研究中，情境恢复指令增加了目标缺席（TA）列队辨认中的正确否认率，但仅限于老年人。

最近，赖特和霍利迪（Wright & Holliday）进行的两项研究提供了证据，证明CI方案可以增加老年证人的正确记忆。赖特和霍利迪（Wright & Holliday，2007a）使用完整的CI技术、MCI技术（省略了“转变视角”）和对照组的询问评估了老年目击者对观看短片的回忆。完整的CI技术将年轻人（17～31岁）的正确回忆率提高了20%，中老年人（60～74岁）的正确回忆率提高了27%，老年人（75～95岁）提高了18%，而MCI将年轻人的正确回忆率提高了14%，中老年人提高了17%，老年人提高了15%。在第二项研究中，赖特和霍利迪（Wright & Holliday，2007b）比较了在细微精神状态检查（MMSE）中有认知障碍迹象的老年人（75～96岁）与没有认知障碍的老年人的回忆［佛斯坦、佛斯坦与麦克休（Folstein，Folstein & McHugh），1975］。MMSE中分数低的老年人比分数高的老年人回忆的正确细节更少，准确率也更低。重要的是，MMSE中的高分和低分老年人群体通过MCI报告的有关行为、人物、物体和周围环境细节的信息要比对照组的询问中报告的信息正确得多。

CI 技术能改善智力障碍证人的回忆吗？

智力障碍人士（ID）被视为弱势证人。对这些成年人的研究表明，他们在编码、存储和检索事件详细信息方面比一般成年人迟缓［米尔恩和布尔（Milne & Bull），2001］。有智力障碍的成年人被法院认为是不可靠的证人［米尔恩和布尔（Milne & Bull），2001］。然而，智障成年人确实会回忆起与其他成年证人一样准确的信息。但是，事实上有智力障碍的成年人报告的目击事件细节少于其他成年人［佩尔曼、埃里克森、埃索斯和艾萨克斯（Perlman，Ericsson，Esses & Isaacs），1994；米尔恩和布尔（Milne & Bull），2001］。鉴于已发现这些证人极具暗示敏感性［卡多尼和登特（Cardone & Dent），1996；米尔恩、克莱尔和布尔（Milne，Clare & Bull），1999］，因此，像其他弱势证人群体一样，对智障成年人进行适当且非暗示性的询问是至关重要的。研究表明，智障成年人特别容易受到社交需求因素的负面影响。凯贝尔和哈顿（Kebbell & Hatton，1999）回顾了研究文献并报告：智障成年人易于对问题回答为“是”而不考虑这些问题的内容。有智力障碍的成年人比其他成年人更有可能对询问人员的提问编造和更改答案［克莱尔和古德琼森（Clare & Gudjonsson），1993；特恩斯和尤伊尔（Ternes & Yuille），2008］。他们也极易受到暗示［米尔恩、克莱尔和布尔（Milne，Clare & Bull），2002；特恩斯和尤伊尔（Ternes & Yuille），2008］。

对有认知障碍的成年人进行 CI 方案评估的研究机构很少。在第一项此类研究中，布朗和盖泽尔曼（Brown & Geiselman，1990）报告称，有智力障碍的成年人回忆起的正确细节比其他成年人少，而且这种影响没有因询问方法的类型不同（CI 技术或对照）而异。智障成年人在 CI 期间也报告了比其他成年人更多的虚构细节。在米尔恩、克莱尔和布尔（Milne，Clare & Bull，1999）的研究中，有或没有轻度智障的成年人都观看了一部有关意外事件的短片，并在第二天接受了 CI 或结构化（对照）询问［科恩肯（Köhnken），1993］。发现那些接受 CI 方案的人提供的正确细节有所增加。但是，接受 CI 方案的智障成年人比接受对照询问的智障成年人报告了更多的虚构细节［米尔恩和布尔（Milne & Bull），2001］。最近，CI 方案已在患有痴呆症的老年人身上进行了测试［赖特和霍利迪（Wright & Holliday），2007b］。在观看短片后，有或没有认知障碍的成年人（75～96 岁）接受了改进的 CI（省略了“转变视角”）、完整的 CI 或对照询问。有认知障碍的成年人记住的正确细节要比无认知障碍成年人少。尽管如此，两种类型的 CI 方案都能增强有认知障碍和无认知障碍老年人的记忆力，尽管对有认知障碍的参与者在使用 CP（转变视角）指令时特别困难。显然，在能够得出关于 CI 方案可以（或不可以）适用于这些弱势个体的确切结论之前，还需要进行更多的研究。

对具有智力障碍（ID）的儿童进行 CI 方案评估的研究文献非常少。在撰写本章时，所有这些工作都是由米尔恩和布尔（Milne & Bull）在英国进行的。几年前，米尔恩和布尔（Milne & Bull，2001）在一篇评论文章中指出，智力障碍儿童对其所经历或目击事件的回忆通常不如没有智力障碍的儿童那样完整（很像智障成人）。因此，他们认为研究人员评估具有增强证人证词潜力的方案（如 CI）至关重要［米尔恩和布尔（Milne & Bull），2001］。在目击事件发生之后，米尔恩和布尔（Milne & Bull，1996）对有智力障碍的儿童进行了 CI 或类似于 MOGP 询问（内政部，1992）的对照询问。与对照组的儿童相比，接受 CI 询问的儿童能回忆更多正确的信息。值得注意的是，CI 方案并没有导致错误和虚假细节报告的增加。

CI 方案在实际应用中的效果如何？

在借助真实犯罪的成年证人和犯罪被害人进行评估时，修订后的 CI 技术已证明是有益的。在第一项研究［费希尔、盖泽尔曼和阿玛多尔（Fisher，Geiselman & Amador），1989］中，迈阿密 Metro-Dade 警察局的侦探在接受修订版 CI 方案培训的四小时前和四小时之后实施了询问。重要的是，警察在接受培训后从证人那里获得的信息量大大增加了（47%）。乔治（George）在英国进行了第二项实地研究［1991，乔治和克利福德（George & Clifford），1996 年引用］。在目睹了上演的辩论之后，接受过 CI 方案培训的警察询问了这些年轻人。在使用 CI 技术组的询问中，对正确细节信息的回忆比在对照组的询问中要高得多，但错误信息的报告没有随之增加。值得注意的是，这种回忆优势的大小与实验室研究的结果非常相似［费希尔和施赖伯（Fisher & Schreiber），2007］。最近，费希尔和卡斯塔诺（Fisher & Castano，2008）报告称，CI 方案已经在美国的一些警察调查中得到有效使用，包括儿童性虐待、绑架、爆炸和谋杀案件中的询问。在最近的一起案例中，对一名女性使用了 CI 技术进行询问，该女性在 33 年前、当时她只有 5 岁，目睹了一起谋杀案。

CI 方案的应用前景

◈ 简化版本是否仍会保留 CI 的优势？

对于实践者而言，考虑到询问弱势证人的潜在问题（注意力有限、记忆力差）以及警察和其他专业人员需要在犯罪后尽快获得最大化信息的压力，简化询问方案以帮助准确回忆非常重要。赖特和霍利迪（Wright & Holliday，2005）进行了一项研究，来自英国多个警察队伍的警官对问卷进行了回答。不愿使用 CI 技术的警察说，这样的方案太长且劳神费力，不适合在实际询问年长的证人和被害者时使用。戴维斯、麦克马洪和格林伍德（Davis，McMahon & Greenwood，2005）评估了 CI 方案的简化版本（CRI 和 RE 指令）。大学生观看了一部关于上演犯罪的短片，随后接受了完整的 CI 技术、简化的 CI 技术或控制性询问。重要的是，在完整 CI 技术和简化 CI 技术中，对影片细节的正确记忆都要高于对照组的询问。丹多、威尔科克和米尔恩（Dando，Wilcock & Milne，2009）以大学生为对象，调查了情境恢复指令的两种变体：在认知询问中，使用心理情境恢复（mental context reinstatement，MRI）以及被称为“草图情境恢复”（sketch reinstatement of context，MRC）的指令。结果表明，与 MRI 和对照询问相比，在草图情境恢复指令条件下产生了更准确的对犯罪影片的回忆。

霍利迪和阿尔本（Holliday & Albon，2004）进行了一项综合研究，旨在为幼儿开发一种适合其成长状态的适当简化的CI方案，以最大限度地减少询问的暗示性。这项研究背后的理由是霍利迪（Holliday，2003b）的发现，即改进后的CI技术（MCI）降低了儿童对暗示的接受度及随后对暗示的报告。考虑到年幼儿童的注意力很短，简化版的MCI将特别有用。儿童们看了一部短片，然后接触了许多误导性暗示。然后，使用以下六种询问方案之一对儿童进行询问：

- 控制性询问（a control interview）①［结构化询问；科恩肯（Köhnken），1993］；
- 包含"情境恢复"（CRI）、"报告一切"（RE）、"改变回忆顺序"（CO）和"转变视角"（CP）指令的完整CI技术（FCI）；
- 改进后的CI技术（MCI），与完整版CI技术（FCI）相同，只是省略了"转变视角"（CP）；
- 增强融洽关系的MCI技术（ERMCI），与MCI技术相同，只是额外用五分钟建立融洽关系，让儿童描述最喜欢的游戏；
- "报告一切"（RE）和"改变回忆顺序"（CO）询问，与MCI技术相同，只是省略了"情境恢复"（CRI）；
- "报告一切"（RE）和"情境恢复"（CRI）询问类似于改进后的CI技术（MCI），只是省略了"改变回忆顺序"（CO）。

表9.1列出了这些询问方案。

表9.1　霍利迪和阿尔本（Holliday & Albon，2004）研究中测试的儿童询问方案

认知询问	控制性询问
1. 建立融洽关系阶段 聊一聊儿童的兴趣爱好（如宠物、足球） 描述他们最喜欢的游戏[1] 解释询问的目的和规则[m]	1. 建立融洽关系阶段 聊一聊儿童的兴趣爱好（如宠物、足球） 解释询问的目的和规则[m]

① 此处"a control interview"，作者明确指出其是一种结构化的询问方法，译为控制性询问，也是研究中的对照组。（译者注）

续表

认知询问	控制性询问
2. 自由回忆阶段 a. 情境恢复[1,2,3,5] b. 报告一切[1,2,3,4,5] c. 改变回忆顺序[1,2,3,4] d. 转变视角[3] e. 自由回忆的报告要求[m]	2. 自由回忆阶段 自由回忆的报告要求[m]
3. 提问阶段 以自由回忆阶段报告的细节作为本阶段开放式的、具体问题的基础[m]	3. 提问阶段 以自由回忆阶段报告的细节作为本阶段开放式的、具体问题的基础[m]
4. 结束[m]	4. 结束[m]

注：m 表示所有询问。

1 = 增强融洽关系的 CI 技术；2 = MCI 技术；3 = 完整的 CI 技术；4 = “报告一切”和“改变回忆顺序”询问；5 = “报告一切”和“情境恢复”询问。

就沟通的质量（如建立融洽关系、积极倾听）和提问方法而言，霍利迪和阿尔本（Holliday & Albon，2004）研究中使用的结构化询问（SI）和认知询问（CI）是相同的——每种询问方案都采用从自由回忆到开放式提问，再到封闭式提问，再到特定问题的循序渐进方式。

与控制性询问相比，CI 产生的回忆更正确。正如上文中所报告的，CI 技术增强了儿童对人、动作和物品信息的回忆［米尔恩和布尔（Milne & Bull），2002；2003；霍利迪（Holliday），2003a，2003b］，但对错误或虚构细节的报告却没有随之增加［麦考利和费希尔（McCauley & Fisher），1996；格兰海格和斯普尤特（Granhag & Spjut），2001；霍利迪（Holliday），2003a；2003b］。鉴于调查询问必须要求准确的证人描述，因此使用 CI 指令可以改善幼儿对人的细节的回忆，这一发现非常重要。

在较早的对 CI 技术的研究中，人们关注的是，“改变回忆顺序”（CO）和“转变视角”（CP）助忆指令可能会促使幼儿编造事实［塞西、布鲁克和拜汀（Ceci，Bruck & Battin），2000；梅蒙和科恩肯（Memon & Köhnken），1992；塞维茨（Saywitz）等人，1992］，但是已有其他学者［米尔恩和布尔

(Milne & Bull), 2002; 霍利迪 (Holliday), 2003a; 2003b] 报告了幼童做出错误或虚假细节回忆的情况没有增加。CI 技术、FCI 技术、ERMCI 技术,以及"改变回忆顺序"(CO)和"转变视角"(CP)的询问中都包含了"改变回忆顺序"(CO)这一助忆指令,因为研究表明,在有经常性提示的情况下,儿童可以处理该指令[米尔恩和布尔(Milne & Bull), 2002; 霍利迪(Holliday), 2003a; 2003b]。由于担心正确执行"转变视角"(CP)指令可能超出幼童的能力[盖泽尔曼和帕迪拉(Geiselman & Padilla), 1988; 纽科姆和赫滕洛彻(Newcombe & Huttenlocher), 1992],这一指令在英格兰警察队伍中并不受欢迎[梅蒙和斯蒂夫尼奇(Memon & Stevenage), 1996],此指令仅包含在 FCI 技术中,目的是评估其对幼童的有效性。但是,正如其他人所报告的[米尔恩和布尔(Milne & Bull), 2002; 霍利迪(Holliday), 2003a; 2003b],对儿童使用"改变回忆顺序"(CO)助忆指令几乎没有困难,这表明了该指令对幼童的积极作用(如果伴随经常性提示)。收到"转变视角"(CP)指令的儿童更容易报告正确的信息,而不是错误的或编造的信息[阿克赫斯特(Akehurst)等人, 2003]。

值得注意的是,霍利迪和阿尔本(Holliday & Albon, 2004)的研究表明,将"报告一切"(RE)和"情境恢复"(CRI)指令一起使用可以减少 4 岁和 5 岁儿童在询问中和随后的记忆力测试中对误导性暗示(misleading suggestion)的报告。此外,接受了 MCI 技术、ERMCI 技术、"报告一切 + 改变回忆顺序"指令(RE + CO)和"报告一切 + 情景恢复"(RE + CRI)指令的询问但未接受 FCI 技术询问的儿童,回忆起了有关该影片更多正确的信息,并且他们的报告比接受控制性询问的儿童更完整[另请参见米尔恩和布尔(Milne & Bull), 2002]。换句话说,发展适当的 CI 技术可以增强对正确信息的报告,并在一定程度上减轻错误信息对年幼儿童的不利影响。考虑到询问这些证人时遇到的问题(注意力集中时间有限、遗忘速度快)以及警察和从业人员在犯罪后需要尽快获得正确信息的压力,发现简化版的 CI 技术对幼儿有效很重要。这项研究的含义是,包含这两个 CI 指令,考虑了儿童发育的适当的询问将只需花费完整 CI 方案大约 70% 的时间。

◈ 对年长的证人来说简化的 CI 方案是否可行？

霍利迪和汉弗莱斯（Holliday & Humphries）及其同事米尔恩、布尔以及梅蒙（Milne，Bull & Memon）正在进行研究，其中针对中老年证人（60 ~ 74 岁）和年龄大的证人（75 ~ 100 岁）评估在参与一经历上演事件的情境下单个 CI 指令的效果。该研究将确定一套不同的指令是否对中老年人和老年人询问有益。有充分的理由期待，与其他特殊人群一样，对年长的证人能够通过为他们专门设计的询问方案来收集司法相关的细节。

已发表的 CI 方案在弱势群体中应用效果的研究成果见表 9. 2。

表 9. 2 已发表的 CI 方案在弱势群体中应用效果的研究成果

1. 儿童与认知询问					
研究人员	年龄组	询问方案	事件类型	回忆时间	研究结果
Geiselman & Padilla（1988）	7 ~ 12 岁（$N = 15$）	STDI，FCI	视频模拟酒类商店被抢劫	3 天	FCI 没有引发错误或编造的信息，比 STDI 多收集了 21% 的正确信息
Saywitz，Geiselman & Bornstein（1992）	7 ~ 8 岁（$N = 20$）及 10 ~ 11 岁（$N = 20$）	STDI，FCI	15 分钟的关于儿童游戏的现场表演事件	2 天	FCI 增加了正确回忆，没有增加错误回忆
Memon Cronin，Eves & Bull（1993）	6 ~ 7 岁（$N = 31$）	SI，FCI	校园眼科检查	2 天	未发现 FCI 的优势
McCauley & Fisher（1995）	7 ~ 8 岁（$N = 86$）	STDI，修订版 CI	现场事件——观看或参与行动/表演	3 小时及 2 周	CI 既增加了正确回忆，也增加了错误回忆

续表

研究人员	年龄组	询问方案	事件类型	回忆时间	研究结果
McCauley & Fisher（1996）	7～8 岁（$N=18$）	STDI，MCI RE + CRI	10 分钟现场事件——观看或参与行动/表演	2 周	相较于 STDI，CI 获取了将近两倍的准确细节，但在错误细节回忆上没有差别
Memon Cronin，Eves & Bull（1996）	5～6 岁（$N=17$）；6～7 岁（$N=19$）；8～9 岁（$N=31$）	“再努力想想”（控制），CO，CP，CRI	10 分钟现场事件——两名陌生人参加集会	1 周	在正确或错误细节上，“再努力想想”的指令和 CI 指令没有区别； 年龄影响：最年轻的一组比另外两组回忆的正确细节少，但是没有产生更多的错误，而且准确性不相上下
Akehurst，Milne & Köhnken（1997）	8～9 岁（$N=32$）；11～12 岁（$N=32$）	SI，FCI	2 分钟的上演的抢劫视频	4 小时或 6 天	FCI 引出了更多正确的细节，未增加不正确或虚构的细节；延迟没有影响
Memon，Wark，Holley，Bull & Köhnken（1997）	16～19 岁（$N=66$）	SI，RA + CRI 以及 UI（未接受培训的询问）	1 分钟 5 秒的关于犯罪的录像	5 天	RA + CRI 和 SI 之间的正确、错误和虚构信息的回忆量没有差异
Granhag & Spjut（2001）	9～10 岁（$N=32$）	SI，STDI，MCI RA + CRI	15 分钟的关于一个人伤害自己的影片		MCI RA + CRI 中的详细信息更加正确 未增加错误的细节

续表

研究人员	年龄组	询问方案	事件类型	回忆时间	研究结果
Milne & Bull（2002）	18～45岁（$N=34$）；8～9岁（$N=44$）；5～6岁（$N=47$）	RA；CO；CP；CRI，CRI+RA以及对照组——再试一下	3分钟交通事故的录像	48小时	与对照组——再试一下相比，单个技术（RA、CO、CP和CRI）没有引出更多的回忆。与RA、CP、CO和对照组——再试一下相比，RA+CR引出了更多的回忆；询问对年龄没有影响
Larsson，Granhag & Spjut（2003）	10～11岁（$N=49$）	SI，MCI RA+CRI	15分钟的关于一个人伤害自己的影片	7天对照6个月	在7天和6个月后，使用MCI RA+CRI的儿童比使用SI的儿童回忆起的信息正确得多
2. 儿童、暗示感受性与认知询问					
研究人员	年龄组	询问方案	事件类型	回忆时间	研究结果
Memon，Holley，Wark，Bull & Köhnken（1996）	8～9岁（$N=113$）	SI，MCI RA+CRI	5分钟魔术表演的录像	12天	MCI RA+CRI获得了更多正确信息，而且没有增加错误信息；接受CI指令的儿童比接受SI指令的儿童对误导性问题的回答更正确

续表

研究人员	年龄组	询问方案	事件类型	回忆时间	研究结果
Hayes & Delamothe (1997)	5~7岁 (N=64)；9~11岁 (N=64)	STDI，MCI RA+CRI	上演的12分钟抢劫视频	3天	与STDI相比，MCI RA+CRI引出了更多正确细节；询问对接受错误信息没有影响
Holliday (2003a)	4~5岁 (N=32)；9~10岁 (N=32)	MCI和备忘录	5分钟关于儿童生日聚会的视频	24小时	儿童的回忆更加完整，使用MCI回忆了更多正确细节；询问对儿童回忆错误信息没有影响
Holliday (2003b)	实验1：4~5岁 (N=41)；8~9岁 (N=35)；实验2：4~5岁 (N=35)；8~9岁 (N=35)	SI & MCI SI & MCI	5分钟关于儿童生日聚会的视频 5分钟关于儿童生日聚会的视频	24小时 24小时	与SI相比，在MCI中儿童回忆更完整，回忆更多的正确细节；询问对儿童回忆错误信息没有影响；与SI相比，在MCI中儿童回忆更完整，回忆更多的正确细节；在事件后接受MCI指令的儿童，在询问和认知测试中可能报告更少的错误信息

续表

研究人员	年龄组	询问方案	事件类型	回忆时间	研究结果
Milne & Bull（2003）	8～9 岁（N=84）	SI，MCI	9 分钟的魔术表演视频	24 小时	MCI 引出了更多正确信息，而且没有增加错误信息；接受 MCI 的儿童对暗示性问题的抵抗力更强
Holliday & Albon（2004）	4～5 岁（N=104）	SI，FCI，MCI，ERMCI，MCI RA + CRI，MCI RA + CO	5 分钟关于儿童生日聚会的视频	24 小时	
3. 老年人与认知询问					
研究人员	年龄组	询问方案	事件类型	回忆时间	研究结果
Mellow & Fisher（1996）	18～35 岁（N=20）；65～80 岁（N=20）	STDI，FCI，MCI（只针对老龄组）	4 分钟的模拟抢劫的录像	30 分钟	在不降低准确率的情况下，FCI 比 STDI 引出了更多的信息；FCI 与 MCI——（仅针对老年人）在正确答案、错误答案或准确率方面无差异
McMahon（2000）	18～50 岁（N=20）；60～88 岁（N=20）；	SI & FCI	6 分 50 秒的模拟抢劫视频	30 分钟	FCI 与 SI——正确，不正确和虚构信息没有差异

续表

研究人员	年龄组	询问方案	事件类型	回忆时间	研究结果
Searcy, Bartlett, Memon & Swanson (2001)	18~30岁 ($N=45$); 62~79岁 ($N=49$)	SI & MCIRA + CRI	20分钟无犯罪事件的直播互动	1个月	MCI RA+CRI 与 SI 在回忆细节的数量和准确性上没有差异； 年轻人比老年人回忆起更正确的信息
Rose, Bull & Vrij (2003)	18~31岁 ($N=36$); 59~84岁 ($N=36$)	心理或生理情境恢复询问 (CRI)	2分钟模拟抢劫的录像，列队辨认	30分钟	心理或生理情境恢复无影响 年龄影响——老年人比年轻人的辨认错误更多
Wilcock, Bull & Vrij (2007)	16~30岁 ($N=49$); 64~86岁 ($N=47$)	通过照片进行情境恢复询问 (CRI)	1分50秒模拟抢劫视频，列队辨认	30分钟	CRI 仅针对老年人增加了 TA 列队辨认中的正确否认率； 年龄影响——老年人比年轻人的辨认错误更多
Wright & Holliday (2007a)	17~31岁 ($N=51$); 60~74岁 (中老年) ($N=52$); 75~95岁 (老年人) ($N=51$)	SI, MCI, FCI	2分40秒模拟非暴力试图闯入汽车的录像	30分钟	MCI 引出的准确细节比 SI 多，FCI 引出的准确细节比 MCI 多 年轻人比中老年和老年人更准确

续表

4. 有智力障碍的人与认知询问					
研究人员	年龄组	询问方案	事件类型	回忆时间	研究结果
（1）儿童					
Milne & Bull（1996）	7～10 岁轻度学习障碍（*N*=75）	SI，MCI（暗示情况包含在内）	9 分钟魔术表演视频节目	24 小时	MCI 比 SI 引出了更多正确的细节；跨询问类型的错误或虚构的细节没有差异；在进行 MCI 之后，抵御误导性问题的趋势不明显
（2）成年人					
Brown & Geiselman（1990）	有轻度学习障碍的成年人（21～45 岁，*N*=22）	STDI，FCI	4 分钟关于抢劫酒类店铺的录像（从警察的角度观察）1 周后播放 4 分钟关于银行抢劫案的录像（从目击者的角度来看）	2 天（每种情况）	与 STDI 相比，FCI 引出了更多正确信息（32%），而错误信息没有相应增加；与 STDI 相比，FCI 确实产生了更多的虚构信息
Milne，Clare & Bull（1999）	成年人（19～62 岁，*N*=38）；成年人（19～59 岁，*N*=47），有轻度学习障碍（LD）	SI，FCI	3 分钟交通事故录像	24 小时	与对照组相比，LD 组报告的正确细节少得多，而且报告了更多的虚构细节；对于这两组，FCI 都比 SI 引出了更多正确细节，尽管对于 LD 组，虚构的人的信息相应增加，但两次询问的准确率相似

续表

研究人员	年龄组	询问方案	事件类型	回忆时间	研究结果
Wright & Holliday (2007b)	75～95 岁（$N=51$）；75～95 岁，有认知障碍（$N=36$）	SI，MCI，FCI	2 分 40 秒模拟非暴力企图闯入汽车的录像	30 分钟	使用 MCI 和 FCI 两组回忆的正确信息要比使用 SI 更多，而且错误或虚假信息没有相应增加

注：SI = 结构化询问；STDI = 标准的警察询问；FCI = 完整的认知询问；MCI = 改进后的认知询问（省略了“转变视角”助忆指令）；MCI RA + CRI = 改进后的认知询问（省略“转变视角”+“改变回忆顺序”指令）；UI = 未接受培训的询问 = 与 SI 相同（省略“控制权转移”+“不要编造信息”指令）；

TA = 目标缺席；TP = 目标在场。

下一步：针对犯罪嫌疑人的 CI 方案

自从盖泽尔曼（Geiselman）等人（1984）开发出最初的 CI 技术以来，已经过去了 20 多年。15 年前，雷・布尔（Ray Bull）教授写信给英国政府，提议对此进行研究，但未见成效（个人通信，2008 年 4 月 10 日）。因此，现在是时候确定其对犯罪嫌疑人的效力了。费希尔和佩雷斯（Fisher & Perez，2007）在最近的一篇文章中指出，缺乏对犯罪嫌疑人进行研究可能是由于道德上的限制以及这些人本身的性质——他们是犯罪调查中的嫌疑人。当他们被指控犯罪时，他们有多大可能希望接受询问以开展研究？费希尔和佩雷斯（Fisher & Perez）建议无辜的犯罪嫌疑人、为自己的罪行感到羞耻的犯罪嫌疑人以及同意提供信息以希望减轻刑罚的犯罪嫌疑人可以参加。因此，他们认为 CI 研究的下一步应该集中在测试 CI 技术是否适用于有动机说实话的合作的犯罪嫌疑人。要进行富有成效的研究，第二种途径是利用犯罪调查之外的情况。正如费希尔与佩雷斯（Fisher & Perez）指出的那样，在许多领域收集信息都存在困难——航空、铁路、汽车或工作场所的事故调查，战争犯罪和商业决策，此处仅举几个例子。这一激动人心的 CI 技术研究新领域将至少考验研究人员另外20年。

参考文献

❶ Action on Elder Abuse (2004). *Hidden voices: Older people's experience of abuse*. London: Help the Aged.

❷ Akehurst, L., Milne, R. & Köhnken, G. (2003). The effects of children's age and delay on recall in a cognitive or structured interview. *Psychology, Crime & Law*, 9, 97–107.

❸ Anderson, R. C. & Pichert, J. W. (1978). Recall of previously unrecallable information following a shift in perspective. *Verbal Learning and Verbal Behavior*, 17, 1–12.

❹ Baddeley, A. D. (1986). *Working memory*. Oxford: Clarendon Press.

❺ Brainerd, C. J. & Reyna, V. F. (2005). *The science of false memory*. New York: Oxford University Press.

❻ Brimacombe, C. A., Quinton, N., Nance, N. & Garrioch, L. (1997). Is age irrelevant? Perceptions of young and old adult eyewitnesses. *Law and Human Behavior*, 21, 619–634.

❼ Brown, C. L. & Geiselman, R. E. (1990). Eyewitness testimony of mentally retarded: effect of the cognitive interview. *Journal of Police and Criminal Psychology*, 6, 14–22.

❽ Bruck, M. & Ceci, S. J. (1999). The suggestibility of children's memory. *Annual Review of Psychology*, 50, 419–439.

❾ Campos, L. & Alonso-Quecuty, M. L. (1999). The cognitive interview: Much more than simply 'try again'. *Psychology, Crime & Law*, 5, 47–59.

❿ Cardone, D. & Dent, H. (1996). Memory and interrogative suggestibility: The effects of modality of information presentation and retrieval conditions upon the suggestibility scores of people with learning disabilities. *Legal and Criminological Psychology*, 1, 165–177.

⑪ Ceci, S. J. & Bruck, M. (1993). Suggestibility of the child witness: An historical review and synthesis. *Psychological Bulletin*, 113, 403-439.

⑫ Ceci, S. J. & Bruck, M. (1995). *Jeopardy in the courtroom: A scientific analysis of children's testimony*. Washington, DC: American Psychological Association.

⑬ Ceci, S. J., Ross, D. F. & Toglia, M. P. (1987). Suggestibility of children's memory: Psycho-legal implications. *Journal of Experimental Psychology: General*, 116, 38-49.

⑭ Ceci, S. J., Bruck, M. & Battin, D. B. (2000). The suggestibility of children's testimony. In D. Bjorklund (Ed.). *False memory creation in children and adults: Theory, research, and implications*. Mahwah, NJ: Lawrence Erlbaum.

⑮ Clare, I. H. & Gudjonsson, G. H. (1993). Interrogative suggestibility, confabulation and acquiescence in people with mild learning disabilities (mental handicap): Implications for reliability during police interrogations. *British Journal of Psychology*, 32, 295-301.

⑯ Dando, C., Wilcock, R. & Milne, R. (2009). The Cognitive Interview: The efficacy of a modified mental reinstatement of context procedure for frontline police investigators. *Applied Cognitive Psychology*, 23, 138-147.

⑰ Davis, M. R., McMahon, M., & Greenwood, K. M. (2005). The efficacy of mnemonic components of the cognitive interview: Towards a shortened variant for time-critical investigations. *Applied Cognitive Psychology*, 19, 75-93.

⑱ Fisher, R. P. & Castano, N. (2008). Cognitive interview. In B. Cutler (Ed.), *Encyclopedia of psychology and law*. Thousand Oaks, CA: Sage.

⑲ Fisher, R. P. & Geiselman, R. E. (1992). *Memory-enhancing techniques for investigative interviewing: The Cognitive Interview*. Springfield, IL: Charles C. Thomas.

⑳ Fisher, R. P. & Perez, V. (2007). Memory-enhancing techniques for interviewing crime suspects. In S. Christianson (Ed.), *Offenders' memories of violent crimes* (pp. 329 – 354). Chichester: John Wiley & Sons.

㉑ Fisher, R. P. & Schreiber, N. (2007). Interviewing protocols to improve eyewitness memory. In M. Toglia, R. Lindsay, D. Ross, & J. Reed (Eds.), *The Handbook of eyewitness psychology. Volume 1, Memory for events* (pp. 53 – 80). Mahwah, NJ: Lawrence Erlbaum.

㉒ Fisher, R. P., Geiselman, R. E. & Amador, M. (1989). Field test of the cognitive interview: Enhancing the recollection of actual victims and witnesses of crime. *Journal of Applied Psychology*, 74, 722 – 727.

㉓ Fisher, R. P., Brennan, K. H. & McCauley, M. R. (2002). The cognitive interview method to enhance eyewitness recall. In M. L. Eisen, J. A. Quas, & G. S. Goodman (Eds.), *Memory and suggestibility in the forensic interview*. Mahwah, NJ: Lawrence Erlbaum.

㉔ Folstein, M. F., Folstein, S. E. & McHugh, P. R. (1975). Mini-mental state: A practical method for grading the cognitive state of patients for the clinician. *Journal of Psychiatric Research*, 12, 189 – 198.

㉕ Geiselman, R. E. & Fisher, R. P. (1997). Ten years of cognitive interviewing. In D. G. Payne & F. G. Conrad (Eds.), *Intersections in basic and applied memory research* (pp. 291 – 310). Mahwah, NJ: Lawrence Erlbaum.

㉖ Geiselman, R. E. & Padilla, J. (1988). Interviewing child witnesses with the Cognitive Interview. *Journal of Police Science & Administration*, 16, 236 – 242.

㉗ Geiselman, R. E., Fisher, R. P., Firstenberg, I., Hutton, L. A., Sullivan, S., Avetissian, I. & Prosk, A. (1984). Enhancement of eyewitness memory: An empirical evaluation of the cognitive interview. *Journal of Police Science & Administration*, 12, 74 – 80.

㉘ George, R. C. & Clifford, B. R. (1996). The Cognitive Interview-does it work? In S. Lloyd-Bostock & G. Davies (Eds.), *Psychology, law and criminal justice: International developments in research and practice* (pp. 146 – 154).

Berlin: de Gruyter.

㉙ Granhag, P. A. & Spjut, E. (2001). Children's recall of the unfortunate fakir: A further test of the enhanced cognitive interview. In R. Roesch, R. R. Corrado, & R. Dempster (Eds.), *Psychology in the courts* (pp. 209 - 222). London: Routledge.

㉚ Hayes, B. K. & Delamothe, K. (1997). Cognitive interviewing procedures and suggestibility in children's recall. *Journal of Applied Psychology*, 82, 562 - 577.

㉛ Hernández-Fernaud, E. & Alonso-Quecuty, M. (1997). Cognitive Interview and lie detection: A new magnifying glass for Sherlock Holmes? *Applied and Cognitive Psychology*, 11, 55 - 68.

㉜ Holliday, R. E. (2003a). The effect of a prior Cognitive Interview on children's acceptance of misinformation. *Applied Cognitive Psychology*, 17, 443 - 457.

㉝ Holliday, R. E. (2003b). Reducing misinformation effects in children with Cognitive Interviews: dissociating recollection and familiarity. *Child Development*, 74, 728 - 751.

㉞ Holliday, R. E. & Albon, A. J. (2004). Minimizing misinformation effects in young children with cognitive interview mnemonics. *Applied Cognitive Psychology*, 18, 263 - 281.

㉟ Holliday, R. E. & Hayes, B. K. (2000). Dissociating automatic and intentional processes in children's eyewitness memory. *Journal of Experimental Child Psychology*, 75, 1 - 42.

㊱ Holliday, R. E. & Hayes, B. K. (2001). Automatic and intentional processes in children's eyewitness suggestibility. *Cognitive Development*, 16, 617 - 636.

㊲ Holliday, R. E. & Hayes, B. K. (2002). Automatic and intentional processes in children's recognition memory: The reversed misinformation effect. *Applied Cognitive Psychology*, 16, 1 - 16.

㊳ Holliday, R. E., Douglas, K. & Hayes, B. K. (1999). Children's eyewitness suggestibility: Memory trace strength revisited. *Cognitive Development*, 14, 443-462.

㊴ Holliday, R. E., Reyna, V. F. & Hayes, B. K. (2002). Memory processes underlying misinformation effects in child witnesses. *Developmental Review*, 22, 37-77.

㊵ Home Office and Department of Health (1992). *Memorandum of good practice on video-recorded interviews with child witnesses for criminal proceedings*. London: HMSO.

㊶ Home Office and Department of Health (2001). *Achieving best evidence in criminal proceedings*. London: HMSO.

㊷ Home Office and Department of Health (2007). *Achieving best evidence in criminal proceedings*. London: HMSO. http://www.cps.gov.uk/publications/docs/achieving best_evidence_final.pdf.

㊸ Isingrini, M., Vazou, F. & Leroy, P. (1995). Dissociation of implicit and explicit memory tests: Effect of age and divided attention on category exemplar generation and cued recall. *Memory & Cognition*, 23, 462-467.

㊹ Kebbell, M. & Hatton, C. (1999). People with mental retardation as witnesses in court: A review. *Mental Retardation*, 37, 179-187.

㊺ Köhnken, G. (1993). The structured interview: A step-by-step introduction. Unpublished manuscript.

㊻ Köhnken, G., Schimossek, E., Aschermann, E., & Hofer, E. (1995). The cognitive interview and the assessment of the credibility of adults' statements. *Journal of Applied Psychology*, 80, 671-684.

㊼ Larsson, A. S., Granhag, P. A. & Spjut, E. (2003). Children's recall and the Cognitive Interview: Do the positive effects hold over time? *Applied Cognitive Psychology*, 17, 203-214.

㊽ List, J. A. (1986). Age and schematic differences in the reliability of eyewitness testimony. Developmental Psychology, 22, 50-57.

㊾ McCauley, M. R. & Fisher, R. P. (1995). Facilitating children's eyewitness recall with the revised cognitive interview. *Journal of Applied Psychology*, 80, 510 – 516.

㊿ McCauley, M. R. & Fisher, R. P. (1996). Enhancing children's eyewitness testimony with the Cognitive Interview. In G. Davies, S. Lloyd-Bostock, M. McMurran, & J. C. Wilson (Eds), *Psychology, law, and criminal justice* (pp. 127 – 133). Berlin: de Gruyter.

51 McMahon, M. (2000). The effect of the Enhanced Cognitive Interview on recall and confidence in elderly adults. *Psychiatry, Psychology and Law*, 7, 9 – 32.

52 Mello, E. W. & Fisher, R. P. (1996). Enhancing older adult eyewitness memory with the Cognitive Interview. *Applied Cognitive Psychology*, 10, 403 – 417.

53 Memon, A. (1999). Interviewing witnesses: The cognitive interview. In A. Memon & R. Bull (Eds.), *Handbook of the psychology of interviewing* (pp. 343 – 355). Chichester: John Wiley & Sons.

54 Memon, A. & Köhnken, G. (1992). Helping witnesses to remember more: the Cognitive Interview. *Expert evidence: The International Digest of Human Behavior, Science and Law*, 1, 39 – 48.

55 Memon, A. & Stevenage, S. V. (1996). A consideration of individual differences and imagery ability amongst cognitive interviewees. Reply to Douglas on witness-memory. *Psycoloquy*. 96. 7. 24. witness-memory. 10. memon.

56 Memon, A., Cronin, O., Eaves, R. & Bull, R. (1993). The Cognitive Interview and the child witness. In G. M. Stephenson, & N. K. Clark (Eds.), *Issues in criminology and legal psychology*. Volume 20. *Children, evidence & procedure*. Leicester: British Psychological Society.

57 Memon, A., Cronin, O., Eaves, R. & Bull, R. (1996). An empirical test of the mnemonic components of the cognitive interview. In G. M. Davies, S. Lloyd-Bostock, M. McMurran & J. C. Wilson (Eds.), *Psychology and law*:

Advances in research (pp. 135 – 145). Berlin: de Gruyter.

58 Memon, A., Holley, A., Wark, L., Bull, R., & Köhnken, G. (1996). Reducing suggestibility in child witness interviews. *Applied Cognitive Psychology*, 10, 503 – 518.

59 Memon, A., Wark, L., Bull, R. & Köhnken, G. (1997). Isolating the effects of the cognitive interview techniques. *British Journal of Psychology*, 88, 179 – 197.

60 Milne, R. & Bull, R. (2001). Interviewing witnesses with learning disabilities for legal purposes. *British Journal of Learning Disabilities*, 29, 93 – 97.

61 Milne, R. & Bull, R. (2002). Back to basics: a componential analysis of the original cognitive interview mnemonics with three age groups. *Applied Cognitive Psychology*, 16, 743 – 753.

62 Milne, R. & Bull, R. (2003). Does the Cognitive Interview help children to resist the effects of suggestive questioning? *Legal & Criminological Psychology*, 8, 21 – 38.

63 Milne R., Clare, I. C. H. & Bull, R. (1999). Using the cognitive interview with adults with mild learning disabilities. *Psychology, Crime & Law*, 5, 81 – 101.

64 Milne, R., Clare, I. C. H. & Bull, R. (2002). Interrogative suggestibility among witnesses with mild intellectual disabilities: The use of an adaptation of the GSS. *Journal of Applied Research in Intellectual Disabilities*, 15, 8 – 17.

65 Mueller-Johnson, K. & Ceci, S. J. (2007). The elderly eyewitness: A review and prospectus. In M. P. Toglia, J. D. Read, D. F. Ross & R. C. L. Lindsay (Eds.), *Handbook of eyewitness psychology*, Volume 1 (pp. 577 – 603). Mahwah, NJ: Lawrence Erlbaum.

66 Newcombe, N. & Huttenlocher, J. (1992). Children's early ability to solve perspective-taking problems. *Developmental Psychology*, 28, 635 – 643.

⑰ Paivio, A. (1971). *Imagery and verbal processes.* New York: Holt, Rinehart & Winston.

⑱ Perlman, N., Ericson, K., Esses, V. & Isaacs, B. (1994). The developmentally handicapped witness: Competency as a function of question format. *Law and Human Behavior*, 18, 171–187.

⑲ Reyna, V. F., Holliday, R. E. & Marche, T. (2002). Explaining the development of false memories. *Developmental Review*, 22, 436–489.

⑳ Rose, R., Bull, R. & Vrij, A. (2003). Enhancing older witnesses' identification performance: Context reinstatement is not the answer. *The Canadian Journal of Police & Security Services*, 1, 173–184.

71 Saywitz, K. J., Geiselman, R. E. & Bornstein, G. K. (1992). Effects of cognitive interviewing and practice on children's recall performance. *Journal of Applied Psychology*, 77, 744–756.

72 Stein, L. & Memon, A. (2006). Testing the efficacy of the Cognitive Interview in a developing country. *Applied Cognitive Psychology*, 20, 597–605.

73 Ternes, M. & Yuille, J. C. (2008). Eyewitness memory and eyewitness identification performance in adults with intellectual disabilities. *Journal of Applied Research in Intellectual Disabilities*, 21, 519–531.

74 Tulving, E. (1974). Cue dependent forgetting. *American Scientist*, 62, 74–82.

75 Tulving, E. & Thomson, D. M. (1973). Encoding specificity and the retrieval processes in episodic memory. *Psychological Review*, 80, 352–373.

76 Wilcock, R., Bull, R. & Vrij, A. (2007). Are old witnesses always poorer witnesses? Identification accuracy, context reinstatement, own-age bias. *Psychology, Crime & Law*, 13, 305–316.

77 Wright, A. M. & Holliday, R. E. (2005). Police perceptions of older eyewitnesses. *Legal & Criminological Psychology*, 10, 211–223.

78 Wright, A. M. & Holliday, R. E. (2007a). Enhancing the recall of young, young-old and old-old adults with the cognitive interview and a modified

version of the cognitive interview. *Applied Cognitive Psychology*, 21, 19 – 43.

⑲ Wright, A. M. & Holliday, R. E. (2007b). Interviewing cognitively impaired older adults: How useful is a cognitive interview? *Memory*, 15, 17 – 33.

⑳ Yarmey, A. D. (1993). Adult age and gender differences in eyewitness recall in field settings. *Journal of Applied Social Psychology*, 23, 1921 – 1932.

㉑ Yarmey, A. D. & Kent, J. (1980). Eyewitness identification by elderly and young adults. *Law and Human Behavior*, 4, 359 – 371.

㉒ Yuille, J. C., Hunter, R., Joffe, R. & Zaparniuk, J. (1993). Interviewing children in sexual abuse cases. In G. S. Goodman & B. L. Bottoms (Eds.), *Child victims, child witnesses: Understanding and improving children's testimony* (pp. 95 – 115). New York: Guilford Press.

㉓ Zaragoza, M. S. (1991). Preschool children's susceptibility to memory impairment. In J. Doris (Ed.), *The suggestibility of children's recollections: Implications for eyewitness testimony* (pp. 27 – 39). Washington, DC: American Psychological Association.

第10章

法庭上的调查询问：交叉询问下的儿童证人

雷切尔·扎亚克（Rachel Zajac）*

导 言

关于儿童在本质上为成年人设计的法律制度中胜任作证的能力，长期以来一直受到人们的关注。从历史上看，这种争论集中在儿童是否具有准确回忆和叙述他们过去经历的能力上。然而，现在有充分证据表明，儿童目击者证词的可靠性更多地与询问人员和询问条件有关，而与儿童个体无关。在过去的30年里，研究人员已经牢固地确立了询问条件，在此条件下，我们可以从儿童那里获取最完整和最准确的陈述；反过来，则是助长不准确性的条件[切奇和布鲁克（Ceci & Bruck），1993；沃伦和麦克考夫（Warren & McGough），1996；布鲁克和切奇（Bruck & Ceci），1999，评论]。

根据这些研究结果，对于询问作为目击证人的儿童获得其报告的询问人员，许多国家已经采用了严格的指导原则［例如，在刑事诉讼程序中获得最佳证据：针对包括儿童在内的弱势或受恐吓证人的指引（Achieving Best Evidence in Criminal Proceedings：Guidance for Vulnerable or Intimidated Witnesses，Including Children）；内政部，2002］。此外，许多国家已经改革

* 作者简介：雷切尔·扎亚克（Rachel Zajac），新西兰奥塔哥大学（University of Otago，Dunedin，New Zealand）心理学系讲师。

了与儿童证人有关的法律，允许他们避开可能损害他们证词的对抗性审判程序的某些方面。例如，视频记录证据性询问：在提出指控之后不久，由训练有素的询问人员进行可作为证据的录像询问，在法庭上播放就可以替代儿童亲自出庭，这样既减少了迟延对儿童证词的影响，同时也满足了减少重复询问的需要［迈尔斯（Myers），1996；派普和亨利汉（Pipe & Henaghan），1996］。此外，荧屏和闭路电视设施的广泛应用意味着许多儿童控告人在作证时不必面对被告人［迈尔斯（Myers），1996；派普和亨利汉（Pipe & Henaghan），1996；塞维茨、古德曼和莱昂（Saywitz，Goodman & Lyon），2002］。研究表明，这些政策和实践的改革使儿童能够在法律诉讼中更有效地进行沟通［古德曼、托比、巴特曼-方斯、奥克特、托马斯、夏皮罗和萨克森迈尔（Goodman，Tobey，Batterman-Faunce，Orcutt，Thomas，Shapiro & Sachsenmaier），1998；古德曼、夸斯、布尔基和夏皮罗（Goodman，Quas，Bulkey & Shapiro），1999］。

尽管上述修改已经解决了对抗性程序中许多有问题的地方，但一些人认为这些修改还远远不够。具体来说，几乎所有最近的建议和法律改革都集中在要求儿童给予基本证据的询问人员身上；对抗性程序的一个关键组成部分已经被忽略了。令人惊讶的是，很少有研究来审查交叉询问对儿童证词的影响。

什么是交叉询问？

交叉询问是这样一个过程：对方律师仔细审查证人的证据中可能致使证据不可信的不准确或前后不一致之处［亚尔梅（Yarmey），1979］。没有交叉询问，在法庭上提交的证据将不受质疑。交叉询问被法律专业人士认为是任何对抗式审判的必要内容与核心方面，尤其是在依赖口头证词的案件中，它被认为是一种特别有价值的工具［艾歇尔鲍姆（Eichelbaum），1989］。在理论上，交叉询问旨在提高准确性。事实上，它被描述为“有史以来为发现真相而发明的最伟大的法律工具”［威格莫尔（Wigmore），1974：32］。然而，在实践中，交叉询问通常用于诋毁证人证词的目的，而不论其准确性如何

［亨德森（Henderson），2002］。

能够被用来诋毁证人的方法和技巧在法律教材中是司空见惯的［例如，斯通（Stone），1988；格利桑（Glissan），1991］。例如，律师可能迫使证人自相矛盾或者放大其故事直至变得不可能或令人难以置信。教材还鼓励律师在交叉询问期间以破坏性事实（damaging fact）质询证人，攻击证人的信誉和资格，并以不合逻辑的顺序提出问题，以防止证人意识到提问的目的［格利桑（Glissan），1991］。交叉询问的律师直接指责证人捏造他们证词的某些方面，这种情况当然并不少见［戴维斯、亨德森和西摩（Davies，Henderson & Seymour），1997］。鉴于这些类型的策略，相对于其他证据性程序的组成部分而言，证人历来将交叉询问认为是一种消极的和富于攻击性的程序就不足为奇了。

交叉询问中儿童证人面临的潜在问题

最近，出现了一个问题，也就是交叉询问对于儿童是否是一种恰当的提问程序。尤其令人关注的是，有关性虐待的案件，在这种案件中很少有补强证据［戈尔登（Golden），2000］，这使得交叉询问成为解决相互矛盾的言辞证据唯一可用的法律途径。

为什么我们要关注儿童交叉询问？答案很简单，典型的儿童交叉询问已经被描述成“事实上怎样才能不引导调查询问”［亨德森（Henderson），2002：279］。也就是说，交叉询问过程中经常使用的提问方式直接违反了几乎所有的、为了从儿童证人那里获取完整和准确报告而建立的原则。根据先前的实证研究，交叉询问至少有三个方面可能会给儿童带来问题。这些问题概述如下。

◆ 问题1：诱导性和暗示性问题

儿童尤其容易受到暗示的影响［关于此问题的综述，见塞西和布鲁克（Ceci & Bruck），1993；布鲁克和塞西（Bruck & Ceci），1999］。因为这个原因，在引导儿童说出主要证据时，非常不鼓励假定有争议事实的提问（例如，当汽车的颜色还没有被核实的时候，问“那辆红色的车开得有多快?”），或者暗示了期望答案的提问（例如，那辆车开得太快了吗?），或者不必要地限制儿童能够提供的回答范围（例如，“它是一辆红色的车还是一辆蓝色的车?”）。与之形成鲜明对比的是，不仅允许进行交叉询问的律师向儿童提出这类问题，而且在很多法律教材中也鼓励诱导性和暗示性提问［艾歇尔鲍姆（Eichelbaum），1989；格利桑（Glissan），1991］。诱导证人的权利已经被描述为“交叉询问中的一个巨大优势”［格利桑（Glissan），1991：105］。

考虑到证据质询的不同阶段所允许的提问类型存在明显差异，对庭审笔录的研究表明了诱导性和暗示性的提问更有可能在交叉询问期间被提出，而不是在直接询问或者示证询问（evidential interview）期间，这是不足为奇的［戴维斯和西摩（Davies & Seymour），1998；扎亚克、格罗斯和海恩（Zajac，Gross & Hayne），2003］。事实上，这些类型的提问往往构成了交叉询问期间提出的大部分问题。在我们对涉及5岁和13岁儿童性虐待控告人的笔录研究中，儿童在交叉询问期间被提出的问题超过三分之二都是诱导性（例如，“你和他交谈了两次，对吗?”）或者封闭性的（例如，“你在那之后是否直接回家了?”）［扎亚克（Zajac）等人，2003］。

问题2：复杂问题

现有的大部分关于儿童调查询问最佳做法的标准，均建议询问中提出的问题要与儿童的认知技能和语言能力的发展相适应。尽管有这些关于获得主要证据的建议，但研究表明，交叉询问过程中提出的问题通常超出了儿童的发展能力［布伦南（Brennan），1988；沃克（Walker），1993；卡特、博顿斯和莱文（Carter，Bottoms & Levine），1996；戴维斯和西摩（Davies & Seymour），1998；科登、古德曼和安德森（Cordon，Goodman & Anderson），2003；扎亚克（Zajac）等人，2003］。与诱导性和暗示性问题一样，复杂问题在交叉询问期间比在证据性提问期间的其他方面明显更加普遍［古德曼（Goodman）等人，1992；戴维斯和西摩（Davies & Seymour），1998；扎亚克（Zajac）等人，2003］。

儿童交叉询问期间所使用语言的几个方面已经引起了研究人员们的关注。首先，一些研究已经表明构成交叉询问问题的词汇和语法是非常复杂的［布伦南（Brennan），1988；弗林、布尔、布恩和诺克斯（Flin，Bull，Boon & Knox），1992；古德曼（Goodman）等人，1992；沃克（Walker），1993；戴维斯和西摩（Davies & Seymour），1998；扎亚克（Zajac）等人，2003］，其中许多研究已经直接比较了交叉询问期间使用的语言和直接询问期间使用的语言［古德曼（Goodman）等人，1992；戴维斯和西摩（Davies & Seymour），1998；扎亚克（Zajac）等人，2003］。交叉询问普遍有问题的语法结构包括了多重复杂提问（例如，“所以他接你出来，然后你们两个去看电影，然后他把你送到公交车站——这样说对吗?”），用否定措辞的提问（例如，“你下午3点没有出门吗?”），以及语法或语义上连接不恰当的提问（例如，“但是我想，你知道他在那里，对吗?”）［戴维斯和西摩（Davies & Seymour），1998］。这种类型的交叉询问问题，对于儿童来说，很难逐字重复，更别提完全理解了［布伦南（Brennan）等人，1988］。其次，许多交叉询问的问题要求儿童理解并运用复杂的相关概念［例如，身高、体重、年龄、时间、日期和距离；布伦南（Brennan）等人，1988；沃克（Walker），1993］，或者叙述所报称事件非常次要的方面［格拉泽和斯潘塞（Glaser & Spencer），1990］。最后，在交叉询问期间，提问的主题经常突然改变。这很可能会让儿童感到迷惑［卡什莫尔（Cashmore），1991；塞维茨（Saywitz），1995］，因为这些儿童期望按照逻辑顺序进行对话［格赖斯（Grice），1975］。

实证研究表明，交叉询问的问题与儿童的能力不匹配可能会阻碍儿童以一种真实且有意义的方式对问题做出回答。例如，儿童常常认为他们已经理解了一个问题，可事实上他们并没有理解［马尔克曼（Markman），1977；1979；辛格和弗拉维尔（Singer & Flavell），1981；卡特（Carter）等人，1996］。此外，即使在儿童意识到他们并不理解一个问题时，他们也很少要求询问人员作解释［马尔克曼（Markman），1977；1979；塞维茨和斯奈德（Saywitz & Snyder），1993；凯贝尔和约翰逊（Kebbell & Johnson），2000］。儿童甚至会尝试回答那些没有意义的问题［例如，“圆圈住在哪儿?”休斯和格里夫（Hughes & Grieve），1980；普拉特（Pratt），1990；沃特曼（Waterman）

等人，2000］，尤其是在问题只要求回答是或者不是的时候［例如，“石头比耳朵慢吗?”沃特曼、布莱兹和斯潘塞（Waterman，Blades & Spencer），2001］。正因如此，儿童提供回答的意愿不应被当作他们已经理解并正确解释这个问题的证据［沃克（Walker），1993］。在回答复杂问题的时候，儿童的准确性会大大受损，也就毫不奇怪了［卡特（Carter）等人，1996］。

为什么交叉询问的律师会提出那些超出儿童语言和认知能力的问题？这里有两种可能的解释，并且它们并不是相互排斥的。第一种是律师无意间使用了复杂的语言［亨德森（Henderson），2002］。例如，有可能一些结构不佳的问题或者主题的突然变化仅仅反映了交叉询问的相对自然的本质。复杂的问题也可以用包含了有限信息、符合儿童发展的适当问题来解释。这一点尤其适用于那些主要代理成年被告人的情况下，可能只是偶尔需要与儿童证人打交道的律师。

第二种是在某些情况下，复杂问题的使用可能是有意为之［格拉泽和斯潘塞（Glaser & Spencer），1990；戴维斯（Davies）等人，1997］。例如，戴维斯和西摩（Davies & Seymour，1998：7）提出了一种可能性，即“一些律师蓄意使用难以回答的问题去迷惑年轻的控告人”。对这个论点的支持来自一个观察报告，法律教科书鼓励某些做法［例如，在交叉询问期间突然改变提问的主题；斯通（Stone），1988；艾歇尔鲍姆（Eichelbaum），1989］，但在教导律师如何提问他们自己的证人时不鼓励他们这么做。

◆ 问题3：质疑证人的可信度

质疑证人证言是交叉询问的典型特征之一。在这么做的时候，实施交叉询问的律师经常提出事件的另一个版本，这个版本貌似可信，证人可能被迫承认［戴维斯（Davies）等人，1997］。然而，我们所了解到的关于询问儿童的方案都建议询问人员要使用一种中立的态度，以避免他们自己的观点或知识污染儿童的报告。有偏见的询问已经被证明会对儿童的报告施加相当大的消极影响［佩蒂特、费根和豪伊（Pettit，Fegan & Howie），1990；汤普森、克拉克－斯图尔特和莱波雷（Thompson，Clarke-Stewart & Lepore），1997］。

在交叉询问期间，律师会依据什么来尝试抹黑儿童的证词？戴维斯（Davies）等人（1997）采访了14名新西兰辩护律师，并研究了关于儿童交叉询问的庭审记录，揭露了在涉嫌性虐待的案件中许多被律师用于质疑儿童证词的常见技巧。在被研究的记录中，有73%的儿童被指责对指控的虐待撒谎。律师对这些指控的辩护理由包括：在揭露虐待方面前后不一致或者迟延，儿童与被告人之前的关系很愉快，别有用心的动机，不能对真实和想象中的行为进行区分，有来自成年人的捏造指控的压力。韦斯科特和佩奇（Westcott & Page，2002）指出，在性虐待案件中，对儿童控告人进行交叉询问的律师，往往依赖于人们普遍持有的、但缺乏实证支持的有关性虐待的观念（例如，那些真正的虐待被害者会立即揭露虐待行为）。

毫不奇怪的是，在对抗式审判中作证的儿童一直报告称，感到交叉询问的对抗性本质令人非常痛苦［普赖尔、格拉泽和林奇（Prior，Glaser & Lynch)，1997；伊斯特伍德和巴顿（Eastwood & Patton)，2002；韦德（Wade)，2002］。在伊斯特伍德和巴顿（Eastwood & Patton）（2002：59）的澳大利亚研究中，交叉询问是儿童控诉人"关注的最重要的领域"，特别是辩护律师的态度和行为。弗林（Flin）和同事们（1992）注意到许多传闻报道，儿童在交叉询问过程中感到如此痛苦，以至于他们"沉默不语"或者拒绝说话。韦德（Wade，2002）的研究中一位儿童证人报告称：

> 他们逼着我说相反的事情……而且他们真的不应该那么做。他们应该，像这样，问我发生了什么，然后再问我问题。但是他们没有。他们一直……逼我说其他一些事情。我一出来就开始哭了，因为他们逼我，而且把我吓坏了。［韦德（Wade)，2002，第225页］

但是，需要注意的是，并非所有的儿童交叉询问都是以一种攻击性的方式进行的。在接受戴维斯（Davies）等人（1997）调查的14名新西兰辩护律师中，有10人认为，对儿童控告人进行交叉询问的最佳方式就是不具有威胁性并且应当温和，至少在初期应该是这样。这些作者认为友好而有魅力的提问方式可以使儿童更加信任，同时防止律师为陪审团所厌弃。一些人甚至建议，以支持性的方式询问比使用攻击性的方式更容易质疑儿童的证词［弗林

（Flin），1993］。

这些问题如何影响儿童的证词？

尽管许多实验室研究都单独考虑了上述三个问题，但是关于评估它们对儿童法庭证据的综合影响的研究还是有限的。作为唯一研究了儿童证人如何回复交叉询问期间对他们所提出的问题的实证研究，我们对庭审笔录的分析表明：儿童无法很好地处理这种提问方式。具体而言，尽管事实上辩护律师所提问题中的复杂且语法不当的问题占了很高比例，但性虐待案件中儿童控告人很少要求解释。在这项研究中，儿童也很可能是遵从了诱导性问题。最显著的是，在交叉询问过程中，超过 75% 的儿童至少改变了他们早期证言中的一个方面。儿童们平均进行了 3 次这种改变，其中一个孩子在相对较短的提问期间内进行了 16 次更改。儿童们所更改的范围从该指控的周边细节到整个指控的撤回［扎亚克（Zajac）等人，2003］。

尽管这些发现值得关注，但使用庭审笔录的数据只能让我们评估交叉询问对儿童证词的影响，而不是儿童证词的准确性。鉴于交叉询问经常被宣传为一种发现真相的机制，所以探讨交叉询问和儿童证词的准确性问题是至关重要的。

交叉询问与儿童证词的准确性

在法律界有一个普遍的假设，交叉询问不会对讲真话的证人造成任何问题。倘若真的如此，那么在交叉询问期间唯一改变他们故事的儿童，就会是那些主要证据有错误的儿童。在这种情况下，我们笔录研究中的孩子在交叉询问期间所做的改变会提高他们的整体准确性水平。但是，鉴于交叉询问的语言表现出的一些特征可能会极大地减少对暗示的抵抗，这里还有另一种可能，儿童在交叉询问中所做的改变可能与准确性无关，甚至可能会使儿童的证词不那么准确。实验室研究是全面评估这些可能性的唯一途径。

交叉询问第一个基于实验室的研究由特特尔和韦尔斯（Turtle & Wells）于 1988 年进行。在这项研究中，8 岁的儿童、12 岁的儿童和成年人观看了一部模拟儿童绑架的电影短片。第二天，他们被问及关于这部影片的 10 个直接询问问题和 10 个交叉询问问题。尽管所有年龄组的参与者回答交叉询问问题均不如直接询问问题准确，但 8 岁儿童的整体准确率（41%）明显低于成年人和 12 岁儿童（分别为 61% 和 65%）。

尽管特特尔和韦尔斯（Turtle & Wells）的发现证实了许多研究人员关于交叉询问对儿童准确性有影响的怀疑，但有两个重要的问题限制了它们的法庭适用性。首先，这项研究中的参与者仅在观看影片 24 小时后就接受了交叉询问；在真实的审判中，大部分儿童证人是在提出他们的指控很久以后才接受交叉询问［古德曼（Goodman）等人，1992；拉希（Lash），1995；普罗尼科夫和沃尔夫森（Plotnikoff & Woolfson），1995；伊斯特伍德和巴顿（Eastwood & Patton），2002］。其次，由于对被问及的这类问题的回答提供的细节很少，所以不可能评估这些交叉询问的问题是否是法庭质询的一个正确反映。

为了解决这些问题，我们用庭审笔录开发了一个标准化的实验室模拟交叉询问方式，我们用它就一次上演的事件询问了 5 岁和 6 岁的儿童［扎亚克和海恩（Zajac & Hayne），2003］。

孩子们参访了当地的警察局，在那里他们参加了四项独特的活动（例如，采集他们的指纹）。6 个星期后，他们就这次参访接受了询问。这次询问模拟了一些国家（如新西兰、澳大利亚和英国）采用的程序，这些国家的程序允许预先录制直接证据（direct evidence）以便在法庭上展示。该询问流程包括一般性、开放性的提示（例如，“告诉我你能记起来的所有事情”），以及有关两个真实活动的特定问题（例如，“你看见警车了吗?”）和两个虚假活动的特定问题（例如，“你试过戴手铐吗?”）。在经过与法庭审判相近的 8 个月的延迟之后，孩子们观看了他们接受的直接询问的录像，然后接受了类似交叉询问方式的询问。这种交叉询问的目的在于说服孩子们不要做出直接询问期间给出的那些针对特定问题的回答，而不论该回答正确与否。用于实现这个目的的问题效仿了扎亚克（Zajac）等人（2003）论文中总结的辩护律师提出的那种问题。

一些重要的发现出现了。就像在法庭上一样，很大比例的儿童（85%）在交叉询问的情况下改变了至少一项他们在直接询问中的回答。事实上，三分之一的儿童改变了他们先前做出的全部四个回答。至关重要的是，儿童在交叉询问期间所做的改变绝不限于纠正早期的错误。实际上，在这项研究中，孩子们改变正确回答和改变错误回答的可能性是一样的。总体而言，交叉询问方式的提问显著降低了儿童回答的准确性，在某种程度上，交叉询问期间言辞准确性的得分与随机性的得分（50%）相比没有显著差异。即使在只考虑大量直接询问的报告准确率为 100% 的儿童时，这一研究结论仍然成立。

当该实验以 9 岁和 10 岁的儿童为样本进行重复时，在交叉询问中的表现存在一些年龄差异是很明显的。在交叉询问中，年龄较大的儿童比年龄较小的儿童所做的改变要少，而且更有可能改变错误的回答而非正确的回答。尽管如此，年龄较大的儿童仍然更改了他们正确回答的 43%，导致准确性显著下降［扎亚克和海恩（Zajac & Hayne），2006］。

从这三个实验室研究中得出的结论，引起了人们关于交叉询问程序对儿童适当性的严重忧虑。具体来说，他们认为交叉询问不仅可能是查明真相的一种无效方法，而且在一些情况下，它甚至可能会创造错误。在这些情形中，审判结果受损的可能性是巨大的。遭受严厉交叉询问的痛苦而又困惑的儿童虐待被害者，最终可能会完全撤回他们的指控。或者，这些孩子可能被迫承认他们弄错了对其施虐者的身份。辩方的儿童证人可能最终（错误地）牵连到被告人。甚至儿童证词中看似无关紧要的矛盾之处都可能被陪审团视为不可靠的标志。

如今我们的研究已经将注意力转向审查影响儿童回答交叉询问式提问的因素。其中一些因素是司法系统无法控制的，但这也许有助于确定可能特别容易受到交叉询问影响的儿童；其他的是程序性因素，可能有助于阐明前行之路。

儿童在交叉询问中表现的个体差异

正如本章开始所提到的那样，人们现在普遍认为，儿童目击证人的准确性主要取决于他们被提问的方式。然而，即使在外部因素保持不变时，孩子们对法庭询问［布鲁克、塞西和梅尔尼克（Bruck、Ceci & Melnyk），1997］也不会做出统一的回答。根据这一发现，最近的一项研究专注于可能影响儿童报告可靠性和准确性的个体内在因素。

尽管有越来越多的研究审查了影响儿童主要证词的个体差异［见布鲁克和梅尔尼克（Bruck & Melnyk），2004，回顾与综述］，但对于个体因素可能如何影响儿童对交叉询问的回答知之甚少。扎亚克、朱里和奥尼尔（Zajac、Jury & O'Neill）（待出版）已经进行了初步研究，他们检测了在交叉询问情况下几种社会心理变量对5岁和6岁儿童的表现所起的作用。尽管在绝大多数参与者中，交叉询问会对准确性造成损害，但是自卑、自信心不强和过分自信的儿童的表现尤其差。鉴于儿童虐待与这些变量的较低得分有关［马丁和比兹利（Martin & Beezley），1977；奥茨、福里斯特和皮科克（Oates，Forrest & Peacock），1985；考夫曼和奇切蒂（Kaufman & Cicchetti），1989；霍温、沃达尔斯基、库尔茨和高丹（Howing，Wodarski，Kurtz & Gaudin），1990］，我们的发现提高了相关的可能性，即相同的因素可能使儿童成为虐待目标或者造成了虐待结果，也可以使他们特别容易受到交叉询问程序的影响。在儿童对交叉询问的回答方面，检测认知因素（如智商、记忆力和语言能力）作用的类似研究正在进行中，但初步研究结果表明，在正常的功能范围内，这些变量对儿童在交叉询问中的表现影响不大［奥尼尔、朱里和扎亚克（O'Neill，Jury & Zajac），2005］。

延迟的影响

即使在为加快涉及儿童控告人的审判而各部门齐心努力的国家中，交叉询问通常也是在提出指控之后很久才进行。例如，在新西兰，儿童证人从提出指控到出庭平均要等待8个月［拉希（Lash），1995］。在其他国家，儿童证人作证也会遭遇漫长的延迟［古德曼（Goodman）等人，1992；普洛尼科夫和伍尔夫森（Plotnikoff & Woolfson），1995］；［伊斯特伍德和巴顿（Eastwood & Patton），2002］，有的长达3年［伊斯特伍德和巴顿（Eastwood & Patton），2002］。

为了对真实法庭背景中的情况进行建模，在我们最初的模拟研究中［扎亚克和海恩（Zajac & Hayne），2003；2006］，交叉询问式的询问发生在预先记录直接证据8个月之后。根据研究得出的暗示感受性会随着时间延迟而增加这一结果［例如，萨拉戈萨和莱恩（Zaragoza & Lane），1994］，我们假设消除直接询问和交叉询问之间的延迟可能有助于促进5岁和6岁儿童在交叉询问期间证词的准确性。为了检验这个假设，我们使用了同样的基本范式，但对儿童进行交叉询问的时间是在他们接受直接询问式的询问之后1~3天或者8个月后。尽管初始报告的准确性很高，但在交叉询问中儿童的表现非常差，即使在目标事件后不久就对他们进行交叉询问也是如此。事实上，儿童在交叉询问中的准确性得分并没有因延迟的作用而有所不同，这表明：减少指控与庭审或者进行庭前交叉询问之间的延迟对儿童的表现没有多大影响。此外，在交叉询问一周之后，重复直接询问式询问的问题，儿童证词的准确性恢复到了交叉询问前的水平。这些数据表明，儿童糟糕的交叉询问表现不能仅仅归咎于记忆障碍，以及儿童在交叉询问期间所做的改变并不一定会导致记忆削弱［里加特斯、扎亚克和海恩（Righarts, Zajac & Hayne），2009］。

当然，犯罪调查期间的延迟并不限于那些发生在指控与审判间的延迟。例如，儿童性虐待被害者可能要到虐待行为发生后数月甚至数年之后才会揭露此事。通过在该目标事件后不久就进行直接询问式的询问，可以有效地预防儿童受到延迟的影响，这是有可能的。因此，使用每一个阶段之间的这种短暂延迟的实验范式得出研究结论，可以被认为是测试儿童在交叉询问期间表现的最佳方案。

为儿童接受交叉询问做准备

儿童对交叉询问的回复不能归因于记忆障碍，这个发现表明了对儿童的庭前干预可能是有用的，但是对儿童的庭前干预可能有用的限度范围是多大呢？如果记忆是主要问题的话，那庭前干预可能就不起作用了。鉴于这种可能性，我们最近的研究一直在探索潜在的干预措施，以促进儿童在交叉询问式的提问中回答的准确性。

许多司法管辖区已经实施了针对被要求出庭作证儿童的正式准备方案。这些方案通常包括让儿童熟悉他们证人的角色以及法庭人员和程序。尽管这些方案并不是专门设计来促进儿童证词准确率的，但是预计减少与作证有关的痛苦和困惑将直接有助于儿童提供完整且准确的证词。虽然缺乏评估这些方案的系统研究，但现有的评估表明，准备环节增强了儿童对审判程序的了解，减少了他们对提供证据的焦虑，并帮助他们更自信地作证［德兹维克－萨斯（Dezwirek-Sas），1992；戴维斯（Davies）等人，2004］。

在熟悉方案的基础上，一些研究人员还探索了专门针对儿童证词准确性的干预措施。这些干预措施中有很多是非常简单的，如告诉儿童询问的问题可能会很难，或者说“我不知道”更胜于猜测答案。尽管这些干预措施至少获得了一些成功［例如，沃伦、赫尔斯－特洛特和塔布斯（Warren, Hulse-Trotter & Tubbs），1991］，但它们的效果并不一定能推广到交叉询问中，因为在此期间诱导性问题和复杂问题经常以一种极具说服力的方式被提出来。

一个关于交叉询问的警告需要包括什么呢？正如前文所述，交叉询问中所使用语言的几个方面很可能会促进儿童的顺从性。首先，依赖诱导性问题（例如，“当时你的母亲就在那儿，不是吗？”）可以向儿童暗示询问人员拥有对该事件的一手信息。成年人，特别是父母和老师，常常知道他们向孩子所提问题的答案，这个事实可能加剧了该问题。有趣的是，当我们用诱导性的交叉询问问题提问我们的儿童参与者时，他们经常会问我们，我们是否会陪他们回忆该事件。其次，因为儿童倾向于认为成年人是真正的谈话伙伴［格赖斯（Grice），1975］，他们不大可能预计交叉询问中所使用的提问方式会是不合作的。尤其是儿童不可能预计到会攻击他们的可信性，或者理解那些可以被用作使他们困惑的手段的复杂语言结构。最后，儿童经常愿意同意成年人的意见，特别是处于权威地位的成年人。当询问人员采用对抗性的方法时，儿童纠正成年人错误的意愿甚至可能会进一步降低。

针对这三个方面的简短口头警告，能否增强儿童对误导性交叉询问问题的抵抗力呢？如果是这样，谁传达该警告真的不重要吗？这些问题构成了我们最近对 5 岁和 6 岁儿童以及 9 岁和 10 岁儿童进行研究之基础［里加特斯和扎亚克（Righarts & Zajac），2009］。该研究遵循了我们过去研究中所使用的一般范式，但是一些孩子在对他们进行交叉询问式的询问之前即刻被给予了一个简短的口头警告。该警告告知儿童，他们会被问到更多关于警察局的问题，询问人员没有到访该警察局，因此不知道那里发生了什么，这些问题可能会很棘手，并且与询问人员持不同意见也是可以的，如果他把事情弄得"乱七八糟"的话。该警告是由不熟悉的实验人员或者进行交叉询问式询问的实验人员传达的。对照组的儿童并没有被给予警告。和先前的研究一样，儿童在直接询问式的询问中具有很高的准确率，但在交叉询问中的准确性得分又显著降低了。无论是谁传递警告，该警告都不利于儿童在交叉询问中的表现。因此看来，在儿童暗示感受性研究中已被证实成功的简短干预措施可能并不足以减少儿童在交叉询问中受到的消极影响［里加特斯和扎亚克（Righarts & Zajac），2009］。

更全面的干预是否会成功呢？在警告干预失败之后，我们将注意力转向开发一种为儿童准备接受交叉询问式提问的方法。在交叉询问式的询问之前一到两天，样本中 5 ~ 6 岁和 9 ~ 10 岁的儿童一半被给予了回答关于一部短片（与记忆事件无关）的交叉询问式问题的练习，并对他们的回答进行反馈。准备阶段的持续时间大约是 20 分钟，对照组的儿童观看了该影片，但没有被给予练习和反馈。在随后的交叉询问式询问中，与对照组的儿童相比，接受了准备工作的儿童做出的改变比他们之前的回答要少，并且对他们之前的正确回答的改变比例也更小。此外，准备工作组中的儿童在交叉询问式的询问期间的证词，其整体准确性水平显著高于对照组。简而言之，这种干预是成功的［里加特斯和扎亚克（Righarts & Zajac），2009］。

尽管这项研究尚处于非常早期的阶段，我们的预备干预措施似乎有几个优势。首先，在准备阶段中，儿童被提问了完全与他们的“证词”无关的问题，这使得有关做辅导的指责不可信。其次，干预措施是有效的，尽管是由一个不熟悉的询问人员给予，现实生活环境中也是如此，法庭准备会由一个独立的第三方进行。最后，对于9～10岁的儿童，干预措施的成功与他们在准备阶段的表现无关。也就是说，对于这些年龄较大的孩子，仅仅是参与到准备阶段就足以提高他们在交叉询问期间的准确性。

当然，干预措施的有些方面需要更全面的调查。例如，尽管该干预措施并未减少儿童在交叉询问期间纠正之前错误的数量，但儿童在直接询问期间所犯下的错误绝对数量是很小的，使得观察到显著差异的统计能力相对较低。同样重要的是，要记住在这个研究中准备阶段只是在交叉询问式的询问前一到两天就进行的。由于如此短的时间范围在实际情况中可能不切实际，因此有必要进行进一步的研究以确定干预措施的时机在其效用中所起到的作用。

最重要的是要注意，虽然干预措施促进了在儿童交叉询问中的表现，但它没有消除这种提问方式在任何年龄组中的消极影响。也就是说，即使是在做了准备的情况下，儿童也会对他们之前的证词做出改变。这一发现进一步证实了交叉询问影响的强力性质。

后记：交叉询问下的成年人

尽管交叉询问的提问降低了儿童报告的准确性这个发现本身一直是令人担忧的，但同时也提出了一个问题，即交叉询问是否能以同样的方式影响成年人。扎亚克和坎南（Zajac & Cannan，2009）指出了几个理由，猜想这可能是个事实。例如，据报道，我们知道儿童并不是发现交叉询问令人困惑和压力重重的唯一证人。许多成年人，包括警察证人都报告了同样类型的担忧［弗林（Flin），1993］，并且已经有人写了很多文章来帮助成年证人应对交叉询问问题的挑战［例如，布罗德斯基（Brodsky），2004］。而且，如下文所述，实验室研究表明，成年目击证人的报告与那些儿童报告一样容易受到同种污染的影响。

和儿童一样，成年人也很容易受到问题措辞方式的影响。随着问题从开放到封闭再到诱导性，成年人的报告变得不那么准确［普尔和怀特（Poole & White），1991］，并且在面对只需要回答“是”或者“否”的问题时，成年人也更可能回答“是”而不是“否”［凯贝尔（Kebbell）等人，2001］。成年人也会尝试回答无意义的问题［普拉特（Pratt），1990］，特别是当他们只需要回答“是”或者“否”的时候［沃特曼（Waterman）等人，2001］。即使是一个问题在措辞上的细微变化［例如，用这个（the）代替一个（a）］也会损害成年人报告的准确性［洛夫特斯和赞尼（Loftus & Zanni），1975］。和儿童一样，成年人也发现准确回答语言复杂的问题相比回答用简单术语表述的问题要更加困难［佩里（Perry）等人，1995；凯贝尔和约翰逊（Kebbell & Johnson），2000］，并且成年人对错误信息的敏感性会随着问题复杂性的增加而增加［洛夫特斯和格林（Loftus & Greene），1980］。

此外，在询问的过程中，成年人很难避免受到社会压力的影响。心理学家数十年来一直报告说，成年人很容易被说服［参见关于从众（conformity）的研究，阿施（Asch），1956；恰尔迪尼（Cialdini），1988；以及关于顺从性（obedience）的研究，米尔格拉姆（Milgram），1963；1974］。成年人在处于压力之下或者在一个令人生畏的环境中时，他们的暗示感受性会显著提高［海曼、赫斯本德和比林斯（Hyman，Husband & Billings），1995；卡辛和基切尔（Kassin & Kiechel），1996；洛夫特斯（Loftus），1997；霍伦贝格、梅歇尔巴赫和约瑟夫斯（Horselenberg，Merchelbach & Josephs），2003；雷德利克和古德曼（Redlich & Goodman），2003］。和儿童一样，当询问人员的地位较高时，成年人更容易受到诱导性问题的影响［罗珀和施宛（Roper & Shewan），2002］。事实上，成年人更可能遵从其他穿着制服的成年人而不是衣着破烂的成年人，这表明仅仅是权威的象征就能够引发人们的顺从［布什曼（Bushman），1984；1988］。

除上述实证研究结果外，我们还知道，许多犯罪的成年被害人表现出特定的脆弱因素，而这些因素会使他们特别容易受到交叉询问提问的影响。这些因素可能包括被证实的创伤性或高度敏感性事件、年龄较大、学习或沟通方面的问题。曾遭受过性侵犯的成年被害者可能是特别脆弱的证人群体，因为性侵犯与自卑和缺乏自信有关，这两者都与易受暗示性有关［古德琼森和辛格（Gudjonsson & Singh），1984；辛格和古德琼森（Singh & Gudjonnsson），1984］。

不仅成年证人可能表现出增加他们对交叉询问提问的脆弱性因素，提问本身的质和量也可能和用于儿童交叉询问的不同。例如，我们知道，与儿童相比，成年证人被问及更多的交叉询问问题，其中复杂且质疑可信度的问题占较高比例［扎亚克和坎南（Zajac & Cannan），2009］。此外，在对成年人进行交叉询问时，律师可能用不同的理由去质疑证人的描述。例如，在涉及性侵性质的案件中，成年控告人可能会在“同意”这个问题上受到质疑，这显然不是交叉询问儿童控告人的有效手段。众所周知，对成年强奸控告人的交叉询问是臭名昭著的咄咄逼人［格雷戈里和利斯（Gregory & Lees），1996；布里尔顿（Brereton），1997；利斯（Lees），2002］。

我们关于成年性虐待控告人在法庭交叉询问方面的初步研究已经证实，成年人也无法避免受到交叉询问对他们证词的影响［扎亚克和坎南（Zajac & Cannan），2009］。尽管在这项研究中，成年控告人比儿童控告人更可能在对封闭性和诱导性提问的回答中做出抵抗或给予额外的澄清，但他们回答的其他方面也有理由令人担忧。例如，和儿童一样，即使当提出的问题模糊不清、非常复杂或者毫无意义的时候，成年人也似乎不愿意从交叉询问的律师那里寻求澄清。最令人担忧的发现是，接受交叉询问的成年控告人对他们之前的证词所做的更改和儿童做的一样多。与儿童一样，这些更改中很多是由诱导性或质疑可信度的提问所引起的。根据这些发现，现在迫切需要的是进行实验室研究以探索交叉询问式的提问对于成年人证词准确性的影响。

结　语

最近的一些研究，对交叉询问是否是获得准确的目击证人报告的有效手段有所质疑。请记住，任何法律调查的终极目标都应该是查明事实真相，尤其应关注的是，在交叉询问中经常被使用的提问类型已经被证明会对儿童报告的准确性产生消极影响。尽管承认交叉询问是对抗式审判程序的支柱，但仍需要进一步的研究，以确定哪些因素可能会减少或者加剧交叉询问对儿童和成年人提供证词方面的消极影响。

参考文献

❶ Asch, S. E. (1956). Studies of independence and conformity: A minority of one against a unanimous majority. *Psychological Monographs: General and Applied*, 70, 1 –70.

❷ Baker, D. (1999). Shredding the truth. *American Bar Association Journal*, 8, 40 –44.

❸ Brennan, M. & Brennan, R. E. (1988). *Strange language: Child victims under cross-examination*, 3rd edition. Wagga Wagga, NSW: CSU Literary Studies Network.

❹ Brereton, D. (1997). How different are rape trials? A comparison of the cross-examination of complainants in rape and assault trails. *British Journal of Criminology*, 37, 242 –261.

❺ Brodsky, S. L. (2004). *Coping with cross-examination and other pathways to effective testimony*. Washington, DC: American Psychological Association.

❻ Bruck, M. & Ceci, S. J. (1999). The suggestibility of children's memory. *Annual Review of Psychology*, 50, 419 –439.

❼ Bruck, M. & Melnyk, L. (2004). Individual differences in children's suggestibility: A review and synthesis. *Applied Cognitive Psychology*, 18, 947 –996.

❽ Bruck, M., Ceci, S. J. & Melnyk, L. (1997). External and internal variation in the creation of false reports in children. *Learning and Individual Differences*, 9, 289 –316.

❾ Bushman, B. J. (1984). Perceived symbols of authority and their influence on conformity. *Journal of Applied Social Psychology*, 14, 501 – 508.

❿ Bushman, B. J. (1988). The effects of apparel on compliance: A field experiment with a female authority figure. *Personality and Social Psychology Bulletin*, 14, 459 – 467.

⓫ Carter, C. A., Bottoms, B. L. & Levine, M. (1996). Linguistic and socioemotional influences on the accuracy of children's reports. *Law and Human Behavior*, 20, 335 – 358.

⓬ Cashmore, J. (1991). Problems and solutions in lawyer-child communication. *Criminal Law Journal*, 15, 193 – 202.

⓭ Ceci, S. J. & Bruck, M. (1993). Suggestibility of the child witness: A historical review and synthesis. *Psychological Bulletin*, 113, 403 – 439.

⓮ Cialdini, R. B. (1988). *Influence: science and practice*, 2nd edition. Glenview, IL: Scott Foresman.

⓯ Cordon, I. M., Goodman, G. S. & Anderson, S. J. (2003). Children in court. In P. J. van Koppen & S. D. Penrod (Eds.), *Adversarial versus inquisitorial justice: Psychological perspectives on criminal justice systems* (pp. 167 – 199). New York: Kluwer Academic/Plenum Publishers.

⓰ Davies, E. & Seymour, F. W. (1997). Child witnesses in the criminal courts: Furthering New Zealand's commitment to the United Nations Convention on the Rights of the Child. *Psychiatry, Psychology and Law*, 4, 13 – 24.

⓱ Davies, E. & Seymour, F. W. (1998). Questioning child complainants of sexual abuse: Analysis of criminal court transcripts in New Zealand. *Psychiatry, Psychology and Law*, 5, 47 – 61.

⓲ Davies, E., Henderson, E. & Seymour, F. W. (1997). In the interests of justice? The cross-examination of child complainants of sexual abuse in criminal proceedings. *Psychiatry, Psychology and Law*, 4, 217 – 229.

⓳ Davies, E., Devere, H. & Verbitsky, J. (2004). Court education for young witnesses: Evaluation of the pilot service in Aotearoa, New Zealand.

Psychiatry, *Psychology and Law*, 11, 226 – 235.

⑳ Dezwirek-Sas, L. (1992). Empowering child witnesses for sexual abuse prosecution, in H. Dent & R. Flin (Eds.), *Children as witnesses* (pp. 181 – 191). Chichester: John Wiley & Sons.

㉑ Eastwood, C. & Patton, W. (2002). *The experiences of child complainants of sexual abuse in the criminal justice system.* Report to the Criminology Research Council, Australia.

㉒ Edward, K. E. & MacLeod, M. D. (1999). The reality and myth of rape: Implications for the criminal justice system. *Expert Evidence*, 7, 37 – 58.

㉓ Eichelbaum, T. (1989). Cross-examination. In T. Eichelbaum, T. Arnold & D. Wilson (Eds.), *Mauet's fundamentals of trial techniques* (pp. 199 – 247). Auckland, New Zealand: Oxford University Press.

㉔ Flin, R. (1993). Hearing and testing children's evidence. In G. S. Goodman & B. Bottoms (Eds.), *Child victims, child witnesses: Understanding and improving testimony* (pp. 279 – 299). New York: Guilford Press.

㉕ Flin, R., Bull, R., Boon, J. & Knox, A. (1992). Children in the witness-box. In H. Dent & R. Flin (Eds.), *Children as witnesses* (pp. 167 – 181). Chichester: Wiley.

㉖ Frazier, P. A. & Haney, B. (1996). Sexual assault cases in the legal system: Police, prosecutor, and victim perspectives. *Law and Human Behavior*, 20, 607 – 628.

㉗ Glaser, D. & Spencer, J. R. (1990). Sentencing, children's evidence and children's trauma. *The Criminal Law Review*, 371 – 382.

㉘ Glissan, J. L. (1991). *Cross-examination practice and procedure: An Australian perspective*, 2nd edition. Sydney: Butterworths.

㉙ Golden, O. (2000). The federal response to child abuse and neglect. *American Psychologist*, 55, 1050 – 1053.

㉚ Goodman, G. S., Taub, E. P., Jones, D. H. P., England, P., Port, L. K., Rudy, L. & Prado, L. (1992). Testifying in criminal court:

Emotional effects on child sexual assault victims. *Monographs of the Society for Research in Child Development*, 57, 5, Serial No. 229.

㉛ Goodman, G. S., Tobey, A. E., Batterman-Faunce, J. M., Orcutt, H., Thomas, S., Shapiro, C. & Sachsenmaier, T. (1998). Face-to-face confrontation: Effects of closed-circuit technology on children's eyewitness testimony and jurors'decisions. *Law and Human Behavior*, 22, 165 – 203.

㉜ Goodman, G. S., Quas, J. A., Bulkley, J. & Shapiro, C. (1999). Innovations for child witnesses: A national survey. *Psychology, Public Policy, and Law*, 5, 255 – 281.

㉝ Gregory, J. & Lees, S. (1996). Attrition in rape and sexual assault cases. *The British Journal of Criminology*, 36, 1 – 17.

㉞ Grice, H. P. (1975). Logic and conversation. In P. Cole & J. L. Morgan (Eds.), *Syntax and semantics.* Volume 3, *Speech acts* (pp. 41 – 58). New York: Academic Press.

㉟ Gudjonsson, G. H. & Singh, K. K. (1984). Interrogative suggestibility and delinquent boys: An empirical validation study. *Personality and Individual Differences*, 5, 425 – 430.

㊱ Henderson, E. (2002). Persuading and controlling: The theory of cross-examination in relation to children. In H. L. Westcott, G. M. Davies & R. Bull (Eds.), *Children's testimony: A handbook of psychological research and forensic practice* (pp. 279 – 294). Chichester: John Wiley & Sons.

㊲ Home Office (2002). *Achieving best evidence in criminal proceedings: Guidance for vulnerable or intimidated witnesses, including children.* London: Author.

㊳ Horselenberg, R., Merckelback, H. & Josephs, S. (2003). Individual differences and false confessions: A conceptual replication of Kassin and Kiechel (1996). *Psychology, Crime & Law*, 9, 1 – 8.

㊴ Howing, P. T., Wodarski, J. S., Kurtz, P. D. & Gaudin, J. R. Jr. (1990). The empirical base for the implementation of social skills training with maltreated children. *Social Work*, 35, 460 –467.

㊵ Hughes, M. & Grieve, R. (1980). On asking children bizarre questions. *First Language*, 1, 149 –160.

㊶ Hyman, E. E., Husband, T. H. & Billings, F. J. (1995). False memories of childhood experiences. *Applied Cognitive Psychology*, 9, 181 –197.

㊷ Kassin, S. M. & Kiechel, K. L. (1996). The social psychology of false confessions: Compliance, internalization, and confabulation. *Psychological Science*, 7, 125 –128.

㊸ Kaufman, J. & Cicchetti, D. (1989). Effects of maltreatment on school-age children's socioemotional development: Assessments in a day-camp setting. *Developmental Psychology*, 25, 516 –524.

㊹ Kebbell, M. R. & Johnson, S. D. (2000). Lawyers'questioning: The effect of confusing questions on witness confidence and accuracy. *Law and Human Behavior*, 24, 629 –641.

㊺ Kebbell, M. R., Hatton, C., Johnson, S. D. & O'Kelly, C. M. E. (2001). People with learning disabilities as witnesses in court: What questions should lawyers ask? *British Journal of Learning Disabilities*, 29, 98 –102.

㊻ Lash, B. (1995). Time taken to process sexual offence cases through the courts. Unpublished manuscript, Wellington, New Zealand: Department of Justice.

㊼ Lees, S. (2002). *Carnal knowledge: Rape on trial.* London: The Women's Press.

㊽ Loftus, E. F. (1997). Memory for a past that never was. *Current Directions in Psychological Science*, 6, 60 –65.

㊾ Loftus, E. F. & Greene, E. (1980). Warning: Even memory for faces may be contagious. *Law and Human Behavior*, 4, 323 –334.

㊿ Loftus, E. F. & Zanni, G. (1975). Eyewitness testimony: The influence of the wording of a question. *Bulletin of the Psychonomic Society*, 5, 86 –88.

51 Markman, E. M. (1977). Realizing that you don't understand: A preliminary investigation. *Child Development*, 48, 986 – 992.

52 Markman, E. M. (1979). Realizing that you don't understand: Elementary school children's awareness of inconsistencies. *Child Development*, 50, 643 – 655.

53 Martin, H. P. & Beezley, P. (1977). Behavioral observations of abused children. *Developmental Medicine and Child Neurology*, 19, 373 – 387.

54 Milgram, S. (1963). Behavioral study of obedience. *Journal of Abnormal and Social Psychology*, 67, 371 – 378.

55 Milgram, S. (1974). *Obedience to authority*. London: Tavistock.

56 Myers, J. E. B. (1996). A decade of international reform to accommodate child witnesses: Steps toward a child witness code. In B. L. Bottoms & G. S. Goodman (Eds.), *International perspectives on child abuse and children's testimony: psychological research and law* (pp. 221 – 244). Thousand Oaks, CA: Sage.

57 Oates, R. K., Forest, D. & Peacock, A. (1985). Self-esteem of abused children. *Child abuse and neglect*, 9, 159 – 163.

58 O'Neill, S., Jury, E. & Zajac, R. (2005). *Who is most at risk from the negative effects of cross-examination?* Part 1, *Cognitive factors*. Presentation to Society for Applied Research in Memory and Cognition, Wellington, New Zealand, January.

59 Perry, N. W., McAuliff, B. D., Tam, P., Claycomb, L., Dostal, C. & Flanagan, C. (1995). When lawyers question children: Is justice served? *Law and Human Behavior*, 19, 609 – 629.

60 Pettit, F., Fegan, M. & Howie, P. (1990). *Interviewer effects on children's testimony*. Paper presented at the International Congress on Child Abuse and Neglect, Hamburg, Germany.

61 Pipe, M. E. & Henaghan, M. (1996). Accommodating children's testimony: Legal reforms in New Zealand. In B. L. Bottoms & G. S. Goodman

(Eds.), *International perspectives on child abuse and children's testimony: Psychological research and law* (pp. 145 – 167). Thousand Oaks, CA: Sage.

62 Plotnikoff, J. & Woolfson, R. (1995). *Prosecuting child abuse: An evaluation of the government's speedy progress policy.* London: Blackstone Press.

63 Poole, D. A. & White, L. T. (1991). Effects of question repetition on the eyewitness testimony of children and adults. *Developmental Psychology*, 27, 975 – 986.

64 Pratt, C. (1990). On asking children-and adults-bizarre questions. *First Language*, 10, 167 – 175.

65 Prior, V., Glaser, D. & Lynch, M. A. (1997). Responding to child sexual abuse: The criminal justice system. *Child Abuse Review*, 6, 128 – 140.

66 Redlich, A. D. & Goodman, G. S. (2003). Taking responsibility for an act not committed: The influence of age and suggestibility. *Law and Human Behavior*, 27, 141 – 156.

67 Righarts, S. & Zajac, R. (2009). The negative effect of cross-examination questioning on the accuracy of children's reports: Can we intervene? Manuscript in preparation.

68 Righarts, S., Zajac, R. & Hayne, H. (2009). Children's responses to cross-examination style questioning: suggestibility or compliance? Manuscript submitted for publication.

69 Roper, R. & Shewan, D. (2002). Compliance and eyewitness testimony: Do eyewitnesses comply with misleading 'expert pressure' during investigative interviewing? *Legal and Criminological Psychology*, 7, 155 – 163.

70 Saywitz, K. J. (1995). Improving children's testimony: The question, the answer and the environment. In M. S. Zaragoza, J. R. Graham, G. C. N. Hall, R. Hirschman & Y. S. Ben-Porath (Eds.), *Memory and testimony in the child witness* (pp. 113 – 140). Thousand Oaks, CA: Sage.

71 Saywitz, K. J. & Snyder, L. (1993). Improving children's testimony with preparation. In G. Goodman & B. Bottoms (Eds.), *Child victims, child*

witnesses: Understanding and improving testimony (pp. 117 – 146). New York: Guilford Press.

⑫ Saywitz, K. J., Goodman, G. S. & Lyon, T. D. (2002). Interviewing children in and out of court: Current research and practice implications. In J. Myers, L. Berliner, J. Briere, C. T. Hendrix, C. Jenny & T. Reid (Eds.), *The APSAC handbook on child maltreatment*, 2nd edition (pp. 349 – 377). Thousand Oaks, CA: Sage.

⑬ Singer, J. B. & Flavell, J. H. (1981). Development of knowledge about communication: Children's evaluations of explicitly ambiguous messages. *Child Development*, 52, 1211 – 1215.

⑭ Singh, K. K. & Gudjonsson, G. H. (1984). Interrogative suggestibility, delayed memory and self-concept. *Personality and Individual Differences*, 5, 203 – 209.

⑮ Stone, M. (1988). *Cross-examination in criminal trials.* London: Butterworths.

⑯ Thompson, W. C., Clarke-Stewart, K. A. & Lepore, S. J. (1997). What did the janitor do? Suggestive interviewing and the accuracy of children's accounts. *Law and Human Behaviour*, 21, 405 – 426.

⑰ Turtle, J. W. & Wells, G. L. (1988). Children versus adults as eyewitnesses: Whose testimony holds up under cross-examination? In M. M. Gruneburg, P. E. Morris & R. N. Sykes (Eds.), *Practical aspects of memory.* Volume 1, *Current research and issues* (pp. 27 – 33). Chichester: John Wiley & Sons.

⑱ Wade, A. (2000). New measures and new challenges: Children's experiences of the court process. In H. L. Westcott, G. M. Davies & R. Bull (Eds.), *Children's testimony: A handbook of psychological research and forensic practice* (pp. 219 – 232). New York: John Wiley & Sons.

⑲ Walker, A. G. (1993). Questioning young children in court: a linguistic case study. *Law and Human Behavior*, 17, 59 – 81.

⑧⓪ Warren, A., Hulse-Trotter, K. & Tubbs, E. C. (1991). Inducing resistance to suggestibility in children. *Law and Human Behavior*, 15, 273-285.

⑧① Warren, A. R. & McGough, L. S. (1996). Research on children's suggestibility: Implications for the investigative interview. In B. L. Bottoms & G. S. Goodman (Eds.), *International perspectives on child abuse and children's testimony: Psychological research and law* (pp. 12-44). Thousand Oaks, CA: Sage.

⑧② Waterman, A. H., Blades, M. & Spencer, C. (2000). Do children try to answer nonsensical questions? *British Journal of Developmental Psychology*, 18, 211-225.

⑧③ Waterman, A. H., Blades, M. & Spencer, C. (2001). Interviewing children and adults: The effect of question format on the tendency to speculate. *Applied Cognitive Psychology*, 15, 521-531.

⑧④ Westcott, H. L. & Page, M. (2002). Cross-examination, sexual abuse and child witness identity. *Child Abuse Review*, 11, 137-152.

⑧⑤ Wigmore, J. H. (1974). *Evidence in trials at common law*. Boston, MA: Little, Brown & Co.

⑧⑥ Yarmey, A. D. (1979). *The psychology of eyewitness testimony*. New York: Free Press.

⑧⑦ Zajac, R. & Cannan, P. (2009). Cross-examination of sexual assault complainants: A developmental comparison. *Psychiatry, Psychology and Law*. 16, S36-54.

⑧⑧ Zajac, R. & Hayne, H. (2003). I don't think that's what *really* happened: The effect of cross-examination on the accuracy of children's reports. *Journal of Experimental Psychology: Applied*, 9, 187-195.

⑧⑨ Zajac, R. & Hayne, H. (2006). The negative effect of cross-examination style questioning on children's accuracy: Older children are not immune. *Applied Cognitive Psychology*, 20, 3-16.

⑨⓪ Zajac, R., Gross, J. & Hayne, H. (2003). Asked and answered:

Questioning children in the courtroom. *Psychiatry, Psychology and Law*, 10, 199 – 209.

91 Zajac, R., Jury, E. & O'Neill, S. (in press). The role of psychosocial factors in young children's responses to cross-examination style questioning. *Applied Cognitive Psychology*.

92 Zaragoza, M. S. & Lane, S. (1994). Source misattributions and the suggestibility of eyewitness memory. *Journal of Experimental Psychology: Learning, Memory, and Cognition*, 20, 934 – 945.

第11章

恢复性记忆

詹姆斯·奥斯特（James Ost）*

艾丽丝（Alice），一名成功的女商人，她在27岁的时候，开始接受一种催眠疗法以帮助其克服一种饮食障碍症。催眠治疗师告诉她："你将会记起一些事情——这是你不会想记住但仍会如潮水般涌来的事情。"在六个或七个阶段的催眠治疗后，艾丽丝确实开始恢复了关于16年前被她的叔叔性虐待的记忆。尽管艾丽丝称她一直意识到自己的生活中有些事情不大对劲，她仍然声称在催眠治疗之前，她并不记得任何关于虐待的情节。[奥斯特（Ost），2000：10－15]

在过去的20年里，心理学家们参与到一场"记忆的战争"中，这是迄今为止最具争议性的辩论，争议之大足以让佩兹德克和班克斯（Pezdek & Banks，1966：Ⅻ）称其近乎为一场"宗教战争"[另见布朗、戈德斯坦和比约克隆德（Brown，Goldstein & Bjorklund），2000；奥斯特（Ost），2003]。这个在专家意见方面引起如此分歧的问题，涉及记忆，如艾丽丝所"恢复"的那些记忆对真实发生事件的反映程度。之前禁止此类案件在法庭听审，部分原因是围绕这些案件的不确定性，如诉讼时效的规定。随着诉讼时效制度在美国的许多州被解除（根据英国法律提起这种指控不受时间限制），这些变化使得像艾丽丝这样的个体能够对他们的父母或其他涉嫌的施虐者提起诉讼或刑事指控，在这种情况下，唯一的证据就是该个体在成年时期的主张

---

* 作者简介：詹姆斯·奥斯特（James Ost），英国朴次茅斯大学（University of Portsmouth）心理学系高级讲师。

（报告）：“恢复”的、之前被“压抑”或“分离”的儿童时期受虐记忆。［洛夫特斯和凯查姆（Loftus & Ketcham），1994；安德瓦和韦克菲尔德（Underwager & Wakefield），1998］。承认此类证人证言的一个问题在于，事实上，并没有可靠的证据证明这些人“压抑”或“分离”了有关创伤性事件的记忆，虽然他们可能选择不报告（report）这种事件［麦克纳利（McNally），2003；参阅布朗、舍夫林和哈蒙德（Brown，Scheflin & Hammond），1998］。但更严重的问题是，研究已经表明，人们有可能会来报告那些逼真且令人信服的有关事件的回忆，但这些事件根本没有发生过［波特、尤伊尔和莱曼（Porter，Yuille & Lehman）1999］。这就出现了一个重大可能性，即实际上，这些“恢复性记忆”中至少有一些可能是治疗过程本身的医源性产物——因此有了“虚假记忆”（false memories）这个术语。

事实上，在美国已经有许多备受瞩目的医疗事故案例，在这些案例中，病人向他们之前的治疗师提起了诉讼，指控他们对其植入了有关虐待的“虚假”记忆，有时候会赢得可观的损害赔偿［洛夫特斯（Loftus），1997a］。不仅如此，在一起案例中，一名被指控虐待的父亲作为第三人被允许对其女儿之前的治疗师提起治疗失当的指控，并得到了50万美元的损害赔偿［约翰斯顿（Johnston），1997］。在最近英国的一个案例中，医学委员会（GMC）处罚了一名全科医生，因为该医生使用了不恰当的提问和暗示，导致一位13岁的病人错误地认为其受到了性侵犯［凯奇波（Catchpole），2003］。这些案例和其他类似案例凸显了在从业人员和决策者中提高对围绕此类案例问题的认识之重要性，以便避免可能的司法误判，以及让真正的虐待被害人获得他们所需要的支持。然而，这个问题远不是那么简单。

令人担忧的是，关于儿童期受虐待的言论，有时候是在一个人参与了所谓的“记忆恢复治疗”之后或者参与过程中作出的。虽然会引起争议，但记忆恢复治疗是一个概括性术语，它涵盖了任何主要目的在于唤起被压抑、被分离或者其他无法获取的创伤性“记忆”，以便解决当今心理问题的治疗方法［林赛和里德（Lindsay & Read），1994；2001］。然而，对于这种疗法的相关风险，专家的意见存在严重分歧。一方面，有的研究人员称某些创伤性经历以这样或那样的形式被永久地储存下来，唤醒这些被长时间遗忘事件的

“记忆”是可能的，并且这种“记忆”大体上是准确的［卡梅伦（Cameron），1996；弗赖德（Freyd），1998；索尔特（Salter），1998］。如果这种论点是错误的，那么家庭就会分崩离析，一些人会被错误地贴上恋童癖的标签，有时候还会基于这种“恢复性记忆”被错误拘禁［彭德格拉斯特（Pendergrast），1996；布兰德（Brand），2007］。另一方面，有些研究人员称不当的和高度暗示的治疗技术是产生某些“恢复性记忆”的原因［林赛和里德（Lindsay & Read），1994；2001；布兰登（Brandon）等人，1997；海曼和洛夫特斯（Hyman & Loftus），1997；蔡、洛夫特斯和波尔奇（Tsai，Loftus & Polage），2000；林恩、洛克、洛夫特斯、克拉科和利林菲尔德（Lynn，Lock，Loftus，Krackow & Lilienfeld），2003；另见海曼（Hyman），2000］。但如果这种主张是错误的，结果同样是悲剧性的，不仅在个案中，在更广泛的层面上亦是如此。正如康韦（Conway，1997）所说，有人担心，如果存在儿童期性虐待真正被害者的证词被视为“虚假记忆”而不被采信的风险，这些被害者就会更加不愿意站出来。尽管这种争论的本质两极化，但仍有一些证据表明在两种研究人员中出现了一个折中观点［里德（Read），1999；肖贝和斯库勒（Shobe & Schooler）2001；奥斯特（Ost），2003］，即承认这种可能性，有些拖延已久的儿童期性虐待主张是真实的，尽管有些不是。

在早期，由于只有少数直接的相关研究，心理学家和其他专家不具备回答关于这些主张真实性问题的能力［赖特、奥斯特和弗伦奇（Wright，Ost & French），2006］。本章的目的正是提供一个关于这方面研究的概览，也就是过去 20 年中所开展的、使心理学家们开始能够回答这些问题的研究。第一部分提出了人们是否能够“压抑”并“恢复”创伤性记忆的问题。第二部分则关注人们是否会逐渐开始错误地相信，或者错误地记忆那些未发生过的创伤性事件。

人们能否压抑或抑制创伤记忆？

西格蒙得·弗洛伊德（Sigmund Freud）的著作通常被认为是这一观点的来源，即大脑在某种程度上能够屏蔽掉有关威胁性、情绪化和创伤性事件的记忆，将它们驱逐到心灵的黑暗深处。弗洛伊德的术语“压抑”通常用来解释为什么创伤幸存者可能会不记得他们所声称的经历过的事件。尽管有不断地努力以证明压抑的存在［例如，爱尔德依（Erdelyi），2006］，但对于其存在仍然没有令人信服的证据证明［凯尔斯壮（Kihlstrom），2002；洛夫特斯和盖耶（Loftus & Guyer），2002a；2002b；海恩、加里和洛夫特斯（Hayne，Garry & Loftus），2006］。解离性失忆症（dissociative amnesia），是通常也被用来解释为什么人们可能会忘记创伤性事件的第二种机制。最初这样认为的是皮埃尔·珍妮特（Pierre Janet）（后来她收回了这个观点），据说解离性失忆症发生在事件的创伤性质导致人们的意识“分裂”，将有关创伤的记忆保存在意识知觉（conscious awareness）之外。有些人争辩说，在极端案例中，这可能导致解离性身份障碍（dissociative identity disorder）［原名多重人格障碍（multiple personality disorder）］，这些意识上的“分裂”发展成完整的交替人格（alter-personalities）［梅隆（Mollon），1996］。在这种情形下，由于创伤事件存储在交替人格中，“核心”人格是不会有此记忆的。然而，严厉的批评坚定地指向了这种障碍的医源性特征［默克尔巴赫、德维利和拉森（Merckelbach，Devilly & Rassin，2002］，以及解离性失忆症的文化局限性［波普、波利亚科夫、帕克、博伊恩斯和赫德森（Pope，Poliakoff，Parker，Boynes & Hudson），2007］。

所以，尽管这两种机制的存在有争议，但它们在解释创伤幸存者所称的记忆丧失方面一直有相当大的影响［布朗（Brown）等人，1998］。为什么会这样？正如麦克纳利（McNally，2003）所主张的，有一种可能性是，不愿意报告创伤与无能力这两者被混淆了。我们知道，一些有文件记录创伤历史的个体有时候甚至在被直接提问的时候都不会去报告多年以后他们记起了的那些事件［例如，古德曼（Goodman）等人，2003］。然而，研究强烈地表明了，关于这类案例最简约的解释是不揭露［凯尔斯壮（Kihlstrom），2002；麦克纳利（McNally），2006；波特和皮斯（Porter & Peace），2007］，因为难堪，与询问人员缺乏融洽关系，有意识地不去想那些事件，或者是遗忘的普通过程［古德曼（Goodman）等人，2003；麦克纳利（McNally），2006］，而不是没有能力记忆。如果已知虐待被害者的不揭露可以按照相对“普通的”解释加以考虑（例如，童年失忆症或者不愿意报告），那么就根本没有理由假定记忆丧失存在“特别机制”，如压抑或解离性失忆症。

有一个“普通”的机制可能解释对某些创伤性事件的不报告（non-reporting），也就是抑制（suppression）。抑制，是指我们会设法避免思考不愉快事情的自然趋势。心理学家们已经对其进行了广泛的研究［韦格纳和施奈德（Wegner & Schneider），2003］。最近的一系列研究已经审查了对事件的抑制性记忆是否确实能够导致它们变得更加不易被存取。这项研究以及因此而作出的有问题的解释，现在将接受批判性的评估。

2001 年，安德森和格林（Anderson & Green）在《自然》（*Nature*）上发表了一篇文章，文章中他们称发现了强有力的证据证明大脑能够抑制不愉快的记忆。在他们的研究中，首先，参与者被要求学习几套词对［如考验—蟑螂（ordeal-roach）］，这样，展示线索词（如考验）就会引导参与者回答目标词（如蟑螂）。接下来，向参与者展示每一词对的线索词，得到线索后提示是否“记得”或“忘记”目标词。这被称为想/不想（T/NT）范式。在最后阶段，所有线索词被展现在参与者面前，参与者被要求回忆所有的目标词。安德森和格林（Anderson & Green，2001）发现，参与者回忆起被引导去忘记的目标词要少于他们被引导去记住的目标词。他们主张，这就是人们能够学习选择性地“屏蔽”某些记忆的证据。在一项后续研究中，安德森（Anderson）等人（2004）重复了该实验，并发表在《科学》（*Science*）上。但是这一次，在参与者尝试“记住”或“忘记”目标词（如蟑螂）的同时，实验者使用了功能性磁共振成像（fMRI）来测量参与者流向大脑不同部位的血液。因为这项新的实验，安德森（Anderson）等人称他们已经发现了大脑的哪个区域负责抑制不需要的材料。

那么安德森（Anderson）和同事们最终发现大脑能够屏蔽可怕事件的具体证据了吗？在一些记者似乎被说服的同时（英国有一个标题为“弗洛伊德被证明”的头条新闻），心理学家们则更为慎重［加里和洛夫特斯（Garry & Loftus），2004；海恩（Hayne）等人，2006；韦德（Wade），2007］。加里和洛夫特斯（Garry & Loftus，2004）指出了安德森（Anderson）等人发现的几个局限性。首先，关于大脑成像技术存在许多理论上和方法论上的问题。例如，大脑某个区域“代谢”活动（如血液流动）的增加是否必然表示“认知”活动的增加？代谢活动的减少是否表示这是“认知”活动的减少？从统计学角度上看，在什么时候我们可以断定大脑的一个部分已经变得“更加”活跃或者“不太”活跃？通过从不同参与者的扫描中创建一个“平均”的脑部扫描，我们是否正冒着掩盖大脑构造中重要个体差异的风险？我们能否确保已识别的大脑区域正在推动（facilitating）调查研究的进程（如抑制），或者它们是否正在约束（inhibiting）另一种反应？脑成像研究仍然处在起步阶段，许多这样的问题距离解决还有很长的路要走。因此，我们对任何源于脑成像研究的数据都需要谨慎对待［详细评论见卡根（Kagan），2007；尤塔（Uttal），2001；另见武尔、哈里斯、温凯尔曼和帕施勒（Vul，Harris，Winkielman & Pashler），待出版］。

其次，不考虑有关脑部扫描的方法性问题，T/NT 研究范式的效果似乎相当脆弱。正如加里和洛夫特斯（Garry & Loftus，2004）指出的，在安德森（Anderson）等人的实验中抑制的程度并不是特别严重——指示参与者“忘记”目标词（如蟑螂）导致 10% 的记忆减少。这意味着参与者仍然回忆起约 80% 的目标词。重要的是，另一组心理学家在三个独立实验中无法复制这些结论［布莱维赫、罗迪格、巴洛塔和巴特勒（Bulevich，Roediger，Balota & Butler），2006；韦德（Wade），2007］。在证明人类能够有意识或无意识地屏蔽来自他们记忆中的完整自传体情节（entire autobiographical episode）方面，这样脆弱的效果并非令人信服的证据。

最后，在这些关于抑制的研究中，使用的刺激性材料的性质不允许我们概括那些据说导致压抑（repression）或解离（dissociation）的各种创伤。弗洛伊德学说的压抑和解离性失忆症据称会导致阻止有关创伤性、胁迫性、情绪化信息的意识。正如加里和洛夫特斯（Garry & Loftus，2004）主张的那样，词对（考验—蟑螂）很难反映这类材料的影响。最后一个这种批评是在一项由德皮尤、巴尼奇和古兰（Depue，Banich & Curran，2006）对安德森（Anderson）等人成果的复制和拓展中提出的。他们检验了在词对上找到的抑制效果是否能够在更多的情绪性材料中被复制。因此，德皮尤（Depue）等人使用人脸作为线索，并使用情绪中性或消极的词，或者图片作为目标，而不是使用词同时作为目标和线索。参与者首先练习回忆 40 对人脸词或者人脸图片，直至他们能够以一个高准确率（97%）回忆起那些材料。然后他们加入一个实验阶段，在实验中向他们展示 32 个人脸线索。这些人脸线索中的 16 个与“考虑”（think about）关联的词或图片为目标的指令相匹配，与此同时，其他 16 个则与“不考虑”关联的词或图片为目标的指令相匹配。对于一半的人脸线索，这些“考虑”或“不考虑”的指令被重复 5 次，另一半则被重复 10 次。

德皮尤（Depue）和同事们发现，与被给予“不考虑”指令的参与者相比，被指示“考虑”目标 10 次的参与者在最后一项测试中回忆起更多的目标。重要的是，与那些没有被给予指令的基准词或图片目标相比较，“不考虑”的指令导致参与者回忆起更少的词或图片目标。刺激的情绪特质看起来也放大了这种效果。参与者在被给予 10 次“考虑”的指令之后，回忆起的情绪性词或图片线索多于中性词或图片线索。类似地，参与者在接受“不考虑”的指令之后回忆起的情绪性词或图片线索与中性的相比更少。因此，根据德皮尤（Depue）和同事的实验，在大脑中存在一种对情绪性和非情绪性记忆进行不同处理的“认知控制”过程。当情绪性材料被反复地加工（或考虑）时，它变得比中性材料更易存取（accessible），但是，当情绪材料被反复地抑制（或不考虑）时，就变得更不易存取。在随后的一项功能性磁共振成像研究中，作者也发现了两个神经机制似乎与抑制过程有牵连的证据［德皮尤、柯伦和巴尼奇（Depue，Curran & Banich），2007］。

那么这项研究的主要部分提供了人们可以抑制（避免考虑）不愉快或创伤性事件的证据了吗？显然答案是没有。德皮尤（Depue）等人研究中使用的刺激物代表了一个重要的方法论改进，这比安德森（Anderson）和同事们使用的要好得多，但仍然没有为那些被性虐待的人之经历提供一个很好的模拟物。然而，这个研究的主体部分更严重的问题在于它被援引来作为人压抑［不能记住（unable to remember）］创伤性事件这个观点的支持性证据。在德皮尤（Depue）等人（2007）的开场白中这一点显而易见。作者说尽管有证据证明人们主动地尝试抑制记忆，但是，“其他人称压抑或抑制（repression or suppression）记忆只是一个寻求科学支持的临床神话”［德皮尤、柯伦和巴尼奇（Depue，Curran & Banich），2007：215］。

这种把压抑和抑制混为一谈的花招儿是有问题的——这两个术语是不能互换的。抑制指的是人们主动地不去考虑某些东西的情况，通常其成功的程度很有限［安德森和格林（Anderson & Green），2001；德皮尤（Depue）等人，2007］。我们都有过这样的经历：当一件令人尴尬的事情突然出现在脑海中时，我们会局促不安并试图分散自己的注意力。我们大多数人都试图不去想那些让我们感到心烦意乱的事情，但往往收效甚微，心理学研究表明，这不是一个特别有效的策略。这主要是因为该习惯（“我必须尽量不要考虑X”）包含了人们试图忘记的事情。因此，我们大部分人在被明确指示不要这么做的时候都仍禁不住去想象白熊[①]［魏格纳、施奈德、克努森和麦克马洪（Wegner，Schneider，Knutson & McMahon），1991］。所以，即使在指令明确要求“忘记”时，安德森（Anderson）的研究中大部分参与者的记忆力只下降了10%，这并不值得大惊小怪。这是有关抑制研究的典型表现。但是，压抑是在一个个体报称不能记住某些事情的情况下，因为大脑已经无意识地屏蔽了任何关于该事件的记忆。多年的心理学研究已经表明这确实是一个“临床神话”［凯尔斯壮（Kihlstrom），2002；海恩（Hayne）等人，2006；同样见洛夫特斯和盖耶（Loftus & Guyer），2002a；2002b，对简·多伊（Jane Doe）案的讨论，在该案中据称其“被压抑”的记忆在录像询问期间被“恢复”了］。如果安德森（Anderson）或德皮尤（Depue）的研究中参与者在抑制非创伤性词和图片方面有困难，那么就表明有意识或无意识地“忘记”创伤性自传体事件将会是一个更加困难的任务［见麦克纳利（McNally），2003：152］。

遗憾的是，对安德森（Anderson）和德皮尤（Depue）工作的媒体报道已经提供了一个“核心发现”，即技术上的最新进展展示了人们能够屏蔽（block out）关于创伤事件的记忆［海菲尔德（Highfield），2007；芒德尔（Mundell），2007］。可以理解，大部分非心理学家对抑制（suppression）和

① 此处是指“白熊效应”，白熊效应又称白象效应、反弹效应，源于美国哈佛大学社会心理学家丹尼尔·魏格纳的一个实验。他要求参与者尝试不要想象一只白色的熊，结果人们的思维出现强烈反弹，大家很快在脑海中浮现出一只白熊的形象。（来自百度百科）（译者注）

压抑（repression）之间的关键区别并不敏感。这意味着关于前者的研究结果有时候会作为后者的证据而被解释或提出。这种误解的一个结果就是它支持了个体能够无意识地忘记创伤性事件的观点。个体（治疗师和他们的客户）可能会带着一种先验的（a priori），但被误导的意识开始寻找这种记忆的证据，坚信它们一定会在那里并被发现。例如，一本心理自助书就自相矛盾地称被虐待记忆的缺失就是一个人受到过虐待的证据［布卢姆（Blume），1990］。正如心理学研究所展现的那样，这会面临着对从未发生过的事件建立虚假信念或记忆的风险。这种虚假记忆和信念是如何产生的？为什么会产生？这是本章下一节的重点。

检测“虚假记忆”的四种主要方法

有四种主要方法被心理学家用来检验在哪种情况下个体可能会来报告他们未经历过的事件或者事件的细节：

- DRM 法（Deese-Roediger-McDermott）；
- 误导信息法（the misinformation method）；
- “碰撞记忆”法（the “crashing memories” method）；
- 亲代误导信息法（the parental misinformation method）。

正如我们将看到的，每一种方法都有其优缺点。这意味着，这些方法不能同等地证明该问题：个体是否能报告他们记得的那些完全虚假的、自传式的、情绪充斥的童年事件［斯梅茨、默克尔巴赫、霍锡林伯格和杰里奇（Smeets，Merckelbach，Horselenberg & Jelicic），2005；佩兹德克和拉姆（Pezdek & Lam），2007；韦德（Wade）等人，2007］。这里还有另一个不确定的区分：关于这些方法是否正在利用或改变对过去事件的记忆（memories），对过去事件的信念（belief），对过去事件发生与否的信心（confidence）或者仅仅是对过去事件的报告（reports）［斯梅茨（Smeets）等人，2005；另见奥斯特（Ost），2003；洛夫特斯和伯恩斯坦（Loftus & Bernstein），2005］。此外，尽管有人主张，错误信念是产生虚假记忆的一个重要和必要先导［古德琼森（Gudjonsson），2003］，但这并不意味着错误信念总是会导致虚假记忆［奥斯特（Ost），2003］。因此，在整体上解释这些发现时有必要更谨慎些。然而，文献中所有四种方法都被作为“虚假记忆”可以产生的支持证据而被引用。考虑到这些重要的警告，现在每一种方法都将被严格审查。

DRM 法

勒迪格和麦克德莫特（Roediger & McDermott，1995）采用了迪斯（Deese，1959）以前开发的一种方法，被称为 DRM 法。在一项典型的研究中，参与者被要求记住一系列单词，如疯狂、害怕、讨厌、愤怒、怒气、暴怒、愤怒、激怒、高兴、打架、憎恨、刻薄、平静情绪、使暴怒。一段时间以后，参与者被召回进行一项“意外的”记忆测试，并被要求指出“发怒”（anger）这个词是否包含在原始的清单中。他们中的许多人频繁地报告他们记得那些没有提到的关键词（如“发怒”）在原始清单中出现过。一些研究已经通过使用各种不同的实验操作成功地复制了这一效应［加洛、罗伯茨和西蒙（Gallo，Roberts & Seamon），1997；布雷纳德和蕾娜（Brainerd & Reyna），1998；史密斯和亨特（Smith & Hunt），1998］。勒迪格和麦克德莫特（Roediger & McDermott）（1995：803）称这些研究的结果“揭示了一种强大的记忆错觉：人们会记住从未发生过的事件”，虽然人们似乎对心理学研究中“事件”这个术语指的是什么有些困惑［弗赖德和格利夫斯（Freyd & Gleaves），1996；以及勒迪格和麦克德莫特（Roediger & McDermott）的回复，1996］。

个体差异似乎也使得某些参与者更容易受到 DRM 的影响。例如，维诺格拉德、佩卢索和格洛弗（Winograd，Peluso & Glover，1998）发现，在解离度（dissociation）测试中得分较高的参与者（高分者有在思想和情感的融合中经历问题的倾向）以及在心理意象（mental imagery）的生动性测试中得分较高的参与者（高分者的报告拥有更加生动的想象能力）更有可能宣称其记得那些关键的、未出现过的单词。然而，正如弗赖德和格利夫斯（Freyd & Gleaves，1996）提到的，记错没有在清单上出现过的单词与将一个原本快乐的童年记错成被虐待，两者间有着重要的区别。同样地，威尔金森和海曼

（Wilkinson & Hyman，1998）证明，在实验室的实验中，参与者在单词清单任务中的表现和在自传体记忆任务中的表现有着重要区别。他们发现，自我报告的解离倾向与单词清单和自传体记忆任务中的错误都有关，但自我报告的心理意象的生动性只与单词清单（DRM）任务中的错误有关。威尔金森和海曼（Wilkinson & Hyman，1998）认为，这是因为记忆单词和记忆自传事件依赖于不同的潜在心理过程。他们认为，因此而假定容易受 DRM 影响的参与者也更容易产生虚假的自传体记忆是不明智的。

误导信息法

已被心理学家使用的第二种方法检测的是，在对某一事件提问方式上的细微变化是否能够改变参与者随后声称记得该事件的内容。洛夫特斯（Loftus）和同事们进行了一项关于误导信息效应的经典研究，测试了具有误导性的事后信息是否会改变目击者对他们最近所目击事件的记忆［洛夫特斯（Loftus），1979］。在洛夫特斯和帕尔默（Loftus & Palmer，1974）的两项研究中，研究人员向参与者展示了一部涉及两辆车事故的影片。然后参与者被提问，以弄清他们对该事件能够记住多少。“当轿车互相猛烈撞击（smashed）的时候，其车速有多高?”的问题比使用“碰撞”（collided）、“撞到”（bumped）、“剐蹭”（contacted）或“撞击”（hit）等动词得出的估计速度更高［另见洛夫特斯、米勒和伯恩斯（Loftus，Miller & Burns），1978］。这是一种稳健且易于复制的效应，尽管人们对于导致错误信息效应的机制仍存在分歧［例如，贝克里安和鲍尔斯（Bekerian & Bowers），1983；麦克洛斯基和萨拉戈萨（McCloskey & Zaragoza），1985；萨拉戈萨、麦克洛斯基和哈米斯（Zaragoza，McCloskey & Jamis），1987；魏因加特、洛夫特斯和林赛（Weingardt，Loftus & Lindsay），1995］。不过，措辞上的细微变化似乎可以导致参与者报告那些他们所经历过的事件中不存在的细节（details）［另见努尔科娃、伯恩斯坦和洛夫特斯（Nourkova，Bernstein & Loftus），2004］。但是也有一种可能，措辞上的细微变化会导致个体报告他们记得其没有目睹的整个事件。

◆ “碰撞记忆”法

克罗姆巴格、瓦赫纳尔和范科彭（Crombag，Wagenaar & van Koppen，1996）向参与者提问，他们是否看过一部关于一架飞机在阿姆斯特丹撞上一幢公寓楼的电影。由于并不存在这个撞机的电影，所以我们可以确定任何声称看过该电影的参与者一定是弄错了。然而，在克罗姆巴格（Crombag）等人的调查问卷中，有55% ~66%的受访者声称看过这样的一部电影。参与者如此相信他们看过电影，以至于愿意提供细节，如飞机撞击建筑物的角度，爆发火灾之前的时间有多久，在应急部门到达之前持续了多久。克罗姆巴格（Crombag）等人（1996）认为，可能是事件的生动性和情绪化性质导致人们思考该事件，在他们的脑海中进行想象，并且随后逐渐将由此产生的想象混淆成真实记忆。这被称为“源监测”（source monitoring）错误，当我们记错信息来源的时候就会出现这种情况［约翰逊、哈什特罗迪和林赛（Johnson，Hashtroudi & Lindsay），1993］。

奥斯特、瓦里吉、科斯塔尔和布尔（Ost，Vrij，Costall & Bull，2002）用不同的事件复制了这种效应——在巴黎的一场车祸中，戴安娜王妃、多迪·法耶兹和司机亨利·保罗被撞死。尽管车祸的录像从未播出过，但有媒体报道称，戴安娜的车被骑着摩托车的狗仔队追逐，据说他们当时正在拍摄这场追逐。因此奥斯特（Ost）等人（2002）提问参与者是否在电视上看到过狗仔队记录车祸时刻的录像。虽然从未确定过是否存在这样的一部电影，但它肯定从来没有在电视上播放过。然而，奥斯特（Ost）等人实验的参与者中有44%的人称他们看过这部电影。奥斯特（Ost）等人发现，在“渴望取悦他人”［自我监控量表，斯奈德（Snyder），1974］测试中得分较高的参与者比在该测试中得分较低的参与者更容易声称自己看过这部电影。

在一次对克罗姆巴格（Crombag）等人研究的复制中，格兰海格、斯特伦瓦尔和比林斯（Granhag，Strömwall & Billings，2003）询问参与者是否看过一部关于爱沙尼亚号渡轮沉没的（不存在的）电影。他们再次发现52%的参与者声称他们看过这部电影。格兰海格（Granhag）等人（2003）对这些虚假报告是否容易受到社交影响很感兴趣。因此，令人意想不到的是，在参与者完成调查问卷时，他们都存在一个同伴（confederate）。这些同伴要么声称看过那部不存在的电影，要么声称没看过。格兰海格（Granhag）等人发现，参与者要么增加，要么减少，其虚假报告的水平与同伴施加给他们的社交影响一致。当同伴声称看过这部电影时，声称看过电影的参与者数量也增加了，反之亦然［奥斯特、霍格宾和格兰海格（Ost，Hogbin & Granhag），2006］。

“碰撞记忆”效应看起来是稳健的，在任何既定研究中，都有 36% ~ 66% 的参与者声称看过不存在的录像片段［杰里奇、斯梅茨、彼得斯、康代尔和默克尔巴赫（Jelicic，Smeets，Peters，Candel & Merckelbach），2006；威尔逊和弗伦奇（Wilson & French），2006；另见杰里奇、斯梅茨、康代尔、范苏伊达姆和默克尔巴赫（Jelicic，Smeets，Candel，van Suijdam & Merckelbach），2006］。然而，可以通过用清楚明白而非模棱两可的方式表达误导性的提问来降低这些比率［即询问“一部”（a film）电影而不是“这部”（the film）电影；斯梅茨（Smeets）等人，2006］。

亲代误导信息法

上面提到的研究表明，当某些个体被措辞上的细微变化或被同伴（confederate）误导时，他们会去报告说记得那些他们没有目睹的事件或事件的细节。然而，很难将这些发现归纳到所谓的对童年事件的虚假记忆或记忆恢复的案例中去。在克罗姆巴格（Crombag）等人、奥斯特（Ost）等人和格兰海格（Granhag）等人研究中的事件，都是较为近期的，而且都是在研究的参与者为成年人的情况下进行的。与此相反，大部分被迟延的关于儿童期受虐待的主张所涉及的事件都发生在多年以前［彭德格拉斯特（Pendergrast），1996］。个体是否会被误导去报告来自他们童年时期的虚假事件呢？

洛夫特斯和科恩（Loftus & Coan）［引自洛夫特斯和皮克雷尔（Loftus & Pickrell），1995］描述了一个研究，在该研究中，一名 14 岁的男孩克里斯（Chris）被要求回忆超过 5 天时间的涉及家庭成员的四起事件的细节。其中一起事件是虚假的，而其他三起是真实的（因为经家人证实）。克里斯在有一个同胞兄弟姐妹（调查人员的同伴）在场的情况下接受了关于这些事件的询问。该同伴提供了所有事件（包括那起虚假的事件）都发生过的口头证明。随着事件的推移，克里斯开始报告更多有关该四起事件的情况，他甚至认为那起虚假事件（小时候在商场里迷路）比所有三起真实事件中的任何一件都更有可能发生过。

洛夫特斯和皮克雷尔（Loftus & Pickrell，1995）利用更大的在校大学生样本复制了这个效应。在这项研究中，参与者被要求完成涉及四起事件的小册子，其中第三起事件是虚假的。证实了自己的孩子小时候从未在商场里迷路的家长也提供了关于那三起真实事件的细节。参与者在 3 周内接受了 3 次询问，并且在询问期间也被要求在他们的小册子上写下所有关于该事件的想法。洛夫特斯和皮克雷尔（Loftus & Pickrell，1995）发现，3 周后 24 名参与者中的 6 人（25%）错误地相信了虚假事件的一部分或全部（part or all）。然而，正如佩兹德克、芬格和霍奇（Pezdek，Finger & Hodge，1997）所主张的那样，在商场里迷路是相当司空见惯的事情，对此很多人都会有一个“脚本”（或者“模式”）。佩兹德克（Pezdek）等人认为，对于个体而言，创造一份关于像这样事件的报告是相对容易的，尽管如洛夫特斯（Loftus，1997b：180）主张的那样，要点并不是参与者可能能够对这样的事件编造一个一般性的描述，而是他们报告了实验者所暗示的具体细节。在这些研究中，参与者“没有被问及任何（ANY）关于迷路的经历。他们被要求回忆自己 5 岁左右的时候迷路，在一个特定的地点，有特定的人在场，被吓坏了，最终被一个老人救了”［佩兹德克、芬格和霍奇（Pezdek，Finger & Hodge），1997］。事实上，佩兹德克（Pezdek）等人证明了，那些合理性（plausibility）较低且参与者不太可能拥有“脚本相关”知识（在这个案例中是小时候接受灌肠）的事件被植入虚假记忆的可能性较小［另见斯科博里亚、马佐尼、基尔希和瑞利亚（Scoboria，Mazzoni，Kirsch & Relyea），2004，对合理性的讨论］。

海曼、赫斯本德和比林斯（Hyman，Husband & Billings，1995）试图通过向他们的参与者暗示他们经历过更多不寻常的事件来解决佩兹德克（Pezdek）等人的批评。按照洛夫特斯和皮克雷尔（Loftus & Pickrell，1995）

设计的方法，他们要求他们的参与者尝试记住三起事件（其中两起事件已发生过而其中一起事件没有发生过）。海曼（Hyman）等人进行了两项研究，在研究中他们发现参与者在他们还是孩子时就已经经历了下面的虚假事件之一。

- 怀疑耳朵被感染而住院过夜（研究 1）；
- 一个有小丑拜访和比萨饼的生日派对（研究 1）；
- 在一场婚礼上打翻了大酒杯（研究 2）；
- 当消防洒水装置被触发时从一个杂货店撤离（研究 2）；
- 在一个停车场松开车的手刹，并和某物相撞（研究 2）。

参与者在 3 周左右的时间内接受了 3 次询问，每一次询问后，参与者都被要求考虑（think about）这些事件，并努力在下一次询问前记住更多的细节。到了第三次也是最后一次询问的时候，89% ~95% 的“真实”事件连同 25% 的“虚假”事件一起被回忆了起来［另见海曼和洛夫特斯（Hyman & Loftus），1997］。因此，参与者可以被误导去报告更多来自他们童年时期的不寻常事件。然而，批评者认为，报告你记得在一个婚礼上打翻了大酒杯无法与报告你记得小时候被虐待相比较——后者是更加具有负面性、创伤性和充满情绪的事件。尽管如此，有一项研究已经测试了是否有可能误导参与者去报告那些他们错误记住的、来自其童年时期负面的、创伤性的和充满情绪的事件。

波特（Porter）等人（1999）使用了一种与洛夫特斯和皮克雷尔（Loftus & Pickrell，1995）和海曼（Hyman）等人（1995）相似的方法，暗示参与者小时候经历了严重的负面事件，例如：

- 重大医疗过程；
- 迷路；
- 被其他孩子严重伤害；
- 严重的动物攻击。

波特（Porter）等人还口头鼓励他们的参与者记住这些事件［“大部分人能够找回失去的记忆，只要他们足够努力”，波特（Porter）等人，1999：522］，同时要求他们在询问的间隙，每晚思考这些事件 5 分钟。到了第三次也是最后一次询问的时候，波特（Porter）等人发现，54% 的参与者报告了“完全”或“部分”虚假的记忆。在最后一次询问中，波特（Porter）等人（1999）还要求参与者对一起没有发生的事件故意地编造描述。所有三种类型的记忆报告（真实的、虚假的和编造的）都使用了一种被称为记忆评估程序（MAP）的技术来进行评估，以研究它们之间可能存在的质量差异。波特（Porter）等人发现，真实记忆和编造的记忆被认为比虚假记忆更生动、更连贯，并且被给予了更高的信任评级。编造的记忆也被认为比真实的记忆和虚假的记忆更有压力（stressful），包含的细节更多［波特（Porter）等人，1999；另见佩兹德克和泰勒（Pezdek & Talyor），2000；戴维斯（Davies），2001；希普斯和纳什（Heaps & Nash），2001；洛夫特斯和伯恩斯坦（Loftus & Bernstein），2005］。综上所述，这些研究表明，当参与者被兄弟姐妹或者父母所提供的信息误导时，他们会报告他们记得不寻常的、负面的、情绪充斥的和创伤性的童年事件。

在上面描述的研究中，使用了许多种口头指示以鼓励参与者尝试记住事件［唯一的例外是海曼（Hyman）等人，1995，实验 1］。然而，在关于儿童时期事件的虚假报告案例中，询问人员的行为在多大程度上影响回忆的方式尚不清楚。例如，洛夫特斯和皮克雷尔（Loftus & Pickrell，1995：722）指出，“询问人员在追问细节的同时保持着一种愉快而友好的态度”。为了探究社会压力在虚假记忆发展过程中可能具有的作用，奥斯特、福斯特、科斯塔尔和布尔（Ost，Foster，Costall & Bull，2005）采用了与之前的研究相似的方法，但培训了他们的询问人员以一种恰当的、无压力的方式进行询问。参与者被同时问及积极的和负面的事件，类似之前研究使用的那些，例如：

- 迷路；
- 去医院跑了一趟；
- 一起严重的事故；
- 一个多事的生日聚会；
- 赢得了一场比赛。

询问中的社会压力（social pressure）水平由参与者（被要求评估在其他细节中，他们记住该事件感受到了多大的压力）和独立评委（对询问的录像进行评估）来监测。参与者和独立评委报告的总体社会压力水平都很低。尽管社会压力水平很低，但奥斯特（Ost）等人（2005）发现，31 名参与者中的 7 人对有关未发生过的儿童时期事件给出了“全部”或者“部分”报告。这项研究表明，即使是最低限度的社会压力和反复的询问都足以导致某些个体来报告他们儿童时期未发生过的事件。

关于亲代误导信息法研究的方法论局限性。对上述研究存在一些批评，即将它们的普遍性限定于被延迟的儿童期虐待报告。正如已经指出的，佩兹德克（Pezdek）等人（1997）主张，参与者被要求回忆的大部分虚假事件都是那些参与者很可能已有“脚本”的事件。合理性较低且参与者拥有“脚本”知识（如儿童时期性虐待）的可能性较低的事件是不太可能被虚假报告的。

佩兹德克（Pezdek）等人（1997）通过暗示信奉犹太教和天主教的参与者他们都参加了天主教仪式（领受圣餐）和犹太教仪式（安息日）来测试这种假设，这两件事都没有发生过。佩兹德克（Pezdek）等人（1997）认为，犹太教参与者参加过天主教仪式的可能性较低，因为他们没有那么多的“脚本相关”知识可借鉴，反之亦然。他们发现，与预期一致，7 名天主教参与者报告了虚假的天主教事件，但没有一个犹太教参与者报告虚假的天主教事件；3 名犹太教参与者和 1 名天主教参与者报告了虚假的犹太教事件。这表明，比起让人难以置信的虚假事件，参与者们更容易相信合理的虚假事件（即犹太教参与者更可能记住虚假的犹太教仪式而不是虚假的天主教仪式）。在第二个实验中，佩兹德克（Pezdek）等人（1997）复制了洛夫特斯和皮克雷尔（Loftus & Pickrell，1995）的研究，并通过暗示参与者他们曾在一个商场迷路（合理的事件）和他们在小时候接受了灌肠（难以置信的事件）来延伸该实验。佩兹德克（Pezdek）等人（1997）发现，虽然 20 名参与者里有 3 个人虚假报告了自己曾在商场里迷路，但没有一个参与者虚假报告了自己接受灌肠。因此，这些实验表明，参与者能够被误导去报告他们小时候的虚假事件的概率，很可能是由于所涉及事件的合理性以及参与者对所涉事件的熟悉程度在发挥作用［还可参见斯科博里亚（Scoboria）等人，2004，对合理性与脚本一致性之间区别的讨论］。

然而，某些“脚本”在我们的文化中比我们最初所想象的要更常见。林恩和佩佐［（Lynn & Pezzo），1994；引自林恩和基尔希（Lynn & Kirsch），1996］发现，即便在给予较少警告和进一步信息的时候，参与者都可以构建非常令人信服的、关于其被外星人劫持的叙述。林恩和基尔希（Lynn & Kirsch，1996）认为，在我们的文化中有关被外星人劫持的叙述如此常见，以至于个体很容易获得“脚本相关”知识［另见阿恩特和格林伯格（Arndt & Greenberg），1996］。考虑到有大量的自助书籍、媒体节目、新闻文章以及类似的东西讨论虐待，不难想象有的个体会构造出一个曾被虐待的虚假叙述来。

第二个经常被引用的关于亲代误导信息研究的局限性是，参与者被误导去报告的事件并不具有虐待和创伤的性质。然而，波特（Porter）等人（1999）的研究显示，参与者可以被误导去报告充满负面和创伤性的事件，如成为一起严重的动物袭击的受害者。虽然在实验室中无法证实，但仍然存在这样的可能性，即参与者在非心理学实验的情况下，可以被误导去报告那些未发生过的虐待事件［另见海曼和洛夫特斯（Hyman & Loftus），1997］。事实上，来自食言者（这些人否定了他们之前被虐待的主张）的证据表明这个情况确实会发生［另见德里韦拉（de Rivera），1998；奥斯特、科斯塔尔和布尔（Ost，Costall & Bull），2001；2002；奥斯特和努恩库辛（Ost & Nunkoosing），待出版］。有时候，他们变得如此相信其错误信念的真实性，以至于他们会对其指责的虐待者提起法律诉讼［德里韦拉（de Rivera），1998；奥斯特（Ost）等人，2001；2002］。令人担忧的是，食言者报告称，他们经历了一定程度的社会压力以及不恰当的提问技术，这与警方审讯中可以导致虚假供述的技巧没什么不同［赖莱曼和卡辛（Wrightsman & Kassin），1993；卡辛（Kassin），1997；奥斯特（Ost）等人，2001；古德琼森（Gudjonsson），2003］。

第三个有关亲代误导信息研究的局限性是，并不清楚为了使参与者作出关于过去的虚假主张需要多大程度的社会压力［奥斯特（Ost）等人，2005］。例如，正如上文提到的，洛夫特斯和皮克雷尔（Loftus & Pickrell）（1995：722）指出，他们的“询问人员在追问细节的同时保持着一种愉快而友好的态度”，但没有提供参与者如何被“追问细节”的细节。波特（Porter）等人（1999）也说他们使用了一定程度的口头鼓励（“大部分人能记住细节，如果他们真的很努力的话”，第 522 页）。马利诺斯基和林恩（Malinoski & Lynn，1999）发现，积极的口头鼓励会使参与者更早地报告（并且更加难以置信的）记忆。奥斯特（Ost）等人（2005）发现，即使社会压力保持在最低限度的时候，仍有一些参与者报告了来自他们童年时期的虚假事件［同样参见埃德曼、沃尔伯特和博姆（Erdmann，Volbert & Böhm），2004，对儿童证人有相似发现］。儿童期事件虚假报告的产生和发展方面，社会压力所起到的作用是未来研究的一个重要方向［奥斯特（Ost）等人，2001；2005］。

最后一个有关亲代误导信息研究的局限性是，他们依赖于父母或兄弟姐妹来验证特定事件在参与者小时候发生还是没有发生。这可能并不明智。虽然父母可能会比孩子自己更有信心记住生活中关于他们年幼孩子的事件［奥斯特（Ost）等人，2005］，但这本身并不能保证他们会非常准确地记住这些事件［康特（Conte），1999］。的确，在奥斯特（Ost）等人（2005）的研究中，一些参与者坦率地说他们的父母肯定是记错了一些事情，或者把参与者和其他兄弟姐妹弄混了。事实上，有文献表明父母并不擅长记住他们的孩子过去发生的事件［文纳（Wenar），1961；文纳和库尔特（Wenar & Coulter），1962；同样参见霍尔沃森（Halverson），1988］。那么，问题就在于没有一个方法可以非常肯定地知道“真相”（某一起事件确实发生了或者确定没有发生）［戈夫和勒迪格（Goff & Roediger），1998］。

因此，科学家们开发了新的方法，不用依赖于从外部来源中获取信息。加里、曼宁、洛夫特斯和舍曼（Garry，Manning，Loftus & Sherman，1996）设计了这样一种方法。他们要求参与者完成一份生活事件清单（LEI），该清单要求他们指出在他们 10 岁之前发生的一系列 40 起事件（例如，“因为拨打 911 而惹上麻烦”“用手打破一扇窗户”）的可能性。参与者被要求从 1（“肯定没有发生”）到 8（“肯定发生了”）对每一起事件提供评分。两个星期后，参与者被要求想象其中一些事件（包括一些他们已经给予“肯定没有发生”评分的事件）并回答关于这些事件的问题。这些事件被称为“关键项”。然后参与者被要求再次完成 LEI（以原件已经丢失为借口）。加里（Garry）等人（1996）发现，与那些没有被想象的项目比，关键项的可能性评分更有可能发生改变。加里（Garry）等人（1996）得出结论，仅仅是一个想象虚假事件的行为就增加了参与者对该事件已经发生的主观信心。

这就是所谓的想象膨胀效应（imagination inflation effect），并且看起来是强有力的。它发生在参与者被要求想象最近发生的事件［戈夫和勒迪格（Goff & Roediger），1998］和令人难以置信的、匪夷所思的事件时［马佐尼、洛夫特斯和基尔希（Mazzoni，Loftus & Kirsch），2001；托马斯和洛夫特斯（Thomas & Loftus），2002；佩兹德克、布兰登 – 吉特林和加贝（Pezdek，Blandon-Gitlin & Gabbay），2006］。例如，在最近的一项实验中，参与者被要求表演或者想象表演在校园散步过程中常见的（“找百事可乐机换零钱”）或者怪异的（“去百事可乐机那里求婚”）行为。两个星期后，一些参与者记错了他们表演的常见和不常见行为，事实上，他们只是想象自己那么做而已［西蒙、菲尔宾和哈里森（Seamon，Philbin & Harrison），2006］。然而，批评家们质疑，可能性评分的变化是否是因为参与者已经形成了真正的错误信念，或者是否是回归均值的结果。这是一种统计学上的人为现象，在这种情况下测量的极端分数，在第二次测量时，可能仅仅因为偶然的机会就变得不那么极端［佩兹德克和埃迪（Pezdek & Eddy），2001；见回复，加里、沙曼、韦德、亨特和史密斯（Garry，Sharman，Wade，Hunt & Smith），2001］。

第二个创新的范式被称为虚假反馈（false feedback）法［伯恩斯坦、莱尼、莫里斯和洛夫特斯（Bernstein，Laney，Morris & Loftus），2005；莱尼、莫里斯、伯恩斯坦、维克菲尔德和洛夫特斯（Laney，Morris，Bernstein，Wakefield & Loftus），2008］。在虚假反馈的研究中，参与者被要求完成一份关于他们饮食偏好的问卷。这份问卷随后被输入计算机进行分析，但事实上分析的结果是伪造的。在解释问卷的结果时，实验者告诉参与者：计算机分析表明，参与者作为孩子在吃了太多某种食物（要么是鸡蛋，要么是腌黄瓜）后生病了。伯恩斯坦（Bernstein）和同事们发现，被给予了虚假反馈的参与者比对照组更加确信这个事件确实发生过［伯恩斯坦（Bernstein）等人，2005］。

当前在虚假记忆研究中面临的挑战

尽管近年来相关研究取得了诸多进展，但仍有一些悬而未决的问题需要处理。首先，很难确定我们在实验室研究中是否真的植入了虚假记忆。其困难在于，任意数量的中介过程都可以产生相同的输出（在本案例中是声称“记得”）。这可以归因于报告的偏见——一种说“是”的倾向。这也可能归因于主观信心的增强——更加确信某个事件可能已经发生。还可能是由于持有一种真实的信念，认为该事件发生在对事件缺乏清晰记忆的时候［奥斯特（Ost），2003］，或者可以归因于对所声称的事件已经形成了清晰但不准确的记忆。已有确切证据表明，有的个体会从他们的自传中添加细节，来修饰被暗示（suggested）的错误信念［伯恩斯坦（Bernstein）等人，2005］。还有证据表明，参与者对向他们暗示的事件发展出相当详细的虚假回忆［伯恩斯坦（Bernstein）等人，2005；奥斯特、格兰海格、尤德尔和鲁斯·阿夫·赫尔姆施泰特（Ost，Granhag，Udell & Roos af Hjelmstäter），2008］。另外，当前的一个挑战是，研究这些过程中的哪一个对给定的输出负责，以及这些过程间关联的方式——换言之，一个信念是如何变成一个完全成熟的记忆的［马佐尼和基尔希（Mazzoni & Kirsch），2002；斯科博里亚、马佐尼、基尔希和瑞利亚（Scoboria，Mazzoni，Kirsch & Relyea），2004；奥斯特（Ost）等人，2008］。

其次，相关的担忧集中在虚假信念或记忆的可能后果方面［斯梅茨（Smeets）等人，2005］。尽管有证据表明，恢复被虐待记忆对人的生活有严重和消极的影响［洛夫特斯（Loftus），1997a］，但很难确定，心理学实验中的参与者一旦离开了实验室，是否会继续接受被植入的信念或记忆的事实。正如斯梅茨（Smeets）和同事们指出的那样，衡量一个人在多大程度上真正地接受一个暗示的标准是他准备因为该暗示而改变自己行为的程度。最近，心理学家开始解决这个问题。在伯恩斯坦（Bernstein）等人（2005）关于虚假反馈的研究中，实验者给参与者一份关于假想烧烤的问卷，问卷要求他们指出他们可能会吃哪种食物。他们发现，与不相信反馈的人相比，那些相信小时候吃了太多鸡蛋和腌黄瓜而生病这种虚假反馈（false feedback）的人表示，他们更不可能选择吃这些食物。因此，这个实验表明，关于过去事件可能性的虚假反馈可以影响以后的行为，但重要的是，只有相信（believe）这些反馈的参与者才会被影响。同一种虚假反馈也可以用来产生积极的影响，使参与者相信他们小时候真的喜欢吃一种健康的食物——在这个例子中是芦笋。

最后，还有对主题内容定义的担忧。在过去几年里，对虚假记忆的研究几乎呈指数级增长。佩兹德克和拉姆（Pezdek & Lam，2007）分析了心理学研究文献，结果表明，尽管涉及虚假记忆的研究数量有所增加，但其中处理整个事件记忆［如“丰富的”（rich）虚假记忆］的研究比例仍然很低（13%）。被称为虚假记忆的研究实际上采用 DRM 单词清单范式的比例最高（42%）［另见迪普利斯、阿拉德、欧和弗赖德（DePrince，Allard，Oh & Freyd），2004］。佩兹德克和拉姆（Pezdek & Lam，2007）质疑，这些 DRM 实验是否是真正意义上的关于“虚假记忆”的研究，或者是否应该被称为“记忆缺陷”（memory flaws）［韦德（Wade）等人，2007］。

结　论

本章提到的心理学研究已经表明，在除治疗以外的某些特定情形下（例如，在心理学实验室中反复进行暗示性询问），人们会报告说他们记得没有发生过的事件。我们需要更进一步的研究来考察这些人是怎么回事，或者他们发现自己在什么环境下，导致他们做出生动且令人信服，却完全不正确的虚假记忆报告。因此，如果我们要恰当地解决像艾丽丝这样的案件，以防止将来出现误判，并确保真正的虐待被害者得到所需要的支持，实践者和决策者就需要对这些问题保持敏感。

致　谢

感谢金伯利·韦德（Kimberley Wade）为这一章的草稿提出建设性意见，

本章中的一部分已作为论文发表：J. 奥斯特和 K. 韦德（Ost, J. & Wade, K., 2007),《我们能够忘记糟糕的记忆吗?》, 载于《英国虚假记忆学会通讯》(*British False Memory Society Newsletter*), 第15期第4－8页。

参考文献

❶ Anderson, M. C. & Green, C. (2001). Suppressing unwanted memories by executive control. *Nature*, 410, 366－369.

❷ Anderson, M. C., Ochsner, K. N., Kuhl, B., Cooper, J., Robertson, E., Gabrieli, S. W., Glover, G. H. & Gabrieli, J. D. E. (2004). Neural systems underlying the suppression of unwanted memories. *Science*, 303, 232－235.

❸ Arndt, J. & Greenberg, J. (1996). Fantastic accounts can take many forms: False memory construction? Yes. Escape from self? We don't think so. *Psychological Inquiry*, 7, 127－132.

❹ Bekerian, D. A. & Bowers, J. M. (1983). Eyewitness testimony: Were we misled? *Journal of Experimental Psychology: Learning, Memory, and Cognition*, 9, 139－145.

❺ Bernstein, D. M., Laney, C., Morris, E. K. & Loftus, E. F. (2005). False memories about food can lead to food avoidance. *Social Cognition*, 23, 11－34.

❻ Blume, E. (1990). *Secret survivors: Uncovering incest and its after-effects in women.* New York: John Wiley & Sons.

❼ Brainerd, C. J. & Reyna, V. F. (1998). When things that were never experienced are easier to 'remember' than things that were. *Psychological Science*, 9, 484－489.

❽ Brand, N. (Ed.) (2007). *Fractured families: The untold anguish of the falsely accused.* Bradford-on-Avon: BFMS.

❾ Brandon, S., Boakes, J., Glaser, D., Green, R., MacKeith, J. & Whewell, P. (1997). Reported recovered memories of child sexual abuse: Recommendations for good practice and implications for training, continuing professional development and research. *Psychiatric Bulletin*, 21, 663 – 665.

⑩ Brown, D., Scheflin, A. W. & Hammond, D. C. (1998). *Memory, trauma treatment, and the law*. New York: W. W. Norton.

⑪ Brown, R., Goldstein, E. & Bjorklund, D. F. (2000). The history and zeitgeist of the repressed-false-memory debate: Scientific and sociological perspectives on suggestibility. In D. F. Bjorklund (Ed.), *False memory creation in children and adults* (pp. 1 – 30). Mahwah, NJ: Lawrence Erlbaum.

⑫ Bulevich, J. B., Roediger, H. L., Balota, D. A. & Butler, A. C. (2006). Failures to find suppression of episodic memories in the think/no-think paradigm. *Memory & Cognition*, 34, 1569 – 1577.

⑬ Cameron, C. (1996). Comparing amnesic and nonamnesic survivors of childhood sexual abuse: A longitudinal study. In K. Pezdek & W. P. Banks (Eds.), *The recovered memory/false memory debate* (pp. 41 – 68). San Diego: Academic Press.

⑭ Catchpole, Z. (2003). Doctor led his patient to make sex claims. *The Daily Mail*, 9 September.

⑮ Conte, J. R. (1999). Memory, research, and the law: Future directions. In L. M. Williams & V. L. Banyard (Eds.), *Trauma and memory* (pp. 77 – 92). Thousand Oaks, CA: Sage Publications.

⑯ Conway, M. A. (1997). *Recovered memories and false memories*. Oxford: Oxford University Press.

⑰ Crombag, H. F. M., Wagenaar, W. A. & van Koppen, P. J. (1996). Crashing memories and the problem of 'source monitoring'. *Applied Cognitive Psychology*, 10, 95 – 104.

⑱ Davies, G. M. (2001). Is it possible to discriminate between true and false memories? In G. M. Davies & T. Dalgleish (Eds.), *Recovered memories: Seeking the middle ground* (pp. 153 – 174). Chichester: John Wiley & Sons.

⑲ de Rivera, J. (1998). Relinquishing believed-in imaginings: Narratives of people who have repudiated false accusations. In J. de Rivera & T. R. Sarbin

(Eds.), *Believed-in imaginings: The narrative reconstruction of reality* (pp. 169 – 188). Washington, DC: American Psychological Association.

⑳ Deese, J. (1959). On the prediction of occurrence of particular verbal intrusions in immediate recall. *Journal of Experimental Psychology*, 58, 17 – 22.

㉑ DePrince, A. P., Allard, C. B., Oh, H. & Freyd, J. J. (2004). What's in a name for memory errors? Implications and ethical issues arising from the use of the term 'false memory' for errors in memory for details. *Ethics & Behavior*, 14, 201 – 233.

㉒ Depue, B. E., Banich, M. T. & Curran, T. (2006). Suppression of emotional and nonemotional content in memory. Effects of repetition on cognitive control. *Psychological Science*, 17, 441 – 447.

㉓ Depue, B. E, Curran, T. & Banich, M. T. (2007). Prefrontal regions orchestrate suppression of emotional memories via a two-phase process. *Science*, 317, 215 – 219.

㉔ Erdelyi, M. H. (2006). The unified theory of repression. *Behavioral and Brain Sciences*, 29, 499 – 551.

㉕ Erdmann, K., Volbert, R. & Böhm, C. (2004). Children report suggested events even when interviewed in a non-suggestive manner: What are its implications for credibility assessment? *Applied Cognitive Psychology*, 18, 589 – 611.

㉖ Freyd, J. J. (1998). Science in the memory debate. *Ethics & Behavior*, 8, 101 – 113.

㉗ Freyd, J. J. & Gleaves, D. H. (1996). 'Remembering' words not presented in lists: Relevance to the current recovered/false memory controversy. *Journal of Experimental Psychology: Learning, Memory, and Cognition*, 22, 811 – 813.

㉘ Gallo, D. A., Roberts, M. J. & Seamon, J. G. (1997). Remembering words not presented in lists: Can we avoid creating false memories? *Psychonomic Bulletin and Review*, 4, 271 – 276.

㉙ Garry, M. & Loftus, E. G. (2004). I am Freud's brain. *Skeptical Inquirer*, May/June, 16 – 18.

㉚ Garry, M., Manning, C. G., Loftus, E. F. & Sherman, S. J. (1996). Imagination inflation: Imagining a childhood event inflates confidence that it occurred. *Psychological Bulletin and Review*, 3, 208 – 214.

㉛ Garry, M., Sharman, S. J., Wade, K. A., Hunt, M. J. & Smith, P. J. (2001). Imagination inflation is a fact, not an artifact. *Memory and Cognition*, 29, 719 – 729.

㉜ Goff, L. M. & Roediger, H. L. (1998). Imagination inflation for action events: Repeated imaginings lead to illusory recollections. *Memory and Cognition*, 26, 20 – 33.

㉝ Goodman, G. S., Ghetti, S., Quas, J. A., Edelstein, R. S., Alexander, K. W., Redlich, A. D., Cordon, I. M. & Jones, D. P. H. (2003). A prospective study of memory for child sexual abuse: New findings relevant to the repressed-memory controversy. *Psychological Science*, 14, 113 – 118.

㉞ Granhag, P-A., Strömwall, L. & Billings, F. J. (2003). 'I'll never forget the sinking ferry': How social influence makes false memories surface. In M. Vanderhallen, G. Vervaeke, P. J. van Koppen & J. Goethals (Eds.), *Much ado about crime: Chapters on psychology and law* (pp. 129 – 140). Belgium: Uitgeverij Politeia.

㉟ Gudjonsson, G. H. (2003). *The psychology of interrogations and confessions*. Chichester: Wiley.

㊱ Halverson, C. F. (1988). Remembering your parents: Reflections on the retrospective method. *Journal of Personality*, 56, 435 – 443.

㊲ Hayne, H., Garry, M. & Loftus, E. F. (2006). On the continuing lack of evidence for repressed memories. *Behavioral and Brain Sciences*, 29, 521 – 522.

㊳ Heaps, C. M. & Nash, M. (2001). Comparing recollective experience in true and false autobiographical memories. *Journal of Experimental Psychology: Learning, memory, and cognition*, 27, 920 – 930.

㊴ Highfield, R. (2007). How to forget bad memories. *Daily Telegraph*, 13 July, p. 10.

㊵ Hyman, I. E. (2000). The memory wars. In U. Neisser & I. E. Hyman (Eds.), *Memory observed: Remembering in natural contexts*, 2nd edition (pp. 374 – 379). New York: Worth Publishers.

㊶ Hyman, I. E. & Loftus, E. F. (1997). Some people recover memories of childhood trauma that never really happened. In P. S. Applebaum, L. A. Uyehara & M. R. Elin (Eds.), *Trauma and memory: Clinical and legal controversies* (pp. 3 – 24). New York: Oxford University Press.

㊷ Hyman, I. E., Husband, T. H. & Billings, F. J. (1995). False memories of childhood experiences. *Applied Cognitive Psychology*, 9, 181 – 197.

㊸ Jelicic, M., Smeets, T., Candel, I., van Suijdam, M. & Merckelbach, H. (2006). No, I don' t remember seeing video footage of the killing of Theo van Gogh! Misinformation manipulations do not always elicit false memories. In K. Nixon (Ed.), *Forensic recall and eyewitness testimony* (pp. 21 – 25). London: IA-IP Publishing.

㊹ Jelicic, M., Smeets, T., Peters, M. J. V., Candel, I., Horselenberg, R. & Merckelbach, H. (2006). Assassination of a controversial politician: Remembering details from another non-existent film. *Applied Cognitive Psychology*, 20, 591 – 596.

㊺ Johnson, M. K, Hashtroudi, S. & Lindsay, D. S. (1993). Source monitoring. *Psychological Bulletin*, 114, 3 – 28.

㊻ Johnston, M. (1997). *Spectral evidence*. Boulder, CO: Westview Press.

㊼ Kagan, J. (2007). A trio of concerns. *Perspectives on Psychological Science*, 2, 361 – 376.

㊽ Kassin, S. M. (1997). False memories turned against the self. *Psychological Inquiry*, 8, 300 – 302.

㊾ Kihlstrom, J. F. (2002). No need for repression. *Trends in Cognitive Sciences*, 6, 502.

㊿ Laney, C., Morris, E. K., Bernstein, D. M., Wakefield, B. M. & Loftus, E. F. (2008). Asparagus, a love story: Healthier eating could be just a false memory away. *Experimental Psychology*, 55, 291 - 300.

51 Lindsay, D. S. & Read, J. D. (1994). Psychotherapy and memories of childhood sexual abuse: A cognitive perspective. *Applied Cognitive Psychology*, 8, 281 - 338.

52 Lindsay, D. S. & Read, J. D. (2001). The recovered memories controversy: Where do we go from here? In G. M. Davies & T. Dalgleish (Eds.), *Recovered memories: Seeking the middle ground* (pp. 71 - 94). Chichester, UK: John Wiley & Sons.

53 Loftus, E. F. (1979). *Eyewitness testimony*. Cambridge, MA: Harvard University Press.

54 Loftus, E. F. (1997a). Repressed memory accusations: Devastated families and devastated patients. *Applied Cognitive Psychology*, 11, 25 - 30.

55 Loftus, E. F. (1997b). Dispatch from the (un) civil memory wars. In J. D. Read & D. S. Lindsay (Eds.), *Recollections of trauma: Scientific evidence and clinical practice* (pp. 171 - 194). New York: Plenum.

56 Loftus, E. F. & Bernstein, D. M. (2005). Rich false memories: The royal road to success. In A. F. Healy (Ed.), *Experimental cognitive psychology and its applications* (pp. 101 - 113). Washington DC: American Psychological Association Press.

57 Loftus, E. F. & Guyer, M. (2002a). Who abused Jane Doe? The hazards of the single case history (Part I). *Skeptical Inquirer*, 26, 24 - 32.

58 Loftus, E. F. & Guyer, M. J. (2002b). Who abused Jane Doe? (Part II). *Skeptical Inquirer*, 26, 37 - 40.

59 Loftus, E. F. & Ketcham, K. (1994). *The myth of repressed memory: False memories and allegations of sexual abuse*. New York: St. Martin's Press.

⑩ Loftus, E. F. & Palmer, J. C. (1974). Reconstruction of automobile destruction: An example of the interaction between language and memory. *Journal of Verbal Learning and Verbal Behavior*, 13, 585 – 589.

⑪ Loftus, E. F. & Pickrell, J. E. (1995). The formation of false memories. *Psychiatric Annals*, 25, 720 – 725.

⑫ Loftus, E. F., Miller, D. G. & Burns, H. J. (1978). Semantic integration of verbal information into a visual memory. *Journal of Experimental Psychology: Human Learning and Memory*, 4, 19 – 31.

⑬ Lynn, S. J. & Kirsch, I. I. (1996). Alleged alien abductions: False memories, hypnosis, and fantasy proneness. *Psychological Inquiry*, 7, 151 – 155.

⑭ Lynn, S. J., Lock, T. G., Loftus, E. F., Krackow, E. & Lilienfeld, S. O. (2003). The remembrance of things past: Problematic memory recovery techniques in psychotherapy. In S. O. Lilienfeld, S. J. Lynn & J. M. Lohr (Eds.), *Science and pseudoscience in clinical psychology* (pp. 205 – 239). New York: The Guilford Press.

⑮ Malinoski, P. T. & Lynn, S. J. (1999). The plasticity of early memory reports: Social pressure, hypnotizability, compliance, and interrogative suggestibility. *The International Journal of Clinical and Experimental Hypnosis*, 47, 320 – 345.

⑯ Mazzoni, G. & Kirsch, I. (2002). Autobiographical memories and beliefs: A preliminary metacognitive model. In T. Perfect & B. Schwartz (Eds.), *Applied metacognition* (pp. 121 – 145). Cambridge: Cambridge University Press.

⑰ Mazzoni, G. A. L., Loftus, E. F. & Kirsch, I. (2001). Changing beliefs about implausible autobiographical events: A little plausibility goes a long way. *Journal of Experimental Psychology: Applied*, 7, 51 – 59.

⑱ McCloskey, M. & Zaragoza, M. (1985). Misleading postevent information and memory for events: Arguments and evidence against memory impairment hypotheses. *Journal of Experimental Psychology: General*, 114, 1 – 16.

⑲ McNally, R. J. (2003). *Remembering trauma*. Cambridge, MA: Harvard

University Press.

⑩ McNally, R. J. (2006). Cognitive abnormalities in post-traumatic stress disorder. *Trends in Cognitive Science*, 10, 271 – 277.

⑪ Merckelbach, H., Devilly, G. J. & Rassin, E. (2002). Alters in dissociative identity disorder: Metaphors or genuine entities? *Clinical Psychology Review*, 22, 481 – 497.

⑫ Mollon, P. (1996). *Multiple selves, multiple voices: Working with trauma, violation and dissociation.* Chichester: John Wiley & Sons.

⑬ Mundell, E. J. (2007). Brain may be able to suppress memories. *Washington Post*, 12 July. from http://www.washingtonpost.com/wp-dyn/content/article/2007/07/12/AR2007071201202_2.html. Accessed 14 August 2007.

⑭ Nourkova, V., Bernstein, D. M. & Loftus, E. F. (2004). Altering traumatic memory. *Cognition & Emotion*, 18, 575 – 585.

⑮ Ost, J. (2000). Recovering memories: Convergent approaches toward an understanding of the false memory debate. Unpublished doctoral thesis. University of Portsmouth.

⑯ Ost, J. (2003). Essay review: Seeking the middle ground in the 'memory wars'. *British Journal of Psychology*, 94, 125 – 139.

⑰ Ost, J. & Nunkoosing, K. (in press). Reconstructing Bartlett and revisiting the 'false memory' controversy. In J. Haaken & P. Reavey (Eds.), *Memory matters: Understanding contexts for recollecting child sexual abuse.* London: Routledge.

⑱ Ost, J. & Wade, K. (2007). Can we forget bad memories? *British False Memory Society Newsletter*, 15, 4 – 8.

⑲ Ost, J., Costall, A. & Bull, R. (2001). False confessions and false memories? A model for understanding retractors' experiences? *The Journal of Forensic Psychiatry*, 12, 549 – 579.

⑳ Ost, J., Costall, A. & Bull, R. (2002). A perfect symmetry? A study of retractors' experiences of making and repudiating claims of early sexual abuse.

Psychology, *Crime & Law*, 8, 155 – 181.

(81) Ost, J., Vrij, A., Costall, A. & Bull, R. (2002). Crashing memories and reality monitoring: distinguishing between perceptions, imaginings and false memories. *Applied Cognitive Psychology*, 16, 125 – 134.

(82) Ost, J., Foster, S., Costall, A. & Bull, R. (2005). False reports of childhood events in appropriate interviews. *Memory*, 13, 700 – 710.

(83) Ost, J., Hogbin, I. & Granhag, P-A. (2006). Altering false reports via confederate influence. *Social Influence*, 1, 105 – 116.

(84) Ost, J., Granhag, P-A., Udell, J. & Roos af Hjelmsäter, E. (2008). Familiarity breeds distortion: The effects of media exposure on false reports concerning the media coverage of the terrorist attacks in London on 7th July 2005. *Memory*, 16, 76 – 85.

(85) Pendergrast, M. (1996). *Victims of memory: Incest accusations and shattered lives*, 2nd edition. Hinesburg, VT: Upper Access.

(86) Pezdek, K. & Banks, W. P. (1996). Preface. In K. Pezdek & W. P. Banks (Eds.), *The recovered memory/false memory debate* (pp. xi-xv). San Diego: Academic Press.

(87) Pezdek, K. & Eddy, R. M. (2001). Imagination inflation: A statistical artifact of regression toward the mean. *Memory and Cognition*, 29, 707 – 718.

(88) Pezdek, K. & Lam, S. (2007). What research paradigms have cognitive psychologists used to study 'false memory' and what are the implications of these choices? *Consciousness & Cognition*, 16, 2 – 17.

(89) Pezdek, K. & Taylor, J. (2000). Discriminating between accounts of true and false events. In D. F. Bjorklund (Ed.), *False memory creation in children and adults: Theory, research, and implications* (pp. 69 – 91). Mahwah, NJ: Lawrence Erlbaum.

(90) Pezdek, K., Finger, K. & Hodge, D. (1997). Planting false childhood memories: The role of event plausibility. *Psychological Science*, 8, 437 – 441.

(91) Pezdek, K., Blandon-Gitlin, I. & Gabbay, P. (2006). Imagination and

memory: Does imagining implausible events lead to false autobiographical memories? *Psychonomic Bulletin & Review*, 13, 764 – 769.

92 Pope, H. G. Jr., Poliakoff, M. B., Parker, M. P., Boynes, M. & Hudson, J. I. (2007). Is dissociative amnesia a culture-bound syndrome? Findings from a survey of historical literature. *Psychological Medicine*, 37, 225 – 233.

93 Porter, S. & Peace, K. (2007). The scars of memory: A prospective, longitudinal investigation of the consistency of traumatic and positive emotional memories in adulthood. *Psychological Science*, 18, 435 – 441.

94 Porter, S., Yuille, J. C. & Lehman, D. R. (1999). The nature of real, implanted, and fabricated memories for emotional childhood events: Implications for the recovered memory debate. *Law and Human Behavior*, 23, 517 – 537.

95 Read, J. D. (1999). The recovered/false memory debate: Three steps forward, two steps back? *Expert Evidence*, 7, 1 – 24.

96 Roediger, H. L. & McDermott, K. B. (1995). Creating false memories: Remembering words not presented in lists. *Journal of Experimental Psychology: Learning, Memory, and Cognition*, 21, 803 – 814.

97 Roediger, H. L. & McDermott, K. B. (1996). False perceptions of false memories. *Journal of Experimental Psychology: Learning, Memory, and Cognition*, 22, 814 – 816.

98 Salter, A. C. (1998). Confessions of a whistle-blower: Lessons learned. *Ethics & Behavior*, 8, 115 – 124.

99 Scoboria, A., Mazzoni, G., Kirsch, I. & Relyea, M. (2004). Plausibility and belief in autobiographical memory. *Applied Cognitive Psychology*, 18, 791 – 807.

100 Seamon, J. G., Philbin, M. M. & Harrison, L. G. (2006). Do you remember proposing marriage to the Pepsi machine? False recollections from a campus walk. *Psychonomic Bulletin & Review*, 13, 752 – 756.

101 Shobe, K. K. & Schooler, J. W. (2001). Discovering fact and fiction: Case-based analyses of authentic and fabricated discovered memories of abuse. In

G. M. Davies & T. Dalgleish (Eds.), *Recovered memories: Seeking the middle ground* (*pp.* 95 – 151). Chichester: John Wiley & Sons.

102 Smeets, T., Merckelbach, H., Horselenberg, R. & Jelicic, M. (2005). Trying to recollect past events: Confidence, beliefs, and memories. *Clinical Psychology Review*, 25, 917 – 934.

103 Smeets, T., Jelicic, M., Peters, M. J. V., Candel, I., Horselenberg, R. & Merckelbach, H. (2006). 'Of course I remember seeing that film!' – How ambiguous questions generate crashing memories. *Applied Cognitive Psychology*, 20, 779 – 789.

104 Smith, R. E. & Hunt, R. R. (1998). Presentation modality affects false memory. *Psychonomic Bulletin and Review*, 5, 710 – 715.

105 Snyder, M. (1974). The self-monitoring of expressive behavior. *Journal of Personality and Social Psychology*, 30, 526 – 537.

106 Thomas, A. K. & Loftus, E. F. (2002). Creating bizarre false memories through imagination. *Memory and Cognition*, 30, 423 – 431.

107 Tsai, A., Loftus, E. F. & Polage, D. (2000). Current directions in false memory research. In D. F. Bjorklund (Ed.), *False memory creation in children and adults: Theory, research and implications* (pp. 31 – 44). Mahwah, NJ: Lawrence Erlbaum.

108 Underwager, R. & Wakefield, H. (1998). Recovered memories in the courtroom. In S. J. Lynn & K. M. McConkey (Eds.), *Truth in memory* (pp. 394 – 434). New York: Guilford Press.

109 Uttal, W. R. (2001). *The new phrenology: The limits of localizing cognitive processes in the brain*. Cambridge, MA: MIT Press.

110 Vul, E., Harris, C., Winkielman, P., Pashler, H. (in press). Puzzlingly high correlations in fMRI studies of emotion, personality, and social cognition. *Perspective on Psychological Science*.

111 Wade, K. A. (2007). What is known about recovered memories? *False Memory Syndrome Foundation Newsletter*, 16, Spring. http://www.fmsfonline.

org/newsletters. html. Accessed 14 August 2007.

⑪② Wade, K. A., Sharman, S. J., Garry, M., Memon, A., Mazzoni G., Merckelbach, H. & Loftus, E. F. (2007). False claims about false memory research. *Consciousness & Cognition*, 16, 18 – 28.

⑪③ Wegner, D. M. & Schneider, D. J. (2003). The white bear story. *Psychological Inquiry*, 14, 326 – 329.

⑪④ Wegner, D. M., Schneider, D. J., Knutson, B. & McMahon, S. R. (1991). Polluting the stream of consciousness: The effect of thought suppression on the mind's environment. *Cognitive Therapy and Research*, 15, 141 – 152.

⑪⑤ Weingardt, K. R., Loftus, E. F. & Lindsay, D. S. (1995). Misinformation revisited: New evidence on the suggestibility of memory. *Memory and Cognition*, 23, 72 – 82.

⑪⑥ Wenar, C. (1961). The reliability of mothers' histories. *Child Development*, 32, 491 – 500.

⑪⑦ Wenar, C. & Coulter, J. B. (1962). A reliability study of developmental histories. *Child Development*, 33, 453 – 462.

⑪⑧ Wilkinson, C. & Hyman, I. E. (1998). Individual differences related to two types if memory errors: Word lists may not generalize to autobiographical memory. *Applied Cognitive Psychology*, 12, S29 – S46.

⑪⑨ Wilson, K. & French, C. C. (2006). The relationship between susceptibility to false memories, dissociativity, and paranormal belief and experience. *Personality and Individual Differences*, 41, 1493 – 1502.

⑫⓪ Winograd, E., Peluso, J. P. & Glover, T. A. (1998). Individual differences in susceptibility to memory illusions. *Applied Cognitive Psychology*, 12, S5 – S27.

⑫① Wright, D. B., Ost, J. & French, C. C. (2006). Ten years after: What we know now that we didn't know then about recovered and false memories. *The Psychologist*, 19, 352 – 355.

⑫② Wrightsman, L. S. & Kassin, S. M. (1993). *Confessions in the courtroom*. London: Sage.

⑫③ Zaragoza, M. S., McCloskey, M. & Jamis, M. (1987). Misleading postevent information and recall of the original event: Further evidence against the memory impairment hypothesis. *Journal of Experimental Psychology: Learning, Memory, and Cognition*, 13, 36-44.

第12章

列队辨认中的询问

尼尔·布鲁尔（Neil Brewer）
加里·L. 韦尔斯（Gary L. Wells）*

简介

犯罪的目击证人经常被要求观察辨认队列，看他们是否能认出罪犯。实施列队辨认涉及警察或列队辨认管理者的许多重要决定，如把谁放进列队中、展示辨认队列的方式，以及在列队辨认之前和之后要对目击证人说什么。辨认测试可以被理解为警察和目击证人之间询问的一种变体，涉及警察（或其他列队辨认管理者）和目击证人之间的重要互动。这些互动可以深刻地影响目击证人的决定，并影响随后他们在法庭上提供的所有证据的特性。我们应当重点关注：①警察/管理者可以对目击证人产生的期望，以及这些期望可以如何影响目击证人行为的发展；②在观察辨认队列前提供给目击证人的指示；③在实施列队辨认时，管理者可以与目击证人互动（并因此而影响证人）的可能方式；④征求目击证人的信心评估；⑤对目击证人信心评估的解释；⑥辨认后发生的互动对于证人随后关于该事件的报告和该辨认测试的影响。

犯罪的目击证人通常被警察要求观察辨认队列，看他们是否能够认出罪

---

* 作者简介：尼尔·布鲁尔（Neil Brewer），澳大利亚弗林德斯大学心理学院（School of Psychology，Flinders University）教授；加里·L. 韦尔斯（Gary L. Wells），美国艾奥瓦州立大学心理学系（Department of Psychology，Iowa State University）杰出教授。

本章原文标题为：获取和解释目击证人的辨认测试证据：警察与目击证人之间互动的影响（Obtaining and Interpreting Eyewitness Identification Test Evidence：The Influence of Police-Witness Interactions），结合本章正文内容和刑事侦查学的表达习惯，改为“列队辨认中的询问”。

犯，当然，这些人可能是，也可能不是受到警察怀疑的犯罪嫌疑人。已经有文献充分表明，目击证人在开始辨认时不是绝对正确，他们以错误辨认无辜的犯罪嫌疑人和当罪犯出现在辨认队列中时未能辨认出罪犯为表现特点［例如，卡特勒和彭罗德（Cutler & Penrod），1995；韦尔斯、梅蒙和彭罗德（Wells, Memon & Penrod），2006；无辜者昭雪计划（Innocence Project），2009］。总之，目击证人辨认测试绝不是一个确定罪犯的完全可靠的方式。

这一点已得到充分认识，实施一次列队辨认要求警察或者其他列队辨认的管理者作出一些对辨认测试的结果起到深远影响的决策。这些决策包括决定列队辨认的成员（例如，多少人，这些成员与实施犯罪者的外貌或者对其的描述相似度如何），展示辨认队列的方式［如铺开照片辨认、现场列队辨认与视频列队辨认；同时展示相对于按顺序展示］，如何记录列队辨认的决定以及任何目击证人的相关行为（例如，目击证人的信心，决策延迟），在向目击证人展示辨认队列之前和目击证人作出他们的决定之后，要对目击证人说什么（例如，对他们所作决定的反馈）。在这些问题方面的研究文献是相当广泛的，并且为实施列队辨认提供了重要的指引［例如，目击证据技术工作小组（Technical Working Group for Eyewitness Evidence），1999；布鲁尔、韦伯和泽姆勒（Brewer, Weber & Semmler），2005；韦尔斯（Wells）等人，2006］，但这些问题中，很多都不是这一章的重点。

在这一章里，我们将辨认测试概念化为警察和证人之间一种特殊形式的询问。我们研究了可以发生在警察（或其他列队辨认的管理者）和证人之间的重要互动，展示了这些互动如何对证人的决定和行为产生重大影响，以及如何影响他们后续提供的任何证据的特征（如在法庭上）。

辨认测试前的互动

辨认测试（identification test）[①] 很少会在犯罪后立刻进行。相反，更有可能的情况是，警察会首先确定犯罪的证人，并就与犯罪有关的参与者和事

① 本章中作者对于辨认使用的称谓是辨认测试（identification test）。（译者注）

件对他们进行询问。在稍后的日期［在英国，迟延的时间可能超过一个月；派克、布雷斯和凯南（Pike、Brace & Kynan，2002）］，当警察发现犯罪嫌疑人时，他们会要求证人参加一个辨认测试。我们有一些经验证据，也有充分的理论依据去相信，在辨认测试前发生的互动可能会影响证人在辨认测试中的反应。

提供描述对辨认表现的影响

在某些情况下，在询问中向警察提供的口头描述可能会削弱随后在辨认测试中的表现，这是有可能的，这被称为言语遮蔽效应（the verbal overshadowing effect）［斯库勒和恩斯特勒－斯库勒（Schooler & Engstler-Schooler），1990］。虽然迈斯纳和布里格姆（Meissner & Brigham，2001）对言语遮蔽研究的元分析揭示了提供描述对再认（recognition）有一个很小的负面影响，但该研究结果当然没有得到普遍支持。此外，虽然在紧随口头描述之后的（例如，≤10 分钟）辨认测试实验中发现了这种效应——这种情况在实际的调查中不大可能会普遍存在——当这个时间间隔被延长时，一种轻微的促进效应就被发现了［斯库勒和恩斯特勒－斯库勒（Schooler & Engstler-Schooler），1990］。这可能是对这个领域科学文献现状的一种公正的评价，也就是说这些研究结果不是决定性的，效应量看起来并不大且支撑该效应的关键理论机制没有得到根本性解决。从实践角度来看，言语遮蔽效应存在的可能性也许可以被忽略，因为在调查初期与任何辨认测试之前，发生警察询问证人的情况似乎是不可避免的。然而，如果未来的研究揭示了，在与真实调查中很可能被发现的那些条件相似的情况下促进效应是稳健的，则有可能阐明以这种效应为基础的机制会有助于改进那些可能促进辨认表现的询问技巧。

布鲁尔（Brewer，2006）已经描述过在辨认实施前进行询问的另一个可能影响。证人在警察询问期间的表现可能会影响证人对他/她自己的记忆印象的质量，这些印象会影响他/她在辨认测试中作出选择的可能性。例如，凭直觉来看，一个在询问中很难描述罪犯的证人可能会怀疑他们自己记忆的质量，并且不太可能从辨认队列中作出选择；对于那些似乎特别容易做出描述的证人而言，其预期可能正好相反。证人关于其对实施犯罪者的记忆强度的推断也可能受到警方询问人员提供的任何询问后反馈的影响。

然而，有趣的是，基础的再认记忆（recognition memory）文献表明可能有一种不同的、反直觉的效果。在一种信号检测框架内进行的单词再认研究表明，那些容易相信他们对特定刺激有很强记忆能力的人（因为他们已经对刺激项目进行了广泛的研究）期望能够记住这些刺激物，并为报告它们的发生设定一个更高的标准［斯特雷奇和威克斯德（Stretch & Wixted），1998；莫雷尔、盖坦和威克斯德（Morrell，Gaitan & Wixted），2002］。相反，那些相信相反观点（记忆能力较差）的人，降低了标准，更容易报告他们之前见过刺激物［斯特雷奇和威克斯德（Stretch & Wixted），1998］。对于这种证人**元认知**（metacognitions）的影响尚无明确的证据发表在科学文献中。然而，来自我们实验室最近正在进行的一项研究的初步结果揭示了与后者、反直觉的假设相一致的模式。

◈ 证人对于辨认测试的期望

大部分证人所具有的关于辨认测试的经验或知识可能是有限的。事实上，他们的背景知识可能主要来源于观看涉及警察和律师的电视节目。然而，证人几乎肯定会意识到的是，在辨认队列的某个地方有一个警方的犯罪嫌疑人。因此，当证人被警方联系上并要求参加辨认测试时，他们可能会推断，警方的调查已经使他们明确了一个犯罪嫌疑人。从某种程度上来说，一个证人相信犯罪嫌疑人很可能就是罪犯，那么该证人也可能推断，证人有能力的标志就是能够从队列中选出犯罪嫌疑人，从而协助将那个人绳之以法。

虽然我们不清楚在这个问题上提供有关证人信念明确迹象的全部数据，但梅蒙、加伯特和霍普（Memon，Gabbert & Hope，2004）报告称，超过 90% 的证人参与者通过多次实验表明，虽然他们已经收到了针对他们的关于列队辨认说明的明确警告，即实施犯罪者可能不在队列中，但他们还是会假定实施犯罪者就在辨认队列中。这些估计包括了证人的回溯性报告，这些证人只看到了一个队列，因此可能没有更好地反映出证人对于实施犯罪者在场的先验预期。来自我们实验室的未发表数据表明，大约 50% 的大学生（来实验室参加其他非目击证人研究项目时取样）相信超过 70% 的“真实的”警方列队辨认可能包含了实施犯罪者。大约 75% 的人相信至少 50% 的辨认队列中可能包含了实施犯罪者。

虽然这类调查存在局限性，但它们强化了一种观点，即参加辨认测试的证人可能会心存实施犯罪者就在辨认队列中的信念，这种信念可能会使证人产生偏见而从队列中作出一个选择。如果警察或列队辨认的管理者向证人有意或无意地提供额外的线索，这种偏见很容易就能被加强。一个例子就是，如果有人联系证人并告知他，“我们知道是谁干的，但我们需要你过来看一个队列”。但是，也可不必这样明目张胆。例如，警察可能会说，“我们在这个案子上已经有了很大进展，现在我们需要给你看一个队列”。甚至是“我们想请你到警察局来，看看能否认出实施犯罪的人”。这样的话都向证人暗示了，实施犯罪者就在辨认队列中，唯一的问题是证人是否有能力将他选出来。有趣的是，提高关于实施犯罪者将会在后面一个辨认队列中的期望根本不需要通过有关列队辨认的会话来获得。例如，“这个家伙之前就犯过这种罪，我们需要把他赶出这条街”就是向听众传达警方知道是谁做的这样一种表述。因此，如果后面还有一个队列要展示，证人就会认为警察已经把那个坏人放在队列中；否则，为什么他们要展示这个队列？

考虑到来自实验室和实地研究中的压倒性证据表明证人有错认无辜犯罪嫌疑人的倾向，确保要参加列队辨认的证人不偏向于作出肯定的辨认，这成为列队辨认管理者与证人之间互动的一个关键部分。

辨认测试中警察—证人互动：决定之前的影响

在辨认测试的管理过程中，列队辨认的管理者存在大量的机会影响证人作出的决定和辨认测试的司法结果。其中一些机会发生在证人对列队辨认真正作出他们的决定之前；另一些则发生在决定之后。因此，目击证人的研究人员坚持，应该采用特定程序以保护证人免受来自列队辨认管理者的影响。在决定之前的阶段有两个重要程序应遵循：一个就是所谓的双盲列队辨认管理；另一个是使用无偏见的列队辨认指示。

◆ 双盲管理

双盲管理意味着列队辨认管理者不知道队列中的哪一个人是犯罪嫌疑人，哪些人只是陪衬者（fillers）。陪衬者是队列中已知的无辜成员，他们符合相同的一般描述但明显不是犯罪实施者。陪衬者的目的是防止证人知道哪一个人是警察怀疑的，并使证人转而依靠他/她的记忆。显然，如果列队辨认的管理者以某种方法与目击证人交流哪一个队列成员是犯罪嫌疑人（和/或哪些人只是陪衬者），那么使用陪衬者的整个观念就会被破坏掉。20 多年前，为防止目击证人辨认中的这种交流，使用双盲列队辨认来组织实施辨认的管理规则首次被提出［韦尔斯（Wells），1988］，但双盲测试管理的概念在基础科学和应用科学中一直是人类测试计划的重要部分。例如，制药行业必须对新药物的使用进行双盲测试，在测试中，患者的医疗测试员不能知道患者是在服用安慰剂还是在服用药物，因为测试员可能没有向服用安慰剂的患者询问副作用或改善情况，或者患者可能从测试员的行为中推断自己处于服用安慰剂的状态。实验者的知识和期望对他们所测试的人会产生影响早已被科学地确定了［哈里斯和罗森塔尔（Harris & Rosenthal），1985］。实施列队辨认在功能上类似于对人类参与者进行一项实验［韦尔斯和吕斯（Wells & Luus），1990］。一个知道谁是犯罪嫌疑人以及谁是陪衬者的列队辨认管理者会如何影响证人呢？这种可能性几乎是无限的。但读者应当记住，我们并非暗示这些影响是故意的，也并非暗示列队辨认管理者和证人必然能够意识到这些影响。考虑一下管理者—证人之间互动的动力。管理者非常清楚她/他已经将犯罪嫌疑人放在 3 号位置，1 号、2 号、4 号、5 号和 6 号位置只是不可能犯此罪的陪衬者。证人看着辨认队列说："嗯……第 2 个"，然后停顿了一下。列队辨认管理者这时候一个自然并且可以理解的反应可能是："现在……别着急，不要太快"，或者"要确保你看完所有的照片"。在这个时候，任何有点儿智慧的证人都会意识到第 2 号不是犯罪嫌疑人，并将转而看另外的照片。另一方面，假设证人说："嗯……第 3 个。"对于第 3 个，管理者的反应可能会大不相同——例如，"和我谈一下第 3 个"。目击证人在两个或更多的队列成员中摇摆不定的情况并不少见。这种谈话过程影响了证人的行为，会使其离开陪衬者转向犯罪嫌疑人。但是，请注意，引导这个过程的不是证人的记忆，而是列队辨认管理者的信念。

有很多方法可以使双盲管理付诸实践，但其本质上需要的是列队辨认管理者完全独立于负责构建列队辨认的人而进行操作，并且不能以任何方式暗示证人。当然，在电脑化或其他自动化展示辨认队列时，后者更容易实现，从而消除在列队辨认过程中列队辨认管理者和证人之间的任何互动。有时候，针对列队辨认双盲管理的要求所提出的批评包括，与此相关的资源需求增加，以及在满足警察试图实施列队辨认不时出现的及时且紧急的需求时，灵活性不足。

值得注意的是，即使在使用列队辨认双盲管理时，列队辨认管理者影响辨认的机会仍然可能存在。道格拉斯、史密斯和弗雷泽 - 蒂尔（Douglass，Smith & Fraser-Thill，2005）的研究表明，按顺序排列的列队辨认管理（每次展示一个辨认队列成员）和多个目击证人相结合，可以造成列队辨认管理者的影响。道格拉斯（Douglass）等人要求参与的列队辨认管理者接连测试两个证人。被管理的列队辨认是一个犯罪实施者不在场的队列。第一个证人（一个同盟者）挑选了第五个被展示的辨认队列成员（一个无辜的陪衬者），他要么迅速且自信地这么做，要么迟缓而不自信地这么做。他们发现，如果第一个证人显得迟缓且不自信，那么确实目睹了犯罪并且确实想证明自己的第二个证人更容易重复第一个证人的选择。道格拉斯（Douglass）等人（2005）的研究表明，同盟者不自信的行为可能向管理者暗示了此辨认任务是一项困难的任务，导致管理者给予第二个证人一些微妙的暗示来帮助他作出（困难的）决定。

关于道格拉斯（Douglass）等人（2005）的发现，明显的实践意义在于，当一个辨认测试中对犯罪有不止一个证人时，测试的实施应当由单独的管理者进行，这个管理者不仅不知道犯罪嫌疑人的身份，也不知道之前进行的任何列队辨认的结果。在本章第一作者的实验室，目前正在进行的一系列研究中，由道格拉斯（Douglass）等人发现的调查结果的模式还没有得到一致的复制。然而，这并不能排除一种可能性，即至少在某些条件下，列队辨认管理者的影响会发生在双盲管理的列队辨认中。因此，在进一步澄清这个问题之前，上述的实践建议仍然是明智的。

对于资源问题（要求另一个人来管理列队辨认）和双盲管理者连续管理的问题，一个可能的解决方法就是将列队辨认计算机化。事实上，许多目击证人研究实验室的目击证人多年来一直使用计算机来管理照片队列，这实质上就是由计算机管理列队辨认、传达指示并收集证人的回复。位于北卡罗来纳州的美国司法学会法医科学研究所和公共政策研究所领导了这样一个项目的开发（被称为笔记本电脑列队辨认程序），这个项目成果已被一些警察部门使用。

无偏见的列队辨认指示

列队辨认管理者和证人之间具有高度影响力的互动发生在列队辨认管理者指示证人的时候，恰好在证人看到辨认队列之前。无偏见的指示明确地告知证人，犯罪实施者可能在也可能不在队列中。带有偏见的指示没有包括这些指示的第二个要素，即实施犯罪者可能不在队列中。鉴于证人很可能带有对辨认测试的期望，对于许多证人来说，传达无偏见的指示有可能导致第一种暗示，即虽然在辨认队列中可能有一名警方的犯罪嫌疑人，但该犯罪嫌疑人可能不是实施犯罪者。

通过改变列队辨认的指示对证人选择率的影响强烈地说明了事实可能确实如此。没有警告证人犯罪实施者可能不在辨认队列中，显著地增加了证人从犯罪实施者不在的辨认队列中作出选择的可能性［马尔帕斯和迪瓦尔（Malpass & Dvine），1981；斯特布莱（Steblay），1997；布鲁尔和韦尔斯（Brewer & Wells），2006］，从而增加了对无辜的犯罪嫌疑人错误定罪的可能性。对于目标在场的列队辨认而言，指示的偏见在选择上的影响也是明显的。带偏见的指示产生的否定的列队辨认较少，同时选择的增加导致了对目标或陪衬进行辨认的可能性更大。这些模式已经为成年和儿童证人所证明［凯斯特、布鲁尔和韦尔斯（Keast，Brewer & Wells），2007］。

带偏见的指示可以通过多种方式传达。有趣的是，仅仅是缺乏一个警告指示说犯罪实施者可能在或可能不在辨认队列中，这本身就被目击证人科学家普遍认为是一种带偏见的指示（虽然这是一个因无指示或指示失败造成的技术性偏见）。事实上，大部分研究都是将无偏见的指示和无指示相比较。但是，这与完全不给予证人指示相比，偏见的程度甚至更高。一种明显带偏见的指示会给证人施加压力，让他们认为不选择某个人是一件坏事，以及他们被期望去辨认某个人。例如，“我准备让你看一个辨认队列，请选择你看到的犯罪的那个人”。这个指示可以被证人理解为说“不确定”选项和“不在这”选项都是不可接受的。或者考虑这个指示“你能告诉我，你那晚看到的家伙是这里的哪一个吗”，请注意，这种指示不仅暗示期望证人选择某个人，而且似乎暗示证人，这是从“有能力”或“可靠”的意义上对证人是否有能力的一个测试。换言之，如果你不能认出某个人，那么你就是没有能力或不可靠的，因此是一个“不合格的证人”。显然，任何像这样明显带偏见的指示都必须被避免，因为不确定的证人说出他们是不确定而不是猜测，这是最理想的，同时希望证人指出犯罪实施者不在那里，如果事实上就是如此的话。

从列队辨认管理者的角度来看，显然有一些使用带偏见指示的诱惑，因为这可能会增加警方认定的犯罪嫌疑人被辨认出来的可能性。然而，已经得到一致证实的错误辨认的急剧膨胀凸显了伸张正义的可能成本。总而言之，证人应该受到一个非常明确的警告，即犯罪实施者可能不在辨认队列中。

辨认测试中警察—证人互动：决定

虽然接下来的事情看起来很明显，以至于没什么可说的，但我们要强调以下几点关键之处。在辨认测试中，对每个目击证人的决定如实地记录是证据保全的重要组成部分。很简单，列队辨认管理者应该清楚地记录下每一个证人的确切回答。这个记录应当清楚地区分回答选项，假设：①证人辨认出一个特定的辨认队列中的成员；②证人指出犯罪实施者不在该辨认队列中；③证人表明他/她不太确定能否进行辨认；④证人指出可能是 4 号或者 6 号；⑤证人指出 3 号看起来很像实施犯罪的人。这些回答选项中的每一个对于评估辨认队列中警方认定的犯罪嫌疑人是否为实施犯罪者的可能性都具有不同的意义。但是，如果无法记录每个证人的确切回答，则可能导致一些证人的回答（例如，回答②和⑤）没有被保存下来以使其能在随后任何审判中得以提出，或者可能导致证人的回答在辨认测试和审判期间发生一个"转变"（例如，回答③可能转变成回答①）。总之，未能详细认真记录每一个证人的决定会对可能在审判中所提交证据的总体性质和质量产生深远的实际影响。

辨认测试中警察—证人互动：决定之后的影响

证人表明他/她的辨认决定后（选择一个辨认队列的成员，指出犯罪实施者不在辨认队列中或者可能证人只是不够确定能否作出决定），有机会进行一系列全新的互动，这些互动目前已经被认为具有重大的司法意义。其中最重要的一些与征集目击证人对辨认决定所具有的信心的表达有关联。在这里，我们要考虑这样的问题：为什么这类信息在任何具体案例中都可能被证明是重要的，它对辨认决定可能的准确性有什么意义，其应如何被收集以最大限度地提高它的信息价值，以及这些信息在法庭上应如何使用。我们还将研究这些互动如何能影响其他证人对其目击事件的判断。

◆ 辨认信心和准确性之间的关系

人们要么自发地表达他们对自己作出的判断的信心，要么被要求这么做，这是一个普遍现象。尽管大部分人可能不接受判断的信心必然等同于判断的准确性，但可能与人们的直觉相吻合的是，在信心与准确性之间存在至少是相当密切的对应关系。因此，警察、律师、法官和陪审员都有兴趣了解证人对他们辨认决定的信心就不足为奇了。有充分的证据表明，这些群体认为目击证人信心的说服力与他/她证词可能的准确性有关，知道这一点儿也不奇怪［卡特勒、彭罗德和施蒂韦（Cutler，Penrod & Stuve），1988；林赛、韦尔斯和奥康纳（Lindsay，Wells & O'Connor），1989；波特和布鲁尔（Potter & Brewer），1999；布拉德菲尔德和韦尔斯（Bradfield & Wells），2000；布鲁尔和伯克（Brewer & Burke），2002］。

如果一名证人对其辨认决定的信心可能被理解为辨认准确性的强有力指

针，那么探讨这种理解是否合理是很重要的。这个问题在心理学—法律领域一直具有争议，目击证人的研究人员通常提出的观点与刑事司法界许多人所描述的截然不同。具体而言，前一个阵营的许多人始终坚持，对辨认的信心无法为该辨认的准确性提供有用的指导。尽管值得注意的是，用来审查这种关系的特定方法对不同的观点做出重要贡献，但这里的焦点并不在于这些差异的性质［布鲁尔（Brewer），2006］。相反，我们将会概述我们所相信的（基于当前的知识）、关于目击证人辨认的信心—准确性（CA）之间关系特征的一些合理概括，并准确地阐明警方调查人员、律师、法官和陪审员对证人信心表达的理解，以及列队辨认管理者与证人的关系意味着什么。

对 CA 关系的详细审查［例如，施伯雷尔、彭罗德、里德和卡特勒（Sporer，Penrod，Read & Cutler），1995；尤斯林、奥尔森和温曼（Juslin，Olsson & Winman），1996；林赛、里德和夏尔马（Lindsay，Read & Sharma），1998；韦尔斯和布拉德菲尔德（Wells & Bradfield），1998；1999；布鲁尔（Brewer），2006；布鲁尔和韦尔斯（Brewer & Wells），2006；凯斯特、布鲁尔和韦尔斯（Keast，Brewer & Wells），2007］表明，以下概括是恰当的：首先，在辨认后（如在法庭上）辨认信心被表达为良好的应当被视为缺乏信息（我们将在本章下一节中回过头来详细讨论这个问题）；其次，在辨认后立即表达高度自信的证人绝不能保证作出一个准确的辨认决定，尽管可能会有例外，但 CA 关系很可能以一定程度的过度自信为特征；最后，对于已经作出一个积极辨认的成年证人，CA 校准数据表明，即时的信心评估记录为可能的辨认准确性提供了指引。然而，这个结论并不适用于未作选择者，它也不适用于儿童辨认，至少对 10 ~ 12 岁年龄段的儿童是这样的。

这些发现有几点重要的意义。第一，列队辨认管理者应当在辨认后立即记录证人的信心评估，并且很快就弄清楚，这项评估应该由证人独立地提供。第二，无论证人对辨认决定有多自信，警方调查人员都不应假定该辨认是准确的。相反，由一名成年（但不是儿童）证人给出的非常有信心的辨认向调查人员表明了，警方确定的犯罪嫌疑人至少是看似合理的，并且有必要继续寻找确凿的证据。此外，不具有高度信心的肯定性辨认向调查人员表明了，他们的犯罪嫌疑人不是罪犯有着非常大的现实可能性。第三，尽管一个列队辨认的否定提供了一个有价值的提示，即犯罪嫌疑人与证人的记忆不相符［韦尔斯和奥尔森（Wells & Olson），2002］，但是对列队辨认否定的自信表达无助于确定该否定是否可能是准确的。律师、法官和陪审员应当对辨认时的信心记录进行同样的理解。

辨认后对信心的影响

在上一节中，我们强调了在作出辨认决定之后立即从证人那里获取信心评估的重要性。为什么这很重要？大致来说，这么做的目的应该是获得一个对信心的判断，该判断提供了对证人记忆强度的一个独立评估，而不是由来自辨认测试后互动的社会影响所塑造的评估。我们在此并不是说一个即时提供的口头信心评估就确保了证人记忆质量的精确指数。相反，我们承认现在有大量压倒性的证据证明了辨认信心的可塑性，以及由此证明了延迟的辨认后信心评估潜在的不可靠性。

在进行一个辨认之后，证人可能从多个来源受到反馈（明确的或暗示的）。列队辨认管理者可能清楚地向证人表明他/她选出了那个“正确的家伙”（例如，“这就是我们要的人”“太好了，你认出了犯罪嫌疑人”，或者简单地陈述/提问“很好，你会在法庭上作证的，对吗?”）。或者，证人作出决定后，管理者的面部表情或非言语行为可能被理解为确认该选择。有许多关于认可或肯定性反应的非言语信号，如微笑、点头以及其他自发的动作。

有趣的是，在辨认出陪衬者之后否定的反馈也是要考虑的问题。告诉目击证人他/她辨认出了一个陪衬者，导致证人“撤回”他们的辨认，并声称他们并不像事实上那样确定。但是，研究表明，辨认出陪衬者具有诊断价值，因为比起犯罪嫌疑人有罪的情况，他们更常见于犯罪嫌疑人无辜的时候［威尔斯和林赛（Wells & Lindsay），1980；克拉克和韦尔斯（Clark & Wells），2008］。事实上，辨认出一个陪衬者的证人就是在说他们辨认出来的那个人比犯罪嫌疑人看起来更像犯罪实施者。如果他们对这个判断相当确定，那么在告诉他们辨认出的是一个陪衬者之前，询问他们有多么确定将会是很有意义的。

如果证人被置于一个环境中，在那里他/她与其他涉及该犯罪的证人讨论这个辨认测试，也可能会出现确认或否定反馈的情况。我们都知道，来自列队辨认管理者或共同证人的这种反馈或暗示，会对证人随后表达关于他们作出辨认决定的信心施加巨大影响。确认的反馈会膨胀证人的信心，而否定的反馈则会产生相反的效果［吕斯和韦尔斯（Luus & Wells），1994；韦尔斯和布拉德菲尔德（Wells & Bradfield），1998；1999；布拉德菲尔德、韦尔斯和奥尔森（Bradfield，Wells & Olson），2002；韦尔斯、奥尔森和查曼（Wells，Olson & Charman），2003；哈夫斯塔德、梅蒙和洛吉（Hafstad，Memon & Logie），2004］。这种模式既发生在肯定性的辨认中，也发生在否定性的辨认中，并且它发生在证人回忆他们辨认时的信心和他们被问及此事之时［塞姆勒、布鲁尔和韦尔斯（Semmler，Brewer & Wells），2004］。这种效果并不依赖于管理者的“现场”传达，它在计算机或共同证人传达时也会产生［吕斯和韦尔斯（Luus & Wells），1994；塞姆勒（Semmler）等人，2004］。此外，它甚至在列队辨认管理者知道犯罪嫌疑人的身份但没有提供任何口头反馈时就已经被发现，这增强了通过非口头暗示施加影响的可能性［加里奥奇和布里马科姆（Garrioch & Brimacombe），2001］。

鉴于我们之前对有信心的证人和辨认所做的具有说服力的观察，有关这些信心可塑性研究结果的含义是相当明显的。挑选出警方认定的犯罪嫌疑人和/或与作出与共同证人同样选择的证人，可能由于列队辨认管理者或其他证人提供的暗示，最终表达的信心水平会远远高于（或低于）他们在与列队辨认管理者或共同证人没有互动的情况下所报告的信心水平。如果一个证人报告说，他们对其观察到的被告人实施犯罪的把握约为70%，与报告他们对辨认有绝对的把握相比，想象一下，这对陪审团的影响所可能具有的区别。显然，这种信心判断的可塑性意味着，在法庭上从证人那里获得的对信心的表达不仅信息不足，而且可能极具误导性。此外，这意味着证人在作出决定之后，以及与列队辨认管理者或警察有任何社交互动之前，应当被要求立即表明他们对辨认决定的信心，这个信心评估应该被记录下来，并且是作为证据提交的信心评估。

贯彻实施这种记录并提供信心证据的做法将是一个重大突破。但是，我们至少应该强调一项警告。尽管现有证据表明，对于表现出信心膨胀的证人，模拟陪审员降低了其可信度［布拉德菲尔德和麦奎斯顿（Bradfield & McQuiston），2004］，但这不是一种统一的反应。琼斯、威廉姆斯和布鲁尔（Jones，Williams & Brewer，2008）的研究发现，虽然模拟陪审员不相信为自己的信心膨胀提供了无法令人信服之理由的那些证人，但当证人能够提供一些显然能够证明其信心膨胀的、合情合理的、看似可信的见解时，他们就不太可能这么做。这个发现表明，仅仅将辨认时取得的一份信心评估作为证据提交并不总是足以对抗信心膨胀的影响。

◆ 辨认后对证人其他判断的影响

在目击证人辨认的研究文献中，另一个引人瞩目的发现是，辨认后的反馈不但影响证人对他们辨认时自信程度的回忆，还影响他们对于目击和辨认测试经历的感知。例如，辨认后的反馈会导致证人“夸大”他们对事件看法质量的感知，他们当时给予关注的程度，以及他们予以辨认的容易程度和速度［韦尔斯和布拉德菲尔德（Wells & Bradfield），1998；1999］。正如证人的信心会影响对证人可信度的判断一样，这些感知也可能影响陪审员对于应当在多大程度上信赖证人辨认的评估。因此，为了确保实质上被歪曲的证据不会影响陪审员，有必要鼓励在辨认测试后立即对这种证人的感知进行记录的方法（例如，通过记录证人—列队辨认管理者的互动）。

将这些建议付诸实践

如何将诸如我们在本章中所概述的那些建议融入实践中？这里并没有什么神奇的公式。但是，存在各种各样可能的方法，只要时机得当，其中任何一种或所有方法都可能有效。显然，美国的DNA免罪案例已经成为该国和其他地方变革的催化剂。在美国，这些建议中有一些［例如，提供无偏见的指示，在辨认后立即获取信心度（confidence measure）］已经被纳入国家司法研究所关于收集目击证人证据的指南中［目击证人证据技术工作组（Technical Working Group for Eyewitness Evidence），1999］。这些建议中的一部分（例如，无偏见的指示）已经为世界不同地方司法辖区的警察广泛采用。很难确定哪些建议可能被采纳、为什么被采纳，特别是考虑到那些驱动组织变革的因素的复杂性。

但是，作者所倡导的一件事情是努力提高科学研究对诸如警察、律师和法官这样的相关从业群体的影响。多年来，加里·韦尔斯（Gary Wells）为美国的警察、律师和法官举办了许多讲座、研讨会等。近来，尼尔·布鲁尔（Neil Brewer）为澳大利亚大多数司法辖区的法官和治安法官举办了许多讲座和研讨会。虽然这些都无法保证有任何政策或实践上的改变，但两位作者都注意到的一个共同点是，他们的听众都热情而明智地参与到这种讨论中来。假设研究人员在他们的影响方面坚持不懈地尝试，那么对于在辨认测试程序中产生变化的可能性而言，这样的反应是个好兆头。

致　谢

本研究得到澳大利亚研究委员会探索基金（Australian Research Council Discovery Grant）的资助（DP0556876）。

参考文献

❶ Bradfield, A. & McQuiston, D. E. (2004). When does evidence of eyewitness confidence inflation affect judgments in a criminal trial? *Law and Human Behavior*, 28, 369 – 387.

❷ Bradfield, A. L. & Wells, G. L. (2000). The perceived validity of eyewitness identification testimony: A test of the five Biggers criteria. *Law and Human Behavior*, 24, 581 – 594.

❸ Bradfield, A. L., Wells, G. L. & Olson, E. A. (2002). The damaging effect of confirming feedback on the relation between eyewitness certainty and identification accuracy. *Journal of Applied Psychology*, 87, 112 – 120.

❹ Brewer, N. (2006). Uses and abuses of eyewitness identification confidence. *Legal and Criminological Psychology*, 11, 3 – 4.

❺ Brewer, N. & Burke, A. (2002). Effects of testimonial inconsistencies and eyewitness confidence on mock-juror judgments. *Law and Human Behavior*, 26, 353 – 364.

❻ Brewer, N. & Wells, G. L. (2006). The confidence-accuracy relationship in eyewitness identification: Effects of line-up instructions, foil similarity and target-absent base rates. *Journal of Experimental Psychology: Applied*, 12, 11 – 30.

❼ Brewer, N., Weber, N. & Semmler, C. (2005). Eyewitness identification. In N. Brewer & K. D. Williams (Eds.), *Psychology and law: An empirical perspective* (pp. 177 – 221). New York: Guilford Press.

❽ Clark, S. E. (2005). A re-examination of the effects of biased line-up instructions in eyewitness identification. *Law and Human Behavior*, 29, 395 – 424.

❾ Clark, S. E. & Wells, G. L. (2008). On the diagnosticity of multiple-witness identifications. *Law and Human Behavior*, 32, 406 – 422.

❿ Cutler, B. L. & Penrod, S. D. (1995). *Mistaken identification: The eyewitness, psychology, and the law*. New York: Cambridge University Press.

⓫ Cutler, B. L., Penrod, S. D. & Stuve, T. E. (1988). Jury decision making in eyewitness identification cases. *Law and Human Behavior*, 12, 41 – 56.

⓬ Douglass, A. B., Smith, C. & Fraser-Thill, R. (2005). A problem with double-blind photospread procedures: Photospread administrators use one eyewitness's confidence to influence the identification of another witness. *Law and Human Behavior*, 29, 543 – 562.

⓭ Garrioch, L. & Brimacombe, C. (2001). Line-up administrators' expectations: Their impact on eyewitness confidence. *Law & Human Behavior*, 25, 299 – 314.

⓮ Hafstad, G. S., Memon, A. & Logie, R. (2004). Post-identification feedback, confidence and recollections of witnessing conditions in child witnesses. *Applied Cognitive Psychology*, 18, 901 – 912.

⓯ Harris, M. J. & Rosenthal, R. (1985). Mediation of interpersonal expectancy effects: 31 meta-analyses. *Psychological Bulletin*, 97, 363 – 386.

⓰ Innocence Project (2009). *Innocence project*. http: //www. innocenceproject. org/about/index. php. Accessed 23 March 2009.

⑰ Jones, E. E., Williams, K. D. & Brewer, N. (2008). 'I had a confidence epiphany!': Obstacles to combating post-identification confidence inflation. *Law and Human Behavior*, 32, 164 – 176.

⑱ Juslin, P., Olsson, N. & Winman, A. (1996). Calibration and diagnosticity of confidence in eyewitness identification: Comments on what can be inferred from the low confidence-accuracy correlation. *Journal of Experimental Psychology: Learning, Memory, and Cognition*, 22, 1304 – 1316.

⑲ Keast, A., Brewer, N. & Wells, G. L. (2007). Children's metacognitive judgments in an eyewitness identification task. *Journal of Experimental Child Psychology*, 97, 286 – 314.

⑳ Lindsay, D. S., Read, J. D. & Sharma, K. (1998). Accuracy and confidence in person identification: The relationship is strong when witnessing conditions vary widely. *Psychological Science*, 9, 215 – 218.

㉑ Lindsay, R. C. L., Wells, G. L. & O'Connor, F. J. (1989). Mock-juror belief of accurate and inaccurate eyewitnesses. *Law and Human Behavior*, 13, 333 – 339.

㉒ Luus, C. & Wells, G. L. (1994). The malleability of eyewitness confidence: Co-witness and perseverance effects. *Journal of Applied Psychology*, 79, 714 – 723.

㉓ Malpass, R. S. & Devine, P. G. (1981). Eyewitness identification: Line-up instructions and the absence of the offender. *Journal of Applied Psychology*, 66, 482 – 489.

㉔ Meissner, C. A. & Brigham, J. C. (2001). A meta-analysis of the verbal overshadowing effect in face identification. *Applied Cognitive Psychology*, 16, 911 – 928.

㉕ Memon, A., Gabbert, F. & Hope, L. (2004). *The ageing eyewitness.* In J. Adler (Ed.), *Forensic psychology: Debates, concepts and practice.* Cullompton: Willan Publishing.

㉖ Morrell, H. E. R. , Gaitan, S. & Wixted, J. T. (2002). On the nature of the decision axis in signal-detection-based models of recognition memory. *Journal of Experimental Psychology: Learning, Memory and Cognition*, 28, 1095 – 1110.

㉗ Pike, G. , Brace, N. & Kynan, S. (2002). *The visual identification of suspects: Procedures and practice.* Briefing Note 2/02. London: Home Office.

㉘ Potter, R. & Brewer, N. (1999). Perceptions of witness behaviour-accuracy relationships held by police, lawyers and jurors. *Psychiatry, Psychology and Law*, 6, 97 – 103.

㉙ Schooler, J. W. & Engstler-Schooler, T. Y. (1990). Verbal overshadowing of visual memories: Some things are better left unsaid. *Cognitive Psychology*, 22, 36 – 71.

㉚ Semmler, C. , Brewer, N. & Wells, G. L. (2004). Effects of postidentification feedback on eyewitness identification and nonidentification confidence. *Journal of Applied Psychology*, 89, 334 – 346.

㉛ Sporer, S. L. , Penrod, S. D. , Read, J. D. & Cutler, B. L. (1995). Choosing, confidence, and accuracy: A meta-analysis of the confidence-accuracy relation in eyewitness identification studies. *Psychological Bulletin*, 118, 315 – 327.

㉜ Steblay, N. M. (1997). Social influence in eyewitness recall: A meta-analytic review of line-up instruction effects. *Law & Human Behavior*, 21, 283 – 297.

㉝ Stretch, V. & Wixted, J. T. (1998). On the difference between strength-based and frequency-based mirror effects in recognition memory. *Journal of Experimental Psychology: Learning, Memory and Cognition*, 24, 1379 – 1396.

㉞ Technical Working Group for Eyewitness Evidence (1999). *Eyewitness evidence: A guide for law enforcement.* Washington, DC: US Department of Justice, Office of Justice Programs.

㉟ Wells, G. L. (1988). *Eyewitness identification: A system handbook.* Toronto: Carswell Legal Publications.

㊱ Wells, G. L. & Bradfield, A. L. (1998). 'Good, you identified the suspect': Feedback to eyewitnesses distorts their reports of the witnessing experience. *Journal of Applied Psychology*, 83, 360 – 376.

㊲ Wells, G. L. & Bradfield, A. L. (1999). Distortions in eyewitnesses' recollections: Can the postidentification-feedback effect be moderated? *Psychological Science*, 10, 138 – 144.

㊳ Wells, G. L. & Lindsay, R. C. L. (1980). On estimating the diagnosticity of eyewitness nonidentifications. *Psychological Bulletin*, 88, 776 – 784.

㊴ Wells, G. L. & Luus, E. (1990). Police line-ups as experiments: Social methodology as a framework for properly-conducted line-ups. *Personality and Social Psychology Bulletin*, 16, 106 – 117.

㊵ Wells, G. L. & Olson, E. A. (2002). Eyewitness identification: Information gain from incriminating and exonerating behaviors. *Journal of Experimental Psychology: Applied*, 8, 155 – 167.

㊶ Wells, G. L., Olson, E. A. & Charman, S. D. (2003). Distorted retrospective eyewitness reports as functions of feedback and delay. *Journal of Experimental Psychology: Applied*, 9, 42 – 52.

㊷ Wells, G. L., Memon, A. & Penrod, S. D. (2006). Eyewitness evidence: Improving its probative value. *Psychological Science in the Public Interest*, 7, 45 – 75.

第13章

目击证人辨认程序在英国的最新发展

蒂姆·瓦伦丁（Tim Valentine）
卡因·休斯（Carwyn Hughes）
罗德·芒罗（Rod Munro）*

简介

在调查的最初阶段，目击证人辨认的可能性可以通过对证人的询问来评估。初次询问通常包括获取证人对犯罪者的描述。在缺少诸如DNA基因图谱这样的法医物证的情况下，调查人员可以依靠目击证人来提供必要的辨认。目击证人与警察之间的互动，对于辨认证据的可靠性来说，是至关重要的。

人们早已认识到目击证人辨认的缺点。在20世纪70年代初期的几个错案之后，为了回应公众对于目击证人辨认可靠性的担忧，英国政府成立了一项由德夫林勋爵（Lord Devlin）主持的关于目击证人辨认的调查。最近，在美国有超过230名被错误定罪的人，通过DNA证据被证明无罪，这些证据在他们最初的审判中是无法获取的。对这些错误定罪原因的调查表明，在四分之三的案件中，错误辨认是一个原因（《无辜者昭雪计划》，未标明日期）。

---

* 作者简介：蒂姆·瓦伦丁（Tim Valentine），伦敦大学金史密斯学院（Goldsmiths，University of London）心理学教授，本书的编者之一；卡因·休斯（Carwyn Hughes），英格兰萨塞克斯郡警察局（Sussex Police）的督察；罗德·芒罗（Rod Munro），英国德文郡和康沃尔郡警察局（Devon and Cornwall Police）的专业鉴定负责人。

德夫林的重新审视

1973 年，德夫林（Devlin，1976）报告了来自英格兰及威尔士涉及有争议辨认的所有案件的分析结果。在一份关于 2116 场现场列队辨认（live line-ups）① 的分析中［在英国被称为辨认队列（identity parades）］，德夫林（Devlin）注意到，警方的犯罪嫌疑人在 45% 的列队辨认中被辨认出来；在 46% 的列队辨认中没有被辨认出来；以及在 9% 的列队辨认中志愿者被辨认出来。因此，几乎每 10 个列队辨认中就会产生一个（对志愿者的）错误辨认。

目击证人辨认是一种非常有力的证据形式。德夫林（Devlin，1976）报告称，在列队辨认中被辨认出来的犯罪嫌疑人有 90% 被起诉，这些犯罪嫌疑人中有 82% 在起诉后被定罪。相比之下，那些没有被辨认出来的犯罪嫌疑人只有 9% 是基于其他证据被起诉的，并且这些案件中有 86% 最终被定罪。德夫林（Devlin）分别报告了涉及有争议辨认的案件，在这些案件中唯一的证据（only evidence）由一名或多名目击证人的辨认组成。这类案件有 74% 最终被定罪。

德夫林（Devlin，1976）提出以下建议：

> 无论如何，我们确实希望确保在一般情况下，提出起诉不能仅仅基于目击证人的证据，而且，如果提出了，他们将会失败。我们认为，他们理应失败，因为在我们看来，只有在特殊情况下，辨认证据本身才会足够可靠进而排除关于犯罪的合理怀疑。（第 8.4 段，第 150 页）

将这一建议与近 30 年后作出的上诉法院的判决相比较而言，是颇具启发之举［女王诉米切尔（*R v Mitchell*），2005］。该判决关注的焦点为在单个专

---

① 就列队辨认中向目击证人展示列队成员的方式或形式而言，可分为真人出席/到场展示、照片展示以及视频展示，前两种是最常见和主要的展示方式，一般而言，使用“line-up”就是指真人出席/到场展示的列队辨认。英国近年来视频展示辨认发展迅速，为了便于区分，本章中作者使用了“live line-ups”，也是指真人出席/到场展示的列队辨认，译为“现场列队辨认”。（译者注）

家意见的基础上是否需要佐证来定罪。该专家断定，他对闭路电视图像的分析为上诉人就是闭路电视图像中那个人的这一观点提供了强有力的支持。上诉法院法官塔基（Tuckey）表示：

> 原则上，陪审团可以根据具有人脸比对资质的专家证据来定罪……没有必要为此类证据提供一些单独的支持……要不是这样，就不可能根据单个证人的辨认证据来给被告人定罪，我们都知道这种情况经常发生。（第 11 段）

尽管有德夫林（Devlin）的建议，但在 2005 年根据单个目击证人的证据就定罪的情况“时常”发生。

法律保障

德夫林（Devlin）调查的直接成果就是伦敦上诉法院的一项具有里程碑意义的裁决［女王诉特恩布尔（*R v Turnbull*），1976］，该裁决确立了一个初审法官必须使用的原则，即提醒陪审团在目击证人辨认有争议的案件中需要特别谨慎。

◆ 特恩布尔（Turnbull）指南

英国判例法建立在这样的前提之上：可以区分充分和不充分的目击证人辨认证据。当辨认有争议时，初审法官必须建议陪审团仔细考虑辨认的情况。“Turnbull 警告”的要求被总结在缩写词“ADVOKATE”中。必须指示陪审团考虑以下内容：犯罪实施者被看到的持续时间；证人与犯罪实施者之间的距离；犯罪实施者的可见度；光线条件如何？证人视野中的障碍？证人是否认识？证人之前见过犯罪嫌疑人吗？多久一次？记得的理由是什么？如果之前只是偶然见过，证人是否有什么理由记得该犯罪嫌疑人？该事件与正式辨认程序之间的时间延迟；差异：事件发生时，向警方做出的描述与犯罪嫌疑人的相貌之间，是否存在任何实质性的差异？

《1984 年警察和刑事证据法》

《1984 年警察和刑事证据法》（PACE）制定了一项专业守则（称为守则 D），该守则管理在英格兰和威尔士实施的辨认程序。当前的守则于 2008 年生效，涵盖了各种各样的情况，主要规定如下：如果辨认是有争议的，必须提供一份包含动态影像的视频辨认程序，除非它是不可行的，或者进行一次“现场”辨认程序更为合适。辨认队列应当包含最少 8 名陪衬者以及 1 名犯罪嫌疑人。陪衬者应当“在年龄、相貌以及生活地位上与犯罪嫌疑人尽可能地相近”。证人必须被告知，他们所见到的人可能不在场，并且必须查看完整的辨认队列至少两次。他们被指示，如果他们无法作出一个肯定的辨认，他们应该实事求是地说出来。管理辨认程序的人不应当参与犯罪调查。当证人观察辨认队列时，犯罪嫌疑人有权要求他/她的法律代表到场。犯罪嫌疑人的法律代表可以对程序提出合理的异议（例如，陪衬者的选择）。假如该异议无法被解决（例如，用一个不同的陪衬者替代），则异议的理由连同其无法被解决的原因必须被如实记录下来。如果之前已经向证人展示过照片，那么展示照片的细节应当被记录下来。证人所说的任何事情都应当在他/她离开辨认室之前记载下来。

PACE 守则的运行效果如何？

有学者对警方依据 PACE 守则实施的现场列队辨认进行了大量研究［斯莱特（Slater），1994；赖特和麦克戴德（Wright & McDaid），1996；瓦伦丁、皮克林和达林（Valentine，Pickering & Darling），2003］。在所有的三项研究中，大约 40% 的证人辨认出了犯罪嫌疑人，大约 40% 的证人无法作出任何辨认，以及大约 20% 的证人指认了一名陪衬者。像这样的现场数据，不可能知道辨认队列中包含了多少真正的罪犯。然而，我们都了解到，至少有 20% 的证人对一名无辜者作出了错误的辨认。一个值得注意的有趣现象是，在这些研究中错误辨认的比率高于德夫林（Devlin）指出的比率（分别为 20% 对 9%）。乍一看，这是一个值得关注的问题。然而，可以说，对陪衬者辨认比率的提高反映了列队辨认的结构更公平。使用与犯罪嫌疑人相似的陪衬者更可能会使证人作出错误的辨认。尽管如此，数据显示，“被看到的那个人可能在场，也可能不在场”的指示并未能阻止许多不可靠的证人作出辨认。

警方从 1776 份列队辨认中收集到的档案数据表明，在 48% 的案件中犯罪嫌疑人被辨认出来，但无法将不能辨认和辨认出陪衬者区分开来［派克、布雷斯和开曼（Pike，Brace & Kyman），2002］。一份关于美国刑事案件中进行的 58 起现场列队辨认的档案分析发现，在 50% 的案件中犯罪嫌疑人被辨认出来，在 24% 的案件中陪衬者被指认，以及在 26% 的案件中，证人无法作出辨认或拒绝列队辨认［贝尔曼和戴维（Behrman & Davey），2001］。值得注意的是，在美国陪衬者没有最低数量限制，虽然普遍使用五人。

德夫林（Devlin，1976）的报告中没有确认列队辨认程序中任何可能大幅增加出错风险的缺陷。相反，有人认为，减少错误定罪风险的唯一途径是增加举证责任。德夫林（Devlin）指出，这将使得宣判有罪和无罪都更加困难，他建议这个过程应当加以限制。在德夫林（Devlin）的报告发表的时候，关于目击证人证词的现代研究才刚刚开始。德夫林（Devlin）预见性地听取了来自心理学家的证据，并且对心理科学所做的贡献表示赞赏，这是值得称赞的。

目击证人辨认中的理论问题

◆ 相对判断和绝对判断（relative and absolute judgements）

在理解目击证人辨认方面的一个持久问题是，解释为什么有相当数量的少数证人作了错误辨认，尽管有适当的警告说犯罪实施者可能不在队列中出现。韦尔斯（Wells，1993）的研究证明，至少有部分问题可以归因于作出相对判断而不是绝对判断的证人。在面对一组辨认队列时，如果他们与罪犯的相似程度超过了记忆的某个标准，证人会只辨认出一个人（一个绝对判断）。或者，证人可以查看辨认队列中的所有成员，并辨认出与犯罪实施者最相似的那个人（一个相对判断）。韦尔斯（Wells，1993）以及克拉克和戴维（Clark & Davey，2005）的研究表明，一部分证人，如果罪犯在辨认队列中出现就能够将其辨认出来，但在被要求从一个没有包含罪犯的辨认队列中进行辨认时，他们会对陪衬者作出错误的辨认，即使不辨认任何人的选择是明确可用的。这些数据表明，相对辨认决定是导致错误辨认的一个原因。

◆ 顺序展示与同时展示（sequential vs. simultaneous presentation）

一种按顺序展示辨认队列的方法被开发出来以防止证人作出相对判断。在一个顺序展示中，人脸照片一次展示一张［林赛和韦尔斯（Lindsay & Wells），1985］。证人没有被告知将会展示多少张人脸，但在展示下一张人脸之前，必须考虑所展示的每张人脸是否就是罪犯。列队辨认管理人不应知道犯罪嫌疑人的身份。此外，绝不允许证人二次选择或者再次查看先前所展示的人脸［林赛、利和富尔福德（Lindsay，Lea & Fulford），1991］。

顺序展示已被发现会减少来自罪犯不在场的列队辨认的错误辨认数，但是也减少了来自罪犯在场的列队辨认的正确辨认数［斯特布莱、戴萨特、富勒罗和林赛（Steblay，Dysart，Fulero & Lindsay），2001］。梅斯纳、崔德克斯、帕克和麦克林（Meissner，Tredoux，Parker & Maclin），2005］发现，按顺序的列队辨认促成了一个更保守的反应标准，但不影响辨别的准确率。简而言之，在按顺序的列队辨认中，有罪者和无辜者都不容易被辨认出来。下面讨论在视频辨认的情形下使用按顺序列队辨认的规定。

◆ 记住与熟悉性（recollection and familiarity）

更好地了解鼓励使用相对判断的条件将会大有裨益。有一种可能性是，当再认（recognition）任务有难度时，证人可能倾向于使用相对判断。瓦伦丁、达林和梅蒙（Valentine，Darling & Memon，2007）发现，比起看到罪犯在其中的辨认队列，当证人看到罪犯不在其中的辨认队列时，更可能使用相对判断来进行报告。如果一个证人能够回忆起在犯罪现场看到的罪犯，她/他就能依靠一个绝对性决策作出判断。但是，在没有认出罪犯的时候，证人可能禁不住会依赖一种熟悉感（例如，2 号看起来很熟悉）。当只是基于熟悉感而作出回应时，证人可能更容易依靠相对判断，即证人可能会指认他感到最熟悉的那个人。主观熟悉感可能源于对某个人脸典型性或之前见过的人脸相似度的感知，而不是罪犯［巴特利特、赫里和索利（Bartlett，Hurry，& Thorley），1984；瓦伦丁（Valentine），1991］。

在再认记忆的理论模型中，人们已经对记住与熟悉性进行了区分［例如，曼德勒（Mandler），1980；雅各比和达拉斯（Jacoby & Dallas），1981；参见尤尼利纳斯（Yonelinas），2002，综述］。一种类似的区分已经被描述为记得（remembering）和（仅仅是）知道（knowing）之前已见过一个刺激物［塔尔文（Tulving），1985］。有实证证据表明，这种区分体现了不同的记忆（remembering）方式［参见加德纳和理查森－克拉维恩（Gardiner & Richardson-Klavehn），2000，综述］。将这个理论体系应用于目击证人辨认说明在未来的研究中，探索对证人使用的指示也许是有益的，这种指示即鼓励记住判断但不鼓励基于熟悉感的辨认。

影响目击证人辨认的因素

犯罪现场调查人员非常小心，避免引入新的痕迹物证污染犯罪现场。目击证人的记忆作为犯罪现场的一部分，应当被同等对待。调查人员应当注意确保他们没有扭曲证人的记忆，并且应当使用一种灵敏的且公正的程序来获取最高质量的辨认证据。调查人员控制了目击证人与调查相互作用的诸多方面。例如，调查人员可以制定一种策略去询问证人，决定哪一名证人会被要求去辨认，选择一种恰当的辨认方式，在一个辨认程序后向证人介绍情况并控制提供给证人的信息。

辨认程序的选择和设计可以对获取的目击证人证据的可靠性产生重大影响。一个设计得很差的程序可能会扭曲一名目击证人的记忆，可能会导致对一名无辜犯罪嫌疑人的错误辨认，或者错失收集针对有罪犯罪嫌疑人辨认证据的机会。心理科学可以评估辨认程序。例如，列队辨认陪衬者的选择、给予证人的指示以及事前查看照片等，这些都已经被证明对目击证人辨认的可靠性有显著影响。

陪衬者的选择

PACE 业务守则明确规定，为列队辨认选择的陪衬者必须“类似犯罪嫌疑人”。这被称为犯罪嫌疑人相似策略。吕斯和韦尔斯（Luus & Wells，1991）认为，选择那些与证人对罪犯的描述相符的陪衬者是一种更优的策略。人们有理由认为，证人能够记得他/她向警方提供的描述，并且可能期望辨认出符合他们描述的人。因此，证人可能倾向于忽视任何不符合他们描述的陪衬者，或者相反，特别注意任何比其余的更符合他们描述的人。吕斯和韦尔斯（Luus & Wells）认为，如果辨认队列成员与最初描述中未提到的特征有所不同，这并不会引起对无辜犯罪嫌疑人的偏见。辨认队列成员不同的脸部特征有助于具有可靠记忆的证人鉴别出罪犯与陪衬者。如果犯罪嫌疑人不是罪犯，那么他/她比其他任何人更不可能因为描述中未提及的特征而被错误辨认，原因是证人之前未曾见过犯罪嫌疑人。在一个公正的列队辨认中，所有人都应当与证人对罪犯的描述相符。

有时候证人可能没有提到一个人的性别或民族，或者可能忽略说某人没有胡子或者没有配戴眼镜。这是有可能发生的，因为证人假设了一个默认值[林赛、马丁和韦伯（Lindsay，Martin & Webber），1994]。在构建一个罪犯描述辨认队列时，必须考虑到默认值。或者，如果证人的描述模糊不清，或者犯罪嫌疑人不符合描述，那么就有可能需要诉诸犯罪嫌疑人相似策略。犯罪嫌疑人在辨认队列中不应当过于显眼是重要的原则。

每一名证人对罪犯的描述都需要相应的辨认队列，这就需要不同的陪衬者，因为他们对罪犯的描述可能是不一样的。因此，使用有罪犯描述的列队辨认将需要额外的警方资源。在英国当前的实践中，只需要将一个简单的辨认队列用于所有证人，虽然不同证人对面的犯罪嫌疑人所处的位置可能有所不同。

对描述罪犯的列队辨认优越性的实证支持是喜忧参半的。韦尔斯、吕德尔和塞拉（Wells，Rydell & Seelau，1993）及尤斯林、奥尔森和韦曼（Juslin，Olsson & Winman，1996）的研究报告称，当罪犯出现在辨认队列中的时候，有罪犯描述的列队辨认比使用犯罪嫌疑人相似策略的列队辨认有更多的正确辨认，并且在错误辨认的数量方面与罪犯不在其中的列队辨认相比没有显著差异。相反，林赛（Lindsay）等人（1994），以及滕尼克利夫和克拉克（Tunnicliffe & Clark，2000）未发现有罪犯描述的列队辨认比使用犯罪嫌疑人相似策略的列队辨认有任何统计学上的显著优势。下文将讨论视频辨认情形中有罪犯描述的列队辨认的使用。

◆ 对证人的指示

证人可能会认为，他们之所以被邀请去参加辨认是因为警察有充足的理由相信犯罪嫌疑人是有罪的。因此，证人可能假定，如果他们指认该犯罪嫌疑人会对警察有所帮助。对证人的指示应当强调罪犯也许不在辨认队列中的可能性，这是十分重要的。PACE 业务守则包括了证人见过的那个人“可能在场也可能不在场”的指示。此外，必须指示证人，“假如你不能作出一个肯定的辨认，你应当说出来”。没有指出罪犯可能不在辨认队列中的指示被认为是“有偏见的”（例如，“你可以辨认出袭击你的男子吗?”）。对 18 项研究的元分析表明，证人在被给予有偏见的指示时，更有可能作出辨认，无论其正确与否。有偏见的指示增加了无辜的犯罪嫌疑人从罪犯不在其中的列队辨认里被指认出来的可能性［斯特布莱（Steblay），1997］。

◆ 列队辨认管理者的“盲目”

“盲目”被用来指代列队辨认管理者不知道（不了解）犯罪嫌疑人的身份。该程序通常被称为“双盲”，意味着证人和列队辨认的管理者都不了解犯罪嫌疑人的身份。双盲程序应当被用于防止对证人产生任何非故意的影响。这些影响可能是十分微妙的以及完全无意识的。例如，当看到犯罪嫌疑人的照片时，管理者看向证人，或者流露出只有指认的就是犯罪嫌疑人时才更有可能接受这个试探性的辨认。目前，PACE 业务守则并不要求双盲管理。

列队辨认中的双盲管理目前还缺少直接证据支持。然而，实验者诱导的影响效果在更广泛的心理学背景下得到充分确立［哈里斯和罗森塔尔（Harris & Rosenthal），1985］。正因如此，双盲程序是药物临床试验一个极其重要的特征。需要理解的要点是，辨认程序的双盲管理消除了证人会受到影响的任何可能性。因此，双盲管理保护了警察免遭有关偏见的恶意指控，也增强了对辨认证据公正性的感知。在美国照片被广泛用于辨认以及在英国使用视频辨认，都极大地促进了双盲辨认程序的使用。

◆ 陪衬者的数量

在英格兰及威尔士，视频或现场列队辨认被要求最少有 8 名陪衬者。美国司法部建议，列队辨认照片最少要有 5 名陪衬者，现场列队辨认最少要有 4 名陪衬者（目击证人辨认技术工作小组，1999）。这些准则引发了一个关于多少陪衬者才是最佳的问题。

陪衬者与罪犯的相似度比辨认队列成员的绝对数量更为重要。与罪犯不相似的陪衬者将会被证人忽视。从有目标和没有目标的照片列队辨认中辨认出目标人脸的能力随着列队辨认规模的增加而降低［梅斯内（Meissner）等人，2005］。因此，目标人物最有可能从单人列队辨认（将犯罪嫌疑人展现给证人观察或者面对面）中被识别出来，而最不可能从一个 12 人的列队辨认中识别出来。该结果并不令人吃惊，因为提供了更多替代性回应的列队辨认也提供了更加困难的记忆考验。对一个无辜犯罪嫌疑人作出肯定辨认是一个具有司法意义的错误辨认（可能导致司法不公）。在一个目标不在其中的单人列队辨认中，所有的错误辨认都会有无辜的犯罪嫌疑人。比起小规模的列队辨认，在一个大规模的目标不在其中的列队辨认中，错误辨认一个无辜犯罪嫌疑人的可能性要更小。总而言之，对于列队辨认的最佳规模还没有明确的实证指导准则，但是如果适当地选择陪衬者，那么较大的辨认队列可能给评估目击者的记忆提出更大的挑战。

◆ 事先披露照片

如果警察没有认定犯罪嫌疑人，就可能向证人展示有类似罪行之人的照片（面部照片）。该程序不同于列队辨认，在这个程序中所有人都是潜在的犯罪嫌疑人。因此，任何辨认都将导致那个人被调查。在随后的调查中，警方可能会想通过列队辨认收集正式的辨认证据，或者可能根据法律被要求这么做。如果证人已经预先在面部照片相册中看到犯罪嫌疑人的照片，随后的列队辨认中对该犯罪嫌疑人会不会存在偏见？

得芬巴赫、伯恩斯坦和彭罗德（Deffenbacher，Bornstein & Penrod，2006）提供了一项关于披露面部照片之影响的系统综述。他们发现，预先看到随后会出现在列队辨认中的某人的照片，会增加从该列队辨认中作出错误辨认的可能性。这种效果是由于人们对照片熟悉性（familiarity）的转移，照片中的人会被错误地认为在犯罪现场已经看到过。在看到较少的面部照片（8 ~ 15 个，或更少）时，这种效果比观看更多的面部照片时更强烈。如果某个人从面部照片中被错误地辨认为犯罪实施者，这种效果就尤为强烈。这被称为**初期辨认的约束效果**（effect of commitment to the earlier identification）。如果被看到的人都没有出现在随后的列队辨认中，那么展示照片就不会有不良影响。

视频辨认及其优点

在英格兰和威尔士，自 2003 年以来，视频技术已经被用来取代事实上所有的现场列队辨认。视频辨认由 15 秒的剪辑组成，展示每位辨认队列成员的头和肩膀。首先，他们看着相机，然后转动他们的头以展示两个侧面轮廓，再回头看相机。图像在标准化的条件下拍摄。每一位辨认队列成员都按顺序展示，同时在屏幕左上角用数字标识每个人。

与现场列队辨认相比，视频列队辨认提供了诸多好处：

（1）视频可以显著地减少组织辨认前延迟的时间。一个视频列队辨认可以在两个小时的要求内完成制作并通过安全网络传输。

（2）视频辨认程序的管理者可以在方便证人而不是方便犯罪嫌疑人的情况下进行安排，因为犯罪嫌疑人不用出现在视频辨认过程中。这导致被取消的辨认程序更少了。

（3）庞大的视频剪辑数据库（超过 20 000 个）可供使用，给予了更多的陪衬者供选择。这使得选择外貌与犯罪嫌疑人相似的陪衬者变得更容易。

（4）视频对被害人的威胁更小。例如，被害人不需要再到辨认室，而攻击他们的人可能本人就在辨认室中。

（5）视频设备可以带到不能到访警察局的证人面前。例如，一位被暴力袭击的证人可以在医院的病床上观看一个视频辨认队列，或者证人可以在世界的任何地方观看一个辨认队列。

（6）如果犯罪嫌疑人第一次被拘留时，他们的照片被拍摄用于视频辨认，那么他们将不再有机会改变其外貌。

（7）视频辨认不要求犯罪嫌疑人持续配合。一旦犯罪嫌疑人的照片被拍摄用于视频列队辨认，那么该程序就不再要求犯罪嫌疑人的配合。

由于立法和技术的发展，视频辨认对调查过程产生了重大影响。在某些情况下，警方知道有一个犯罪嫌疑人但找不到他，辨认警官可以在采取任何拘捕措施之前，使用任何适当的静止或移动的犯罪嫌疑人图像组织一个辨认程序。使用历史上保存的图像这个相同的原理也可以适用于多年前涉嫌犯罪且其外貌发生改变的人［女王诉福兰（*R v Folan*），2003］。法医学科在使用 DNA 证据方面的进步以及不断增长的犯罪嫌疑人图像数据库意味着这些方面的犯罪调查必定会增加。总体而言，在多种情况下，视频辨认提供的处理速度加快了身份识别被视为问题的调查结果的取得。尤其是在涉及严重犯罪的情况下，在犯罪嫌疑人被拘留的时候就开展辨认程序并不罕见。视频技术更深入的一个特点就是能够覆盖或复制犯罪嫌疑人以及/或陪衬者突出的面部特征的能力（例如，伤疤、文身等），以确保辨认程序符合法律要求。下面将对这个问题进行更详细的讨论。

使用目击证人辨认证据的增长

德夫林（Devlin，1976）根据调查统计得出，英格兰及威尔士在 1973 年开展了 2116 次列队辨认。PACE 导致了列队辨认使用的增加，因为它给予了犯罪嫌疑人在辨认有争议的时候进行一次列队辨认的权利。斯莱特（Slater，1994）报告了来自英国 52 个警察机构中 24 个的数据，该数据显示了 1990—1993 年，组织列队辨认的数量急剧增加。在 1993 年报告了数据的 24 个警察机构中共组织了 13 652 次列队辨认。

视频的采用加上进一步的立法变革，这使组织实施辨认程序更加容易，也导致了需求的进一步大幅增加。对 2006 年的最佳估计数表明，视频辨认程序的数量已经达到了每年最少80 000次。颇具矛盾的是，与20世纪70年代德夫林（Devlin）分析目击证人辨认证据时相比，法院现在更多地依赖于目击证人辨认。

关于视频辨认的研究

展示辨认队列的形式［照片、视频、现场（live）］以及对已能获取的丰富线索（如静态、动态图片）的处理，对于辨认准确度的影响小得令人惊讶。一个可能的原因是，脸部是认出一个人最可靠的方式，并且从一张高质量的静态照片中可以充分地、很好地感知脸部。因此，依靠像步态、体形或彩色图像这样的线索几乎不会带来额外收益。回顾研究文献，卡特勒、伯曼、彭罗德和费希尔（Cutler，Berman，Penrod & Fisher）总结道，“关于当前的实践，保守的结论是：根据现有的研究，没有理由相信现场列队辨认、视频录像列队辨认或照片组列队辨认在辨认效果上产生了实质性差异”（1994：181）。

◈ 视频列队辨认的公正性

现有的研究认为，视频辨认可能不会比现场列队辨认更敏感或更不敏感。但是，数据库中可用于组建视频辨认队列的视频剪辑数量远远多于可以站在现场辨认队列中的志愿者人数。因此，人们有很好的理由相信，在操作环境方面，应该有可能构建比现场列队辨认更公平的视频列队辨认。事实上，研究发现，对于犯罪嫌疑人来说，刑事案件中的视频列队辨认比起传统的“现场”列队辨认更公平［瓦伦丁和希顿（Valentine & Heaton），1999］。此外，视频列队辨认对于欧洲白人和加勒比黑人犯罪嫌疑人同样公平［瓦伦丁、哈里斯、科隆·彼拉和达林（Valentine，Harris，Colom Piera & Darling），2003］。在这些研究中，参与者（“模拟证人”）得到了由原始证人提供的关于罪犯的最初描述，并被要求从辨认队列成员中选出他们认为最有可能是犯罪嫌疑人的那个人。由于模拟证人没有见过犯罪实施者，如果列队辨认是完全公正的，那么犯罪嫌疑人被选择的频率不应该高于随机预测的频率：11%

（九分之一）的选择应当是来自包含 8 名陪衬者的辨认队列中的犯罪嫌疑人。瓦伦丁和希顿（Valentine & Heaton，1999）发现，模拟证人在现场辨认队列中辨认出犯罪嫌疑人的频率（25%）比随机预测得高，而无法从视频辨认队列中选出犯罪嫌疑人（15%）的频率比随机预测的明显高得多。瓦伦丁（Valentine）等人（2003）发现，在使用具有这两个族裔背景的模拟证人数量相同的情况下，视频列队辨认对加勒比黑人和欧洲白人是同样公平的。

◆ 警察对视频辨认的看法

休斯（Hughes，2005）调查了 30 名经验丰富的警方辨认人员对视频辨认程序的看法。几乎所有的辨认警官都认为视频辨认是比现场列队辨认更好的方法。有人认为这促进了大量犯罪而不仅仅是严重犯罪中辨认证据的使用。有趣的是，37% 的辨认警官认为辨认证据是完全可靠的。假如证人有很强的自信且辨认程序在犯罪发生后不久就进行，该数字会上升至 51%。绝大部分警官（61%）认为视频辨认对于犯罪嫌疑人和证人来说都是公平的；没有人认为视频辨认对于犯罪嫌疑人不公平，但 33% 的警官认为这对证人是不公平的。令人担忧的是，该程序的某些方面使得辨认任务过于困难。有一个明确的看法（90%）认为，在程序开始之前，应该做更多的工作来向证人提供简要的说明和支持。

◆ 对视频列队辨认修正程序的评估

瓦伦丁、达林和梅蒙（Valentine，Darling & Memon，2007）检测了采用上文所描绘的严格按顺序展示规则是否会增强视频辨认证据的可靠性。通过严格地按顺序展示程序，证人被指示在展示每一张人脸时作出回应，相对应地，在英国的程序中，证人被告知在作出决定前要观看整个视频两次。在“严格按顺序”和“现有”的条件下，列队辨认的管理者并不了解犯罪嫌疑人在一个九人辨认队列中的位置。展示程序对于从犯罪实施者不在其中的辨认队列中作出错误辨认的数量并无值得信任的影响，但是，在“严格按顺序”的条件下，当犯罪实施者出现在一个辨认队列中时，对犯罪实施者的正确辨认会更少。

达林、瓦伦丁和梅蒙（Darling，Valentine & Memon，2008）测试了使用描述罪犯策略替代犯罪嫌疑人相似策略为一个九人视频列队辨认选择陪衬者。从未参加主要研究的参与者提供的两两比较评分中可以确定的是，比起犯罪嫌疑人相似的辨认队列中的陪衬者，在描述罪犯的辨认队列中陪衬者彼此之间的不相似程度要更大。然而，在描述罪犯和犯罪嫌疑人相似的列对辨认之间，正确和错误辨认的比例并没有统计学上的显著差异。由瓦伦丁（Valentine）等人（2007）和达林（Darling）等人（2008）报告的实验遵循了英国警察的视频辨认程序，并使用了以警方国家数据库构建的辨认列队。这些数据明确地将研究文献中提倡的程序与英国使用情境中的现有程序进行了比较。没有证据表明，按顺序展示的指示或者描述罪犯的策略可以改善现有的视频辨认程序。

有独特标记的犯罪嫌疑人

如果犯罪嫌疑人有独特的标识，如文身、疤痕或他们脸上的特殊标识，怎样才能构建一个公平的列队辨认？证人可能描述了一个标识或文身，犯罪嫌疑人可能因为有一个相似的标识而被拘留。或者，犯罪嫌疑人可能有一个证人没有描述过的标识。假如犯罪嫌疑人是辨认队列中唯一脸上有伤疤或文身的人，那么他与其他陪衬者相比，将显得很突出，致使列队辨认变得不公正。在英国，犯罪嫌疑人的律师很可能将他/她的当事人是唯一有伤疤或文身的人作为反对列队辨认的理由。

对这个问题已经有两个解决方法。最常见的一种是，掩盖犯罪嫌疑人和陪衬者脸上具有独特特征的区域。对于视频辨认，该区域会被像素化，使用颜色和亮度均匀的正方形网格马赛克来遮挡该区域。该过程可以在运动视频中自动进行，以便在视图变化时，马赛克遮挡脸部相同的区域。另一种策略是在陪衬者的脸上复制该独特标识。这个过程既耗时又昂贵，所以标识通常仅仅复制在正脸和侧脸视图上。在这种情况下，展示给证人的就是静态图像而不是动态图像。

遮挡或复制会更好吗？遮挡独特特征的缺点在于它改变了犯罪嫌疑人的

容貌。一个独有的特征是认出犯罪实施者面容的显著线索。［维诺格拉特（Winograd），1981；瓦伦丁（Valentine），1991］。因此，更好的策略是复制该特征到陪衬者脸上。如果使用复制，那么通常复制的是相同的特征。然而，该策略意味着证人无法使用他们对特殊标识的了解来识别犯罪实施者。更好的方法是使用上述描述罪犯的策略。在每张人脸上复制的特征应当与证人所描述的一致，但是在描述所设定的限制范围内，陪衬者的确切特性（位置、大小、颜色或样式）可能有所不同。这种变化将允许证人使用对独特标识的再认以支持其对犯罪实施者的识别。然而，在独特标识特征上的变化将不会对证人之前从未见过的无辜犯罪嫌疑人引发任何偏见。

由于复制只能被应用在静态图像上，由此出现的问题是使用静态图像而不是动态视频是否会影响辨认的准确性。瓦伦丁（Valentine）等人（2007）和达林（Darling）等人（2008）在另一个相同的视频辨认程序中对动态视频和单一的、静态的正面图像的效果进行了比较。观察到这对于从罪犯在其中的辨认队列中辨认犯罪实施者并没有影响。当动态图像被用在一个实验中时，陪衬者不太可能从罪犯不在其中的列队辨认中被错误辨认［瓦伦丁（Valentine）等人，2007］，但在第二次实验中，该辨认效果未能得到复制［达林（Darling）等人，2008］。该数据表明，使用动态图像对列队辨认的结果几乎没有任何可靠的影响。

目击证人的信心与准确性

长期以来，人们一直认识到一个自信的证人也可能会出错［德夫林（Devlin），1976］。实际上，在特恩布尔（Turnbull）对于目击证人证据的评价中就包含了对这种效应的警告。近年来，已经证明了，对于那些在一个列队辨认中辨认出某人的证人而言，目击证人的信心与其辨认的准确性之间的联系是中等强度的。然而，在否定辨认队列的证人中，此种联系是较弱的［施珀雷尔、彭罗德、里德和卡特勒（Sporer，Penrod，Read & Cutler），1995］。在作出辨认后立即进行评估时，以及很大程度上在证人获得关于他们辨认的任何进一步信息之前，信心与准确性的关系是最为密切的［卡特勒和彭罗德（Cutler & Penrod），1989］。但是，由于信心与准确性之间的联系还远非完美，我们会经常遇到自信但出错的目击证人。

证人信心的可塑性

一个非常重要的研究发现是：证人信心具有可塑性，并且受到证人在参加辨认程序后获得的信息的影响，收到指认的人就是犯罪嫌疑人或其他人也进行了同样的辨认，这种反馈将增强证人对其辨认的信心。确认反馈不仅容易使证人随后对他们的辨认更有信心，而且往往会夸大对随后一系列证词的评估，包括罪犯被发现了多长时间，他们离得多近以及证人给予了多大的关注［韦尔斯和布拉德菲尔德（Wells & Bradfield），1998］。此外，确认性的辨认后反馈会使得目击证人过于自信，也就是说，他们现在对其辨认表现出的信心超过了应有的水平［塞姆勒、布鲁尔和韦尔斯（Semmler，Brewer & Wells），2004］。等到证人在法庭上提供证据的时候，他们很可能已经收到了确认的反馈。因此，证人在法庭上表现出的自信，除了他们在辨认程序中最初的信心外，很可能还取决于他们收到的反馈。

真实证人的信心

赖特和斯卡格伯格（Wright & Skagerberg，2007）利用萨塞克斯郡警察局（Sussex Police）的做法，在一个视频列队辨认中例行告知证人他们是否已辨认出犯罪嫌疑人。在证人辨认后，但接收反馈前，每一位证人对三个问题给出 10 分制的评级，这三个问题分别是关于他们看到罪犯的时机、他们刚刚进行的辨认以及他们认为其总体记忆有多好。在接收反馈后，每一位证人再次从各个方面提供对三个问题的评分。证人在得到他们的辨认出错的反馈后，对该次辨认任务评估为“更加困难”，但是已被告知他们辨认出犯罪嫌疑人的证人将该次任务评估为“较容易”。赖特和斯卡格伯格（Wright & Skagerberg，2007）做出一个重要的贡献，证明了之前在实验室研究中观察到的信心可塑性在真正的证人和犯罪被害者身上也能观察到。在当前的 PACE 业务守则中，没有规定要求记录一份关于信心的声明，尽管证人说的任何事情都必须记录下来。相比之下，美国司法部关于目击者辨认的指南确实建议在证人辨认后并且在给予任何反馈前要立即获取一份明确的关于信心的声明（目击证人辨认技术工作组，1999）。

英格兰和威尔士的实施守则要求指示证人："如果你不能进行肯定的辨认，你应当如实说出来。"休斯（Hughes，2005）的调查表明，即使是在组织辨认的警官当中，"肯定"一词的含义也是模糊不清的。解释范围从"任意辨认"到"100% 确定"的信心。仅有 7% 的辨认警官说，在目击证人离开辨认室之前，询问目击证人有关他们对其辨认的信心。97% 的警官知道犯罪嫌疑人在视频列队辨认中的位置（辨认程序并非"盲"运行的）。大多数人（70%）不认为"盲测"会增强公正性。19% 的警察机关有一项告知证人他们是否已经辨认出犯罪嫌疑人的政策。赋予该政策的一个理由是加强对证人的照顾，因为大多数证人都想了解他们是否辨认出了犯罪嫌疑人。然而，告知证人辨认程序结果的调查对象中只有 36% 在提供反馈之前提供了声明。在提供反馈之前做一个有关信心的书面记录，对于保存证人在辨认时的信心的准确记录至关重要。在审判前，证人可能会收到或推断出有助于增强其信心的反馈。

结论和建议

有明确的证据表明，错误辨认是导致错误定罪的重要原因之一。此外，错误定罪是一个严重的问题——在美国现在已经有超过 230 个 DNA 免罪案例。虽然这些证据与那个特定国家直接相关，但我们有充分的理由相信类似的问题也存在于英国。在英国，大约 20% 的目击证人作出了众所周知的错误辨认。但是，对辨认队列中的一名陪衬者予以错误辨认并不会导致错误定罪。正是对警方认定的犯罪嫌疑人作出的未知的错误辨认导致了司法误判。英国的法律制度与美国大为不同。英格兰及威尔士的辨认程序受《警察和刑事证据法》要求的业务守则（守则 D）监管。此外，初审法官必须向陪审团提供关于目击证人辨认缺点的特别警告。尽管如此，在英格兰及威尔士，未经补强的目击证人辨认证据仍然足以定罪。

PACE 业务守则的确包含了一些最佳实践做法的要素，这些要素在关于目击证人辨认的研究文献中很少被讨论。例如，当证人观看视频或现场辨认队列时，犯罪嫌疑人的法律代理人有权在场。如果没有法律代理人在场，该程序必须被录像。这一规定有可能成为对犯罪嫌疑人权利的一种有效保护，并阻止明显的诱导行为。另外一项规定是，允许犯罪嫌疑人和他们的法律代理人有机会反对辨认队列的成员，这项规定提供了一个切实可行的方法以改进对陪衬者的选择，这能增强列队辨认的公正性。

尽管PACE业务守则很广泛，但其中的许多领域还需要改进。由于几乎所有的辨认程序都是在视频双盲测试上运行的，其中列对辨认管理者不知道犯罪嫌疑人是谁，因此可以很容易地实施。[参见瓦伦丁（Valentine），2006，关于实施这项规定的实践建议]。“盲测”将增强辨认程序的公正性，并保护警察免遭渎职指控。业务守则应当被加以修改：将作出任何辨认之后立即作出一个关于其信心的明确声明之规定纳入其中。对辨认的反馈不应提供给证人。但是，向证人仔细地解释无法提供反馈的原因是非常重要的。最后需要改进的领域是增进对证人的支持。参加一次辨认程序可能是一次困难且压力颇大的经历。应当制定指导准则以确保对证人而言该经历尽可能是轻松的。指导准则应包括对以下内容的明确指引，即向证人简单介绍该程序，并检查他们对该过程和随后辨认程序的了解。在向儿童、老人和易受伤害的证人进行简要介绍时需要特别注意。苏格兰行政当局最近公布了有关儿童证人进行视频辨认的指引，其中包括为儿童及其家长和看护人制定的信息手册（苏格兰行政院，2005；2005b；2005c）。

参考文献

❶ Bartlett, J. C., Hurry, S. & Thorley, W. (1984). Typicality and familiarity of faces. *Memory & Cognition*, 12, 219 - 228.

❷ Behrman, B. W. & Davey, S. L. (2001). Eyewitness identification in actual criminal cases: An archival analysis. *Law and Human Behavior*, 25, 475 - 491.

❸ Clark, S. E. & Davey, S. L. (2005). The targets-to-foils shift in simultaneous and sequential line-ups. *Law and Human Behavior*, 29, 151 - 172.

❹ Cutler, B. L. & Penrod, S. D. (1989). Forensically-relevant moderators of the relationship between eyewitness identification accuracy and confidence. *Journal of Applied Psychology*, 74, 650 – 652.

❺ Cutler, B. L. , Berman, G. L. , Penrod, S. & Fisher, R. P. (1994). Conceptual, practical and empirical issues associated with eyewitness identification test media. In D. F. Ross, J. D. Read & M. P. Toglia (Eds.), *Adult eyewitness testimony: Current trends and developments* (pp. 163 – 181). Cambridge: Cambridge University Press.

❻ Darling, S. , Valentine, T. & Memon, A. (2008). Selection of line-up foils in operational contexts. *Applied Cognitive Psychology*, 22, 159 – 169.

❼ Deffenbacher, K. A. , Bornstein, B. H. & Penrod, S. D (2006). Mugshot exposure effects: Retroactive interference, mugshot commitment, source confusion and unconscious transference. *Law and Human Behavior*, 30, 287 – 307.

❽ Devlin, P. (1976). *Report to the Secretary of State for the Home Department of the Departmental Committee on evidence of identification in criminal cases.* London: Her Majesty's Stationery Office.

❾ Gardiner. J. M. & Richardson-Klavehn, A. (2000). Remembering and knowing. In E. Tulving & F. I. M. Craik (Eds.), *Handbook of memory* (pp. 229 – 244). New York: Oxford University Press.

❿ Harris, M. J. & Rosenthal, R. (1985). Mediation of interpersonal expectancy effects: 31 meta-analyses. *Psychological Bulletin*, 97, 363 – 386.

⓫ Hughes, C. (2005). Making the best use of video film identification parades and providing a fair and consistent approach to witnesses. Unpublished MSc thesis, University of Portsmouth.

⓬ Innocence Project (n. d.). http://www.innocenceproject.org/understand/Eyewitness-Misidentification.php. Accessed 7 January 2008.

⓭ Jacoby, L. L. & Dallas, M. (1981). On the relationship between autobiographical memory and perceptual learning. *Journal of Experimental Psychology: General*, 110, 306 – 340.

⓮ Juslin, P. , Olsson, N. & Winman, A. (1996). Calibration and diagnosticity of confidence in eyewitness identification: comments on what can be inferred from the low confidence-accuracy correlation. *Journal of Experimental Psychology: Learning, Memory and Cognition*, 22, 1304 - 1316.

⑮ Lindsay, R. C. L. & Wells, G. L. (1985). Improving eyewitness identification from line-ups: Simultaneous versus sequential presentation. *Journal of Applied Psychology*, 66, 343 - 350.

⑯ Lindsay, R. C. L., Lea, J. A. & Fulford, J. A. (1991). Sequential line-up presentation: Technique matters. *Journal of Applied Psychology*, 76, 741 - 745.

⑰ Lindsay, R. C. L., Martin, R. & Webber, L. (1994). Default values in eyewitness descriptions: A problem for the match-to-description line-up foil selection strategy. *Law and Human Behavior*, 18, 527 - 541.

⑱ Luus, C. A. E. & Wells, G. L. (1991). Eyewitness identification and the selection of distracters for line-ups. *Law and Human Behavior*, 15, 43 - 57.

⑲ Mandler, G. (1980). Recognising: The judgement of previous occurrence. *Psychological Review*, 87, 252 - 271.

⑳ Meissner, C. A., Tredoux, C. G., Parker, J. F. & MacLin, O. (2005). Eyewitness decisions in simultaneous and sequential line-ups: A dual-process signal detection theory analysis. *Memory & Cognition*, 33, 783 - 792.

㉑ Pike, G., Brace, N. & Kyman, S. (2002). *The visual identification of suspects: Procedures and practice.* Briefing note 2/02, Policing and Reducing Crime Unit, Home Office Research Development and Statistics Directorate. http: //www. homeoffice. gov. uk/rds/prgbriefpubs1. html. Accessed 7 January 2008.

㉒ Police and Criminal Evidence Act 1984. Sections 60 (1) (a), s. 60 (1) and s. 66 (1)) codes of practice (2008). http://www. police. homeoffice. gov. uk/operational-policing/powers-pace-codes/pace-code-intro. Accessed 1 April 2008.

㉓ Scottish Executive (2005a). *Guidance on the conduct of identity parades with child witnesses.* http: //www. scotland. gov. uk/Publications/2005/10/14104449/44500. Accessed 1 April 2008.

㉔ Scottish Executive (2005b). *Video identification parades. A booklet for children and young people*. http://www.scotland.gov.uk/Publications/2005/10/14104300/43005. Accessed 1 April 2008.

㉕ Scottish Executive (2005c). *Your child is attending a video identification parade. A booklet for parents and carers*. http://www.scotland.gov.uk/Publications/2005/10/14104354/43549. Accessed 1 April 2008.

㉖ Semmler, C., Brewer, N. & Wells, G. L. (2004). Effects of postidentification feedback on eyewitness identification and nonidentification confidence. *Journal of Applied Psychology*, 89, 334 – 346.

㉗ Slater, A. (1994). *Identification parades: A scientific evaluation*. London: Police Research Group (Police Research Award Scheme), Home Office: London.

㉘ Sporer, S., Penrod, S., Read, D. & Cutler, B. L. (1995). Choosing, confidence and accuracy: A meta-analysis of the confidence-accuracy relations in eyewitness identification studies. *Psychological Bulletin*, 118, 315 – 327.

㉙ Steblay, N. M. (1997). Social influence in eyewitness recall: A meta-analytic review of line-up instruction effects. *Law and Human Behavior*, 21, 283 – 297.

㉚ Steblay, N., Dysart, J., Fulero, S. & Lindsay, R. C. L. (2001). Eyewitness accuracy rates in sequential and simultaneous line-up presentations: A meta-analytic comparison. *Law and Human Behavior*, 25, 459 – 473.

㉛ Technical Working Group for Eyewitness Identification (1999). *Eyewitness evidence: A guide for law enforcement*. Washington, DC: US Department of Justice. http://www.ncjrs.org/nij/eyewitness/tech_working_group.html. Accessed 11 December 2007.

㉜ Tulving, E. (1985). Memory and consciousness. *Canadian Psychologist*, 26, 1 – 12.

㉝ Tunnicliffe, J. L. & Clark, S. E. (2000). Selecting foils for identification line-ups: Matching suspects or descriptions? *Law and Human Behavior*, 24, 231 – 258.

㉞ Valentine, T. (1991). A unified account of the effects of distinctiveness, inversion and race in face recognition. *Quarterly Journal of Experimental Psychology*, 43A, 161 –204.

㉟ Valentine, T. (2006). Forensic facial identification. In A. Heaton-Armstrong, E. Shepherd, G. Gudjonsson & D. Wolchover (Eds.), *Witness testimony; Psychological, investigative and evidential perspectives* (pp. 281 –307). Oxford: Oxford University Press.

㊱ Valentine, T. & Heaton, P. (1999). An evaluation of the fairness of police line-ups and video identifications. *Applied Cognitive Psychology*, 13, S59 – S72.

㊲ Valentine, T., Harris, N., Colom Piera, A. & Darling, S. (2003). Are police video identifications fair to African-Caribbean suspects? *Applied Cognitive Psychology*, 17, 459 –476.

㊳ Valentine, T., Pickering, A. & Darling, S. (2003). Characteristics of eyewitness identification that predict the outcome of real line-ups. *Applied Cognitive Psychology*, 17, 969 –993.

㊴ Valentine, T., Darling, S. & Memon, A. (2007). Do strict rules and moving images increase the reliability of sequential identification procedures? *Applied Cognitive Psychology*, 21, 933 –949.

㊵ Wells, G. L. (1993). What do we know about eyewitness identification? *American Psychologist*, 48, 553 –571.

㊶ Wells, G. L. & Bradfield, A. L. (1998). 'Good, you identified the suspect': Feedback to eyewitnesses distort their reports of the witnessing experience. *Journal of Applied Psychology*, 66, 688 –696.

㊷ Wells, G. L., Rydell, S. M. & Seelau, E. (1993). The selection of distracters for eyewitness line-ups. *Journal of Applied Psychology*, 78, 835 –844.

㊸ Winograd, E. (1981). Elaboration and distinctiveness in memory for faces. Journal of Experimental Psychology, *Human Learning and Memory*, 7, 181 –190.

㊹ Wright, D. B. & McDaid, A. T. (1996). Comparing system and estimator variables using data from real line-ups. *Applied Cognitive Psychology*, 10, 75 -84.

㊺ Wright, D. B. & Skagerberg, E. M. (2007). Postidentification feedback affects real eyewitnesses. *Psychological Science*, 18, 172 - 178.

㊻ Yonelinas, A. P. (2002). The nature of recollection and familiarity: A review of 30 years of research. *Journal of Memory and Language*, 46, 441 -517.

Cases

❶ *R v Folan* (2003) EWCA Crim 908

❷ *R v John Darren Mitchell* (2005) EWCA Crim 731

❸ *R v Turnbull* (1976) 3 All ER 549

Statutes

Police and Criminal Evidence Act 1984

第14章

提升询问对象描述效果方法的实证研究

塞缪尔·德马基（Samuel Demarchi）
雅克·皮（Jacques Py）*

针对犯罪分子的口头描述（verbal descriptions）是犯罪案件初步调查和长期调查的重要组成部分。执法人员一般都会尽量在调查开始后迅速从证人处获取描述，并将这些描述提供给警察以查明在犯罪现场附近的潜在嫌疑人身份。此外，人物描述（person descriptions）提供了一种验证证人对犯罪分子的初始回忆与最终被逮捕的犯罪嫌疑人的外貌之间一致性的途径。有一种观点认为，口头描述代表了一些记忆特征，在这种观点影响下，研究人员经常鼓励在进行目击者列队辨认时［韦尔斯、斯莫尔、彭洛德、马尔帕斯、弗雷洛和布里马科姆（Wells，Small，Penrod，Malpass，Fulero & Brimacombe），1998］，进行后续的列队辨认公正性测试时［杜布和科社伯姆（Doob & Kirshenbaum），1973；韦尔斯和布拉德菲尔德（Wells & Bradfield），1999；皮、德马基和基内特（Py，Demarchi & Ginet），2003］以及在构建犯罪分子面部合成图（facial composite）或者在绘制犯罪分子面部草图（sketch）时使用这种口头描述［格林和盖泽尔曼（Green & Geiselman），1989］。

---

* 作者简介：塞缪尔·德马基（Samuel Demarchi），法国巴黎第八大学社会心理学实验室（Laboratoire de Psychologie Sociale Université Paris 8）副教授；雅克·皮（Jacques Py），法国图卢兹第二大学（Université Toulouse 2）社会心理学教授。本章原文标题为：A Method to Enhance Person Description：A Field Study，结合正文内容译为“提升询问对象描述效果方法的实地研究”。

人物描述的内容

尽管人物描述在调查过程中具有重要性，但普遍发现证人报告的关于犯罪分子的描述是肤浅的。例如，库恩（Kuehn，1974）分析了100份根据不了解犯罪嫌疑人的单个被害者的描述形成的警方报告。这些报告来自随机抽样的刑事案件（凶杀、强奸、严重殴打和武装抢劫）。结果显示，大多数被害者提供了7.2个身体特征。其他一些基于档案的研究证实了库恩（Kuehn）关于犯罪分子描述完整性的调查结果（见表14.1）。请注意，这些研究中包含的所有描述都是使用标准的警方询问方案获得的，这意味着没有使用标准化或特定方法，如通过认知询问法［盖泽尔曼、费希尔、菲尔斯滕贝格、赫顿、沙利文、阿维蒂希安和普洛斯克（Geiselman，Fisher，Firstenberg，Hutton，Sullivan，Avetissian & Prosk），1984］来获得描述。

表14.1　档案研究中描述的完整性和准确率

研究	完整性	准确性[a]/%
库恩（Kuehn，1974）	7.2	—
林赛、马丁和韦伯（Lindsay，Martin & Webber，1994）	3.9	—
托尔斯特拉普、特特尔和尤伊尔（Tollestrup，Turtle & Yuille，1994）	6.9	—
施珀雷尔（Sporer，1996）	9.7	—
范科彭和洛春（van Koppen & Lochun，1997）	8.4	76
德马基（Demarchi，2003）	8.6	78
法辛、阿斯克和格兰海格（Fashing，Ask & Granhag，2004）	9.4	87

注：“—”表示无法获得的数据。

a 表示参与者报告的正确描述的总和，除以报告了的描述总数，乘以100。

证人回忆的另一个方面是证人提供的信息的性质，特别是这些信息的出现频率和质量（或者说准确率）。通常，描述中包含了比穿着描述更多的身体细节［施珀雷尔（Sporer），1996；范科彭和洛春（van Koppen & Lochun），1997；德马基（Demarchi），2003］。关于身体信息，比起报告面部特征（如嘴、鼻子、眼睛或头发颜色等），证人更多的是报告一般性特征（性别、身高、体形、年龄和种族等）。大多数面部描述指的是脸部的上半部分，特别是头发，被回忆的频率较少的是眼睛的颜色。其他面部特征（如下巴或嘴巴）就几乎不被提及［施珀雷尔（Sporer），1996；范科彭和洛春（van Koppen & Lochun），1997；德马基（Demarchi），2003；法辛、阿斯克和格兰海格（Fashing，Ask & Granhag），2004］。

从质量的角度来看，证人的描述非常准确。尤伊尔和卡特歇尔（Yuille & Cutshall，1986）的研究报告，证人描述的平均准确率为 75.6%。其他人的研究结果相似或稍高［法辛（Fashing）等人，2004］。更准确地说，证人对性别和种族的描述几乎总是准确的，而对面部和其他特征的描述在研究中的准确率稍低或与真正的特征不一致（见表 14.2）。

表 14.2　档案研究中描述的发生率和准确率

特征	范科彭和洛春（van Koppen & Lochun）(1997)(N = 2299)		德马基（Demarchi）(2003)(N = 216)		法辛（Fashing）等 (2004)(N = 250)	
	发生率/%	准确率/%	发生率/%	准确率/%	发生率/%	准确率/%
性别	95	100	100	100	100	100
身高	70	97	83	58	91	78
种族	64	80	85	97	50	92
体形	48	51	65	74	84	90
年龄	55	98	86	43	62	60
头发	—	—	—	—	18	97
头发颜色	36	82	43	77	—	—

续表

特征	范科彭和洛春（van Koppen & Lochun）(1997)(N=2299)		德马基（Demarchi）(2003)(N=216)		法辛（Fashing）等(2004)(N=250)	
	发生率/%	准确率/%	发生率/%	准确率/%	发生率/%	准确率/%
头发长度	—	—	51	84	—	—
发型	34	33	0	—	—	—
脸型	12	100	0	—	10	85
眼睛颜色	5	75	11	78	4	100
鼻子	3	37	2	—	—	—
面部毛发	10	3	0	—	2	100
嘴巴	2	39	1	—	2	20
口音	31	32	—	—	47	99

注："—"表示无法获得或无法计算的数据。

因此，证人对其攻击者有大概的印象，但无法回想起局部的特征（如鼻子、嘴巴等）。换句话说，目击者对犯罪分子的口头描述通常数量太少而且太模糊，无法识别特定的犯罪嫌疑人。此外，在查找犯罪分子的过程中，可获得的大部分信息（如年龄、身高、头发等）可能是不正确的或这些信息特征易于改变（如头发颜色或长度）。这将会导致从面部照片数据库中选择不适当的犯罪嫌疑人，因为算法可能选择与对罪犯的模糊描述匹配的犯罪嫌疑人，而不是他们的实际外貌。

处理人类记忆各个方面的实验室研究结果提供了另外一种调查人物描述性质的方法。目击者提供的大多数描述包含大约 10 个特征，总体准确率大于 70%（见表 14.3）。在一项口头回忆的研究中，林赛、马丁和韦伯（Lindsay, Martin & Webber, 1994）观察到 86% 的参与者都报告了身高特征，其次是体形（51%）、性别（46%）、年龄（45%）、种族（43%）和体重（22%）。对于面部特征，对上面部特征报告的频率高于下面部特征，并且按照以下相对的频率顺序：头发、眼睛、鼻子、面部形状、眉毛、下巴、嘴唇和嘴巴

［埃利斯、谢泼德和戴维斯（Ellis，Shepherd & Davies），1980；劳里、杜瓦尔和沃盖尔特（Laughery，Duval & Wogalter），1986］。值得注意的是，戴维斯、范德维立克和莫里森（Davies，van der Willik & Morrison，2000）发现，在构建面部合成像的参与者中有类似的顺序：参与者通过选择头发来开始其被指定的任务，然后采用向下选择的策略。此外，所有这些结果都与面部处理顺序相一致，特别是在面部感知和再认中对面部上部特征（特别是头发）的处理具有普遍性［田中和法拉（Tanaka & Farah），1993］。事实上，尽管实验参与者报告的描述比真实证人提供的描述要完整得多［林赛（Lindsay）等人，1994］，但它们在信息价值方面仍然不足以帮助警察发现罪犯。尽管如此，它们还包含有关种族，身高，体形，头发长度、颜色和发型，眼睛，面部毛发，肤色和身材等更多信息。

表 14.3　实验室研究中目击者描述的完整性和准确率

研究	完整性	准确性/%
韦尔斯，莱德尔 & 西劳（Wells，Rydell & Seelau，1993）	5.1	—
林赛、马丁和韦伯（Lindsay，Martin & Webber，1994）	7.4	—
芬格和佩兹德克（Finger & Pezdek，1999）[a]	11.6	90
芬格和佩兹德克（Finger & Pezdek，1999）[b]	12.1	90
芬格和佩兹德克（Finger & Pezdek，1999）[c]	15.2	85
芬格和佩兹德克（Finger & Pezdek，1999）[d]	12.9	88
盖泽尔曼（Geiselman）等人（2000）	5.3	87
滕尼克利夫和克拉克（Tunnicliff & Clark，2000）	6.3	—
迈斯纳，布里格姆和凯莉（Meissner，Brigham & Kelley，2001）	9.0	90
迈斯纳（Meissner，2002）[e]	6.5	83
迈斯纳（Meissner，2002）[f]	5.7	83
迈斯纳（Meissner，2002）[f]	6.0	83

续表

研究	完整性	准确性/%
迈斯纳（Meissner，2002）[g]	4.9	77
布朗和劳埃德-琼斯（Brown & Lloyd-Jones，2003）	15.9	71
珀苏洛和沃伦（Pozzulo & Warren，2003）	9.9	87

注：“—”表示无法获得的数据。

a = 实验 1，延迟 10 分钟的回忆；b = 实验 2，延迟 1 个小时的回忆；c = 实验 3，延迟 5 分钟的回忆；d = 实验 3，延迟 24 分钟的回忆；e = 实验 1，延迟 15 分钟的回忆；f = 实验 2，延迟 15 分钟的回忆；g = 实验 2，延迟 1 周的回忆。

如何改进询问对象描述人物的效果?

可以使用一些方法来改进询问对象对人员的描述。例如，证人可以写下他们的描述（自由回忆指导语：“尽可能地告诉我关于罪犯的外貌”）或者证人被给予面部特征形容词列表［FFAL；埃利斯（Ellis），1986］。面部特征形容词列表包含参与者评估个人面部特征和形状的条款，可选择“不知道”或“不适用”。然而，仅仅根据任务的性质，特征列表会通过确定它是否对应于面部的视觉记忆，迫使证人考虑一些他们并没有记忆的特定特征。这就是特征列表比自由回忆指导语产生更多错误特征的原因［沃盖尔特（Wogalter），1991；1996］。这种方法虽然易于使用并且看起来是先验常识，但由于从证人那里获得的信息质量差，而与法律专业人员的努力不相容。尽管特征列表比自由描述产生了更详尽的回忆，但与自发证词相比，特征列表会导致错误率增加［斯特恩（Stern），1902；博斯特（Borst），1904；惠普尔（Whipple），1909，1913；卡迪（Cady），1924；古尔丁（Goulding），1971；登特和斯蒂芬森（Dent & Stephenson），1979］。此外，特征列表可能会干扰后续的参与者辨认目标人的能力［沃盖尔特（Wogalter），1991，1996；德马基、皮、帕拉恩和格劳德-谭（Demarchi，Py，Parain & Groud-Tan），2006］。反驳的观点则认为，尽管自由描述的准确率很高，但是一个逐字记录的自由报告通常表现很差并且在进行逮捕时无效［利普顿（Lipton），1977］。

给予证人的指导语的本质也通过限制、扩大或警告参与者提供的信息来调节其表述的信息数量和质量。例如，迈斯纳、布里格姆和凯莉（Meissner，Brigham & Kelley，2001）的研究发现，要求某人"确保仅仅报告那些他们有信心的细节，并且不要试图猜测任何特定特征"（警告指导语），与标准指导语（"尽可能详细地描述你所看到的面部"）或强制性回忆（a forced recall）指导语（"报告所有的内容非常重要，即使你认为它们并不重要，尽量不要遗漏任何有关脸部的细节"）相比，显著提高了整体描述质量。然而，即使使用了警告指导语，描述的质量还是很差。

尽管在调查过程中，关于罪犯的描述至关重要，但很少有研究来尝试提高描述的完整性和质量。例如，一些研究人员使用标准的认知询问（CI）方案［费希尔、盖泽尔曼、雷蒙德、约科维奇和沃夫迪格（Fisher，Geiselman，Raymond，Jurkewich & Warhaftig），1987；参见吉内特和皮（Ginet & Py），2001，法文版的 CI］来增强人们的回忆。认知询问包含四个助记技巧（retrieval mnemonics）：报告一切、情境恢复、改变回忆顺序和转换视角（report all、context reinstatement、change of order & change of perspective）。几项研究的结果表明，尽管这些方法显著增加了描述的完整性，但信息获取欠佳［盖泽尔曼、费希尔、菲尔斯滕贝格、赫顿、沙利文、阿维蒂西安和普洛斯克（Geiselman，Fisher，Firstenberg，Hutton，Sullivan，Avetissian & Prosk），1984］。然而，一些研究结果使我们得出结论，认知询问方案的一些特定指导语用于对人员的描述更加有效。例如，布恩和努恩（Boon & Noon，1994）与克利福德和乔治（Clifford & George，1996）已经证明报告一切和情境恢复这两个指导语更有用。但是，整体上，这些研究结果表明，即便认知询问方案是获得详尽事件回忆的有力工具，但在获取人员回忆信息方面的效果不佳。

然而，去除标准认知询问中的不当指导语似乎可以增加描述的完整性。芬格和佩兹德克（Finger & Pezdek，1999）去除了改变回忆顺序和转换视角这两个指导语，添加了一个新颖的指导语——形象化（imagery）。依据该指导语，参与者尽量想象（visualize）面部并在心理上形成它的图像。结果显示，修改后的认知询问比标准询问更加有效。皮和德马基（Py & Demarchi，

2006）在与警察合作的实地研究中获得了类似的结果。他们保留了报告一切和情境恢复指导语，添加了整体处理（holistic processing）指导语［基于克雷克和洛克哈特（Craik & Lockhart），1972；鲍尔和卡林（Bower & Karlin），1974］。与标准的警方询问相比，修改后的认知询问显著提高了参与者报告的关于他们之前非正式会面的人的身体信息的完整性和质量（实验1）。与标准的警察询问方案相比，它还允许从一个类似的人组成的阵列中更容易地查找到目标人物（实验2）。该研究表明，修改后的认知询问方案可以增强对人员的回忆，前提是新的询问方案用于补充标准的认知询问技术对事件和事实的回忆。因此，进行两个认知询问所花费的时间会增加。这迫切需要提出更简单的方法。

人物描述询问法（PDI）

改进对人物描述的一种方法是采用与认知询问方案中使用的方法类似的办法。为了更好地理解情景记忆（episodic memory），需要创建一种与记忆过程相匹配的方法。该方法必须基于以下基本原理：

（1）不仅要求某人描述一个人，而且要提供便于完成回忆任务的指导用语，这样做是有益的。

（2）根据人体工程学实践，任何工具或指导用语必须适应自然的人类过程或策略。例如，基于不自然的（或反向的）指导用语可能会增加错误信息总量进而降低询问对象回答的整体质量。

（3）如果只有一种策略被自发地用于执行特定任务，那么应当有补充方法来改进它，如逆向策略（例如，认知询问中的改变回忆顺序这一指导用语）。但只有在补充方法不会产生破坏性影响的情况下，才有意义。

科学文献几乎没有关于描述人员的认知过程或策略的信息以及改进它们的方法。因此，在创建询问方案之前，有必要了解人们的口头回忆是如何组织和构建的。学者实施了两项初步研究来确定询问对象自发性地用于描述人员的策略。在研究1中，参与者非正式地会见了一个人（目标）。10分钟之后，他们完成一个填充性回忆任务，他们必须按照标准指导语（“告诉我关于你遇到的这个人的所有信息”）来描述目标。描述性分析显示，84% 的参与者首先自发性地报告了关于这个人的一般特征（年龄、身高、体重、态度等），然后继续进行更多的局部特征描述（头发、眼睛等）。我们将这种自发策略称为从一般到特殊（general-to-specific）的策略。一半的参与者继续使用下降式的自上而下的描述策略，首先报告上部面部元素（如头发），然后是较低部位的特征（眼睛、鼻子、嘴巴等）。最后，只有 16% 的参与者完全没有使用明显的策略。在仅涉及对面部描述的研究 2 中，参与者被呈现同一目标人的单张照片。所有参与者都得到与研究 1 相同的指导语，随后描述了目标。描述性分析证实，大多数参与者（87%）使用自上而下的策略来描述一张脸。根据实验室和现实案例研究，过低的面部特征还从未被回忆过。

这些观察结果得出的结论可以创建两条指导用语（第一个基本原理在上文中提到过）。第一条指导语，涉及从一般到特殊的策略，可以被创建出来，涉及所有身体特征和特点判断（第二个基本原理），第二条指导语涉及自上而下的策略，只关注面部描述（第三个基本原理）。这意味着必须使用两个连续的自由回忆，每个回忆都遵循一条指导语。第一条指导语旨在增强一般到特殊的策略，这似乎是描述人员的唯一自发使用的方法，因为正如在上面的实验中所述，没有一个参与者通过首先报告细节开始他们的自发的自由回忆。我们将此策略称为一般到特殊指导用语（或 GSI），并表达如下：

> 试着描述你看到的那个人，尽可能完整。尽量不要只是提供细节信息，请通过报告你所看到的人的一般和整体特征，如轮廓、身高、体形、种族或个性、职业印象等，来开始你的描述，然后继续进行面部或衣服细节描述。

我们的试点研究表明，必须首先给出该指导语。第二条指导语专门用于增加面部描述符（descriptors）的数量，尤其是较低位置的面部特征。自由回忆指导语和基于自然策略的指导语都不足以获得较低位置的面部描述符。为了解决该问题，使用了逆序描述策略。我们称为从下至上指导语

（或 DUI）。它的表述如下：

> 试着描述你看到的人的脸。从他的下半部分开始，比如下巴，然后上升到顶部。

由于它只涉及面部描述，所以必须将该指导语视为对第一个指导语的补充，并且只能在完成初始的描述之后使用。

2003 年，德马基（Demarchi）测试了这些指导语相对于标准指导语来说的效果。在这种情况下，参与者得到了以下指导语：

> 请描述你看到的那个人，尽可能做到完整。

在第一个实验中，与标准指导语（$M=7.25$）相比，在询问开始时使用的从一般到特殊的指导语（GSI）获得的正确信息（$M=12.35$）增加 70%，同时没有显著增加错误信息数量。第二个实验的结果显示，从下至上的指导语（DUI），在初次自由回忆之后使用，使得参与者报告的正确面部信息（$M=5.30$），高出标准指导语（$M=1.55$）242%，但也增加了 127% 的错误（标准和 GSI 指导语分别为 $M=1.10$ 和 $M=2.50$）。总之，从一般到特殊指导语提供了比标准指导语更完整和更准确的描述，并且从下至上指导语提供了更多的面部描述符，因为督促了参与者报告较低位置的面部特征，否则这些特征将不会被回忆。实际上，用于获取对人（或罪犯）描述的最佳询问方法包括两个连续的自由回忆，每个自由回忆伴随着特定的指导语：第一，从一般到特殊的指导语；第二，由下至上的指导语。我们将此称为人物描述询问法（person description interview）（或 PDI）。

2003 年，德马基（Demarchi）报告的包括人物描述询问方法的实验室测试结果非常令人鼓舞。但是，在建议警方使用这两种技巧结合使用的人物描述询问法之前，必须在实验室和实地研究中进行评估。首先，我们检查了 PDI 方案对实验室中产生的人物描述的完整性和准确性的影响，与由两个连续的标准指导语和回忆组成的对照询问组相比较。这个对照询问组以标准指导语（“请尽可能详细地描述你所看到的人”）开始。在第一次描述之后，实验者用相同的标准指导语（“现在，尽可能详细地再次描述同一个人”）要求参与者再次描述同一个目标人物。40 名参与者（全部是大学生）被随机分配到两个分组中的一个，并进行单独测试。他们看到了一个目标人物进行日常活动的视频。对于外部效度（external validity），我们使用了 20 个视频（相同的动作、场景、设置和视角），每个视频中有不同的演员。没有给出关于实验目的的信息（偶发编码）。观看视频后，参与者获得了 5 分钟的记忆任务，随后参与了两种方案中的一种。

每次询问都录音和笔录。参与者报告的同一目标人物的所有描述符被列出并分成几个类别（面部元素、一般组成成分、衣服和主观/态度/行为细节）。主观细节是指面部形态或个性/职业印象的模糊特性［迈斯纳（Meissner）等人，2001］。20 名学生独立地将回忆的所有描述性细节编码为正确或不正确。

结果显示，与对照询问组相比，人物描述询问法获得的描述在有关一般特征（$M=4.00$）、面部特征（$M=9.25$）、服装（$M=5.15$）和主观/态度/行为信息（$M=2.45$）方面的正确信息明显更多。对照询问组得到的那些分别为 $M=2.60$、$M=3.50$、$M=3.10$ 和 $M=2.45$。同时，除了面部元素外，没有伴随的误差增加（人物描述询问方案和对照询问组分别是 $M=4.25$ 和 $M=2.45$）。

最终，与对照询问组相比，人物描述询问法产生了更完整的描述。然而，在该领域采用这种方法之前，必须与警察合作进行测试，因为每个专业人员在日常工作中可能会有一些破坏性的做法，这可能会降低新工具的功效。而且还有一些非正式的制度问题很难在实验室检测到。

在我们的第二个实验中，我们检验了 PDI 方案和标准的法国警方人物描述询问法（standard French police interview for person description，SFPIPD）对该领域产生的人员描述的完整性和准确性的影响。当使用标准的法国警方人物描述询问法时，警察通常以开放式指导语开始（“向我提供你所知道的关于罪犯的所有详细信息”），并继续提出许多关于证人或被害者未报告的身体特征的问题。

与前一次实验主要程序上的不同之处在于，所有询问都是由经验丰富且专门从事刑事侦查的警官进行的。所有询问都在警察局、警察办公室进行。实验者对警察进行了约 20 分钟的人物描述询问方案培训。

28 名大学生被随机分配并进行了单独测试。他们被展示了与以前相同的其中一个视频。没有给出关于实验目的的信息。因此，他们没有被提醒他们的记忆会被测试。经过 5 分钟的记忆任务，实验者告诉参与者，如果他们同意参加，研究的下一部分将在警察局进行。如果参与者拒绝，他们在研究中的参与就会停止。如果他们接受了，那么实验者就会把参与者带到警察局。一名警察立即前来指导参与者陪他到他的办公室。然后，询问开始。

结果显示，人物描述询问法获得的描述包含有关一般特征（$M=5.93$）、面部特征（$M=9.43$）和主观信息（$M=3.29$）的信息比标准的法国警方人物描述询问法（SFPIPD）获得得更加准确（$M=3.50$，$M=2.07$，$M=1.07$），并且没有伴随的误差增加。通过人物描述询问法获得这些特定元素的准确度显著高于 SFPIPD，一般特征分别为 90% 和 71%，面部特征分别为 82% 和 41%，主观元素为 96% 和 56%。但是，我们没有观察到人物描述询问法或 SFPIPD 报告的关于服装描述符之间存在任何定性或定量差异。考虑到描述符的总数，我们观察到人物描述询问法获得的正确信息增加了 135%（SFPIPD 和 PDI 分别为 $M=9.14$ 和 $M=21.50$），误差减少了 34%（SFPIPD 和 PDI 分别为 $M=7.57$ 和 $M=5.00$），这些显著差异导致了更为准确的描述（SFPIPD 和 PDI 的准确率分别为 56% 和 82%）。

警方感兴趣的其他结果涉及证人的描述所包括的每种类型的描述符的比例，这些比例在人物描述询问法中等于或高于标准的法国警方人物描述询问法（见表 14.4）。人物描述询问法能够更频繁地获得包括种族、前额、下巴、主观信息或面部形状的描述符，而通过标准的法国警方人物描述询问法获得这些信息的频率相对较低。对于研究过程的有效性而言，更重要的是通过人物描述询问法获得了明显高于 SFPIPD 的准确率，特别是关于身高或年龄、头发长度、鼻子、嘴巴和脸型描述符。其中，身高和年龄是用于面部照片（mug-shot）搜索的重要描述符，其他描述符与构建面部合成图高度相关。

表 14.4 描述符的发生率和准确率

特征	发生率/%		准确率/%	
	SFPIPD	PDI	SFPIPD	PDI
性别	100	100	100	100
身高	100	100	44	80*
年龄	93	100	41	81*
种族	79	100*	91	93
体形	71	93	82	94
头发颜色	100	93	61	76
头发长度	100	100	35	75*
前额	0	29*	—	67
眼睛	100	100	40	55
鼻子	43	93*	17	81*
嘴巴	43	100*	17	93*
下巴	0	79*	—	86
脸型	21	57*	25	77*
其他描述符[a]	29	64*	75	93

注：SFPIPD 表示标准的法国警方人物描述询问法；PDI 表示人物描述询问法。

* 明显不同 $p<0.05$。

a. 耳朵、态度等。

"—" 表示无法获得或无法计算的数据。

因此，警察在使用人物描述询问法时，比标准的询问方案获得了更完整和更准确的目标人物描述。人物描述询问法的优越性在最有用的描述性元素类别中的体现特别普遍，即一般特征、面部描述符（对于面部照片搜索的理想选择）和个性特征。对于这些类别，标准的法国警察人物描述询问法不仅提供了更少的正确元素，而且导致了许多错误。对于这种较低的准确率有一种可能的解释。在这项研究中，是由于警察的表现导致描述的完整性显著高于档案研究中观察到的描述［德马基（Demarchi），2003］。在他们的日常实践中，有一种普遍的评估风气，即他们希望证明他们的标准方案是有效的。然而，由于他们没有任何方法来增加回忆的完整性，他们必须使用许多封闭性的问题，这就导致所报告信息的质量下降［斯特恩（Stern），1902；博斯特（Borst），1904；惠普尔（Whipple），1909，1913；卡迪（Cady），1924；古尔丁（Goulding），1971；登特和斯蒂芬森（Dent & Stephenson），1979］。

用标准方法获得的较差表现并不一定意味着所提供的描述不如用人物描述询问法获得的那些信息有用。对于警察来说，一种有效的方法不仅必须提高针对罪犯的描述的完整性和质量，还必须增强对犯罪嫌疑人的调查和识别力。因此，需要评估人物描述询问法和标准的法国警方人物描述询问法在查找目标人物方面的相对能力和功效。据此，我们要求 60 名参与者在相似人群的样本组中匹配目标人员及其相应的描述［参见克里斯蒂和埃利斯（Christie & Ellis），1981，类似的实验程序］。该材料包括在第二个实验中获得的描述，以及一组 33 个相似个体的照片（匹配性别、年龄、身高、种族、体形、头发），其中包括 20 个目标人物。向参与者提供了仅通过一种类型（SFPIPD 或 PDI）的询问获得的七个描述，他们的任务是将所有描述与照片组中的相应人员配对。结果显示，与标准的法国警方人物描述询问法相比，人物描述询问法提供的描述导致正确的匹配率增加 50%。然而，绝对匹配率（正确匹配的总数除以匹配的总数）仍然是低的（标准的法国警方人物描述询问法为 0. 12，人物描述询问法为 0. 18）。

为了解释人物描述询问法在此项检测过程中体现出的优越性，我们研究了完整性、准确性和正确匹配之间的重要联系。如果人物描述询问法增加了先前描述的人的识别频率，则首先是因为它导致了更完整的回忆，同时保持整体质量不变。如果用标准的法国警方人物描述询问法观察到相反的现象，那是因为一旦报告的描述符数量增加，这种方法就会降低回忆准确度。

结论和未来方向

通过使用基于对自发认知过程分析的改进指导语，只需 20 分钟的培训，警察就可以获得相较于标准的警察询问的两倍的正确描述符和一半的错误数量描述符。这些发现与先前的研究形成对比，之前的研究结果鼓励人们产生更完整的描述，特别是面部描述，但这样会导致更多不准确的细节。这些定量和定性的改进立即转化为识别潜在犯罪嫌疑人的能力提升。从研究的角度来看，这一结果表明，对人外貌特征描述（a physical description）的效能不应仅仅从定性和定量方面来衡量，而且应通过更具体和生态的测量来衡量，如在相似个体的确定群体中计算目标人物与相应描述之间的匹配分数。

对于专业人士来说，更重要的是人物描述询问法这一方案易于学习和使用。在我们的第二项研究中，在法国进行的人物描述询问法培训持续约 20 分钟：理论和实证概念学习时间为 15 分钟，尽量正确背诵两个指导语的时间为 5 分钟。现在在法国，人物描述询问法培训已纳入针对富有经验警官的标准询问培训和认知询问培训。但是，人物描述询问法还没有教给新入行的警察或调查人员。

警务人员可以单独使用人物描述询问法方案或者加入标准询问法或认知询问法中。初步研究表明，当使用认知询问法框架时，向证人提供人物描述询问法指导语的最佳时间是在证人的最后一个自由回忆之后，即在“转换视角”指导语之后，在提问阶段之前。这种顺序似乎能产生最好的效果。进一步的研究，将解决这个问题。

需要进一步探讨一些对专业人员有启示的问题。首先，需要探索延迟对人物描述询问法获得的描述的完整性和准确性的影响。其次，应研究特定亚种群（如儿童、老年人、学习障碍者）在人物描述询问法的帮助下产生更好描述的能力。最后，研究人员还必须研究人物描述询问法与影响人物描述的一些潜在不利因素之间可能的相互作用，例如言语遮蔽效应（verbal overshadowing effect）[VOE；斯库勒和英格斯特勒－斯库勒（Schooler & Engstler-Schooler），1990；迈斯纳（Meissner）等，2001]。言语遮蔽效应被定义为，当人们被要求提供复杂刺激物（如犯罪者的面部）的口头描述时，识别能力受损。芬格和佩兹德克（Finger & Pezdek，1999）的研究表明，如果在列队或照片辨认中，描述和辨认之间存在足够的延迟（大约 24 分钟），则不会出现言语遮蔽效应。尽管如此，只有在犯罪嫌疑人被逮捕后才能进行列队辨认。目击者通常不知道罪犯，犯罪调查通常包括对面部照片的辨认。后者将使用目击证人给出的描述，从可用数据库中选择。根据法国警方的调查程序，警方必须询问证人以获得犯罪者的详细描述，然后立即向他们出示一套已知在当地实施过犯罪且其特征符合证人说法的嫌犯照片专辑。在使用此类程序时，是否会发生言语遮蔽效应仍有待确定。德马基、皮、帕拉恩和格劳德－谭（Demarchi，Py，Parain & Groud-Tan，2006）的研究发现，在人物描述询问法或标准的法国警方人物描述询问法之后进行的面部照片搜索的识别表现与在观看面部照片之前没有描述面部的对照组的表现类似。

总之，PDI 方案允许对证人通过使用相关指导语回忆相关信息，有利于促进在没有社会压力的情况下或者在没有对未回忆起的信息进行暗示性提示的情况下，对人的描述的完整性。这种技术引出了更准确的描述符，并降低了污染后续口头回忆以及从辨认队列、面部照片档案中进行感知辨认的可能性。

参考文献

❶ Boon，J. C. W. & Noon，E.（1994）. Changing perspectives in cognitive interviewing. *Psychology，Crime，and Law*，1，59－69.

❷ Borst，M.（1904）. Recherches expérimentales sur l'éducabilité et la fidélité du témoignage [Researches oneducability and reliability of testimonies]. *Archives de Psychologie*，Ⅲ.

❸ Bower，G. H. & Karlin，B. M.（1974）. Depth of processing，pictures of faces and recognition memory. *Journal of Experimental Psychology*，103，751－757.

❹ Brown，C. & Lloyd-Jones，T. J.（2003）. Verbal overshadowing of multiple face and car recognition：Effects of within-versus across-category verbal descriptions. *Applied Cognitive Psychology*，17，183－201.

❺ Cady, H. M. (1924). On the psychology of testimony. *American Journal of Psychology*, 35, 110 - 112.

❻ Christie, D. F. & Ellis, H. D. (1981). Photofit constructions versus verbal descriptions of faces. *Journal of Applied Psychology*, 66, 358 - 363.

❼ Clifford, B. R. & George, R. (1996). A field evaluation of training in three methods of witness/victim investigative interviewing. *Psychology, Crime and Law*, 2, 231 - 248.

❽ Craik, F. I. M. & Lockhart, R. S. (1972). Levels of processing: A framework for memory research. *Journal of Verbal Learning and Verbal Behavior*, 11, 671 - 684.

❾ Davies, G. M., Van der Willik, P. & Morrison, L. J. (2000). Facial composite production: A comparison of mechanical and computer-driven systems. *Journal of Applied Psychology*, 85, 119 - 124.

❿ Demarchi, S. (2003). Conception and evaluation of an interviewing method for person recall based on a social psychology engineering approach. Unpublished doctoral dissertation, Paris 8 University.

⓫ Demarchi, S., Py, J., Parain, T. & Groud-Tan, N. (2006). *Describe a person without prompt verbal overshadowing effect.* Proceedings of the 16th conference of the European Association of Psychology and Law.

⓬ Dent, H. R. & Stephenson, G. M. (1979). An experimental study of the effectiveness of different techniques of questioning child witnesses. *British journal of Social and Clinical Psychology*, 18, 41 - 51.

⓭ Doob, A. N. & Kirshenbaum, H. M. (1973). Bias in police lineups—partial remembering. *Journal of Police Science and Administration*, 1, 287 - 293.

⓮ Ellis, H. D. (1986). Face recall: A psychological perspective. *Human Learning*, 5, 189 - 196.

⓯ Ellis, H. D., Shepherd, J. W. & Davies, G. M. (1980). The deterioration of verbal descriptions of faces over different delay intervals. *Journal of Police Science and Administration*, 8, 101 - 106.

⑯ Fahsing, I. A., Ask, K. & Granhag, P. A. (2004). The man behind the mask: Accuracy and predictors of eyewitness offender descriptions. *Journal of Applied Psychology*, 89, 722 – 729.

⑰ Finger, K. & Pezdek, K. (1999). The effect of cognitive interview on face identification accuracy: Release from verbal overshadowing. *Journal of Applied Psychology*, 84, 340 – 348.

⑱ Fisher, R. P., Geiselman, R. E., Raymond, D. S., Jurkewich, L. M. & Warhaftig, M. L. (1987). Enhancing enhanced eyewitness memory: Refining the cognitive interview. *Journal of Police Science and Administration*, 15, 291 – 297.

⑲ Geiselman, R. E., Fisher, R. P., Firstenberg, I., Hutton, L. A., Sullivan, S., Avetissian, I. & Prosk, A. (1984). Enhancement of eyewitness memory: An empirical evaluation of the cognitive interview. *Journal of Police Science and Administration*, 12, 74 – 80.

⑳ Gieselman, R. E., Schroppel, T., Tubridy, A., Konishi, T. & Rodriguez, V. (2002). Objectivity bias in eyewitness performance. *Applied Cognitive Psychology*, 14, 323 – 332.

㉑ Ginet, M. & Py, J (2001). A technique for enhancing memory in eyewitness testimonies for use by police officers and judicial officers: The cognitive interview. *Le Travail Humain*, 64. 173 – 191.

㉒ Goulding, G. J. (1971). Facial description ability. Police Research Bulletin, 19, 42 – 44.

㉓ Green, D. L. & Geiselman, R. E (1989). Building composite facial images: Effects of feature saliency and delay of construction. *Journal of Applied Psychology*, 74, 714 – 721.

㉔ Kuehn, LL (1974). Looking down a gun barrel: Person perception and violent crime. Perceptual and Motor Skills, 39, 1159 – 1164.

㉕ Laughery, K R, Duval, C. & Wogalter, M. S. (1986). Dynamics of facial recall. In H. D Elis, M. A Jeeves, F. Newcombe & A Young (Eds.),

Aspects of face processing. （pp. 373 – 397）. Dordrecht：Martinus Nijhoff.

㉖ Lindsay, R. C. L, Martin, R. & Webber, L （1994）. Default values in eyewitness description：A problem for the match-to-description lineup foil selection strategy. *Law and Human Behavior*, 18, 527 – 541.

㉗ Lipton, J. P. （1997）. On the psychology of eyewitness testimony. *Journal of Applied Psychology*, 62, 90 – 95.

㉘ Meissner, C. A. （2002）. Applied aspects of the instructional bias effect in verbal over-shadowing. *Applied Cognitive Psychology*, 16, 911 – 928.

㉙ Meissner, C. A, Brigham, J. C. & Kelley, C. M. （2001）. The influence of retrieval processes in verbal overshadowing. *Memory and Cognition*, 29, 176 – 186.

㉚ Pozzulo, J. D. & Warren, K. L. （2003）. Descriptions and identifications of strangers by youth and adult eyewitness. *Journal of Applied Psychology*, 88, 315 – 323.

㉛ Py, J. & Demarchi, S. （2006）. Describe and detect criminal with the cognitive interview. *Revue Québequoise de Psychologie*, 27, 197 – 215.

㉜ Py, J. , Demarchi, S. & Ginet M. （2003）. '*Who is the suspect?' A complementary instruction to the standard mock witness paradigm.* 2nd Psychology and Law International and Interdisciplinary Conference. Edinburgh.

㉝ Schooler, J. W. & Engstler-Schooler, T. Y. （1990）. Verbal overshadowing of visual memories：Some things are better left unsaid. *Cognitive Psychology*, 22, 36 – 71.

㉞ Sporer, S. L. （1996）. Psychological aspects of person descriptions. In S. L. Sporer, R. S. Malpass & G. Köhnken （Eds.）, *Psychological issues in eyewitness identification.* （pp. 53 – 87）. Mahwah, NJ： Lawence Erlbaum.

㉟ Stern, L. W. （1902）. Zur Psychologie der Aussage [On the psychology of testimony] . *Zeitschrift fuer die gesamte Strafrechtswissenschaft*, 22, 315 – 370.

㊱ Tanaka, J. W. & Farah, M. J. （1993）. Parts and wholes in faces recognition. *Quarterly Journal of Experimental Psychology*, *Human Experimental Psychology*, 46A, 225 -245.

㊲ Tollestrup, P. A. , Turtle, J. W. & Yuille, J. C. (1994). Actual victims and witnesses to robbery and fraud: An archival analysis. In D. F. Ross, J. D. Read & M. P. Toglia (Eds.), *Adult eyewitness testimony: Current trends and developments.* (pp. 144 - 162). Cambridge: Cambridge University Press.

㊳ Tunnicliff. J. L. & Clark, S. E. (2000). Selecting foils for identification lineups: Matching to suspects or descriptions? *Law and Human Behavior*, 24, 231 -258.

㊴ Van Koppen, P. J. & Lochun, S. K. (1997). Portraying perpetrators: The validity of offender descriptions by witnesses. *Law and Human Behavior*, 21, 661 -685.

㊵ Wells, G. L. & Bradfield, A. L. (1999). Measuring the goodness of lineups: Parameter estimation, question effects, and limits to the mock witness paradigm. *Applied Cognitive Psychology*, 13, S27 - S40.

㊶ Wells, G. L. , Rydell, S. M. & Seelau, E. P. (1993). The selection of distractors for eyewitness lineups. *Journal of Applied Psychology*, 78, 835 -844.

㊷ Wells, G. L. , Small, M. , Penrod, S. , Malpass, R. S. , Fulero, S. M. & Brimacombe, C. A. E. (1998). Eyewitness identification procedures: Recommendations for lineups and photospreads. *Law and Human Behavior*, 22, 603 -653.

㊸ Whipple, G. M. (1909). The observer as reporter: A survey of the psychology of testimony. *Psychological Bulletin*, 6, 753 -770.

㊹ Whipple, G. M. (1913). Psychology of testimony and report. *Psychological Bulletin*, 10, 264 -268.

㊺ Wogalter, M. S. (1991). Effects of post-exposure description and imaging on subsequent face recognition performance. *Proceedings of the Human Factors Society*, 35, 575 -579.

㊻ Wogalter, M. S. (1996). Describing faces from memory: Accuracy and effects of subsequent recognition performance. *Proceedings of the Human Factors and Ergonomics Society*, 40, 536 – 540.

㊼ Yuille, J. C. & Cutshall, J. L. (1986). A case study of eyewitness memory of a crime. *Journal of Applied Psychology*, 71, 291 – 301.

第15章

北美地区辨认科学研究与实践的最新发展

史蒂文·D. 彭罗德（Steven D. Penrod）
玛格丽特·布尔·科维拉（Margaret Bull Kovera）*

错误的目击者辨认

从博查德和卢茨（Borchard & Lutz，1932）开始，许多学者通过检查数百起刑事案件中的错误来研究错误定罪的原因［特别是可参见弗兰克和弗兰克（Frank & Frank），1957；布兰登和戴维斯（Brandon & Davies），1973；赫夫、拉特纳和塞格林（Huff，Rattner & Sagarin），1986；拉特纳（Rattner），1988；格罗斯、雅各比、马西森、蒙哥马利和帕蒂尔（Gross，Jacoby，Matheson，Montgomery & Patil），2005；加勒特（Garrett），2008］。人们早就清楚了：错误定罪的主要原因是错误的目击者辨认，例如，格罗斯（Gross）等人（2005）检查了1989～2003年发生的340起无罪释放案件人员（327名男性和13名女性）。案件包括121起强奸罪（88%涉及错误辨认）、6起抢劫罪（全都是错误辨认）和205起谋杀罪（50%涉及错误辨认）。

DNA免罪证据［舍克、诺伊费尔德和德怀尔（Scheck，Neufeld & Dwyer），

* 作者简介：史蒂文·D. 彭罗德（Steven D. Penrod），美国纽约城市大学约翰·杰伊刑事司法学院（John Jay College of Criminal Justice，City University of New York）心理学特聘教授；玛格丽特·布尔·科维拉（Margaret Bull Kovera），美国纽约城市大学约翰·杰伊刑事司法学院（John Jay College of Criminal Justice，City University of New York）心理学教授。

2000］强有力地支持了错误辨认是错误定罪的主要来源。韦尔斯、斯莫尔、彭罗德、马尔帕斯、傅雷罗和布里马科姆（Wells，Small，Penrod，Malpass，Fulero & Brimacombe，1998）研究了第一手的40 起免责案例，发现其中有36起案件（90%）涉及一名或多名目击者的错误辨认。其中，有一名犯罪嫌疑人被五名目击者辨认。这些结果在加勒特（Garrett，2008）对200 起 DNA 免责案例的研究中得到证实，研究显示：79% 的案件中犯罪嫌疑人被定罪，至少部分是基于错误的目击者证词，在四分之一的案件中，目击证人的证词是针对被告人的唯一的直接证据。目击证人不是唯一的问题：55% 的案件涉及血液、指纹或毛发证据存在缺陷。这些 DNA 免责案件，如格罗斯（Gross）等人（2005）研究的那些，在案件中有一些重叠，主要是强奸（$N=141$）、强奸谋杀（$N=44$）和谋杀（$N=12$）案件。

◈ 目击者辨认错误的频率是多少？

关于免除罪责和通过 DNA 免责的案卷档案研究告诉我们，证人确实犯了错误并导致了陪审团和法官的错误定罪。当然，这些案件可能只是冰山一角。研究目击者辨认问题的实验心理学家肯定不会对 DNA 免责结果感到惊讶。这些研究人员有各种强调目击者辨认错误的频率的数据来源。他们可以指出来自目击者辨认的实地研究中出现的目击者实际的辨认准确率数据。在这些研究中，研究人员通过在实地环境中进行控制良好的实验，寻求既能获得实验室实验条件又能获得现实犯罪条件的效益。卡特勒和彭罗德（Cutler & Penrod，1995）收集了四项此类研究的数据［布里格姆、马斯、斯奈德和斯波尔（Brigham，Maas，Snyder & Spaulding），1982；克拉夫卡和彭罗德（Krafka & Penrod），1985；普拉茨和霍希（Platz & Hosch），1988；皮戈特、布里格姆和博思韦尔（Pigott，Brigham & Bothwell），1990］，涉及 291 名目击者，他们进行了 536 次单独的辨认测试。包含目标（犯罪嫌疑人）的报告表明，平均正确辨认率为 41.8%。在可获得数据的三项研究中，近三分之一的证人（31.5%）错过了目标并选择了一名陪衬者（陪衬者——一名已知的无辜者与犯罪嫌疑人一起放置在辨认队列中）。其中的两项研究评估了目标缺席队列的错误辨认，超过三分之一的证人（35.8%）错误地选择了无辜的陪衬者。这些结果表明，在非压力条件下和短暂迟延后对人的辨认经常是错误的——只有五分之二的犯罪分子被正确辨认，并且在大约三分之一的辨认队列中错误地辨认出一个无辜的人。

哈伯和哈伯（Haber & Haber，2001）的综合分析（Meta-analytic）研究提供了关于实验研究中证人辨认准确率的进一步证据，同时支持这样的结论：相信他们看到实际犯罪的证人与知道自己参与实验的证人在辨认中的表现类似。哈伯和哈伯（Haber & Haber，2001）检查了参与者证人目睹了犯罪并随后试图辨认犯罪者的实验。在 23 项研究中，参与者证人观看了视频、幻灯片演示或犯罪电影。在 14 项研究中，有一项犯罪是在参与者当面进行的。随后，在尝试辨认之前，这些证人被告知犯罪是表演的（staged）。在 7 项研究中，证人认为他们已经看到了真正的犯罪，并且还认为辨认队列的呈现是真实的。如表 15.1 所示，在三组研究中，参与者的表现非常相似（$p>0.05$ 没有显著差异），其中大约三分之一的肯定辨认是目标在辨认队列中的对错误陪衬者的辨认，以及约 50% 的决定是对目标缺席队列中的错误陪衬者的选择。

表 15.1　真实和演示条件下目击证人的辨认表现对比

队列	目标存在的列队辨认/%			目标缺席的列队辨认/%		
	成功（Hit）	陪衬者辨认	失败（Miss）	正确（CR）	陪衬者辨认	总正确率
演示犯罪/演示辨认队列	43	34	24	49	51	46
真实犯罪/演示辨认队列	52	24	24	48	52	50
真实犯罪/真实辨认队列	47	24	28	53	47	50

对实验研究的大规模分析产生了非常相似的结果。埃布森和弗洛维（Ebbesen & Flowe，2001）的综合分析还审查了使用同步辨认程序和顺序辨认程序的研究中得出的正确和错误辨认的研究结果。同步辨认是向目击者展示犯罪嫌疑人和辨认陪衬者的传统方法——无论是在辨认队列还是照片阵列中，可以同时看到犯罪嫌疑人和辨认陪衬者。在顺序辨认中，证人一次只能

看一个人。根据所使用的顺序辨认方法，被辨认的人可能会展示给证人一次或多于一次，证人会被要求在看到每个对象的时候就确认这个人是否是犯罪者/目标，或者可能有机会在作出决定之前再看一遍。顺序辨认程序中的另外一个重要不同是，在作出选择之后观察可以停止，也可以允许证人继续察看面部并进行其他选择。埃布森和弗洛维（Ebbesen & Flowe）研究的样本包括来自 82 篇论文的 113 个实验，总共 152 个列队辨认。136 个成人列队辨认的样本包括 11 个顺序辨认，17 个列队同时使用这两种辨认程序以及 108 个同步辨认。埃布森和弗洛维（Ebbesen & Flowe）报告了 114 个同步、目标存在的列队辨认，目标被确定的概率为 49% 。在 23 个顺序、目标存在的列队辨认中，正确辨认率为 45% 。同步辨认和顺序辨认之间正确辨认的差异在统计上并不显著。但是，该研究没报告在目标存在的队列中对陪衬者的辨认率。在目标缺席的列队辨认中，同步辨认有 49% 的证人作出错误辨认（$N = 84$），但顺序列队辨认中只有 29% 的证人作出了错误辨认。顺序辨认中错误辨认率降低与错误的陪衬者辨认显著减少有关。

斯特布莱和戴萨特（Steblay & Dysart，2008a）的一项研究提供了更多的信息，他们报告了关于 46 篇对 70 项顺序辨认和同步辨认程序比较的研究论文的综合分析。这些研究包括来自 10 000 多名研究参与者的判断。在 45 项研究中，传统的、同步呈现的、目标存在的照片列队辨认的正确辨认率为 49% ，对错误陪衬者的辨认率为 24% ，未作出辨认的比率为 26% 。（顺序呈现的辨认结果在下面讨论。）简言之，使用传统的同步呈现方法，约三分之一的肯定辨认显然是错误的——即使目标人员在辨认队列中，证人的“猜测”也是错误的。实验研究不仅提供了一些关于目击者辨认错误率的见解，还提供了一些可以减少这种错误的方法的见解。在 20 世纪 90 年代中期，一组推荐的辨认做法由实验研究人员制定。这些建议引发了新的政策讨论和目击者辨认错误率的新研究。

收集目击者证据的建议

关于如何组织辨认的建议并不是一个新现象，美国最早出版的一系列建议由内华达州克拉克县地区检察官和公设辩护人办公室制作，于1967年出现[列队辨认程序（Procedure for line-up identification），1967]。最近，根据DNA分析提供的免责证据，错误的目击者辨认在错误定罪和评估不同辨认程序功效的新兴研究文献中发挥了重要作用，许多团队开始重新考虑收集目击证据的最佳做法。两套最有影响力的建议来自美国心理学－法律学协会[韦尔斯（Wells）等人，1998]以及在当时的总检察长珍妮特·雷诺（Janet Reno）主持下召集的在国家司法研究所的资助下组成的包含科学家、法律从业者和执法人员的工作组[目击者证据技术工作组（Technical Working Group for Eyewitness Evidence），1999]。虽然这两个小组制作的文件之间存在很大的重叠，但建议中也存在一些明显的差异，这些差异可能是起草建议的委员会组成人员不同的结果。

1996年，美国心理学－法律学协会执行委员会[美国心理学－法律学协会（AP-LS）；美国心理学会第41分会]任命了一个由熟悉目击者辨认研究的学者组成的小组委员会，以制定使用列队辨认或照片阵列收集目击者证据的推荐性指南。由此产生的描述这些建议的论文[韦尔斯（Wells）等人，1998]被执行委员会一致投票通过接受为美国心理学－法律学协会执行委员会官方科学评论论文。小组委员会提出了四个建议：第一，所有列队辨认都应使用双盲程序进行，其中证人和辨认列队管理者都不知道犯罪嫌疑人的身份；第二，证人应当接到指示，犯罪实施者可能不在辨认队列或照片阵列中，并且辨认队列管理者不知道案件中的犯罪嫌疑人是谁；第三，辨认队列应该以这样一种方式构建，即基于目击者先前对犯罪者的描述或其他特征（这些特征不会导致对犯罪嫌疑人的过分注意），犯罪嫌疑人与辨认队列中的其他成员相比不能太突出；第四，列队辨认管理者应当在辨认后，在向证人提供任何反馈意见之前，立即向证人收集关于他们认定的人就是实际的犯罪者的确切的信心陈述。

小组委员会审议了另外两条规则，但最终并未得到该小组的认可。首先，该小组考虑建议所有列队辨认都使用顺序展示队列成员的方式而不是传统的同步展示来进行。但由于考虑到顺序列队辨认可能更容易受到非盲管理员的影响，并且考虑到部分执法部门不愿意采用双盲程序，因此该小组没有在其建议中包括使用顺序辨认程序（关于管理员的影响的研究将在下面讨论）。其次，该小组考虑建议将所有进行列队辨认或照片阵列辨认的过程进行录像并提供给法院。同样，由于担心录像会增加执法成本，加上担心由于业余视频制作质量低下，录像可能不能捕获辨认过程中的不恰当影响，以及不能满足摄像需要拍摄不同视角的需求，如需要从辨认队列、见证人以及管理员的视角拍摄。最终，该小组没有提出此规则建议。

国家司法研究所（NIJ）制定的辨认指南是由国家司法研究所召集的目击者证据技术工作组的 34 名成员开发的，目的是收集目击证据，包括如何准备嫌犯照片册（相册）、开发人像合成照片、收集证人对事件的回忆以及实施辨认的程序。此指南中有意义的是工作组就辨认程序中辨认队列和照片阵列的管理提出的建议。

如前所述，目击者证据技术工作组提出的许多建议与美国心理学 - 法律学协会执行委员会小组委员会提出的建议类似，尽管它们通常包括更多的细节。例如，指南建议在每个辨认队列或照片阵列中只出现一个犯罪嫌疑人，并选择符合证人对罪犯的描述的人作为辨认陪衬者。犯罪嫌疑人也不应当由于任何独有的特征（如文身、疤痕），从辨认陪衬者中脱颖而出。在指导语方面，国家司法研究所指南不仅建议管理人员告诉证人犯罪者可能不在辨认队列中，而且排除无辜的犯罪嫌疑人和判定犯罪分子同样重要，犯罪分子的外表可能自罪行以来发生改变，警察将继续调查犯罪，无论证人是否进行了辨认。最后，国家司法研究所指南，如同美国心理学 - 法律学协会执行委员会小组委员会的指南一样，建议在向证人提供有关其决定的反馈之前，从证人那里获得关于他们在任何辨认中的确定性程度（level of certainty）的陈述。

工作组的研究人员发现了国家司法研究所指南的两个主要缺点［韦尔斯、马尔帕斯、林赛、费希尔、特特尔和弗勒洛（Wells，Malpass，Lindsay，Fisher，Turtle & Fulero），2000］。与美国心理学 - 法律学协会执行委员会专家组的建议不同，国家司法研究所的指南不包含双盲辨认队列管理的建议。在没有这样的建议的情况下，指南确实警告管理者不要说任何事来影响目击证人的决定。与美国心理学 - 法律学协会执行委员会的建议一样，国家司法研究所指南也没有建议采用顺序辨认而不是同步辨认，尽管指南中同时描述了这两种方法。尽管社会科学家对这些建议给予了支持，但警察和检察官表达了实际问题，包括双盲管理所需的额外资源以及之前通过使用同步列队辨认获得的定罪被上诉的潜在可能性，这阻止了国家司法研究所的建议包含这些辨认列队特征［韦尔斯（Wells）等人，2000］。

现有的科学，包括自美国心理学－法律学协会执行委员会白皮书和国家司法研究所指南发布以来产生的科学，是否支持这两个小组对进行列队辨认和照片阵列（photo-spreads）辨认提出的建议？在以下部分中，我们将回顾与关于辨认阵列构成、对证人的指导语、辨认队列成员的顺序展示与同时展示的对比，以及双盲阵列管理建议相关的研究文献。

辨认队列的结构或组成

辨认队列的组成很重要，因为正确选择队列成员有助于控制证人猜测造成的一些破坏性影响。如果犯罪嫌疑人是唯一的队列成员，就像警察进行一次只有犯罪嫌疑人的一对一辨认一样，猜测的证人必然会挑选该犯罪嫌疑人。包含辨认陪衬者（不是犯罪嫌疑人的队列成员）的队列有助于最大限度地减少猜测目标缺席队列的不良结果，因为猜测会在队列成员之间平均分配，假设辨认队列是无偏见的，就只会有一小部分猜测可能导致无辜的犯罪嫌疑人被辨认。但是，如果犯罪嫌疑人是唯一具有证人描述中提到的特征的队列成员，则辨认陪衬者的选择可能使证人偏向选择犯罪嫌疑人。在这种情况下，虽然 1 名犯罪嫌疑人和 5 名辨认陪衬者的队列可能名义上为 6 名成员，但实际上，对于证人的选择而言，犯罪嫌疑人是唯一可行的队列成员。因此，列队辨认应成为对证人回忆他/她的描述的一种测试，而不是证人对犯罪者面部的再认的测试［吕斯和韦尔斯（Luus & Wells），1991］。

鉴于这些问题，美国心理学－法律学协会执行委员会和国家司法研究所指南都建议犯罪嫌疑人不应该在辨认队列干扰者中引人注目，确定犯罪嫌疑人是否确实以有问题的方式引人注目应该通过比较辨认队列成员和证人提供的描述来决定。应当注意确保犯罪嫌疑人不突出，以防止犯罪嫌疑人是唯一拥有证人描述中提到的特征的队列成员［林赛和韦尔斯（Lindsay & Wells），1980］。

审查辨认队列是否公平的一种方法是检验相对于（其他）辨认陪衬者，选择类似犯罪者/目标的“指定的无辜”（designated innocent）个体的比率。在没有选择数据的情况下，如果想要评估队列的公平性，最常见的程序是首先获取证人对犯罪者的原始描述，然后将该描述提交给 30 名或更多的“模拟证人”［杜布和克尔施恩鲍姆（Doob & Kirshenbaum），1973］。这些模拟证人没有看到犯罪或犯罪分子，但被要求根据实际证人提供的描述从队列中进行辨认。模拟证人（没有见过犯罪分子），如果他们选择犯罪嫌疑人的概率（levels）比随机选择的要高（例如，5 人队列时概率超过 20%，6 人队列时概率超过 17%），那么这就有证据表明该辨认队列对犯罪嫌疑人是不公平的［杜布和克尔施恩鲍姆（Doob & Kirshenbaum），1973］。通过将模拟证人的数量除以辨认出犯罪嫌疑人的数量来获得辨认队列的功能性规模（functional size）或合理的队列成员的数量［韦尔斯、李培和奥斯特罗姆（Wells，Leippe & Ostrom），1979］。例如，如果 30 名模拟证人中有 11 名（37%）辨认出嫌疑人，那么该辨认队列的功能性规模为 2.73（30/11）。其他评估队列公平性的方法包括有效规模［马尔帕斯、炊杜克斯和麦奎斯顿－苏瑞特（Malpass，Tredoux & McQuiston-Surrett），2007］和 E'［炊杜克斯（Tredoux），1998］。

对实际案例中使用的队列的公平性的研究表明，许多辨认队列对被告人都是不公平的。布里格姆、迈斯纳和沃瑟曼（Brigham，Meissner & Wasserman，1999）在美国检测了 18 个辨认案例中选择犯罪嫌疑人的模拟证人的比例。犯罪嫌疑人被选择的平均次数是单独随机预期的 2.6 倍。韦尔斯和布拉德菲尔德（Wells & Bradfield，1999）在一项针对美国案例的 10 个照片阵列和辨认队列的研究中发现，平均而言，犯罪嫌疑人被选择的次数是随机预期的 2.1 倍。当然，这些研究中的辨认阵列不是随机选择的——它们来自有争议的辨认，因此可能高估了大多数实际案例的不公平程度。

在法国进行的 25 个实际上由 5 人组成的辨认队列的模拟证人辨认研究中，观察到的选择犯罪嫌疑人的模拟证人的比例为 48%，而预期的比例为

20% ——几乎是随机预期比例的 2.5 倍［皮（Py）等人，2003］。类似地，瓦伦丁和希顿（Valentine & Heaton，1999）使用来自英国的具有代表性的 25 个辨认队列照片和 16 个视频阵列研究了对犯罪嫌疑人的不公平。视频阵列由 15 秒的个人剪辑组成，并从超过 15 000 个剪辑的档案中选择。在现场辨认队列中，个人（辨认对象）被同时展示，视频剪辑按顺序展示。所有阵列都包含 9 名成员，每个面部的预期猜测率为 11% 。结果表明，25% 的模拟目击者从辨认队列中选出了犯罪嫌疑人，是随机概率的 2.2 倍，而 15% 的模拟目击者观看视频阵列后正确选择了犯罪嫌疑人，是随机概率的 1.4 倍。辨认队列和视频阵列之间的差异可能归因于辨认陪衬者的挑选方法［可能有更多的类似于证人描述的陪衬者在视频中可用——瓦伦丁和希顿（Valentine & Heaton）指出，1999］，呈现方法（同时与顺序展示）或其他因素。辨认队列乘数（the line-up multiplier）低于美国的原因可能是由于更大的阵列/队列，更公平的阵列/队列或两者兼有之。

鉴于在实际案例中使用的辨认队列似乎相对不公平，是否有一个通过选择辨认陪衬者来降低无辜的犯罪嫌疑人被辨认的可能性的最佳策略？选择用于辨认队列或照片阵列的辨认陪衬者有两种主要策略：匹配犯罪嫌疑人和匹配证人描述。匹配犯罪嫌疑人策略涉及选择具有与犯罪嫌疑人特征类似特征的陪衬者。尽管将辨认陪衬者与犯罪嫌疑人匹配可能看起来是一种合理的方法，但是如果极端地采取这一策略，将导致犯罪嫌疑人和陪衬者彼此难以区分的辨认队列。

选择辨认陪衬者的另一种方法是匹配证人描述策略。通过这种策略，辨认队列构建者选择具有证人在他/她的关于罪犯描述中提到的特征的人作为辨认陪衬者，但他们在证人没有提到的特征上有所不同［吕斯和韦尔斯（Luus & Wells），1991］。因此，如果证人描述犯罪分子 20 多岁，男性，6 英尺（约为 1.8 米）高，中等身材，金色头发和浅色眼睛，那么所有陪衬者都应该具有这些特征，但可能会因头发是卷曲还是直发以及他们的眼睛是绿色还是蓝色而有所不同。

有一些研究支持匹配证人描述策略的优势。例如，一项研究使用三种程序之一的程序［韦尔斯、赖德尔和西劳（Wells，Rydell & Seelau），1993］

测试了从潜在辨认陪衬者库中选择陪衬者时的犯罪嫌疑人辨认率。在不匹配描述的情境下，每名陪衬者违反了参与者关于犯罪分子至少一个主要特征的描述（例如，陪衬者具有黑发但是参与者将小偷描述为具有金色头发）。在匹配到犯罪嫌疑人的情况下，实验者选择最接近犯罪嫌疑人的陪衬者。在匹配到描述的条件下，研究人员丢弃了所有不符合证人描述的陪衬者。从剩下的照片中，实验者选择那些与犯罪嫌疑人最不相似的照片。证人从使用匹配到描述策略构建的辨认队列中作出了比从匹配到犯罪嫌疑人策略构建的队列中更正确的辨认，并且当辨认队列中陪衬者与描述匹配而非不匹配时，辨认错误更少。匹配到描述策略也产生了更少的陪衬者辨认和更正确的排除。然而，其他的研究并没有产生匹配到描述这种策略的优势［例如，参见滕尼克利夫和克拉克（Tunnicliff & Clark），2000；达林、瓦伦丁和梅蒙（Darling, Valentine & Memon），2008］。

对证人列队辨认的指导语

美国心理学 - 法律学协会执行委员会白皮书和国家司法研究所指南中提出的一项建议是，应告知证人犯罪分子可能在也可能不在辨认队列中。这项指示的目的是减轻证人在选择某人时所感受到的压力，即使他们不确定该人是否是犯罪分子。美国心理学 - 法律学协会执行委员会（AP-LS）指南包括向证人提供的额外指示，即辨认队列管理者不知道哪个队列成员是犯罪嫌疑人。国家司法研究所（NIJ）指南中肯定没有这条指导用语，因为它们不包括针对由对犯罪嫌疑人完全不知道的管理者组织辨认的建议。我们知道没有公开的实证研究对该指导是否会影响证人辨认的准确性进行了测试；然而，有相当多的文献论述了警告证人犯罪分子可能不会出现在队列中的影响。

一项针对研究操作带有偏见的辨认指导语（例如，暗示证人的任务是从队列中辨认出犯罪者）或不带有偏见的辨认指导语（例如，提醒证人罪犯可能不在该队列中）的综合分析表明，受到不带有偏见指导语的参与者比受到带有偏见指导语的参与者更有可能排除一个不包含犯罪嫌疑人的辨认队列［斯特布莱（Steblay），1997］。辨认指导语的类型对正确辨认率没有影响。

然而，实际情况是，当证人收到犯罪分子可能不在辨认队列中而不是在队列中的此类提醒时，更多的人未能从犯罪嫌疑人存在的辨认队列中作出选择。

这些调查结果——提醒辨认人犯罪分子可能不在辨认队列中的指导语会降低错误辨认的概率，同时保持正确辨认率不变——导致一些警察部门采纳了该指导语。然而，最近史蒂夫·克拉克（Steve Clark，2005）对斯特布莱（Steblay）综合分析数据的再分析表明，有偏见的指导语在辨认目标缺席与辨认目标存在的辨认队列中的不对称影响可能不存在。首先，他认为，如果假设带有偏见的指导语通过降低证人用来选择辨认队列成员的标准来增加错误辨认，则该标准的改变也应该增加正确的辨认。然而，与目标不存在的队列相比，证明有偏见的指导语在辨认目标存在的队列中的影响更困难，因为通过有偏见的辨认指导语来增加猜测会在两种类型的队列中产生不对称效应。在辨认目标缺席的队列中，对于通过猜测产生的每个新辨认结果，正确的排除率将会相应地下降。在辨认目标存在的队列中，只有一小部分（1/k，其中 k = 队列成员的数量）是通过猜测产生的辨认，即对辨认目标的辨认，将导致正确辨认率的增加。

接下来，克拉克（Clark）仔细研究了包括原始的斯特布莱（Steblay）的综合分析（1997）在内的研究。斯特布莱（Steblay）的报告称，有六项研究发现了带有偏见的指导语增加了正确辨认率，有六项研究发现它们减少了正确辨认率，还有三项研究发现带有偏见的指导语对辨认结果没有任何影响。克拉克（Clark）对这些研究的再分析证明了一些研究中的方法论问题（例如，无偏见指导语情境下的天花板效应），并且他主张在其他研究中对一些条件进行不同的分类，纳入带有偏见的指导语情境或不带有偏见的指导语情境。重新分析的结果质疑了斯特布莱（Steblay）的发现，带有偏见的指导语对正确辨认率的影响甚微。似乎是在不带有偏见的指导语情境下的正确辨认率，会影响辨认目标存在的辨认队列中带有偏见的指导语效果的大小。当该辨认率很高时，天花板效应会阻止带有偏见的指导语显著增加正确辨认率。进一步的研究，应该可以解决这个问题。

除建议指示证人犯罪分子可能不在该辨认队列中之外，国家司法研究所指南还建议警方在其标准的目击者辨认程序中，加入有关犯罪者改变其外貌可能性的指示［目击者证据技术工作组（Technical Working Group for Eyewitness Evidence），1999］。该指南为证人提供了具体的指导语："照片阵列中描绘的个人可能看起来不像他们在事件发生之日那样，因为头部和面部毛发等特征可能会发生变化"［目击者证据技术工作组（Technical Working Group for Eyewitness Evidence），1999，第 32 页］。查曼和韦尔斯（Charman & Wells，2007）质疑该指南对外观变化指导语的建议，因为使用它没有理论和实证证据支撑。在可能的假设中，他们认为，如果证人推断犯罪者可能不再看起来像他们记忆中的样子，那么外观改变指导语可能会造成问题，并且会因此降低他们作出辨认的标准程度。在有关外观变化指导语效果的唯一一项实证研究中（与对外观变化本身的影响的研究相反），每位参与者目击了四个辨认队列，包括两个是犯罪分子不存在的和两个犯罪分子存在的队列。所有参与者都被告知犯罪者可能在或可能不在队列中，并且一半的参与者还接受了外观变化指导语。

外观变化指导语增加了辨认目标存在的队列中和辨认目标缺席队列中对陪衬者的辨认，但是没有显著增加辨认目标存在队列中的正确辨认。在使用外观变化指导语条件下，选择率明显较高，这支持了这一指导语会导致证人降低其作出反应的标准的假设。对于接受这一指导语的证人来说，作出辨认决定的反应延迟要长得多，这可能是由于较低的标准增加了在作出决定之前需要考虑的证人照片的数量［查曼和韦尔斯（Charman & Wells），2007］。虽然基于单一研究提出政策建议为时尚早，但对外观变化指导语的初步测试结果表明该指导语可能没有达到想要的效果。目前尚不清楚的是，外观变化指导语的存在是否与犯罪者的实际外观变化相互作用，使得该指导语增加了对外观变化的犯罪者的正确辨认率，但是当犯罪者不在辨认队列中时，不会增加错误的辨认。虽然查曼和韦尔斯（Charman & Wells）的研究包括四名犯罪者，他们的外表在事件发生时与随后的列队辨认中的变化程度各不相同，但是犯罪者的外观变化程度不同，使得结果难以解释。因此，需要展开的研究是，在独立研究中纯粹地操控外观变化对辨认的影响以及使用外观变化指导语对辨认效果的影响。

同步辨认与顺序辨认

在同步进行的列队辨认中，目击者同时察看所有的辨认队列成员。在顺序辨认中，大多数情况下通常是在心理学的研究中进行测试，目击者一次一个地察看每个辨认队列成员，并在察看该成员后作出是否是犯罪分子的决定[林赛和韦尔斯（Lindsay & Wells），1985；林赛、莉和富尔福德（Lindsay, Lea & Fulford），1991]。如果目击者辨认队列成员不是犯罪分子，则管理员将呈现下一个辨认队列成员。如果证人表示该辨认队列成员就是犯罪分子，则展示结束。相比而言，国家司法研究所对顺序辨认程序的描述是允许管理员继续向证人展示更多辨认队列成员，即使证人已经进行辨认，如果这样做符合部门程序的话。

尽管国家司法研究所指南和美国心理学－法律学协会执行委员会白皮书都描述了顺序辨认程序，同时研究表明了顺序辨认程序的优越性，但两个指南的推荐没有超出使用同步辨认程序。一项关于25项研究的综合分析比较了同步展示辨认和顺序展示辨认对目击者准确性的影响，综合来自4000多名目击者的数据得出结论，顺序辨认可靠并能大幅减少辨认目标缺席队列中的错误辨认[斯特布莱、戴萨特、弗勒洛和林赛（Steblay, Dysart, Fulero & Lindsay），2001]，斯特布莱和戴萨特（Steblay & Dysart, 2008a）通过一项更大的综合分析再次确认了这一结论。顺序辨认这种效果被称为顺序优势效应。然而，尽管这种辨认中错误辨认率的下降值得称赞，但正确辨认的数量也会相应地有所减少，这让检察官和执法官员很担心。

关于为什么顺序辨认比同步辨认产生更少的错误辨认仍然存在争议。有些人认为，同步辨认的展示鼓励证人在队列成员之间作出相对判断，结果让证人选择看起来最像犯罪分子的辨认队列成员[林赛和韦尔斯（Lindsay & Wells），1985；格伦隆德（Gronlund），2004]。可以设想，在辨认目标存在的列队辨认中，当辨认目标出现在队列中时，若犯罪分子非常接近证人对犯罪者记忆的样子，这种相对（relative）判断过程就会产生正确的辨认。对于辨认目标缺席的列队辨认，如果一名无辜的犯罪嫌疑人很接近犯罪分子的样子（可能是由于他与犯罪分子的身体相似而成为犯罪嫌疑人），此种情况下可以预测到错误的辨认会增加。通常认为，顺序辨认减少了这些相对判断，鼓励证人对每个辨认队列成员与对犯罪分子的记忆之间的相似性作出绝对（absolute）判断。其他学者最近认为，与其鼓励证人从相对判断过渡到绝对判断过程，顺序辨认提高了证人在他们愿意从辨认队列中作出选择之前必须穿过的标准门槛［迈斯纳、炊杜克斯、帕克和麦克林（Meissner，Tredoux，Parker & MacLin），2005；弗洛维和埃布森（Flowe & Ebbesen），2007］。使用一种信号检测方法，迈斯纳（Meissner）和他的同事证明，同步展示确实产生了比顺序展示更低的选择辨认列队成员的标准。

部分由于这种顺序优势效应背后的心理过程存在不确定性，对于通过制定公共政策来推荐采用顺序辨认作为获得目击者辨认的首选方法，一些学者提出了质疑，认为是不明智的［麦奎斯顿－苏瑞特、马尔帕斯和炊杜克斯（McQuiston-Surrett，Malpass & Tredoux），2006］。这些作者还认为，推荐使用顺序辨认的时机尚不成熟，原因在于：

（1）斯特布莱（Steblay）的综合分析包含许多未发表的研究，这些研究不符合多伯特诉梅里尔道制药有限公司（Daubert v Merrell Dow Pharmaceuticals，1993）一案中，最高法院判决中公布的关于同行评审的可接受性标准；

（2）综合分析所依赖的研究对象的量相对较小，因此容易出现不可靠；

（3）支持顺序优势效应的结果主要来自单一实验室。

从这一分析可以清楚地看出，需要更多的研究来了解哪些变量（例如，罪犯—犯罪嫌疑人的相似性，辨认队列的组建方法，双盲与单盲辨认队列管理）能够缓解同时展示与顺序展示对辨认人作出决定的影响。但斯特布莱和戴萨特（Steblay & Dysart）新做的综合分析反驳了所有这些观点。

评论员和那些争论这两个程序相对优点的人经常忽视了顺序辨认的一个可能优势。相对于在辨认目标缺席条件下实验中的其他陪衬者，“指定无罪”（designated innocent）的犯罪嫌疑人陪衬者被选择的概率清楚地表明，在那些研究中使用的辨认队列——与现实世界中使用的辨认队列相似——偏向不利于指定无罪的犯罪嫌疑人，因此可能对实际的犯罪嫌疑人更加不公平。斯特布莱和戴萨特（Steblay & Dysart，2008a）得出的相应数据为：在同步辨认中，指定陪衬者与其他陪衬者的平均值相比，为 23%∶7% （比例约为3∶1），这与其他研究的结果相当，也就是我们之前提到的带有偏见的列队辨认。在顺序辨认中，斯特布莱和戴萨特（Steblay & Dysart）的研究报告指出，12% 的证人选择了指定的陪衬者，而 7% 的证人选择了其他陪衬者——这个比例小于 2∶1。这些结果可能确实是因为顺序辨认模式使证人更加难以仅仅比较辨认队列的成员并选择“最相似”的面孔。

看待顺序辨认展示和同步辨认展示中的偏见（不公平）的另一种方法是，考察在同时辨认和顺序辨认中从辨认目标存在的队列中转移到辨认目标缺席的队列时选择模式的变化是什么样的。在这里，我们重点关注斯特布莱和戴萨特（Steblay & Dysart，2008b）对 38 项研究结果的分析，这些研究保留了在辨认对象存在/缺席条件下进行的辨认以及相应操作流程的完整数据。这些研究的结果表明，在辨认目标存在的同步辨认中，47% 的证人正确地“辨认”出犯罪嫌疑人，其中有 30% （近三分之二）的证人会在目标缺席的情况下猜测出一个陪衬者，[①] 有 17% 的证人在两种类型的列队辨认中都是正确的（见表 15.2）。对于顺序辨认，相应的数据分别是：在辨认目标存在的条件下，35% 正确的“辨认率”，24% 选择了陪衬者和 41% 没有作出选择，以及在目标缺席的条件下，34% 选择了陪衬者和 66% 没有作出选择。[②] 对于辨认目标缺席的列队辨认，这些数据表明：在辨认目标存在的顺序辨认中，有 35% 的证人正确地“辨认”出犯罪嫌疑人，其中有 10% （不到三分之一）的证人会在辨认目标缺席的条件下猜测一个陪衬者，但是 25% 的证人会正确地排除列队辨认（未作出选择）；那些 25% 的证人似乎具有可靠的记忆，而同步辨认中这样的人只占 17% 。

① 30% 的数据计算是指，辨认目标存在的条件下，25% 选择了陪衬者，而在辨认目标缺席的条件下，55% 选择了陪衬者，增加了 30% 。这 30% 来源于辨认目标存在条件下 47% 的作出正确辨认的人（另外 17% 在辨认目标缺席的条件下转变为没有作出选择）。（译者注）

② 可用如下表格来表示此处对“顺序辨认结果”的综合分析。（译者注）

辨认结果类型	目标存在（$N=38$）	目标缺席（$N=38$）
未作出选择	41%	66%
正确辨认	35%	—
选择陪衬者	24%	34%

表 15.2　斯特布莱（Steblay）等人对同步辨认的综合分析

辨认结果类型	目标存在（N=38）	目标缺席（N=38）
未作出选择	28%	45%
正确辨认	47%	—
选择陪衬者	25%	55%

因此，顺序展示似乎不仅仅是减少了证人的选择，它似乎在抑制证人猜测（guessing）方面有不同的影响。实际上，从逻辑分析来看，基本上在顺序辨认程序中作出正确辨认的所有假定的“损失”（这里考虑的是研究中的 47% 对 35%），是以猜测的证人形式存在辨认目标所在的队列中。此处的“猜测”是指他们的记忆力不足以排除辨认陪衬人（在犯罪者缺席的辨认队列中）。鉴于不超过 25% 的证人似乎能够在辨认目标存在的队列和辨认目标缺席的队列（顺序辨认）中均进行了正确的辨认（如果考虑到在同步辨认队列中只有 17% 的双重准确率，那么双重可靠证人的最佳估计值应为 21%），我们可能会得出结论，在同步辨认程序且辨认目标存在的队列中，47% 的“正确辨认率”大多是来自目击者（47% 中大约有 26%）面对带有偏见的队列展示的幸运猜测；因此，似乎大多数证人会在辨认目标缺席的队列中挑选一个陪衬者，当然那些目击者最有可能在同样带有偏见的辨认目标缺席的队列中挑选看起来相似的指定犯罪嫌疑人而非另一个陪衬者。

相比之下，顺序辨认产生的幸运猜测是显著减少的（辨认目标存在的队列中 35% 的证人作出了“正确辨认”，其中只有 10% 在辨认目标缺席的辨认队列中转变为猜测），错误的陪衬者选择率为 34% 对 55%，对指定的无辜犯罪嫌疑人选择率为 12% 对 23%（虽然这些结果来自一组不同的研究）。对于顺序辨认而言，正确辨认与无辜犯罪嫌疑人辨认的总体比率（35/12，约 3∶1）可能远高于同步辨认（47/23，约 2∶1）。

虽然一些政策制定者可能会因为顺序辨认产生的准确“辨认”（我们将其定性为幸运猜测）的损失而烦恼，但应当注意的是，辨认犯罪嫌疑人准确性的概率实际上是通过使用顺序辨认增加了，尽管有一些辨认损失。此外，似乎很明显，政策制定者不应该仅仅因为它产生了更多“命中”而总是选择一种列队辨认的方法。例如，一种声称他们不认识任何人的证人被指导去猜测的方法。这种猜测方法肯定会产生比不鼓励猜测的方法更多的犯罪嫌疑人辨认，但它也会产生更多无辜的犯罪嫌疑人被辨认。在大多数情况下，政策制定者肯定不会鼓励依赖猜测并且会产生更多错误的方法。我们说“大多数情况”是因为正如彭罗德（Penrod，2003）所指出的那样，人们可以想象一个系统，侦查人员被迫选择（在任何辨认测试之前）他们将如何安排目击证人。如果他们打算在法庭上使用目击者及其辨认结果作为针对被告人的证据，他们可能会被迫使用严格的程序，以最大限度地提高辨认的诊断价值（增加正确对错误的嫌疑人辨认的比率）。另一方面，如果侦查人员需要目击证人帮助他们来收集调查线索，他们可能希望使用鼓励猜测和收集线索的程序，但不得不以在审判时失去证人作为辨认证据的来源这样的损失为代价。

双盲与单盲辨认队列管理

虽然国家司法研究所指南没有推荐双盲队列管理，部分原因是执法部门担心在小的辖区内寻找到足够的管理员的可行性，但美国心理学－法律学协会执行委员会白皮书建议采用双盲辨认队列管理作为最佳实践。什么证据表明双盲队列管理减少了错误的辨认或错误的定罪？在提出这些建议时，几乎没有直接证据表明队列管理员对犯罪嫌疑人身份的了解会影响目击证人辨认的可靠性；然而，管理者向证人反馈其是否已经辨认出犯罪嫌疑人会影响证人的信心这一观点有原始的支撑材料［韦尔斯和布拉德菲尔德（Wells & Bradfield），1998］。基于对实验者期待效应的研究主体的认知［例如，罗森塔尔（Rosenthal），1976；2002］，而非基于对目击证人研究结果的建议，学者们认为，管理者对犯罪嫌疑人身份的知情将导致管理者向证人传达行为线索，而这会影响证人进行辨认的决定及其报告的信心。从那时起，大量的研究已经审查了管理者的反馈在证人信心可塑性方面所发挥的作用，有少数研究已经审查了管理者了解辨认目标身份在证人辨认准确性方面产生的影响。

辨认信心的可塑性

当辨认队列管理员知道哪个队列成员是犯罪嫌疑人时，管理员有可能向证人提供关于他们是否已辨认出犯罪嫌疑人的反馈。如果在证人表达对其辨认结果准确性的信心之前提供此反馈，该反馈很可能会以预期的方式影响他们报告的信心。在对这种现象的最早研究之一中，一些证人看了一起扮演的盗窃案件［吕斯和韦尔斯（Luus & Wells），1994］。然后，证人分别察看了一个不包含犯罪嫌疑人的辨认队列；几乎所有的证人都辨认出该队列中的某一个成员是犯罪者。随后，给予了这些证人关于他们的共同证人作出的辨认决定的九种形式之一的反馈，并由一名警官进行了询问，警官记录了他们对其辨认准确性的信心。那些了解到他们的共同证人已经辨认出同一队列成员的证人比那些没有收到任何反馈的证人对其辨认结果的准确性更有信心。那些了解到他们的共同证人已经辨认出了一个不同的队列成员或排除了所有队列成员的证人比没有得到任何反馈的证人更加没有自信。

加里·韦尔斯（Gary Wells）和他的同事进行了大量研究，证明辨认队列管理员的反馈影响了证人的信心［韦尔斯和布拉德菲尔德（Wells & Bradfield），1998；布拉德菲尔德、韦尔斯和奥尔森（Bradfield，Wells & Olson），2002；韦尔斯、奥尔森和查曼（Wells，Olson & Charman），2003］。当辨认队列管理员提供确定性的反馈时（例如，“好，你辨认出了犯罪嫌疑人”），得到这种反馈的证人明显比得到不确定的或没有反馈的证人更有信心［韦尔斯和布拉德菲尔德（Wells & Bradfield），1998］。即使证人被告知犯罪者可能不在辨认队列中，这种效果仍然存在［塞姆勒、布鲁尔和韦尔斯（Semmler，Brewer & Wells），2004］。管理员的确定性反馈不仅增加了证人的信心，而且会使证人报告他们对犯罪嫌疑人有更好的观察角度，并在观察事件时更加关注犯罪分子的脸部［韦尔斯和布拉德菲尔德（Wells & Bradfield），1998］。

一个基于 2400 多名参与者数据的 20 项测试，对辨认后反馈影响的综合分析表明，这种影响是稳健且相对较大的［道格拉斯和斯特布莱（Douglass &

Steblay），2006］。此外，确定性的反馈对证人经历的各种客观和主观标准产生了重大影响，包括他们对犯罪者的观察有多好，他们是否有机会看到他/她的脸，他们付出了多少关注，他们是否有一个很好的基础来进行辨认，进行辨认是多么容易，他们进行辨认的速度，他们作证的意愿，对陌生人的记忆以及记忆的清晰度。这些发现支持在辨认之后且由管理员提供关于辨认结果的任何反馈之前立即收集证人信心的建议。

调查人员知情对目击者辨认准确性的影响

尽管美国心理学－法律学协会执行委员会小组委员会建议由不知情的辨认主持人组织辨认，但只有少数研究直接检验了辨认主持人知情对目击者辨认决定可靠性的影响。针对在何种条件下辨认主持人对犯罪嫌疑人身份的知情会产生影响［菲利普斯、麦考利夫、科维拉和卡特勒（Phillips，McAuliff，Kovera & Cutler），1999；霍和费希尔（Haw & Fisher），2004；格雷特豪斯和科维拉（Greathouse & Kovera），2009］，以及是否最终产生了影响［霍、米切尔和韦尔斯（Haw，Mitchell & Wells），2003；鲁萨诺（Russano）等人，2006］，这些研究产生了不同的结果。第一项研究审查了辨认主持人知情影响，经验性地将模拟列队辨认主持人与模拟证人配对，这些证人目击了涉及两名犯罪者上演的犯罪［菲利普斯（Phillips）等人，1999］。菲利普斯（Phillips）及其同事通过改变辨认主持人是否知道犯罪嫌疑人的身份所呈现的辨认队列类型（同步与顺序），以及在辨认任务期间观察员是否在场来操控实验。实验表明，当辨认队列按照顺序展示并且实验观察员在场时，主持人知情会影响证人去选择无辜的犯罪嫌疑人。

对于主持人知情会对目击者辨认准确性产生影响的观点得到了另外一种研究的额外支持，该研究控制辨认主持人与目击证人的接触程度［霍和费希尔（Haw & Fisher），2004］。对于一些证人，主持人在组织辨认时直接与他们接触。对于其他证人来说，主持人在组织辨认时坐在证人身后且在他们的视线之外，这样就限制了他们向证人传达有关犯罪嫌疑人身份线索的能力。当主持人被允许与证人充分接触并在辨认目标缺席的队列中实施同步展示辨认时，证人更有可能对无辜的犯罪嫌疑人进行辨认。相反，其他研究未能发现主持人知情对证人辨认决策的任何影响［霍（Haw）等人，2003；鲁萨诺（Russano）等人，2006］。

考虑到主持人知情对研究过程中目击者辨认决策影响的易变性，之前未确定的变量可能会缓和其影响。格雷特豪斯和科维拉（Greathouse & Kovera）的研究（待出版）假定了一些因素，这些因素降低了证人用于作出肯定辨认的标准，如带有偏见的列队辨认指导语或同步展示列队辨认，可能会缓和主持人知情的影响。如果证人被提供带有偏见的指导语（例如，未能提醒证人犯罪者可能不在辨认队列中的指示语），他们可能会暗示对辨认缺乏自信的证人更多地注意侦查人员的行为，这也导致单盲主持人能够发挥更大的影响力。为了检验这个假设，格雷特豪斯和科维拉（Greathouse & Kovera）通过控制管理员是否了解犯罪嫌疑人的身份、辨认队列呈现的类型（同步与顺序）、辨认队列中实际犯罪者的存在或缺席，以及辨认时的指导语类型（带有偏见的与不带有偏见的）进行研究。为了尽量确保调查结果不是仅仅针对某一特定的犯罪者或辨认队列，证人看到两名犯罪者中的一名实施盗窃犯罪行为，然后根据为该犯罪者构建的辨认目标存在和辨认目标缺席的队列进行辨认。

当目击者接受带有偏见的指导语和进行同步列队辨认时，他们更有可能在单盲辨认中确认出犯罪嫌疑人，而不是在双盲辨认中［格雷特豪斯和科维拉（Greathouse & Kovera）］。在双盲和单盲条件下对陪衬者的辨认和对犯罪嫌疑人的辨认模式表明，错误辨认的增加由于单盲辨认管理员影响了那些本来在双盲条件下会对陪衬者进行辨认的证人，受到影响后这些证人对犯罪嫌疑人进行辨认，替代了陪衬者。这一发现可以被概念化为：将不确定证人的猜测从双盲条件下的陪衬者辨认转移到单盲条件下的犯罪嫌疑人辨认。排除性列队辨认（没有作出选择）并没有因为管理人员知情而显著增加或减少。此外，在双盲管理中，证人对犯罪嫌疑人辨认的诊断能力是单盲管理的两倍。

因此，从这项研究可以看出，双盲辨认队列管理可以防止错误辨认，特别是当证人的选择标准降低时；然而，双盲辨认队列管理似乎也会减少正确的辨认。此外，尚不清楚的是，当管理员组织多名证人进行辨认时，双盲管理也同样可以防止管理员的预期影响。有证据表明，来自第一次列队辨认管理的证人的信心影响了管理员对辨认任务难度的看法。因此，当第一个证人对他/她的辨认缺乏信心而不是对他们的决定充满信心时，组织另一名证人进行第二次辨认的双盲管理员更有可能引导第二名证人选择第一个证人选择的照片［道格拉斯、史密斯和弗雷泽－希尔（Douglass，Smith & Fraser-Thill），2005］。尽管双盲辨认队列管理可能无法纠正与管理者期望相关的所有问题及其对证人行为的影响，但几乎没有证据表明它会产生有害结果。当然，很明显的一点是，需要更多的研究来了解管理者对犯罪嫌疑人身份的知情会如何影响目击者的辨认任务。

实证研究中目击者辨认的错误率

上述回顾的研究是实验研究——有些是上演的事件，有些是录像事件，其中研究人员知道辨认目标的身份。这种知情使我们能够确切地确定证人何时犯了错误。在使用警方档案进行实际证人的研究中，通常不知道犯罪嫌疑人是否就是真正的犯罪者，但仍然可以通过查看对陪衬者的辨认来评估不准确的辨认率。由于将要解释的原因，最好的档案研究来自英国。这些研究包括斯莱特（Slater，1994）针对843名英国证人对302名犯罪嫌疑人所作辨认进行的分析。斯莱特（Slater）发现，犯罪嫌疑人辨认率、陪衬者辨认率以及未辨认率分别为36%、22%和42%。赖特和迈戴德（Wright & McDaid，1996）审查了1561名英国证人进行的现场列队辨认，证人察看了616名犯罪嫌疑人，研究发现犯罪嫌疑人辨认率、陪衬者辨认率和未辨认率分别为39%、20%和41%。派克、布雷斯和凯南（Pike，Brace & Kynan，2002）报告了一项在8800个列队辨认中49%的犯罪嫌疑人辨认率，在一项单独的视频展示系统（940名证人）研究中39%的犯罪嫌疑人辨认率，以及1635个现场列队辨认中35%的犯罪嫌疑人辨认率（没有提供关于陪衬者辨认率的信息）。瓦伦丁、皮克林和达林（Valentine，Pickering & Darling，2003）报告了584名证人进行的辨认，结果显示，在295个现场列队辨认中，犯罪嫌疑人辨认率、陪衬者辨认率和未辨认率分别为 41%、21% 和 39%。更近的研究是赖特和斯卡格贝里（Wright & Skagerberg，2007）针对 134 名目击者的视频辨认研究，结果表明犯罪嫌疑人辨认率、陪衬者辨认率和未辨认率分别为 59%、21% 和 21%。

尽管这些研究存在差异（一些数据报告了，一些数据未知——例如，某些数据集可能包括了非陌生人案件中的辨认），但结果中出现的一般模式——在这些案件中，证人作出近三分之一的正确辨认——显然是错误的，因为整个研究的总体加权平均值是犯罪嫌疑人辨认率、陪衬者辨认率和未辨认率分别为 45%、21% 和 40% [由于派克（Pike）等人报告的研究数据缺失，数字相加不会到 100，2002]。请注意，这些研究中的大多数证人可能面对的是英国标准的九人辨认队列。鉴于这些研究中有 21% 的证人是“猜测”其中一个无辜的陪衬者（平均每个陪衬者占 2.6%），我们不得不期望——假设这些队列都是完全公平的——另有 2.6% 的目击者偶然地猜到了犯罪嫌疑人。遗憾的是，正如我们在下面详述的那样，其他证据表明队列并不是完全公平的；因此，较高（可能更高）百分比的证人可能是猜测犯罪嫌疑人。

尽管迄今为止的研究都受到严重限制，但在北美开始出现一组关于实际证人的研究。托尔斯特拉普、特特尔和尤伊尔（Tollestrup，Turtle & Yuille，1994）审查了加拿大皇家骑警记录的 119 起抢劫和 66 起欺诈案件（分别有 42 份和 45 份文件被放弃，因为它们缺乏目击者描述或辨认尝试），并报告了他们研究的温哥华警方照片阵队辨认（大多数有八张照片）中 31.7% 的犯罪嫌疑人准确辨认率（英国研究报告的比例为 45%）。总体而言，46% 的抢劫被害者、33% 的抢劫证人和 25% 的欺诈被害者辨认了犯罪嫌疑人。但是，由于警方记录不完整，因此不允许研究人员将未作出辨认与陪衬者辨认区分开来：

> 辨认结果以各种方式记录在档案中，如“否定结果”“无法辨认警方嫌疑人”“不在队列中”“指出犯罪嫌疑人和另外一人看起来像犯罪者”“积极的辨认”“弱辨认”（weak ID）……在大多数情况下，我们

无法可靠地区分目击者排除照片阵列的结果与他/她未选择警方嫌疑人的结果。（第153页）

贝尔曼和戴维（Behrman & Davey，2001）审查了加利福尼亚州萨克拉门托地区警方记录的271起案件，其中涉及349起罪行（绝大多数是武装抢劫案）。他们共检验了258场现场指认（field show-ups）、289场照片队列辨认和58场列队辨认，得出的结论为：报告现场指认中76%的证人作出辨认，照片队列辨认中48%的证人辨认出了犯罪嫌疑人。然而，由于警方档案不完整，贝尔曼和戴维（Behrman & Davey）［托尔斯特拉普（Tollestrup）等人，1994］无法确定观察照片阵列的证人对多少已知的无辜陪衬者进行了辨认。在列队辨认中，相关记录确实包含有错误的陪衬者辨认报告，贝尔曼和戴维（Behrman & Davey）报告说，50%的证人辨认出了犯罪嫌疑人（错误辨认的百分比未知）；对陪衬者的错误辨认率为24%，26%的证人没有作出选择。与英国的档案数据一样，大约三分之一的正确辨认显然是错误的，平均猜测率为每个陪衬者5%，这可能意味着（根据前文提到的关于犯罪嫌疑人的不公平乘数），15%的犯罪嫌疑人辨认也是猜测。贝尔曼和理查兹（Behrman & Richards，2005）也报告了一项基于贝尔曼和戴维（Behrman & Davey，2001）项目中包含的一些数据的研究，但似乎2005年的数据也没有为估计总体证人错误率（对陪衬者的选择）提供合适的依据。2005年的研究收集了424个照片辨认队列［贝尔曼和戴维（Behrman & Davey）无法确定陪衬者辨认率］和37个列队辨认。分析的重点是作者能够确认的238个犯罪嫌疑人辨认与68个陪衬者辨认。

克罗布查尔、斯特布莱和卡利朱里（Klobuchar，Steblay & Caligiuri，2006）报告了2004年在明尼苏达州进行的一项不寻常的实地研究的结果，其中收集了来自117起案件中206名目击者实施的280次列队辨认的信息。该研究的不寻常之处是警方使用了盲辨程序（辨认队列管理员不知道犯罪嫌疑人的身份）以及在向证人展示阵列时使用了顺序辨认。在明尼苏达州采用的顺序辨认程序中，一次一张地呈现照片，并且证人需要对每张照片作出决定（同时，允许证人每当有需要时观看整个顺序展示）。

在 178 个列队辨认中，目击者寻找对他们来说是陌生人的犯罪者。在这些列队辨认中，35% 的证人选出了犯罪嫌疑人，11% 的证人选择了陪衬者。因此，大约四分之一的正确辨认显然是错误的，陪衬者的猜测率约为每名陪衬者 2% 。假设由于辨认队列的不公正，对犯罪嫌疑人的辨认比陪衬者多三倍，那么 35% 的犯罪嫌疑人辨认中可能有 6% 是猜测。总体而言，53% 的人未作出选择。如上所述，已经证明顺序辨认会降低目击者的正确选择，可能是因为他们减少了目击者比较辨认队列成员，并选择能够最好地匹配他们所记忆的面孔的机会。在明尼苏达州的研究中，大约 46% 的证人不止一次地看到了顺序辨认队列。对于仅对辨认队列进行过一次观察的 33 名目击者，犯罪嫌疑人和陪衬者的辨认率分别为 42% 和 3% ，而观看了两次的 31 名目击者的辨认率分别为 32% 和 13% ，观看了三次的 14 名目击者的辨认率分别为 43% 和 29% 。因此，重复的观察与错误辨认的可能性显著增加相关联。

有学者报告了 2006 年在伊利诺伊州进行的第二次大型实地研究的结果［梅克伦伯格（Mecklenburg），2006］。这项研究比较了芝加哥地区几个司法管辖区内非盲辨同步展示队列中的证人选择（辨认主持人知道犯罪嫌疑人的身份）和盲辨的顺序展示队列中证人的选择（辨认主持人不知道犯罪嫌疑人的身份）。表 15. 3 报告了相关案件中涉及的 548 次陌生人辨认活动的结果。

表 15. 3 同步展示和顺序展示对辨认率的影响

	同步展示	顺序展示
（数量）	（319）	（229）
辨认出犯罪嫌疑人	59. 9%	45. 0%
辨认为陪衬者	2. 8%	9. 2%
未作出辨认	37. 6%	47. 2%

伊利诺伊州的数据得到了一份报告的补充（伊利诺伊州报告第 43 页），该报告是关于 2001 ~2005 年在纽约皇后区进行的 2677 次同步展示非盲现场列队辨认中犯罪嫌疑人和陪衬者的辨认率。报告的数据为：总体上对犯罪嫌疑人的辨认率为 54% ，对陪衬者的辨认率为 3% 。虽然有些人将伊利诺伊州

的结果看作非盲同步展示列队辨认中表现优异的证据，但该研究受到了主流的心理学家（非目击者研究人员）的批评，沙克特、道斯、雅各比、卡尼曼、伦珀特、罗迪格和罗森塔尔（Schacter，Dawes，Jacoby，Kahneman，Lempert，Roediger & Rosenthal，2008）批评该研究混淆了盲辨、顺序展示程序和非盲辨、同步展示程序。沙克特（Schacter）指出，“我们对这些材料的阅读迫使我们得出结论，这种混淆对于评估这一特定研究的现实意义具有毁灭性的后果”（该报告第 4 页）。

显而易见，来自伊利诺伊州（3%）和皇后区（3%）的非盲辨同步展示陪衬者辨认率与英国的各种研究（平均 21%），以及与贝尔曼和戴维（Behrman & Davey）提供的列队辨认报告的 24% 明显不同。对这种差异的可能解释被埋没在伊利诺伊州的报告中：从非盲辨同步展示程序中出现的陪衬者辨认数量很少，警察可能会忽略那些不符合其“合理根据”（probable cause）标准的辨认（该报告第 111 页），这种做法看起来类似于皇后区的做法，其中只有在基于高度自信的情况下的辨认（被记录为辨认），由此，所有尝试性的辨认都被记录为“未辨认”（该报告第 43 页）。这些做法造成了两个问题：

（1）不合格的犯罪嫌疑人辨认是否与不符合标准的陪衬者辨认一样频繁地被忽略？有些人可能会认为伊利诺伊州和皇后区的结果可能会因为非盲辨展示中选择性地不报告陪衬者辨认而导致不公，这种不公比警方为证人引导犯罪嫌疑人更严重。

（2）如果不报告实际上不符合标准的辨认，是否剥夺了被告人获得对其辩护可能有用的信息？陪审员和法官希望了解这些错误。

还有迹象表明，皇后区中很大一部分辨认实际上是在对犯罪嫌疑人进行照片辨认或其他形式的辨认之后对其进行的第二次/确认性的辨认；这种做法也会在确认辨认列队之前掩盖陪衬者或其他形式的错误辨认。韦尔斯和林赛（Wells & Lindsay，1980）以及克拉克和韦尔斯（Clark & Wells，2008）的分析强调，在许多情况下，在判断证人记忆的质量以及在确定单个或多个证人辨认准确性方面，陪衬者辨认和未作出辨认具有高度诊断价值。

然而，陪审员等法律决定的决策者似乎无法适当地接受未作出辨认这种情形的诊断价值。即使未作出辨认的证人出庭，麦卡利斯特和布雷格曼（McAllister & Bregman，1986）对于陪审员能够给予未作出辨认这种证据有效权重的能力产生怀疑。研究人员向模拟陪审员提供了一加二证人组合的一系列辨认证据，使用了 1（无辜）至 9（有罪）等级的评级，结果显示，相对于未作出辨认的证人（既没有辨认出犯罪嫌疑人也没有将犯罪嫌疑人排除为犯罪者）（$M=5.14$），对单一的作出肯定辨认的证人（$M=6.64$）可信赖的有罪率在增加，但是相对于未作出辨认的对照组，单一作出否定辨认的证人（即辨认犯罪者不在辨认队列中的证人）（$M=5.06$）在有罪率方面只有非常轻微且无实质意义的降低。结果表明，模拟陪审员认为单一的肯定辨认证明可以判断犯罪嫌疑人为有罪，但错误地相信否定该列队的辨认基本上没有证据价值。

如上所述，陪衬者辨认很重要，部分原因是它们提出了有关证人记忆的问题，但也因为陪衬者辨认可以作为评估对无辜犯罪嫌疑人辨认率的基础。如果目击者以 25% 的概率“猜测”陪衬者，如贝尔曼和戴维（Behrman & Davey，2001）的档案研究或斯特莱特和戴萨特（Steblay & Dysart，2008a）的综合分析，平均每个陪衬者在完全公正的队列中会吸引约 5% 的证人选择，5% 的证人将不得不猜测犯罪嫌疑人。如果犯罪嫌疑人有 80% 可能性是犯罪者，那么这五个猜测中的四个会辨认出一个有罪的人（尽管依据有些可疑），五分之一的可疑猜测会辨认出一个无辜的人——在这种情况下，对无辜犯罪嫌疑人的整体错误辨认率将会是百分之一。

正如我们已经指出的那样，越来越多的研究表明，对犯罪嫌疑人的辨认是带有偏见的。有 15% 的证人（在这种情况下不是 5%）是在猜测犯罪嫌疑人不是不可信的；而且，如果 20% 的犯罪嫌疑人是无辜的，那么 3% 的证人将会对无辜的犯罪嫌疑人作出肯定辨认。另有 25% 的证人会猜测陪衬者，这些会引起人们对证人记忆质量的严重怀疑，并质疑他们可能作出的任何后续辨认的可靠性。

归根结底，如果我们有兴趣更好、更多地了解在实地研究中记忆不完美的证人选择的无辜嫌疑人的数量，我们需要知道证人对陪衬者的辨认率和辨认队列的公正程度。有了这些信息，就可以对无辜的犯罪嫌疑人辨认率进行合理的估计，这对于解决被告人提出的有关先前已对陪衬者作出错误辨认的证人，其辨认的可靠性问题是很有价值的。

目击者辨认的科学研究与实践状态

尽管目击者辨认错误来源的心理学研究始于一个多世纪以前［惠普尔（Whipple），1909，在一系列主要在欧洲进行的研究报告中的第一篇，提供了最早研究的简明英语摘要］，并且事实上，我们长期以来有系统性的证据表明目击者的错误辨认是错误定罪的主要根源，但只是在过去的20年里，越来越多的科学研究和实践开始靠拢。有几个因素推动了这种融合。最近的DNA无罪免责和探究这些免罪的原因已经大大提高了公众和刑事司法从业者对目击者错误辨认在产生错误定罪中所起的重要作用的认识。档案研究，尤其是来自英国的档案研究，补充了在受控环境中进行的研究，为在选择/猜测陪衬者的实际证人之中的高错误率提供了进一步的令人信服的文件。对这些错误辨认的分解表明猜测率明显高于单独的陪衬者选择。在过去的几十年中，关于辨认错误来源以及辨认程序和实践在产生错误的过程中所起作用的科学研究已经成熟，10年前就基于科学和逻辑分析的结合推进了一系列保守的实践建议［韦尔斯（Wells）等人，1998］，其中一些建议很快被政策制定者以国家司法研究所辨认程序指南的形式所接受。

建议的做法——犯罪嫌疑人不应当从辨认队列的陪衬者中脱颖而出，应当告诉证人犯罪者可能会在或也可能不在辨认队列中，应当在辨认时收集和记录证人作出判断的信心——已纳入了国家司法研究所指南。考虑了其他建议，但没有最终纳入。该指南未包括建议进行双盲辨认，也没有包括进行顺序辨认的建议，顺序辨认这种做法得到了韦尔斯（Wells）等人的优先考虑。

近年来，已经停止了使用实验和非实验方法评估这些做法在实际环境中的影响的脚步。尽管早期的研究已经在设计和数据记录实践方面招致了重大批评，但仍在采用更强大的研究设计进行进一步的研究。可能在接下来的几年里，我们将拥有研究员推荐的、有强有力的证据证明了的在实际环境中发挥作用的辨认程序。有关诸如双盲辨认和顺序辨认方法之类的问题的争论可能会从考虑这些程序对证人和系统绩效的影响转向关于应当部署程序的确切方式的政策问题。

参考文献

❶ Behrman，B. W. & Davey，S. L.（2001）. Eyewitness identification in actual criminal cases：An archival analysis. *Law and Human Behavior*，25，475－491.

❷ Behrman，B. W. & Richards，R E.（2005）. Suspect/foil identification in actual crimes and in the laboratory：A reality monitoring analysis. *Law and Human Behavior*，29，279－301.

❸ Borchard，E. M. & Lutz，E. R.（1932）. *Convicting the innocent：Errors of criminal justice*. New Haven，CT：Yale University Press.

❹ Bradfield，A. L.，Wells，G. L. & Olson，E. A.（2002）. The damaging effect of confirming feedback on the relation between eyewitness certainty and identification accuracy. *Journal of Applied Psychology*，87，112－120.

❺ Brandon，R. & Davies，C.（1973）. *Wrongful imprisonment*. London：Allen & Unwin.

❻ Brigham，J. C.，Maas，A.，Snyder，L. D. & Spaulding，K.（1982）. Accuracy of eyewitness identifications in a field setting. *Journal of Personality and Social Psychology*，42，673－681.

❼ Brigham，J. C.，Meissner，C. A. & Wasserman，A. W.（1999）. Applied issues in the construction and expert assessment of photo line-ups. *Applied Cognitive Psychology*，13，S73－S92.

❽ Charman，S. D. & Wells，G. L.（2007）. Eyewitness line-ups：Is the appearance change instruction a good idea? *Law and Human behavior*，31，3－22.

❾ Clark，S. E.（2005）. A re-examination of the effects of biased line-up instructions in eyewitness identification. *Law and Human Behavior*，29，575－604.

❿ Clark，S. E. & Wells，G. L.（2008）. On the diagnosticity of multiple-witness identifications. *Law and Human Behavior*, 32, 406 –422.

⓫ Cutler, B. L. & Penrod, S. D. (1995). *Mistaken identification: The eyewitness, psychology, and the law.* New York: Cambridge University Press.

⓬ Darling, S, Valentine, T. & Memon, A. (2008). Selection of line-up foils in operational contexts. *Applied Cognitive Psychology*, 22, 159 –169.

⓭ Doob, A. N. & Kirshenbaum, H. M. (1973). Bias in police line-ups ± partial remembering. *Journal of Police Science and Administration*, 1, 287 –293.

⓮ Douglass, A. B. & Steblay, N. (2006). Memory distortion in eyewitnesses: A meta-analysis of the post-identification feedback effect. *Applied Cognitive Psychology*, 20, 859 –869.

⓯ Douglass, A. B., Smith, C. & Fraser-Thill, D. (2005). A problem with double-blind photospread procedures: Photospread administrators use one eyewitness's confidence to influence the identification of another eyewitness. *Law and Human Behavior*, 29, 543 –562.

⓰ Ebbesen, E. E. & Flowe, H. D. (2001). Simultaneous v. sequential line-ups: What do we really know? Unpublished manuscript. http://www-psy. ucsd. edu/ ~eebbesen/SimSeq. htm. Accessed 6 June 2008.

⓱ Flowe, H. D. & Ebbesen, E. B. (2007). Effect of line-up similarity on recognition accuracy in simultaneous and sequential line-ups. *Law and Human Behavior*, 31, 33 –52.

⓲ Frank, J. & Frank, B. (1957). *Not guilty.* London: Gollancz.

⓳ Garrett, B. (2008). Judging innocence. *Columbia Law Review*, 108, 55 –142.

⓴ Greathouse, S. M. & Kovera, M. B. (2009). Instruction bias and lineup presentation moderate the effects of administrator knowledge on eyewitness identification. *Law and Human Behavior*, 33, 70 –82.

㉑ Gronlund, S. D. (2004). Sequential line-ups: Shift in decision criterion or decision strategy? *Journal of Applied Psychology*, 89, 362 –368.

㉒ Gross, S. R., Jacoby, K., Matheson, D. J., Montgomery, N. &

Patil, S. (2005). Exonerations in the United States from 1989 through 2003. *Journal of Criminal Law and Criminology*, 95, 523 – 560.

㉓ Haber, R. N. & Haber, L. (2001). *A meta-analysis of 250 research studies of the accuracy of line-up identifications made by eyewitnesses.* Paper presented at the Annual Conference of the Psychonomics Society, Orlando, FL, November.

㉔ Haw, R. M. & Fisher, R. P. (2004). Effects of administrator-witness contact on eyewitness identification accuracy. *Journal of Applied Psychology*, 89, 1106 – 1112.

㉕ Haw, R. M., Mitchell, T. L. & Wells, G. L. (2003). *The influence of line-up administrator knowledge and witness perceptions on eyewitness identification decisions.* Poster presented at the International Congress of Psychology and Law, Edinburgh, July.

㉖ Huff, R., Rattner, A. & Sagarin, E. (1986). Guilty until proven innocent. *Crime and Delinquency*, 32 (4), 518 – 544.

㉗ Klobuchar, A, Steblay, N. & Caligiuri, H. L. (2006). Symposium: Reforming eyewitness identification: Convicting the guilty, protecting the innocent: Improving eyewitnesses identifications: Hennepin county's blind line-up pilot project. *Cardozo Public Law, Policy & Ethics Journal*, 4, 381 – 413.

㉘ Krafka, C. & Penrod, S. (1985). Reinstatement of context in a field experiment on eyewitness identification. *Journal of Personality and Social Psychology*, 49, 58 – 69.

㉙ Lindsay, R. C. L. & Wells, G. L. (1980). What price justice? Exploring the relationship between line-up fairness and dentification accuracy. *Law and Human Behavior*, 4, 303 – 314.

㉚ Lindsay, R. C. L. & Wells, G. L. (1985). Improving eyewitness identifications from line-ups: Simultaneous versus sequential line-up presentation. *Journal of Applied Psychology*, 70, 556 – 564.

㉛ Lindsay, R. C. L., Lea, J. A. & Fulford, J. A. (1991). Sequential line-up presentation: Technique matters. *Journal of Applied Psychology*, 76, 741 – 745.

㉜ Lucas, C. A. E. & Wells, G. L. (1991). Eyewitness identification and the selection of distractors for line-ups. *Law and Human Behavior*, 15, 43 – 57.

㉝ Luus, C. A. E. & Wells, G. L. (1994). The malleability of eyewitness confidence: Co-witness and perseverance effects. *Journal of Applied Psychology*, 79, 714 – 723.

㉞ Malpass, R. S., Tredoux, C. G. & McQuiston-Surrett, D. (2007). Line-up construction and fairness. In R. C. Lindsay, D. F. Ross, J. D. Read & M. P. Toglia (Eds.). *The handbook of eyewitness psychology. Volume II, Memory for people* (pp. 155 – 178). Mahwah, NJ: Lawrence Erlbaum.

㉟ McAllister, H. A. & Bregman, N. J. (1986). Juror underutilization of eyewitness nonidentifications: Theoretical and practical implications. *Journal of Applied Psychology*, 71 (1), 186 – 170.

㊱ McQuiston-Surrett, D., Malpass, R. S. & Tredoux, C. G. (2006). Sequential vs. simultaneous line-ups: A review of methods, data, and theory. *Psychology, Public Policy, and Law*, 12, 137 – 169.

㊲ Mecklenburg, S. H. (2006). Report to the legislature of the state of Illinois: The Illinois pilot program on double-blind, sequential line-up procedures. http://www.chicagopolice.org/IL%20pilot%20on%20Eyewitness%20ID.pdf. Accessed 6 June 2008.

㊳ Meissner, C. A., Tredoux, C. G., Parker, J. F. & MacLin, O. H. (2005). Eyewitness decisions in simultaneous and sequential line-ups: A dual-process signal detection theory analysis. *Memory and Cognition*, 33, 783 – 792.

㊴ Penrod, S. (2003). Eyewitness identification evidence: How well are witnesses and police performing? *Criminal Justice*, Spring, 36 – 47, 54.

㊵ Phillips, M. R., McAuliff, B. D., Kovera, M. B. $ Culter, B. L. (1999). Double-blind photoarray administration as a safeguard against investigator bias. *Journal of Applied Psychology*, 84, 940 – 951.

㊶ Pigott, M. A., Brigham, J. C. & Bothwell, R. K. (1990). A field study on the relationship between quality of eyewitnesses' descriptions and identification accuracy. *Journal of Police Science and Administration*, 17, 84 – 88.

㊷ Pike, G., Brace, N. & Kynan, S. (2002). *The visual identification of suspects: Procedures and practice*. Briefing Note No. 2/02. London: Home Office Research Development and Statistics Directorate, March.

㊸ Platz, S. J. & Hosch, H. M. (1998). Cross-racial ethnic eyewitness identification: A field study. *Journal of Applied Social Psychology*, 18, 972 – 984.

㊹ Procedure for line-up identification (1967). *American Criminal Law Quarterly*, 6, 93 – 95.

㊺ Py, J., DeMarchi, S., Ginet, M. & Wasiak, L. (2003). *Who is the suspect? A complementary instruction to the standard mock witness paradigm.* Paper presented at the American Psychology-Law Society and European Assosiation of Psychology and Law Conference, Edinburgh.

㊻ Rattner, A. (1988). Convicted but innocent. *Law and Human Behavior*, 12, 283 – 294.

㊼ Rosenthal, R. (1976). *Experimenter effects in behavioral research.* New York: Irvington Publishers.

㊽ Rosenthal, R. (2002). Covert communication in classrooms, clinics, courtrooms, and cubicles. *American Psychologist*, 57, 839 – 849.

㊾ Russano, M. B., Dickinson, J. J., Greathouse, S. M. & Kovera, M. B. (2006). Why don't you take another look at number three: Investigator knowledge and its effects on eyewitness confidence and identification decisions. *Cardozo Public Law, Policy, and Ethics Journal*, 4, 355 – 379.

㊿ Schacter, D. L., Dawes, R., Jacoby, L. L., Kahneman, D., Lempert, R., Roediger, Schacter, H. L. & Rosenthal, R. (2008). Policy forum: Studying eyewitness investigations in the field. *Law and Human Behavior*, 32, 3 – 5.

51 Scheck, B., Neufeld, P. & Dwyer, W. (2000). *Actual innocence.* New York: Harper.

52 Semmler, C., Brewer, N. & Wells, G. L. (2004). Effects of post-identification feedback on eyewitness identification and nonidentification confidence. *Journal of Applied Psychology*, 89, 334 – 346.

53 Slater, A. (1994). *Identification parades: A scientific evaluation.* London: Police Research Group, Home Office.

54 Steblay, N. M. (1997). Social influence in eyewitness recall: A meta-analytic review of line-up instruction effects. *Law and Human Behavior*, 21, 283 – 297.

55 Steblay, N. & Dysart, J. (2008a). Seventy tests of the sequential superiority effect: A meta-analysis. Unpublished manuscript.

56 Steblay, N. & Dysart, J. (2008b). *Personal communication*, 27 April.

57 Steblay, N., & Dysart, J., Fulero, S. & Lindsay, R. C. L. (2001). Eyewitness accuracy rates in sequential and simultaneous line-up presentations: A meta-analytic comparison. *Law and Human Behavior*. 25, 459 – 473.

58 Technical Working Group for Eyewitness Evidence (1999). *Eyewitness evidence: A guide for law enforcement* (NCJ 178240). National Institute of Justice, US Department of Justice.

59 Tollestrup, P., Turtle, J. & Yuille, J. (1994). Actual victims and witnesses to robbery and fraud: An archival analysis. In D. F. Ross., J. D. Read & M. P. Toglia (Eds.), *Adult eyewitness testimony: Current trends and developments* (pp. 144 – 160). New York: Cambridge University Press.

60 Tredoux, C. G. (1998). Statistical inference on measures of line-up fairness. *Law and Human Behavior*, 22, 217 – 258.

61 Tunnicliff, J. L. & Clark, S. (2000). Foils for identification line-ups: Matching suspects or descriptions? *Human Behavior*, 24, 231 – 258.

62 Valentine, T. & Heaton, P. (1999). An evaluation of the fairness of police line-ups and video identifications. *Cognitive Psychology*, 13, S59 – S72.

63 Valentine, T., Pickering, A. & Darling, S. (2003). Characteristics of eyewitness identification that predict the outcome of real line-ups. *Applied*

Cognitive Psychology, 17, 969 – 993.

64 Wells, G. L. & Bradfield, A. L. (1998). 'Good, you identified the suspect': Feedback to eyewitnesses distorts reports of the witnessing experience. *Journal of Applied Psychology*, 83, 360 – 376.

65 Wells, G. L. & Bradfield, A. L. (1999). Measuring the goodness of line-ups: Parameter estimation, question and limits to the mock witness paradigm. *Applied Cognitive Psychology*, 13, S27 – S39.

66 Wells, G. L. & Lindsay, R. C. L. (1980). On estimating the diagnosticity of eyewitness nonidentifications. *Psychological Bulletin*, 88, 776 – 784.

67 Wells, G. L., Leippe, M. R. & Ostrom, T. M. (1979). Guidelines for empirically assessing the fairness of a line-up. *Law and Human Behavior*, 3, 285 – 293.

68 Wells, G. L., Rydell, S. M. & Seelau, E. P. (1993). The selection of distractors for eyewitness line-ups. *Journal of Applied Psychology*, 78, 834 – 844.

69 Wells, G. L., Small, M., Penrod, S., Malpass, R. S., Fulero, S. M. & Brimacombe, C. A. E. (1998). Eye identification procedures: Recommendations for line-ups and photospreads. *Law and Human Behavior*, 22, 1 – 39.

70 Wells, G. L., Malpass, R. S., Lindsay, R. C. L., Fisher, R. P., Turtle, J. W. & Fulero, S. M. (2000). From the lab to the police station: A successful application of eyewitness research. *American Psychologist*, 55, 581 – 598.

71 Wells, G. L., Olson, E. A. & Charman, S. D. (2003). Distorted retrospective eyewitness reports as functions of feedback and delay. *Journal of Experimental Psychology: Applied*, 9, 42 – 52.

72 Whipple, G. M. (1909). The observer as reporter: A survey of the 'psychology of testimony'. *Psychological Bulletin*, 6, 153 – 170.

73 Wright, D. B. & McDaid, A. T. (1996). Comparing system and

estimator variables using data from real line-ups. *Applied Cognitive Psychology*, 10, 75 - 84.

⑭ Wright, D. B. & Skagerberg, E. M. (2007). Post-identification feedback affects real eyewitnesses. *Psychological Science*, 18, 172 - 178.

Case

Daubert v Merrell Dow Pharmaceuticals, 509 U. S. 579 (1993)

第16章

证人和犯罪嫌疑人报告的真实性

A. 丹尼尔·亚尔梅（A. Daniel Yarmey）*

虽然遗漏和类别性错误（张冠李戴）是发生在目击证人记忆中的典型特征，但心理学－法学研究人员常常假定目击者记忆中的错误是由于错误知觉、干扰、提取回忆失败等因素造成的　　错误。与此形成对照的是，警方经常询问不合作的证人和犯罪嫌疑人，事实上，他们可能故意伪造其证词。欺骗可以被定义为“一种故意的尝试，无论是否成功，这种尝试都是沟通者一方在没有前兆的情形下，令沟通的对象去相信沟通者自己本身知道不属实的情况。”［瓦里吉（Vrij），2000：6］虽然人们对调查研究欺骗的言语和非言语行为之间的相关性［例如，瓦里吉（Vrij），2000；沃特金斯和特特尔（Watkins & Turtle），2003］，以及确定外行人员、警察和心理学者识别欺骗的能力［例如，科恩肯（Köhnken），1987］有很大兴趣；埃克曼（Ekman），2001］，但关于目击者记忆范式中欺骗的研究是有限的。关于目击者描述和辨认中发生的扭曲是由于证人的欺骗行为，人们所知甚少。

本章的目的是描述一些来自我们实验室最近的研究，这些研究阐释了目击者的记忆和真实性/欺骗性，请注意关注我和伊丽莎白·韦尔斯（Elizabeth Wells）以及琳达·尤瓦尔（Linda Yuval）在第二届国际调查询问会议（朴茨茅斯大学2006年7月）上提交的论文。本章将关注以下问题：

（1）根据对目击者行为的常识性理解，当被问及有关暴力犯罪时，男性

---

* 作者简介：A. 丹尼尔·亚尔梅（A. Daniel Yarmey），加拿大安大略省（Ontario）圭尔夫大学（University of Guelph）心理学系名誉教授。

和女性如何预估他们作为诚实或欺骗性目击者的可能反应?

（2）诚实/欺骗与目击者辨认之间的关系是什么?

（3）大学生能够通过证词区分欺骗和诚实的目击证人吗?

（4）欺骗性的犯罪嫌疑人和诚实的犯罪嫌疑人在反复回忆现实世界的个人活动（包括分别参与犯罪或非犯罪事件）方面是否存在差异?

（5）持续时间估算可以用作欺骗的标志吗?

目击证人报告中的常识和欺骗

警方询问的目的是确定犯罪是否已经发生，获得能够确认涉嫌犯罪的人的准确描述和证据，以及确定目击者和犯罪嫌疑人的可信度和真实性［古德琼森（Gudjonsson），1992，科贝尔和瓦格斯塔夫（Kebbell & Wagstaff），1997］。当然，大多数欺骗性证人都会在其报告中尝试说服警察和使自己可信。与说真话者的报告相反，欺骗性证人的报告可能部分基于对目击者记忆的逻辑或常识性理解，以及他们如何最好地保护自己不被发现的信念。以前关于目击者记忆一般知识的研究遵循了各种方法，包括使用调查问卷［例如，卡辛、塔布、霍希和梅蒙（Kassin，Tubb，Hosch & Memon），2001；本顿、罗斯、布拉德肖、托马斯和布拉德肖（Benton，Ross，Bradshaw，Thomas & Bradshaw），2006］，对庭审或庭审录像进行书面描述［例如，霍希、贝克和麦金太尔（Hosch，Beck & McIntyre），1980；韦尔斯、林赛和图斯格兰特（Wells，Lindsay & Tousignant），1980］，对上演的犯罪中目击者辨认准确性的预测研究［例如，雷珀、韦尔斯和奥斯特罗姆（Leippe，Wells & Ostrom），1978；卡辛（Kassin），1979］，以及对上演的犯罪中目击者进行交叉询问［例如，韦尔斯、林赛和弗格森（Wells，Lindsay & Ferguson），1979；林赛、韦尔斯和伦佩尔（Lindsay，Wells & Rumpel），1981］。这些不同的研究已经找到了相对一致的结果，那就是外行人员（潜在的陪审员）、警察、律师以及审判法官对目击者记忆中涉及的诸多问题的了解很有限。

与上述研究不同，亚尔梅（Yarmey，2004）询问参与者，在刑事案件中，他们认为自己会是诚实的或具有欺骗性的目击者的确定性/不确定性有多大。加拿大三个城市的219名男女被问及，如果为了保护男性或女性犯罪者，他们被迫欺骗而不是尽可能的真实和准确，他们将如何回应。参与者被给予了涉及商店员工被射击的武装抢劫的描述，包括对涉案人员的描述。该事件被描述为持续15秒或2分钟，并且参与者被告知假定他们是该犯罪案件的唯一目击者。被指定为欺骗身份的参与者被告知，如果他们在目击者报告中没有保护犯罪者，他们及其家人就会受到伤害。被指定为诚实身份的参与者被要求在接受询问时尽可能准确地作出回复。诚实的参与者和欺骗性的参与者被要求说明其报告内容的预期准确性或预期失真性，报告的内容包括他们对两名犯罪者的身高、体重和年龄的估计，他们对事件持续时间的估计，以及他们对照片列队辨认中男性犯罪嫌疑人作出辨认决定。

结果表明，诚实的证人和欺骗性的证人都偏向于过高的估计，而不是低估两名犯罪者的身高、体重和年龄。正如预期的那样，欺骗性证人的偏见大于诚实证人的偏见。但是，请注意一个有趣的性别差异：数据显示，如果是对自己和家人施加强制性威胁，处于欺骗性身份的女性比相应的男性参与者更有可能严重歪曲有关犯罪者特征的报告。

在作出辨认决定之前，所有参与者都被告知假定的犯罪者的照片会出现在照片辨认队列中。对于男性犯罪嫌疑人的照片辨认，大多数诚实的证人预测会有高度准确性（84%的命中，2%的误报，1%说犯罪嫌疑人不在辨认照片队列里，13%不知道该选择哪一个）。相比之下，大多数欺骗性证人表示，他们会说犯罪嫌疑人不在辨认队列中（31%），或者他们不知道他是否在辨认队列里面（37%），而不是错误地辨认无辜的陪衬者（4%）。与欺骗性证人相比，诚实的证人也预计对他们作出的辨认决定更有信心。与预期相反，少数（27%）欺骗性证人表示，尽管自己和家人可能会遭受报复，但他们会正确选择犯罪者。与诚实证人相比，欺骗性证人对其作出的辨认决定的信心显著降低。作出辨认决定的反应时间也揭示了诚实和欺骗性证人之间的显著差异。诚实的证人表明，他们作出辨认决定比欺骗性证人明显更快。

有趣的是，参与者在诚实条件和欺骗条件下均表明他们会306%地高估这15秒的犯罪事件，而88%地高估这两分钟犯罪事件，诚实和欺骗性参与者之间没有显著差异。令人感兴趣的是，有几个实验表明，短期事件被明显高估了，并且女性的高估程度比男性高得多［例如，洛夫特斯、斯库勒、布恩和克兰（Loftus，Schooler，Boone & Kline），1987；A. D. 亚尔梅和 M. J 亚尔梅（Yarmey，A. D. & Yarmey，M. J.），1997］。与研究文献一致，这项研究表明，女性会以高于男性 2∶1 的比例高估持续的时间间隔。看起来女性比男性更可能预计并且在类似犯罪的情况下采取行动，预计当她们见证高度情绪化的犯罪事件时，时间似乎变得非常缓慢。

目击者辨认中的诚实性和欺骗性

在一个实验室设计的实验中，帕莱尔门特和亚尔梅（Parliament & Yarmey，2002）向本科心理学学生展示了一名年轻男子绑架一名 8 岁男孩的录像带（上演的）。参与者被随机分配到欺骗组或诚实组。欺骗性参与者被指示撒谎以保护犯罪者，而诚实的参与者被告知要说出真相并尽最大努力辨认犯罪者。一周后，所有参与者都获得了一个七人顺序呈现的犯罪嫌疑人不在其中的照片辨认队列或犯罪嫌疑人在其中的照片辨认队列。16 名欺骗性参与者被给予了犯罪嫌疑人存在的照片列队辨认，这 16 名参与者中 100% 的人认为犯罪者不在辨认队列里。相比之下，在诚实组中，16 名参与者中的 11 名（69%）正确辨认了目标，4 名辨认了陪衬者，1 名表示辨认目标不在辨认队列里。考虑到犯罪嫌疑人缺席的队列，16 名欺骗性参与者中有 14 人（88%）表示辨认目标不在辨认队列里，两人作出错误的辨认。相比之下，16 名诚实参与者中有 7 名（44%）正确地排除了辨认队列，9 名（56%）作了错误辨认。在犯罪嫌疑人在其中和犯罪嫌疑人缺席这两种列队辨认中，欺骗性参与者的辨认决策均明显快于诚实的参与者。

总之，这些结果表明，欺骗性目击证人在作出的辨认决定以及作出决定的反应时间方面与诚实证人的行为有很大不同。这些结果在某种程度上很有意思，因为它们显示出：目击者辨认与他们个人所认为的他们在创伤性犯罪情况下的行为方式不一致，无论是诚实的还是欺骗性的目击证人，正如刚才描述的基于常识的调查问卷所表明的那样。需要进一步的研究来确定在各种情况下这些差异的范围。

目击者证词中欺骗和辨认准确性的判断

大学生能否通过证词内容区分欺骗或诚实的目击者，以及目击者在照片队列中对目标辨认的准确或错误［德马雷和亚尔梅（Desmarais & Yarmey），2004］？学生参与者，所有的参与者都可能成为潜在的陪审员，被展示了来自未发表的一项研究［亚尔梅（Yarmey），2003］中的录像，录像中包括四名讲真话的目击者和四名欺骗性的目击者，他们正在接受对于他们在实证实验中对犯罪者的描述和照片辨认的询问。每组在列队辨认中有两名证人是准确的，两名不准确，这是通过实验后分析确定的。（请注意，两名欺骗性目击者在辨认犯罪者时是正确的，尽管他们被指定为“保护”犯罪嫌疑人。这可能是因为他们忘记了犯罪嫌疑人是谁而错误地辨认出了他，或者拒绝继续充当欺骗性目击证人的角色，并正确地辨认了犯罪嫌疑人。）学生针对录像中八名目击者的每一位评价了他/她的证词准确性、诚实、能力、信心和可信度的准确性，并且还指出了哪些言语和非言语线索引导了他们的评级。

参与者关于目击者辨认的欺骗性和准确性的决定与偶然预期发生的情况没有显著差异。然而，参与者在识别诚实目击者的诚实性方面明显优于在欺骗性目击者身上识别谎言。此外，与不准确的目击者相比，参与者在识别准确的目击者方面明显更好。

在主观印象方面，讲真话的目击者被认为比欺骗性的目击者更诚实、更可信。此外，当他们的辨认正确时，说真话的目击者被认为更诚实、更可信。相比之下，欺骗性目击者在辨认中不正确的时候被认为更诚实、更可信。因此，欺骗性目击者在错误辨认目标时似乎能够表现出可信度和信任。

参与者报告说，在判断讲真话和欺骗性的目击证人以及准确和不准确的证词时，他们依赖不同的言语和非言语线索。例如，参与者依靠言语中的停顿或犹豫，频繁的头部动作和姿势转变来识别欺骗性证人。据报告，相比之下，诚实的证人因为更快的语速、更多的回忆细节以及更高频率的微笑和笑声而被区分。不同的线索也用于区分准确和不准确的目击证人。如果目击证人快速说话，给出了许多描述，给出了被判断为相关的描述，以及表现出了频繁的手臂和手部动作，则更可能被判断是准确的。相比之下，如果证人在讲话中经常出现停顿或犹豫，承认他们的健忘或不足，以及经常表现出微笑和笑声，则更可能被判断为不准确。在区分讲真话目击者和欺骗性目击者时，并不能依靠眼神交流或凝视，因为一些研究表明，说谎者相比于说真话的人会进行更多的目光接触［例如，瓦里吉和伊斯顿（Vrij & Easton），2002；斯特伦瓦尔和格兰海格（Strömwall & Granhag），2003］。

可以得出结论，人们使用不同的言语和非言语线索来区分说真话和欺骗性的目击者以及准确和不准确的目击者。然而，这些线索不足以让外行人员区分出准确和不准确的证词，或者辨别出说真话和欺骗性的目击者，这超出了人们的预期。

重复询问中欺骗性嫌疑人对事件的回忆及对事件持续时间的估算

考虑以下情况：两个男人，约翰·布朗（John Brown）和乔·史密斯（Joe Smith），分别在城市街道上找到一个没有标记的信封。布朗的信封里面有一张支付给持票人的25 000美元的银行票据，而史密斯的信封里是一些毫无价值的广告。布朗意识到这信封是其他人丢失的，正确的做法应当是通过报警来找到合法的所有者。相反，他决定保留这笔钱，并且他完全清楚地知道，从这时候开始，如果他被问及如何获得这笔钱，他将不得不撒谎以保护自己。一天后，警方联系了布朗和史密斯，因为据报告有人看到他们在钱遗失的地区。他们一再被问及在银行票据丢失的大致时间内他们当时的活动。显然，这两个人在向警方描述他们的活动时有不同的动机。约翰·布朗希望保留这笔钱，并决定在他的报告中欺骗，而没有做错任何事的乔·史密斯会尽量在他的报告中做到准确而真实。

本部分中描述的研究模仿了上述场景［亚尔梅、韦尔斯和尤瓦尔（Yarmey, Wells & Yuval），2006］。这个实验有两个目的：第一，探讨欺骗性的犯罪嫌疑人和讲真话的犯罪嫌疑人在关于其个人活动的重复报告中的差异，包括分别进行的上演的犯罪行为或上演的非犯罪事件；第二，确定时间估算是否可用作判断欺骗的指标。

讲真话的人和欺骗性的人在言语报告中确实有所不同。例如，与讲真话者相比，欺骗的人倾向于使用更少的单词并且在他们的故事中提供更少的细节［昂德奇（Undeutsch），1982；杜尔克和米勒（deTurck & Miller），1985；祖克曼和德里弗（Zuckerman & Driver），1985；米勒和史蒂夫（Miller & Stiff），1993；安洛里和希瑟瑞（Anolli & Ciceri），1997；尤瓦尔（Yuval），2003］。这可能是因为当欺骗的人被要求重复他们的证词时，存储和记住更少的细节可以更加容易［瓦里吉（Vrij），2000］。与讲真话者相比，欺骗的人报告的故事不那么合理，但在讲故事的时间顺序上更加有条理（即这首先发生了，在此之后，然后是，等等）［扎帕尼优克、尤伊尔和泰勒（Zaparniuk, Yuille & Taylor），1995；格兰海格和瓦里吉（Granhag & Vrij），2005］。

格兰海格和斯特伦瓦尔（Granhag & Strömwall，2000）认为，“重复对重建”（repeat vs. reconstruct）这一理论假定可以解释骗子和讲真话者在重复询问中采用的不同策略。他们提出的理由为，欺骗者认识到，为了避免被发现，他们必须清楚地记住他们在以前的叙述中所说的内容。而且，由于记忆是重建的［洛夫特斯（Loftus），1979；巴德利（Baddeley），1990］，说真话的人会随着时间的推移获得、失去和改变相关信息。因此，欺骗者将试图重复他们在以前的叙述中所说的内容，而讲真话者将尝试重建他们实际经历的事件。由于欺骗性的犯罪嫌疑人具有常识性的理解，即与多个细节相比，更少的细节更容易记住，因此他们将使他们的陈述尽可能简短，以避免在重复询问中出现矛盾和不一致。因此，我们的第一个假设是，在重复询问中，与讲真话的犯罪嫌疑人相比，欺骗的犯罪嫌疑人会提供较短的陈述并省略更多的细节。

这项研究的第二个主要兴趣是调查欺骗对回忆时间和持续时间估算的影响，这是研究人员尚未经过实验探索的兴趣焦点。一个人能够准确地说明他/她的所在地以及这些事件的时间或持续的时间具有实际的法庭意义［洛夫特斯（Loftus）等，1987；杰克逊、米琼和梅尔基奥（Jackson, Michon & Melchior），1993；亚尔梅（Yarmey），2000；佩德森和赖特（Pedersen & Wright），2002］。如果犯罪嫌疑人提供了关键事件时间范围内的不在场（alibi）证据，而这些时间范围高估或低估了事件实际持续的时间，或者与来自证人对同一事件的持续时间估算的证据发生冲突，警方就可以使用关于时间的陈述作为调查工具。持续时间估算的理论和实证研究可以追溯到 19 世纪，威尔罗德特（Vierordt，1868）发现短的间隔往往被高估，而较长的间隔被低估。与威尔罗德特定律一致，法庭相关研究表明，证人平均倾向于高估相对而言持续几分钟或者更少时间的短期事件的持续时间［例如，洛夫特斯（Loftus）等，1987；A. D. 亚尔梅和 M. J. 亚尔梅（Yarmey，A. D. & Yarmey，M. J.），1997］，以及会低估 20 分钟以上相对较长事件的持续时间［亚尔梅（Yarmey），1990］。

人们主观地感知和回忆事件的持续时间，他们对时间的估计受到认知、情感和个人偏好的影响［卡迈克尔（Carmichael），1997］。欺骗性犯罪嫌疑人与说真话的犯罪嫌疑人有不同的目的、目标和议程。也就是说，欺骗性犯罪嫌疑人可能希望歪曲他们报告的时间并与犯罪发生的时间保持距离。这项研究中的欺骗性参与者被告知他们的报告是可信的。因此，他们对持续时间的估算可能受到了现实的限制，而不能构建幻想型捏造［约翰逊和雷伊（Johnson & Raye），1981；约翰逊和舍曼（Johnson & Sherman），1990］。虽然研究文献支持这样的预测：说真话的参与者会高估其参与短期的普通活动的持续时间［见亚尔梅（Yarmey），2000］，但不确定欺骗性犯罪嫌疑人是否会高估或低估例行活动和关键事件的持续时间。在估计关键事件开始的具体时间时，欺骗性参与者是否会与说真话的参与者不同，这也是不确定的。

研究中的参与者和研究程序

19 名男性和女性参与者被随机分配为说真话的身份，另外 17 名被分配为欺骗性的身份（总体平均年龄 M = 27.61 岁，SD = 10.34）。所有参与者（14 名男性和 22 名女性）都是城市居民，从事不同的职业（商业、家庭主妇、教育工作者、大学生等）。该实验使用 2（分组：欺骗组、说真话组）×3（重复询问：一天、一周、两周的时间间隔）混合组析因设计。

两名女性心理学学生担任观察员和模拟警察进行实验。观察员陪同参与者两个小时，在此期间记录了事件或活动中的每个变化。观察是在正常工作时间之外进行的，参与者可以自由地进行任何类型的活动。常见的活动包括吃饭、做家务等。在此期间，观察员没有与参与者互动，除了宣布“他们要去散步”。该程序涉及在连续两个小时内进行现场行为记录。然后将该记录与参与者后来关于其活动的报告进行比较，以尝试确定时间延迟回忆（time-delayed recall）的准确性或失真。观察员记录了参与者发起的所有活动以及按时间顺序参与每项活动的时间。活动时间四舍五入并记录到最近的分钟。对活动单元记录的详细程度应使得阅读描述的人可以想象出事件发生时的情景。一个行为活动单元被定义为具有开始和结束的自然且有意义的行为，并且持续时间大约一分钟或更长。

进行大约40分钟的观察后，观察员宣布他们将离开住所（假设他们此时在室内）并去散步。一旦走到外面，观察员就会在地面上放置一个信封，好像有人遗失了这个信封一样。之前，参与者已被指示捡起信封，阅读其内容，然后将“发现”的材料放入口袋或钱包中。讲真话的参与者发现了一个包含一页广告传单的信封，同时附有一条说明，即参与者只是为了获得信息而阅读广告，而不是为了记住它。欺骗性参与者捡起一个信封，其中包含价值25 000美元的应付给持票人的银行票据。随附的说明通知参与者，虽然这笔钱不属于你，但你会保留它而不是试图找到它的主人或将其交给警方。从这一刻开始，你须要意识到你必须保护自己。没有人，尤其是警察，知道你捡到钱并藏起来了。当你被问及这张丢失的票据时，你要尽力欺骗询问人员（模拟警察），但你的报告应当尽可能可信并具有说服力。

在“发现”丢失的材料之后，所有参与者都被指示在观察期的剩余时间内进行他们认为合适的其他活动。参与者还被告知观察员和模拟警察并不知道他们在哪个组，他们不会透露这些信息。参与者在一天、一周和两周后接受了询问。模拟警察告诉参与者，一名证人报告说，他们（参与者）在信封丢失的大致区域，警方希望他们回答几个在事件发生的大致时间内有关他们行踪的问题。参与者被要求书面写出他们能回忆起的在两小时的观察期内从事的所有活动，以及执行每一项活动所花费的时间，或者开始和停止的时间。他们被告知回忆那些持续约一分钟或更长时间的活动，或者不考虑持续时间但他们认为独特或者重要的任何活动。为了让参与者确定他们自己的自由回忆顺序，他们被告知他们回忆的时间顺序并不重要。当参与者完成他们的报告时，他们被问到他们是否还记得观察者告诉过他们“我们去散步”。如果参与者表示记得，则要求他们估计发生的具体时间。

研究结果和讨论

总结我们的研究，对自由回忆分数的分析表明，与讲真话的犯罪嫌疑人相比，欺骗性犯罪嫌疑人的报告从最初的询问到一周和两周后询问均显著下降，发现了以下重大差异：无论准确性如何，报告的活动总数；活动对应的百分比得分（指参与者报告的活动数量与研究助理观察记录到的正确活动数量之间一致性的转换百分比）；对细节报告的精确程度。与我们的预期相反，讲真话的犯罪嫌疑人在整个询问中并没有显示出报告正确信息数量的增加（记忆增强），也未能通过询问增加回忆的新信息（记忆恢复效果）。此外，在两小时的观察期间，讲真话的犯罪嫌疑人和欺骗性犯罪嫌疑人之间在其自由叙述的时间顺序结构方面没有发现显著差异。

在估算事件持续时间方面，对于七类日常的世俗活动，讲真话的犯罪嫌疑人和欺骗性嫌疑人之间没有发现存在显著差异。然而，在涉及散步这一关键事件中，获得了对持续时间估算的显著差异。虽然讲真话的犯罪嫌疑人平均高估了这一短期事件，但欺骗性犯罪嫌疑人在严重低估这一关键事件的持续时间方面高度一致。尽管两组之间对于散步事件开始的时间的估算没有发现显著差异，但仍然存在上述差异。

根据我们对格兰海格和斯特伦瓦尔（Granhag & Strömwall，2000）“重复对重建”理论假定的理解，该实验表明，在询问过程中，欺骗性犯罪嫌疑人报告的活动数量和百分比准确性以及活动细节的数量均有所下降。为了记住自己之前的说法，欺骗性犯罪嫌疑人可能会试图遵循一个记住了的脚本。在随后的询问中，欺骗性犯罪嫌疑人正在重复最初的欺骗性陈述，而不是试图重建实际发生的陈述。因此，他们将使用较少的话语，提供较少的细节以及反复询问来确保他们的回忆看起来是准确且可靠的。相对于更具体的回答，粗糙的但可信的回答似乎是欺骗性犯罪嫌疑人的偏好和更加明智的选择。相对而言，由于记忆是可重构的，可以预期真实的报告将会随着时间的推移获得、丢失和更改一些信息，而且为了提供更多的信息，询问对象会作出更加细致、深入的回答［洛夫特斯（Loftus），1979；巴德利（Baddeley），1990；戈德史密斯、科里亚特和温伯格－埃利泽（Goldsmith，Koriat & Weinberg-Eliezer），2002］。

对于讲真话和欺骗性参与者而言，一天活动对应（correspondence of activities）的平均分数高度相似的事实值得专门考察。讲真话和欺骗性犯罪嫌疑人都报告了研究助理观察记录到的活动总数的大约三分之一。“重复对重建”理论预测真实陈述应包含比欺骗性陈述更多的细节。那么什么可以解释这些发现呢？正如格兰海格和斯特伦瓦尔（Granhag & Strömwall，2000）在他们自己的研究中所推理的那样，当前研究的参与者被要求歪曲原始事件而不是创建完整的捏造物。一般来说，歪曲可能包含比纯虚构更多的细节，这可能会抵消对欺骗性参与者最初报告的细节数量的影响。此外，在这次调查中，讲真话和欺骗性的犯罪嫌疑人都是在他们自己的家和附近街道这种非常熟悉的环境中操作。在视觉、听觉和空间细节方面，欺骗性和讲真话的犯罪嫌疑人的事件背景是相对相似的。在熟悉的环境中进行模拟犯罪将非常有利于欺骗性犯罪嫌疑人构建合乎逻辑且经过良好演练的报告。这种熟悉程度对于欺骗性和讲真话的犯罪嫌疑人讲述可信且符合逻辑的故事都是有利的。

此外，我们的研究结果支持昂德奇（Undeutsch，1982）提出的理论假设的基本前提，该理论假设认为，欺骗性参与者提供的细节较少是因为事后回忆较少的细节相对容易。因此，在实际的司法环境中，对犯罪嫌疑人进行反复询问时，细节的数量和特定陈述的长度可能是判断真实性的重要线索。注意，这些不是绝对数量，而是相对数量，在这些数量中，比较的点是陈述者个体——他/她自己。一般而言，个体在接受询问时使用的话语量和细节差别很大，这是基于多种因素包括智力、教育水平和语言熟练程度。因此，在最初的询问中，很难甚至不可能预测询问对象会使用多少词汇和细节。但随着时间的推移，通过反复的询问，可能会看到数量和具体细节的减少。这些减少可以作为欺骗的重要指标。

有趣的是，无论是讲真话的还是欺骗的犯罪嫌疑人，除声称他们是去散步外，都没有报告他们在散步时做了什么。由于研究助理一再要求参与者不要透露他们被分到哪一组，所以很可能没有透露在散步过程中所进行的活动。这些发现表明，我们的参与者在遵循实验指导方面做得很好。此外，本次调查中使用的方法（书面自由回答，没有采用模拟警察的直接询问）可能导致参与者在步行过程中缺乏详细报告。本调查的后续研究应根据询问的类型和犯罪嫌疑人的回复来调查讲真话和欺骗的犯罪嫌疑人之间的差异。

本研究提供了初步的支持，使欺骗和讲真话的参与者能够同样容易地有效地解释他们在事件或一系列事件中的时间。因此，如果欺骗行为对一个人估算事件持续时间的能力没有不同的影响，询问犯罪嫌疑人事件发生的时间或该事件持续了多长时间就可能不是一个可靠的线索。法律专家认为，关于事件持续时间的回忆在法庭上具有潜在的意义。在她写给辩护律师的文章中，斯蒂尔（Steele，2004）建议注意“事件的持续时间……证人看见罪犯多长时间了？目击者的估算几乎肯定是错误的；一般来说，证人会高估持续时间”（第 10 页）。虽然斯蒂尔（Steele）所提到的证人是某一罪行的被害者或旁观者，但犯罪嫌疑人也确实是他们自己参与某一罪行的证人。在目前的调查中，讲真话的犯罪嫌疑人和欺骗的犯罪嫌疑人对日常、世俗事件的持续时间的估算没有差异。但是，与讲真话的参与者相比，欺骗性的参与者明显且持续地低估了“散步”的持续时间。注意，关于持续时间为三分钟或更短事件的持续时间估算的研究文献是高度可靠的，也就是说，持续时间短的事件平均被高估了［见亚尔梅（Yarmey），2000］。这一发现的影响可能相当大，特别是考虑到对任何其他持续时间的估算都缺乏重大发现。对于被分配到讲真话或欺骗身份的参与者来说，被要求出去散步这一关键实验操作对他们来说是最显著的。尽管他们已经知道自己的行为是真实的或者虚假的，但在这一点上，这些指令实际上成为参与者必须采取行动的一个事件。

目前的研究在心理—法律方面的实际意义集中在所报告活动的数量及其准确性上，包括所报告活动的精确程度以及对所涉罪行提供的持续时间的估算。首先，随着时间的推移，欺骗性犯罪嫌疑人使用的词汇和具体细节会越来越少。鉴于刑事调查可能包括一段时间内对犯罪嫌疑人的多次询问，调查人员有责任在犯罪调查期间密切关注这一指标。在理想情况下，记录下来的询问将被编码为犯罪嫌疑人提供的细节数量和所用词汇的数量。然而，实际上，时间和资源的限制可能会妨碍这种可能性。另外一种合理的选择是，调查人员集体审查记录在案的询问，进行相对比较，并就重复审讯过程中犯罪嫌疑人陈述和解释的长度达成一致意见。

其次，欺骗性犯罪嫌疑人只会低估实际犯罪活动发生的时间长度，这种低估是相对于他们对关键事件周围其他活动的持续时间的估算。这是一个令人信服的司法指标，可以相对容易地在实际的审讯环境中，不依赖于重复的审讯来进行评估。调查人员只需将犯罪嫌疑人对持续时间的估算与被害者和其他证人的估算进行比较，尤其是考虑到研究表明，讲真话的人不会低估或高估任何活动的持续时间。当然，这种策略假定的被害者和其他证人自己都是讲真话的。这是一个单独的问题，不能通过这项研究来解决。

与诸多调查司法环境中行为的心理学研究一样，目前研究的局限性集中在其生态有效性上。出于道德和实际的原因，不可能为了实验研究欺骗行为而创造一个实际的犯罪情境。考虑到实际的、高风险犯罪行为的关键特性在当前的研究中缺失，尤其是犯罪嫌疑人被抓到或成功后的现实后果，以及随之而来的情绪，如愧疚、恐惧或喜悦，有必要质疑当前调查结果对实际犯罪嫌疑人的概括程度。谎报一张 2.5 万美元的假支票与谎报参与持械抢劫是两码事。另外一个相关的问题是角色扮演的人为因素。在目前的研究中，我们要求参与者和研究助理都扮演非常具体的角色，然后发挥他们的作用（分别是目击者/犯罪嫌疑人和警察）。这种角色扮演有一种人为的性质，这在人们作为目击者、犯罪嫌疑人或警察的实际场景中是不存在的，他们是通过高度复杂的事件、决定和环境的相互作用来承担这些角色的。尽管如此，很可能欺骗行为本身固有的一些特征（不管撒谎者在说什么或为什么撒谎）在真实世界和人工环境中都是相对可靠的。

未来的研究应该继续调查随着时间的推移，重复回忆对虚假和真实陈述的影响。此外，未来的研究应该增加对欺骗和重复回忆对事件持续时间估算的影响的研究。这是一个未被充分研究且具有潜在重要意义的指标，可能最终会在调查询问中显示出较高的预测价值。

结　论

对证人行为的实验室实验和实地实验研究都可以用来探索诚实和欺骗的证人之间以及诚实和欺骗的犯罪嫌疑人之间的区别。作为暴力或严重犯罪潜在的诚实或欺骗的目击者，常识或个人对他们将如何表现的直觉，并不能预测实际的目击者行为。受过高等教育的外行人员对诚实/欺骗行为的判断，以及对目击者报告的准确性/不准确性判断，与偶然发现的结果没有显著差异。然而，对于诚实和欺骗性目击者的行为，观察者始终持有一些主观信念。最后，似乎可以将对事件持续时间的估算添加到可能用来区分讲真话行为和欺骗行为的指标列表中。

参考文献

❶ Anolli, L. & Ciceri, R. (1997). The voice of deception: Vocal strategies of naive and able liars. *Journal of Nonverbal Behavior*, 21, 259 – 284.

❷ Baddeley, A. (1990). *Human memory: Theory and practice*. Hove: Lawrence Erlbaum.

❸ Benton, T. R., Ross, D. F., Bradshaw, E., Thomas, W. N. & Bradshaw, G. S. (2006). Eyewitness memory is still not common sense: Comparing jurors, judges and law enforcement to eyewitness experts. *Applied Cognitive Psychology*, 20, 115 – 129.

❹ Carmichael, A. R. (1997). Duration estimates: A potentially useful tool for cognitive ergonomists. In D. Harris (Ed.), *Engineering psychology and cognitive ergonomics. Volume 2: Job design and product design* (pp. 267 – 273). Aldershot: Ashgate.

❺ Desmarais, S. & Yarmey, A. D. (2004). Judgements of deception and accuracy of performance in eyewitness testimony. *Canadian Journal of Police Security & Services*, 2, 13 – 22.

❻ deTurck, M. A. & Miller, G. R. (1985). Deception and arousal: Isolating the behavioral correlates of deception. *Human Communication Research*, 12, 181 – 201.

❼ Ekman, P. (2001). *Telling lies.* New York: Norton.

❽ Goldsmith, M., Koriat, A. & Weinberg-Eliezer, A. (2002). Strategic regulation of grain size memory reporting. *Journal of Experimental Psychology: General*, 131, 73 – 95.

❾ Granhag, P. A. & Strömwall, L. A. (2000). Repeated interrogations: Stretching the deception detection paradigm. *Expert Evidence*, 7, 163 – 174.

❿ Granhag, P. A. & Vrij, A. (2005). Deception detection. In N. Brewer & K. D. Williams (Eds.), *Psychology and law: An empirical perspective* (pp. 43 – 92). New York: Guilford Press.

⓫ Gudjonsson, G. H. (1992). *The psychology of interrogations, confessions and testimony.* Chichester: Wiley.

⓬ Hosch, H. M., Beck, E. L. & McIntyre, P. (1980). Influence of expert testimony regarding eyewitness accuracy on jury decisions. *Law and Human Behavior*, 4, 287 – 296.

⓭ Jackson, J. L., Michon, J. A. & Melchior, K (1993). Time meets crime: A search for a common theoretical framework. *Psychologica Belgica*, 33, 297 – 309.

⓮ Johnson, M. K. & Raye, C. L. (1981). Reality monitoring. *Psychological Review*, 88, 67 – 85.

⓯ Johnson, M. K. & Sherman, S. J. (1990). Constructing and reconstructing the past and the future in the present. In E. T. Higgins & R. M. Sorrentino (Eds.). *Handbook of motivation and cognition: Foundations of social behavior* (vol. 2), (pp. 482 – 526). New York: Guilford.

⓰ Kassin, S. M. (1979). Unpublished study. Cited in G. L. Wells (1984). How adequate is human intuition for judging eyewitness testimony? In G. L. Wells and E. F. Loftus (Eds.). *Eyewitness testimony: Psychological perspectives* (pp. 256 – 272). New York: Cambridge University Press.

⑰ Kassin, S. M, Tubb, V. A. , Hosch, H. M. & Memon, A. (2001). On the 'general acceptance' of eyewitness testimony research: A new survey of the experts. *American Psychologist*, 56, 405 – 416.

⑱ Kebbell, M. R. & Wagstaff, G. (1997). Why do the police interview eyewitnesses? Interview objectives and the evaluation of eyewitness performance. *Journal of Psychology*, 13, 595 – 601.

⑲ Köhnken, G. (1987). Training police to detect deceptive eyewitness statements: Does it work? *Social Behavior*, 2, 1 – 17.

⑳ Leippe, M. R. , Wells, G. L. & Ostrom, T. M. (1978). Crime seriousness as a determinant of accuracy in eyewitness identification. *Journal of Applied Psychology*, 63, 345 – 351.

㉑ Lindsay, R. C. L, Wells, G. L. & Rumpel, C. (1981). Can people detect eyewitness identification accuracy within and across situations? *Journal of Applied Psychology*, 66, 79 – 89.

㉒ Loftus, E. F. (1979). *Eyewitness testimony.* Cambridge, MA: Harvard University Press.

㉓ Loftus, E. F. , Schooler, J. W. , Boone, S. M. & Kline, D. (1987). Time went by so slowly: Overestimation of event duration by males and females. *Applied Cognitive Psychology*, 1, 3 – 13.

㉔ Miller, G. R. & Stiff, J. B. (1993). *Deceptive communication.* Newbury Park, CA: Sage.

㉕ Parliament, L. & Yarmey, A. D. (2002). Deception in eyewitness identification. *Criminal Justice and Behavior*, 29, 734 – 746.

㉖ Pedersen, A. C. I. & Wright, D. B. (2002). Do differences in event descriptions cause differences in duration estimates? *Applied Cognitive Psychology*, 16, 769 – 783.

㉗ Steele, L. (2004). Trying identification cases: An outline for raising eyewitness ID issues. *Champion*, 8 – 18 November. http://www.nacdl.org/public.nsf/0/9973f3ec244ba99685256f6a00558f39? OpenDocument.

㉘ Strömwall, L. & Granhag, P. (2003). How to detect deception? Arresting the beliefs of police officers, prosecutors and judges. *Psychology, Crime &Law*, 9, 19 –36.

㉙ Undeutsch, U. (1982). Statement reality analysis. In A. Trankell (Ed.), *Reconstructing the past: The role of psychologists in criminal trials* (pp. 27 –56). Stockholm:Norstedt & Somers.

㉚ Vierordt, K. (1868). *Der Zeitsinn nach Versuchen.* [Empirical studies of time experience], Tübingen: H. Laupp.

㉛ Vrij, A. (2000). *Detecting lies and deceit: The psychology of lying and the implications for professional practice.* Chicheter: Wiley.

㉜ Vrij, A. & Easton, S. (2002). Fact or fiction? Verbal and behavioural clues to detect deception. *Medico-Legal Journal*, 70, 29 –37.

㉝ Watkins, K. & Turtle, J. (2003). Investigative interviewing and the detection of deception. *Canadian Journal of Police &Security Services*, 1, 115 –123.

㉞ Wells, G. L., Lindsay, R. C. L. & Ferguson, T. J. (1979). Accuracy, confidence, and juror perceptions in eyewitness identification. *Journal of Applied Psychology*, 64, 440 –448.

㉟ Wells, G. L., Lindsay, R. C. L. & Tousignant, J. P. (1980). Effects of expert psychological performance in judging the validity of eyewitness testimony. *Law and Human Behavior*, 4, 275 –286.

㊱ Yarmey, A. D. (1990). Accuracy and confidence in duration estimates following questions containing marked modifiers. *Journal of Applied Social Psychology*, 20, 1139 –1149.

㊲ Yarmey, A. D. (2000). Retrospective duration estimations for variant and invariant events in field situations. *Applied Cognitive Psychology*, 14, 45 –57.

㊳ Yarmey, A. D. (2003). *Eyewitness testimony and deception: A field experiment.* Paper presented at the International Conference on Psychology and Law, Edinburgh, July.

㊴ Yarmey, A. D. & Yarmey, M. J. (1997). Eyewitness recall and duration estimates in field settings. *Social Psychology*, 27, 330 –344.

㊵ Yarmey, A. D, Wells, E. C. & Yuval, L. (2006). Deceptive suspects' event recall and duration estimates across repeated interviews. *Canadian Journal of Police Security Services*, 4, 200 –210.

㊶ Yarmey, D. (2004). Effects of deception on eyewitness reports. *Canadian Journal of Police &Security Services*, 2, 199 –207.

㊷ Yuval, L. N. (2003). *Uncovering the behavioural correlates of the deceptive eyewitness.* Unpublished master's thesis, University of Guelph, Ontario.

㊸ Zaparniuk, J, Yuille, J. C. &Taylor, S. (1995). Assessing the credibility of true and false statements. *Journal of Law and Psychiatry*, 18, 343 –352.

㊹ Zuckerman, M. &Driver, R. (1985). Telling lies: Verbal and nonverbal correlates of deception. In A. W. Siegman & S. Feldstein (Eds.). *Nonverbal communication: An integrated perspective* (pp. 129 – 147). Hillsdale, NJ: Lawrence Erlbaum.

第17章

真实性评估：在司法背景下识别真相和谎言

巴里·S. 库珀（Barry S. Cooper）
乌格斯·埃尔韦（Hugues Hervé）
约翰·C. 尤伊尔（John C. Yuille）*

简介

正如尼采（Nietzsche，1967）所说，说谎是生活中的现实。事实上，平均而言，我们每天都会撒谎三次，并且会对周围有互动的约三分之一的人撒谎［埃克曼（Ekman），1992；德保罗、喀什、科尔肯多、怀尔和艾普斯坦（DePaulo，Kashy，Kirkendol，Wyer & Epstein），1996；福特（Ford），2006］。大多数谎言都是出于善意，如隐瞒全部或部分事实（一种谎言类型）以照顾某人的感受，或捏造事实（另一种谎言）以使某人感觉良好［埃克曼（Ekman），1992；福特（Ford），2006］。这类谎言本质上可以被视为是利他的，并逐渐演变成有利于促进社交［尼采（Nietzsche），1967］。不太常见的情况是，谎言如果不是完全被人操控和/或充满恶意（例如，为了逃避惩罚和/或获得不应有的回报）的话，显然更自私（例如，为了自我保护）［库珀和尤伊尔（Cooper & Yuille），2006］。虽然在普通人群中不太常见，但自私

* 作者简介：巴里·S. 库珀（Barry S. Cooper），加拿大司法联合会成员，加拿大司法精神科事务委员会心理学家；乌格斯·埃尔韦（Hugues Hervé），加拿大法医联合会成员，加拿大不列颠哥伦比亚省注册心理学家；约翰·C. 尤伊尔（John C. Yuille），加拿大不列颠哥伦比亚大学名誉教授。

的谎言可以被视为是一种自然选择的产物，这点在司法领域中相对突出［斯派德尔、埃尔韦、格里夫斯、库珀和黑尔（Spidel，Hervé，Greaves，Cooper & Hare），2003］，自私的谎言可能产生灾难性的影响（例如，导致有罪者获释或无辜者入狱）。毫不奇怪，在整个历史进程中，整体而言，谎言特别是出于自私原因的谎言都受到了学术界的广泛关注。

本章的目的是提供基于技能（skill）而非技术（technology）驱动的真实性评估方法（通过言语和非言语渠道区分真相和谎言）的研究综述，并介绍了一种以证据为基础的方法，以促进该领域研究的发展。首先，本章讨论了区分真相和谎言的复杂性，并简要回顾了该领域内的现有方法。其次，本章呈现了关于该主题的研究综述，包括其局限性。然后，本章的重点转向有关个人辨别真假能力的研究的综述，以及对经常阻碍人们对真实性进行可靠评估的障碍讨论。随后，本章呈现了涉及提高个人辨别真相和谎言能力的以证据为基础的要素。最后，本章介绍了一种评估真实性的方法，包括其优势和局限性。希望这一章的内容能够为真正提高区分真相与谎言的能力提供基础。

真实性评估的复杂性

谎言及其评估是一个固有的复杂话题。例如，谎言的构成在很大程度上取决于一个人的动机，动机本身至少部分反映了谎言发生的触发事件和背景。显然，谎称不喜欢伴侣的新发型和向警察谎称自己参与了谋杀（不同的触发事件）相比，在情感上没有那么强，在认知上没有那么费力。类似地，一个罪犯在酒吧里就某些犯罪行为对同龄人说谎，与其在法庭上说同样的谎言（不同的语境），感觉会差别很大。换句话说，一个人的动机不仅决定了交流（interaction）（真相或谎言），而且决定了它将如何在定性和定量上揭示自己。

就本章而言，谎言被定义为未经事先通知而故意欺骗他人的意思表示［埃克曼（Ekman），1992］。例如，如果一位提供糟糕投资建议的财务顾问明知他/她自己的建议很差，却表现出其建议非常好，那么他/她就可以被视为在撒谎，但如果其建议是善意的，即使该建议事实上很差，也不会被视为在撒谎。再举一个例子，若一个真正有妄想症的女人声称自己是玛丽·玛格达莱妮（Mary Magdalene），这并不是说谎，但若是一个在心理检查中故意假装有妄想症的女人如此声称，那她就是在撒谎。

为了发现谎言，人们需要了解讲真话（truth-telling）本身，这增加了评估的复杂性。也就是说，一个人需要具备涉及两个不同但又相关的领域的知识和技能：在真相面前如何识别真相以及在谎言面前如何识别谎言。仅专长于其中一个领域无疑会导致许多错误，即真相寻求专家会漏掉许多谎言（错误的否认），谎言捕捉专家会漏掉许多真相（错误的肯定）。因此，我们不再使用流行的“谎言识别”（lie detection）或“可信度评估”（credibility assessment）术语，而是选择“真实性评估”（evaluating truthfulness）来描述真相与谎言间的区别。

真实性评估的实践从本质上看是复杂的，因为它从来不会在真空中发生，这与有关该主题的研究绝大多数都是实验室研究形成对比。大多数真实性评估的研究及实践的焦点通常是在一些正式或准正式评估的背景下。这可以发生在警方对证人或犯罪嫌疑人的询问过程中，也可以发生在海关人员对入境旅客的询问中、销售人员与潜在客户的交谈中、律师调查中或者心理健康专家进行的司法鉴定过程中。真实性评估的评估过程涉及多项任务，因为除了评估真实性以外，评估人员还总是要参与其他任务（如构思下一个问题、倾听询问对象、监控专业任务）。多重任务同时进行不可避免地会使真实性评估更加困难。实际上，评估真实性本身就是一项艰巨的任务，只要有任何干扰因素，这一任务的难度都会加剧。更为困难的是，评估真实性本质上是动态的。也就是说，在单次询问以及整个询问期间，任务都会发生变化：询问对象可能会就某个特定话题在某个时间点撒谎，而在另一个时间点不撒谎，或者可能会在不同时间以不同方式（如起初是言语的，但其后是非言语的）就某个特定话题撒谎。正如下文所强调的，研究表明，谎言反应并不存在，因此评估者必须始终推断真实性。有时候，看似是谎言的指标最终却是指其他事情；所以，对真实性的准确评估需要反复评估自己的假设和结论（见下文）。

个体和文化差异的存在加剧了评估真实性的复杂性。例如，个人说谎和说实话的动机不同［埃克曼（Ekman），1992；库珀和尤伊尔（Cooper & Yuille），2006；斯派德尔（Spidel）等人，2003］，以及他们欺骗和/或发现欺骗的能力也不同［埃克曼和奥沙利文（Ekman & O'Sullivan），1991；波特、伍德沃思和伯特（Porter，Woodworth & Birt），2000］。此外，尽管下面总结回顾的一些欺骗线索是跨文化的，但其他的则具有文化特异性。例如，愤怒的面部表情似乎是普遍的［埃克曼（Ekman），2003］，然而，引起愤怒的触发因素被认为至少部分是由文化决定的。使问题更加复杂化的是个体差异变量必须始终根据具体语境和许多其他因素来解释。例如，仅仅因为司法评估员知道他/她正在与一个有说谎癖且有人际交往天赋的精神病患者打交道，并不意味着该精神病患者在询问中所说的一切都是骗人的。

显然，实施真实性评估的复杂性给实践和研究都带来了巨大的挑战。尽管如此，需要重点指出的是，这些挑战并非不可逾越的障碍，而是需要谨慎应对的障碍。在将注意力转向这些障碍的影响以及克服这些障碍的方法之前，我们先简要回顾一些可用于评估真实性的当代方法。

评估真实性的方法

辨别真假有着悠久的历史。例如，古埃及文献以及中国古典法庭记录都包含了关于如何区分讲真话的人和说谎者的提示或建议［福特（Ford），2006］。然而，20 世纪见证了与真实性评估相关的理论和技术的爆炸式增长。已开发的方法可分为两种基本类型：基于技术的方法和基于技能的方法。其中，基于技术的区分真相和谎言的方法本质上可以归类为心理生理学或神经心理学。最著名的心理生理学方法是测谎仪，它测量某个人在回答许多问题时的心率、皮肤电传导和呼吸。测谎仪通常被错误标记为测试谎言的仪器。实际上，测谎仪不能检测谎言，它检测的是压力。或许对测谎仪最为有效的使用是测谎仪操作员，他们通常是优秀的询问人员，以及测谎仪监测到的事实变化，这是我们提出的真实性评估方法的一个核心方面（见下文）。测谎仪是一种有用的工具，但它集中用在某些方面（例如，调查犯罪嫌疑人和在国家安全方面），并且既会产生错误的肯定也会产生错误的否定（国家研究院，1996）。

就最近的技术进步而言，许多公司一直在推广和销售语音压力分析仪（voice stress analyser）作为谎言测试仪器［有关综述，请参见瓦里吉和格兰海格（Vrij & Granhag），2007］。这类设备检测到语音的音调和张力的变化，毫无疑问的是，检测这些变化是评估真实性的重要方面。然而，尽管语音的变化可能是涉嫌欺骗的一种线索，但将语音特征作为评估真实性的单一依据是不可靠的［瓦里吉和格兰海格（Vrij & Granhag），2007］，这主要是因为语音的变化可能基于各种各样的原因发生（见下文）。一种更具前景的方法主要依赖于热成像，主要是测量人体内的温度变化。这项技术不仅发展到允许远距离隐蔽测量，最近的研究还表明，当一个人具有欺骗性时，可能会发生可靠的热变化（例如，脸上，特别是眼睛周围）［瓦里吉和格兰海格（Vrij & Granhag），2007］。目前还正在研究功能性磁共振成像（fMRI）的价值和其他评估大脑活动的技术来作为区分真实与谎言的方法［此方面综述见斯彭斯（Spence）等人，2004］。尽管前景看好，但必须注意的是，这些技术进步尚处于起步阶段，需要侵入式、非移动和昂贵的设备。因此，就这些技术的应用实效得出确切结论还为时过早。

尽管基于技术的真实性评估方法有其优点，但基于技能的方法也有许多优点。基于技能的方法的主要优势是它们非常便于携带且不引人注目。基于技能的评估方法通常分为两大类：依靠言语行为评估的方法和关注行为的非言语方面的方法。用于判断真假的言语线索包括言语内容、言语风格和声音特征［霍罗威茨（Horowitz），1991；波特和尤伊尔（Porter & Yuille），1996］。非言语线索通常分为与面部相关的线索和与身体其他部位相关的线索［埃克曼（Ekman），1992；埃克曼、奥沙利文、弗里森和谢勒（Ekman，O'Sullivan，Friesen & Scherer，1991］。本章介绍的基于技能的真实性评估方法涉及对所有这些信息渠道的整合，包括言语和非言语（见下文）。

与基于技术的方法一样，不存在单一的言语或非言语渠道能够清楚地表明欺骗。相反，研究和临床司法经验表明，一个特定渠道的变化和/或不同渠道之间的不一致，才格外具有启迪性［有关综述，请参见格里塞尔和尤伊尔

（Griesel & Yuille），2007］。在这种背景下，研究开始证明，基于技能的评估方法在可信度和有效性方面与基于技术的方法相同，但是没有与依靠技术的方法相关的陷阱（pitfalls）。所以即使是基于技术方法的支持者（如测谎人员）也明白基于技能的方法的优点。

真实性评估的研究

如上所述，本章介绍的真实性评估方法是基于研究的。在概述这一方法之前，重要的一点是讨论这一研究领域固有的某些概念和方法论上的局限性。进行真实性评估研究的基本困难源于主题本身的复杂性（如上所述）。事实上，我们认为当前的研究方法和相关的统计程序在发现和评估谎言/真相的线索以及确定人们如何鉴别现实世界中的真实性方面，还不能公正地处理这一主题。

与心理学中的其他领域一样，如目击者记忆领域，大多数关于真实性评估的研究都是以实验室为基础的［相关综述见德保罗、林赛、马隆、玛伦布拉科、查尔顿和库珀（DePaulo，Lindsay，Malone，Muhlenbruck、Charlton & Cooper），2003；格里塞尔和尤伊尔（Griesel & Yuille），2007］。在一项代表性研究中，大学生志愿者被要求要么说实话，要么在严格控制的条件下说谎。撒谎的动机往往较弱（如课程学分、小额经济奖励、表扬），而且控制得如此严格，以至于在这一背景下的撒谎在心理上变得枯燥无味，因此研究结论在其他情境下的适用性是有限的。事实上，区分相对有用的实验室研究和不那么有用的实验室研究的一个特征是研究者是否尽力为实验室研究的参与者培育有效或强烈的动机。另一个因素是模拟设计应达到的多方面水平：添加变量通常能使研究相对更加接近现实。为了更加接近实践中的真实情景，我们认为，该领域的研究还应根据增加或减少某些影响变量，尝试改变参与者的动机水平。真实性评估既复杂又动态，因此支持该研究的方法也应该同样复杂和动态。

实地调查研究（例如，利用来自犯罪调查中的录音带进行研究；利用罪犯讨论其罪行的录音带进行研究；利用在移民入境点接受询问的人的录音带进行研究）通常没有实验室研究中的动机限制［例如，库珀、特恩斯、格里塞尔、维尔容和尤伊尔（Cooper，Ternes，Griesel，Viljoen & Yuille），2007；特恩斯、库珀和尤伊尔（Ternes，Cooper & Yuille），2007］。然而，与实验室研究不同，实地调查研究虽然具有较高的外部有效性，但往往缺乏基础性的真实数据。此外，就审查和衡量真实数据的方式而言，实地调查研究有相当大的可变性。换句话说，决定实地真相的信息的性质和质量是判定实地研究科学性贡献的一个重要因素。

无论关于真实性评估的研究是基于实验室还是基于实地，该领域的研究都存在对评估培训方案遵守不力的问题。例如，下文详细描述的一项涉及对陈述内容进行评估的方法，即基于标准的内容分析［CBCA；斯特勒（Steller），1989；斯特勒和科恩肯（Steller & Koehnken），1989］。结果表明，对这种方法的培训反应是相当多变的。根据我们的经验，一些受训人员在经过两天培训后就可以学习并可靠地运用该方法，但另一些受训人员需要数周的培训和实践才能取得相同程度的可靠性。然而，关于该种陈述内容分析方法的研究很少考虑到以下这种可变性，即有一部分学员似乎根本无法掌握这种方法。因此，研究人员往往用一组水平参差不齐的评估人员来完成评估，这使得该研究在评估该方法的有用性方面是无效的。

研究人员对定量研究范式的偏见通常排除了定性方法，这又进一步限制了这一领域的探讨。继续以 CBCA 为例，这种对陈述内容进行分析的方法是定性性质的［格里塞尔和尤里（Griesel & Yuille），2007］；然而，研究人员对统计分数线有明显的偏好。结果，他们经常在这种定性评估程序上强加定量结构，常常导致一种扭曲进而歪曲了研究结果。另外，用于对累犯进行风险评估的结构化临床指导准则，情况似乎也是如此。也就是说，即使评估人员基于综合评估被考察的风险因素作出有关罪犯风险等级的决定很重要［库珀、格里塞尔和尤伊尔（Cooper，Griesel & Yuille），2007］，研究人员还是倾向于使用数字和分数线来表示低、中、高风险水平，这扭曲了结构化临床判断的宗旨。

除了上述方法论上的限制外，这一研究领域还受到现有统计程序局限性的制约。将传统统计学应用于真实性评估研究存在的一个主要问题是，统计学限制了被回答问题的质量。事实上，尽管真实性评估的做法只针对独一无二的被评估个体，但研究人员经常使用基于群体的统计数据来淡化这些至关重要的个体差异。例如，一些研究表明，审查肢体语言在帮助评估真实性方面没有或几乎没有实效作用［德保罗（DePaulo）等人，2003；瓦里吉、曼恩和费希尔（Vrij，Mann & Fisher），2006］。然而，这样的研究未能考虑不同类型的肢体语言的作用（如说明性动作、操纵动作以及象征性动作），每种肢体语言与真实性都有不同的关系［埃克曼、弗里森和谢勒（Ekman，Friesen & Scherer），1978；埃克曼、奥沙利文、弗里森和谢勒（Ekman，O'Sullivan，Friesen & Scherer），1991］。事实上，大多数研究都没有考虑到这样一个事实，即某个人说谎时，他/她的某一类型肢体动作可能会增加，而另一个人说谎时，他/她的某一类型的相同动作可能会减少。此外，研究人员建立了方法论，之后依赖于假定真实性评估本质上是静态的统计程序（在某一时刻和/或始终如一地说谎），而事实上，真实性评估是动态的，在人与时间因素上不断变化。这就产生了另外一个重要观点：尽管统计学似乎提供了客观且科学完整的背景，但事实仍然是用于分析的数据的质量决定了结果的质量。无论采用多么复杂的统计程序，上述方法论上存在的问题无疑会产生实际效用相对有限的结果。因此，应谨慎而批判性地审查现有研究。

这些问题的一个潜在解决方案是采用不同于传统上用于评估真实性研究的方法：一系列案例研究，其中对言语和非言语行为的审查以及真实性的判定是在个人的基础上以实证和可靠经验为基础来进行的方法（见下文）。有了这种方法，定量和定性统计数据都可以被利用。虽然个别案例应该从定性上进行评估，但个别案例也可以随后进行汇总和定量分析。这种方法不仅有助于解决上面讨论的局限性，还将帮助研究人员专注于开发更明智的方法来评估真实性，而不是寻找所有难以捉摸的欺骗“标志”（signs）。如下文所述，此类诊断标志尚未得到普遍认可的证明，而且很可能不存在。当然，个案研究设计也有其自身的复杂性。也就是说，它们是劳动密集型的，而且成本高昂，这或许可以解释为什么这种方法在这个竞争激烈、以出版为导向的领域从未得到青睐。然而，我们认为案例研究会被证明非常有用，尤其是在理解如何在实践环境中评估真实性方面。

未经培训者真实性评估的准确性

在真实性评估的相关研究中，一个已经被反复证明的主要发现是，大多数人，无论专业背景如何，都不善于区分真假。埃克曼和奥沙利文（Ekman & O'Sullivan，1991）研究了一大批专业人士和非专业人士评估真实性的能力，包括警官、秘密特工、测谎人员、精神病医生和大学生，通过向他们展示一系列撒谎或说真话的个人视频这一方式。一部分视频片段描述了个人在死刑等敏感话题上的观点是撒谎或说实话，如对于死刑的看法，而另一部分视频则描述了个人在是否参加了模拟犯罪这一问题上撒谎或说实话。研究人员发现，性别和参与者的能力与辨别谁在说谎、谁在说真话的能力之间没有关系。调查人员/专业人员的年龄与评估真实性的能力之间没有关系。对真实性评估能力的信心与其实际能力之间也没有关系。研究发现，男性对自己的错误决定往往更有信心［波特、伍德沃思和伯特（Porter，Woodworth & Birt），2000］，这再次凸显了考虑个体之间差异的重要性。埃克曼和奥沙利文（Ekman & O'Sullivan，1991）研究的主要发现是，作为一个群体，参与者只能在偶然情况下区分真相和谎言。只有一个小组，即特勤局特工，被证明其评估真实性的水平高于偶然性（64%），不过只是略微高于偶然性，并没有达到高效工作表现所必需的水平。埃克曼和奥沙利文（Ekman & O'Sullivan）的研究结果已经被不同的激励因素和参与者复现，这表明大多数人，无论职业和经验如何，都无法准确评估真实性［波特（Porter）等人，2000］。

对真实性进行准确评估的障碍

研究表明，存在诸多阻碍个人准确评估真实性的障碍［埃克曼（Ekman），1992；埃尔韦、库珀和尤伊尔（Hervé，Cooper & Yuille），2008；

瓦里吉（Vrij），2000］。评估真实性的首要障碍是缺乏以证据为基础的知识和评估真实性的专门技能，这导致个人依赖于他们的“经验”和/或流行的说法（见下文）。更一般地说，另一个障碍就是缺乏批判性思维。批判性思维是实施评估以及进行此类真实性评估必要但不充分的组成部分。接下来依次讨论每个障碍。

就缺乏知识而言，研究表明，大多数人都不知道谎言和真相是什么样子［阿克赫斯特、科恩肯、瓦里吉和布尔（Akehurst，Kohnken，Vrij & Bull），1996；埃克曼和奥沙利文（Ekman & O'Sullivan），1991；波特（Porter）等人，2000；瓦里吉（Vrij），2004］。很明显，人们依赖于他们所认为的与谎言和真相有关的某些线索；然而，研究表明，如此依赖线索［例如，所有说谎者都会经历焦虑/恐惧，因此会避免目光接触；埃克曼（Ekman），1992］往往是错误的。这些线索纯粹是一些错误认知，它们经常出现在一些媒体和专业手册中，但缺乏实证支持。

在技能方面，如果工作所需的技能缺乏广度和深度，则这项工作无法被充分履职。例如，如果不用基于证据的方法进行重新犯罪的风险评估，就会出现大量的错误肯定和错误否定［莫纳汉（Monahan），1981］。对真实性的评估也是如此：如果缺少恰当的“工作工具”，这项工作就不可能完成。在这种背景下，即考虑到人们在如何揭露谎言方面存在着巨大的个体差异，需要有一个庞大的谎言识别工具库，这一点尤为值得注意。然而，有时候的情况是，即使人们拥有正确的工作工具，他们也会以错误的方式使用它们。例如，可以培训个人在调查询问中及在评估口头线索的可信度中采用经过验证了的方法（真实性评估的两种不可或缺的方法），但这些技能可能仍然不能得到很好的应用（古板而非流畅和灵活）。这很可能会随着时间的推移发生。也就是说，个人常常沦为随波逐流的牺牲品。这也说明了练习和质量控制的必要性。最后，有些人根本无法使用这些工具。第一代风险评估研究的结果就是一个典型的例子。在这一代人中，临床医生依赖于他们的临床意见，而不是经实证验证的风险清单，错误的发生率往往更高［斯特德曼和科克萨（Steadman & Cocozza），1974；索恩伯里和雅各比（Thornberry & Jacoby），1979；有关综述，请参见莫纳汉（Monahan）等人，2001］。在真实性评估领域也应得到类似的教训：工作需要经过实证验证的工具！

另一个障碍是关于未能考虑到知识和技能是如何随时间而变化。在心理学的任何领域，以及其他大多数学科中，知识和技能都是随着支持它们的证据的变化而变化。与大多数评估做法一致，对真实性的准确评估要求个体及时了解最新研究文献。此外，专业人员有一种道德义务，即在与其实践工作领域相关的研究文献方面保持同步更新。及时更新研究文献，并在临床实践中实施相关建议，有助于防止退化及相关问题。

尽管正确的知识和技能显然很重要，但缺乏批判性思维可以说是准确评估真实性的主要障碍。但是，个体无法根据每个案例本身的优点进行评估，并对手头的任务采取“千篇一律”的方法，这种情况并不少见。这种客观性的缺乏往往来源于内部或外部因素。就前者而言，不良的心理、身体健康、自我心理往往会影响评估者的决策。至于外部因素，个体可能会因为繁重的工作量或不合理的截止日期而面临时间紧迫的问题。此外，缺乏客观性可能与对被评估者的先验偏见有关。缺乏批判性思维也会导致无法考虑其他的假设。仅仅因为一个给定的问题看起来是“不费脑筋的事”，并不意味着它应该被这样处理。事实上，在司法领域作出的决定影响许多人的生活和福祉，因此，在作出决定之前必须考虑不同的假设。最后，缺乏批判性思维可能导致未能检查和复核已得出的结论。本章介绍的关于真实性的评估方法要求每个人要经常根据形成其结论的证据重新评估其结论。事实上，真实性的评估工作非常复杂，需要一种认真的、准完美主义的方法。

最关键的问题是要克服真实性评估的障碍。也就是说，每个人需要了解真实性评估中以证据为基础的做法。为此，以下章节概述了用于准确评估真实性的以实证为基础的培训内容。这些训练内容构成了后续章节中介绍的方法的基础。

针对真实性评估的基于证据的培训内容

对一般的临床决策研究和特定的真实性评估研究的回顾表明，针对真实性评估的培训主要包括四个方面：①摒弃已有的坏习惯；②掌握评估真实性所需的以证据为基础的知识；③学习和操作被实证验证过的工具；④在真实性评估时需要使用的一种强调批判性思维的方法；⑤最后一个可能是最难训练的领域。下面依次讨论每个方面。

◆ 摒弃已有的坏习惯

改掉坏习惯需要有相关知识。没有基本的、关于真实性评估的以实证为基础的知识，人们往往会犯一些常见的错误。由于一些研究人员指出，评估真实性的研究现状尚不足以支持其在实践中的应用［瓦里吉、曼恩和费希尔（Vrij，Mann & Fisher），2006］，但正如争议的那样，至少人们应该被告知这些困扰其工作的错误或观点，以及避免犯此类错误的方法。尽管现存的许多观念［埃克曼（Ekman），1992；瓦里吉（Vrij），2000］，可以被大致归类为经验性或社会性，但并不必然是属于相互排斥的类别。

经验驱动的错误观念源于人们的个人经历。例如，有些人依赖所谓的“自我”（me）行为评估理论［埃克曼（Ekman），1992］。也就是说，他们认为人们在说真话或撒谎时会表现得像他们自己一样。例如，当使用“自我”理论时，如果某个人自己在说谎时会避免目光接触，那么他就会认为其他人的转移视线行为也在说谎。然而，这种方法往往导致所谓的“特殊错误”——没有考虑到个体的各种独特行为［埃克曼（Ekman），1992］。不仅是不同文化中的人群可能不同（例如，一些人经常揉鼻子；另一些人则习惯性地摆弄他们脸上的头发），研究还开始发现一些重要的跨文化差异［例如，人们发现不同文化中目光注视点是不同的；麦卡锡、李、板仓和缪尔（McCarthy，Lee，Itakura & Muir），2006］。

有些人，特别是那些有过真实性评估经验的人，经常依靠“直觉”或用“本能”来判断某人是在说真话还是在说谎。这并不是说个体应该忽视自身的本能或直觉；事实上，最近针对直觉的研究表明，直觉至少偶尔能指引人们正确的方向［霍金森、兰根·福克斯和萨德勒·史密斯（Hodgkinson，Langan Fox & Sadler Smith），2008］。然而，我们认为，本能/直觉本身不应被视为他们自己的答案。相反，其应该被视为可根据现有证据进行检验的假设。

如果数据不支持该人的直觉/本能，则没有理由仅凭直觉/本能得出结论。

另一个关于经验驱动的谬论是真实性评估的经验和准确性之间的关系。关于经验的研究结果好坏参半。虽然一些人［埃克曼和奥沙利文（Ekman & O'Sullivan），1991］宣告并没有从经验中获益，但是也有一些人［曼恩、瓦里吉和布尔（Mann，Vrij & Bull），2004］的研究表明，在甄别谎言过程中显示出了经验的益处。此外，经验也会导致过度自信，但是，过度自信常常导致评估者变得目光短浅，从而一次又一次地寻找相同的错误线索。研究表明：如果人们仅仅依靠自己的特质和/或经验作为判断真实性的基础，那么他们很可能在大多数情况下都是错的［埃克曼（Ekman），1992；全球欺骗研究小组，2006］。

社会驱动观念反映的是一种关于欺骗或说真话的“一个或多个标志”的共同理念［埃克曼（Ekman），1992；福特（Ford），2006］。就讲真话而言，大众有一种普遍的误解，那就是保持眼神交流和缺乏明显的焦虑是诚实的可靠标志。反过来，相对应的说法是出汗、焦虑和/或恐惧是欺骗的迹象。然而，这种类型的观点可悲地诱发了埃克曼（Ekman，1992）所称的“奥赛罗错误”［出自莎士比亚的悲剧《奥赛罗》（*Othello*）］。奥赛罗错误地认为他的妻子苔丝狄蒙娜（Desdemona）对他不忠。当他质疑她有不忠的行为时，她表现得很害怕。苔丝狄蒙娜有充分的理由感到恐惧，因为奥赛罗已经谋杀了她的可疑情人。奥赛罗的错误在于他错误地将苔丝狄蒙娜对不被信任的害怕当作她有罪的证据。害怕不被信任和害怕被人识破谎言看起来是一样的，理解这一点很重要。也就是说，发现了一种情绪种类，并不意味着我们知晓其来源或原因［埃克曼（Ekman），2003］。因此，对某人在特定的环境中会产生那种情绪的原因保持警惕是很重要的。

神经语言程序技术（NLP）的支持者认为，仰视和向左看与说谎有关。然而，没有研究支持这一观点。研究不仅表明眼睛注视的方向没有意义，并且避免眼睛注视可能是注意力集中的一个迹象，可能反映出一个人试图不受询问人员/同事的面部表情影响，和/或可能与说谎有关。再次强调，研究明确表明：没有匹诺曹（Pinocchio）式的欺骗反应标志［埃克曼（Ekman），1992］。也就是说，当一个人处于压力和/或注意力集中时，他们没有表现出特定的生理、身体或心理反应，那么其在撒谎时也不会表现出这种反应。

不加批判地关注言语信息而损害非言语信息的倾向在社会中很常见，至少在西方文化中，这种错误体现了经验的影响，似乎反映了对语言发展的过分强调。事实上，众所周知，尽管儿童在非言语交流方面相对熟练，但社会化的成年人已经学会了更多地关注口头语言。例如，反映情绪的面部表情通常会由于语言覆盖而被忽略，特别是当所显示的情绪与所说的不一致时。这说明同时进行积极倾听和积极观察的重要性，它是准确评估真实性的另一个重要方面。

坏习惯也能反映出对真相和谎言为何能成功以及为何失败的无知。例如，尽管谎言有时会因为评估者无法控制的因素（如说谎者的技能和准备）成功，但谎言更经常是因为接受者缺乏知识或技能而成功。此外，谎言成功往往是因为谎言的接受者想要相信说谎者（串通），其没有关于说谎者的基线信息，或者并没有去寻求相关信息。为了确认或否定所提供的信息，寻找相关信息是极其重要的，特别是在法庭上。了解一个人的背景也很重要，因为说真话/谎言的基本概率也会对其作出的决策产生负面影响，在说谎概率高的环境（如监狱）易形成过度怀疑的观点，在相对诚实的背景（如教会）会产生过度信任的态度。

显然，一个人越了解他/她的偏见、坏习惯和环境影响，就越能在评估真实性时避免错误做法。但是，消除这些错误的最佳方法是根据每个案件本身的优点，寻找行为的变化，即来自一个人在讲真话时的典型行为（他们的基线行为）的变化。事实上，观察基线行为的变化对于准确评估真实性至关重要，也是本章所介绍的方法的一个基本方面。

◆ 掌握以证据为基础的知识

研究表明，真实性评估的基本培训内容包含获取经验衍生的知识。至少，人们应该了解是什么导致个体撒谎或说出真相，以及真相和谎言的形式。研究表明说谎有很多动机——为了逃避惩罚，为了获得不应有的奖励，为了保护所爱的人，为了娱乐或减少羞耻感［埃克曼（Ekman），1992］——以及性格可能会影响一个人对特定动机的偏好［例如，斯派德尔（Spidel）等人，2003］。研究还表明，谎言的内容各不相同。也就是说，人们可以误传他们的情绪状态、他们对某一特定主题的观点、事实信息或他们未来的意图。了解谎言的不同内容将有助于对真实性进行准确评估。

此外，研究还确定了谎言的不同类型，包括但不限于隐瞒和/或伪造或捏造，以及谎报真相和错误推理伎俩［埃克曼（Ekman），1992］。隐瞒是谎言最简单的形式，但最难发现，因为说谎者并不是积极地说谎。隐瞒的结果是用于真实性评估的数据比编织一张复杂的欺骗网络所产生的数据要少。伪造反映的是故意歪曲信息。与隐瞒谎言相比，伪造谎言更难成功，因为说谎者至少要在被再次询问时能够想起之前的虚假陈述。

同样重要但常常被遗忘的是了解真相的必要性。如上所述，如果人们只知道谎言是什么样子，他们很可能在看到真相时不相信真相。因为真相反映了一般情绪和认知过程的最终结果，评估者必须获悉这一基本知识。例如，如果调查一些过去的事件，人们应该了解记忆的运作方式，以及压力和情绪通常会如何干扰认知过程，特别是记忆功能［见埃尔韦、库珀和尤伊尔（Hervé，Cooper & Yuille），2007］。简言之，了解真相/谎言的动机、性质和类型很重要，因为它们对个体具有不同的情绪和/或认知后果，并且会在真实性评估过程中揭示重要线索。

为了理解、掌握情绪与认知对说谎和讲真话的不同影响，人们应该了解“说谎和讲真话的心理学”知识（见图 17.1）。如上所述，为了理解说谎和讲真话的心理，需要了解情绪和认知过程通常如何运作以及它们如何影响某些特定行为途径的背景知识。如图 17.1 所示，必须考虑一个人说谎或讲真话的动机以及评估的背景，了解被评估人的性格（如果有的话）。通过这些因素的相互作用来描绘被评估个体的特定心理状态。

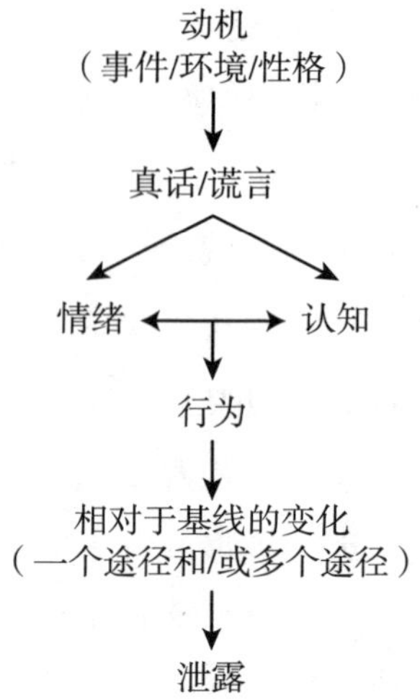

图 17.1　真实的心理特征

一个人说谎或讲真话时，会产生情绪和认知后果，在某种程度上会影响他们的行为［尤伊尔（Yuille），1989；埃克曼（Ekman），1992］。对其行为的影响将被视为相对于基线的变化——也就是，个体通常的行为表达方式（如他们的面部表情、眼神、肢体语言）发生变化，和/或同时发生或连续发生自相矛盾的行为（如虽然摇头表示“否”，但回答的“是”）。当某人通过行为（可观察到的）途径表现出相对于基线的变化时，结果就是泄露（leakage）。也就是说，实际上，相对于基线的行为变化泄露出来了［埃克曼（Ekman），2003；埃尔韦、库珀和尤伊尔（Hervé，Cooper & Yuille），2008］。通过积极倾听和观察来识别泄露对于评估真实性的过程至关重要。换言之，行为变化不是随机的；它的发生是有原因的（详见下文）。

获取技能

除了培训基于实证的知识，研究文献表明，真实性评估的培训应当开发具体的、以证据为基础的技能。上面讨论的基础知识将为某些技能的开发奠定基础，更重要的是，能够为这些技能的恰当应用提供基础。技能之一就是识别泄露（情绪或认知泄露），即谎言如何通过非言语途径（如面部表情和肢体语言）和言语途径（如言语风格和内容）泄露。为了识别泄露，应关注人们的言行以及他们如何言行。换句话说，要识别泄露，必须同时“积极倾听”和“积极观察”。通过积极的倾听和观察，情绪和认知泄露可以通过许多可观察的行为途径捕捉。

情绪泄露可以通过许多可观察的途径来察看，如面部或声音以及身体语言。然而，面部是观察情绪反应的主要和最清晰的途径，也是研究最多的途径［研究综述见埃克曼（Ekman），2003］。埃克曼（Ekman）已经证明了有七种可以观察到的普遍的面部表情——恐惧、悲伤、厌恶、快乐、惊讶、蔑视、愤怒。研究表明，它们出现在所有文化中，与语言无关。研究表明，通过开发观察这七种基本情绪的面部表征的技能，可以提高准确识别不同情绪状态的能力［弗兰克和埃克曼（Frank & Ekman），1997］。

大多数情况下，当一种情绪的面部表情能被观察到时，它就是一种宏观表情，也就是说，这个表情是完整的且持续时间相对较长（>1 秒）［埃克曼（Ekman），2003］。然而，情感的宏观表达常常由于言语覆盖而被忽略（见上文），更重要的是，它们相对容易被伪造、假装。除了情绪的面部宏观表达，还发现了细微表情和微表情（subtle and micro-expressions）的情绪表达方式［埃克曼（Ekman），2003］。一般来说，情绪的细微或微表达反映了对自己或他人隐瞒情绪的企图［埃克曼（Ekman），2003］。细微表情是由于无法完全控制情绪表达而产生的部分、不完全的面部表情。当一种情绪刚刚产生时，细微表情可能会出现。微表情是短暂发生的情绪的完整表达，通常在 0.04 秒到 0.2 秒之间［埃克曼（Ekman），2003］。大多数人在日常互动中会忽略微表情，然而，在积极观察的情境下训练人的观测能力可以提高个人识别微表情的能力［弗兰克和埃克曼（Frank & Ekman），1997］。训练还可以提高个人发现细微表情的能力。尽管识别微表情和细微表情可以告知人们其他人的情绪状态，但就其本身而言，它们无法告知人们为什么会感觉到这种情绪状态（见下文）。

另一个被大量研究的途径是言语内容［尤伊尔（Yuille），1988］，这是一个可以观察到认知泄露的领域。尽管对说谎和讲真话的认知反应可以通过许多行为途径观察到，但是，言语内容是观察这种认知反应的主要和最清晰的途径。对言语内容的分析部分源于这样一种假设，即一般来说，说谎比说出真相需要更多的心理努力。也就是说，说谎会比讲真话造成更多的认知负荷［尤伊尔（Yuille），1989；瓦里吉和格兰海格（Vrij & Granhag），2007］。事实上，由于说谎者没有对某一事件进行虚假描述的记忆，因此他/她需要更多的认知能力来保持故事的一致性。相反，讲真话的人在讲述事件时可以依靠自己的记忆。因此，认知负荷的增加可能是暴露说谎者的因素之一。基于与记忆和认知相关的因素，如认知负荷，昂德奇（Undeutsch，1989）提出了一个假设，该假设从根本上假定经历过的事件的记忆在数量和质量上与捏造经历的记忆不同。昂德奇（Undeutsch）的假设构成了陈述有效性分析（SVA）方法的基础，并得到了实证支持［霍罗威茨（Horowitz），1991］。SVA 的核心是基于标准的内容分析（CBCA），研究表明，与不可信的事件陈述相比，可信陈述中更容易找到 CBCA 标准［如兰姆（Lamb）等人，1997；科尔威尔、希斯考克和梅蒙（Colwell，Hiscock & Memon），2002］。研究表明，CBCA 是一个复杂的定性评估过程，应该和其他基于技能的组成部分结合起来评估真实性［库珀（Cooper）等人，2007；库珀、埃尔韦和尤伊尔（Cooper，Hervé & Yuille），2007］。与许多其他与真实性评估相关的技能（如识别微表情的能力）不同，CBCA 侧重于与讲真话相关的因素，因此，它很恰当地补充了其他专注于识别与说谎相关的线索的方法或技能。

尽管针对面部表情和言语内容的真实性评估得到了广泛的研究支持，但也有其他重要的取得进展的领域，包括结合身体语言解读面部表情，以及检测声音和言语风格的变化［埃克曼（Ekman）等人，1991］。就前者而言，身体语言的变化是复杂的，可以在情绪和认知方面暴露谎言。例如，研究表明，了解不同类型手势（如象征动作、说明动作和操纵手势）的使用基线对于识别这些手势的变化非常重要［埃克曼（Ekman）等人，1978；埃克曼（Ekman）等人，1991］。例如，当一个人的认知负荷增加时，他/她可能表现出说明动作的减少（用于阐释讲话内容的手部动作），而另一个人在其认知负荷加重时，可能表现出说明动作的增加。发现不同个体的特定变化对于真实性的评估至关重要。

就检测声音的变化而言，可能会在情绪以及较小程度上的认知方面暴露说谎者［埃克曼（Ekman）等人，1978；德保罗（DePaulo），1992；1994］。

例如，有人撒谎时，声音可能会变得柔和，但柔和/低沉的声音也可能反映的是悲伤，这突出了始终要在决定所听到和/或观察到的内容是什么之前考虑其他假设的重要性（即使用某种假设检验方法）。如上所述，一些公司宣传基于语音的测谎仪，但是由于这些设备测量的是语音音调的变化，所以它们不是测谎仪，而是变化检测器。这种变化可能是由于说谎，但也可能是由于许多其他因素，这再次强调了利用假设检验方法的必要性。

最后，事实证明，言语风格可以在情绪和认知两个方面表露出说谎。这将包括停顿的时间延长或更多地使用填充停顿，代词使用的变化或对问题作出响应却不回答。例如，如果抢劫案件中的犯罪嫌疑人用第一人称代词叙述他/她对事件的看法时，在进入抢劫地点这一点时停顿，然后放弃使用第一人称代词（“我”），那么这种变化就可能表达了一个省略的谎言——所发生的可能比所揭露得还要多。然而，应当指出的是，这一变化并不意味着该人实施了抢劫。相反，它强调了一点，应该再次审查陈述，因为已经观察到言语风格的显著变化（与基线言语风格相比的显著变化）。

尽管在本章中已有所提示，但仍要强调一个事实，即上述途径本身都不是关于欺骗的指标；它们是具有重要意义的线索。如上所述，这些途径内的变化仅仅反映了情绪和/或认知负荷的变化。有时候，这些途径可能会透露不同的信息，从而暗示着内部冲突。这些变化和不一致在进行真实性评估时很重要，不是因为它们必然揭示谎言，而是因为它们揭示了需要进一步深究的主题；因此，需要一种进行此类评估的方法。

◈ 评估方法的要求：批判性思维

研究和实践表明，帮助评估人员组织所收集的信息并随后作出合理决定的以证据为基础的方法通常是临床决策的重要组成部分［莫纳汉（Monahan）等人，2001］，尤其是在真实性评估中［埃尔韦、库珀和尤伊尔（hervé, Cooper & Yuille），2008］。至少，这种方法应该促进批判性思考——在多重假设检验的背景下对数据进行客观评估。我们相信，使用“单个案例设计”可以帮助评估人员实现这一目标。通过这种设计，每个案例都可以根据自身的特点进行评估。该设计不仅提倡收集数量和质量都丰富的数据（如上所述)，还强调考虑多个假设的重要性，即在考虑特定数据点的含义和作出总体决策时，使用假设检验方法。我们鼓励评估者根据现有证据反复检查其假设——随着支持假设的证据的变化不断改变/更新其假设。即使手头的问题看起来相当简单，也应该考虑多种假设。如上所述，本能或直觉本身不应被视为答案，而应当被视为是将受到批判性思维检验的假设。一旦收集了所有数据并考虑了各种假设，就可以根据盖然性权衡作出决策［埃尔韦、库珀和尤伊尔（Hervé，Cooper & Yuille)，2008］。换句话说，某个人在某种特定情况下说的是真话还是撒谎的结论应该基于盖然性权衡。当然，作出决策的特定阈值在很大程度上取决于背景因素，较低的临界值用于筛选目的（如对个人进行筛选以进行进一步评估，如机场安检人员)，较高的临界值用于最终决策（如某人被排除在说谎话之外)。

除了提倡批判性思维外，我们还主张任何决策模式都应该客观、流畅、合乎伦理。它应该是标准化的，但足够灵活到可以根据具体案件情况量身定制，非常类似于在评估累犯风险时使用的结构化临床指导准则，以及在评估言语内容时使用的 CBCA。此外，这种方法应该是透明的，以便能够经得起其他人的审查——如果前述标准也得到满足，那么这一标准本身就是适当的。与许多类型的评估一样，只要建议和结论在逻辑上来源于报告本身，所讨论的方法就应该是相对“防弹”的。对真实性的评估也是如此。

从课堂推广到现实世界

虽然摒弃不良习惯、获取知识和技能，并使用正确的方法评估真实性是有效进行此类评估所必需的，但需要特别注意的是，这些步骤是不够的。事实上，有越来越多的教育文献表明，如果没有实践练习和相应的配套支持，理论学习通常无法很好地转化为现实场景［参见布兰斯福德、布朗和科金(Bransford，Brown & Cocking)，1999］。就实践练习而言，旧的教条仍然部分适用：熟能生巧！在摒弃不良习惯时，实践练习变得尤为重要，因为这涉及从根本上改变一个人对真实性评估的理念和方法。在第二届国际调查询问会议（2006）上，一位与会者强调，参与真实性评估的专业人员至少应该了解自己的坏习惯以及如何克服这些坏习惯（我们完全同意这一主张）。最重要的是，如果没有集中的实践练习，人们通常只会倾向于回到旧模式，包括不良习惯（吸烟就是一个很好的例子）。

但是，在专业环境中评估真实性时，个人可获得的实践练习数量和类型往往受到环境要求的限制（如从待处理的案例数量到过时的规则）。例如，尽管对询问进行录像被证明在实践练习和评估方面都非常有价值，但许多辖区/组织仍然回避进行录像。此外，真实性评估的新方法，特别是与本章中提出的方法（见下文）类似的方法，往往不仅需要时间学习，而且需要比以前旧式的方法更多的时间。事实上，毫无疑问的是，单独依靠本能要比收集大量且高质量的数据快得多，并且这些数据受到持续的假设检验方法评估。但是，如果评估的目标是准确性和对质疑/审查的抵抗力，我们建议采用后一种更耗时的方法。

一般来说，考虑到与实践练习新技能或新方法相关的额外要求，特别是评估真实性的具体方法，我们坚信，将知识从课堂推广到现实世界不仅取决于实践练习，还取决于资助机构/主管人员提供的支持程度。最终，为了使培训取得成功，受训者需要得到周围人员的支持和指导，包括管理者。除了提供有形的支持（例如，较小的未处理的案例；对询问过程录像的功能）之外，需要有一位在评估真实性方面知识渊博、技能娴熟的管理者来指导培训的方法，这样才能确保用以证据为基础的做法取代不良习惯。这种培训方法也有助于防止随着时间的推移，旧的坏习惯恢复或出现新的坏习惯。

一种以证据为基础的识别真相和谎言的方法

基于上述研究，研究人员开发了一种评估真实性的方法，这种方法将实证证据与临床司法心理健康专业人员和执法专业人员的经验相结合。科学与实践的结合产生了这种基于证据、用户易操作且合乎伦理的真实性评估方法。如图 17.2 所示，这种方法的根源在于撒谎和说真话的心理学原理（见图 17.1）。

一个人在说谎或讲真话时，可能会产生情绪和/或认知上的后果，这些后果会在行为上泄露出来（见图 17.2）。也就是说，当一个人试图对某种情绪撒谎或对撒谎有某种情绪时，这种情绪就会表露出来（会发生一种可观察到的变化）。当有人对自己的思维过程撒谎或正在考虑撒谎时，也会被表露出来。如上所述，尽管有关欺骗的文献中不常讨论，但讲真话也可能导致泄露。例如，讲真话的人可能会表露出能反映情境因素的情绪（例如，对说出真相的后果的焦虑，如回到监狱；害怕被怀疑，如苔丝狄蒙娜在《奥赛罗》中所表现的），正在讨论的话题（例如，在谋杀案调查期间，询问对象可能会对失去朋友表示悲伤或愤怒），和/或与话题或背景无关的因素（例如，在调查期间，询问对象可能会表现出愤怒或悲伤，这与他/她那天早上与伴侣的争吵有关）。同样，讲真话的人可能对情境有特别的想法，或者对正在讨论的话题有更独特的看法。最重要的是，在说出真相时，某人可能会产生情绪和认知反应，这些反应不应与欺骗的迹象相混淆。因此，在进行真实性评估时考虑其他假设极为重要。

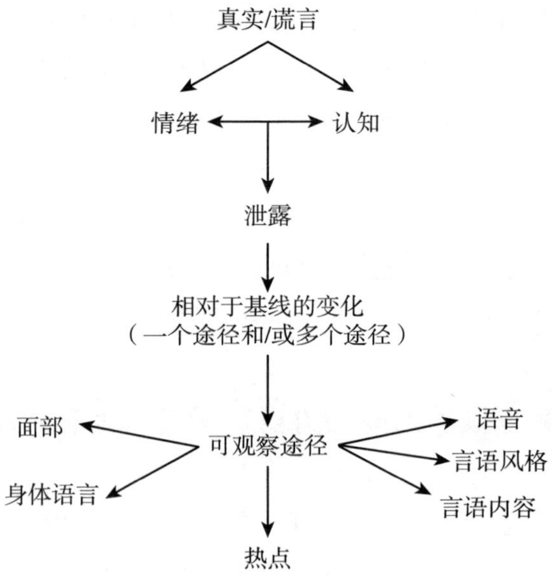

图 17.2　评估真实性的模型

当说谎或讲真话影响或改变一个人的心理状态时，那么这种变化会在情绪或认知方面产生一些后果：泄露。事实证明，谎言会通过各种途径或行为的各个方面泄露出来。选定图 17.2 所示的途径用于当前模型的原因有两个：①已发现它们是有效的泄露指标（基于证据的）；②与测量生理变化（如心率）的技术不同，在询问中，无须使用设备/技术（用户友好型）即容易观察到这些变化。

识别泄露的最简单方法是通过识别基线行为（人员的典型行为）的变化。更确切地说，如果知道某人在不说谎时是如何说话的和/或其受已知因素影响讲真话时的心理状态（见上文），则更容易发现某人说话中的泄露。类似地，如果你对一个人基本的身体语言有一定了解，那么通过身体语言更容易发现泄露。有时候，收集这些基线信息可能会揭露出“泄底”（“tell”）（扑克玩家使用“泄底”这一术语来指泄露秘密的行为，即暴露了玩家有一手好牌或是虚张声势）。请注意，这不是一个“通用”标志，而是一个“仅”适用于讨论中的个体并且很可能不一致，即这是一种通常在撒谎时表现出来的具有个体差异的泄露。基线信息对于评估一个人在说真话时的典型反应也很重要，这种反应可以用来与说谎时的反应进行对比。

不要自动假设可识别的泄露就是欺骗的标志，这点很重要。事实上，泄露，无论是情绪上的还是认知上的，可能反映出的是在撒谎也可能反映出的是在讲真话。因此，我们主张人们在观察泄露时采用一个新术语：“热点”（“hot spot”）。热点是指在一个人的基线行为方面，在一个途径范围内或跨越一个或多个可观察途径的任何重大变化。途径间的不一致是特别重要的热点，如当一个人说“不，我没有做”的时候总是点头表示“是”。显然，当一个人的非言语行为可能无意识地与自己的言语内容相矛盾时，评估者至少可以相信，所讨论的话题正在给询问对象制造内部/心理冲突，因此应该跟进。从理论上讲，这种不一致尤其有意义，而且更可能与撒谎而不是讲真话有关，这一点很有吸引力。事实上，讲真话不仅可能会毫不费力地实现途径之间的协调，从而实现途径之间的一致，而且对说谎者来说，多途径的监控和协调本质上比只监控一个途径更难实现。这种现象类似于玩杂耍：处理一两件物品比处理四五件更容易。遗憾的是，评估者也是如此。也就是说，学习监控其他人身上的多个途径比只监控一个或两个途径更难，这再次强调了训练和练习主动倾听和观察多个行为途径的重要性。

最重要的是，当一个人的面部、身体语言或语音语调发生变化或前后不一致时，这是有意义的：变化和/或不一致不会随意地发生。再者，热点不是说谎的线索；相反，它是一个具有重要意义的线索。一个热点的出现可能有多种原因，其中说谎只是一种可能性（其他原因包括思考一些跑题的事情，考虑讲真话等）。这再次强调了了解真相和谎言的本质以及使用假设检验方法来评估真实性的重要性。

评估真实性的阶梯式方法

尽管图 17.2 中所概述的模型和上面的描述为获得知识和获取专门用于评估真实性的技能提供了基础，但它没有提供实现的方法。因此，我们建议在临床司法实践中采用下述阶梯式方法（step-wise approach）来评估真实性。

◆ 收集背景信息

如果可能，评估人员/调查人员应通过收集背景信息来为询问/互动做好准备。这将有助于界定和确定中心问题以及其他感兴趣的主题。真实性评估类似于在临床司法环境中进行其他类型的评估：专业人员不应盲目地与患者/客户/罪犯进入这样的环境（在阅读制度文件/案件档案或与转介来源讨论案件之前）。获得的信息越多，专业人员就会处于评估询问对象更加有利的位置。在询问前，询问人员尽可能多地审查相关信息是至关重要的，因为这将有助于他们制定询问策略，有助于他们发展替代性假设的能力，并有助于他们更好地评估询问对象的基线。例如，在询问的时候，询问人员可以提出已知主题的相关问题，这样他们不仅能够收集基线信息（该人在讲真话和/或谎话时如何表现），而且可以开始了解询问对象所采用的回应方式（如积极与消极的印象控制）。值得注意的是，如果询问对象来自另外一种文化，需要准备与当前问题相关的特定文化主题的背景信息（如对犯罪的态度、心理健康、业务流程和组织结构）、预期的社会行为（如社会等级和相关的人际期望、羞耻行为）和行为特质（如身体语言、眼神接触、情绪表达）。这些信息对于帮助评估人员避免基于文化特质的错误是至关重要的。

◆ 建立基线

对于评估人员而言，获得的基线信息越多，就越有利于发现相对于基线的变化。再强调一下，我们说的基线是指某人在特定条件下的典型表现（如说真话时、说谎时、快乐时、悲伤时）。当使用我们的模型或其他任何基于行为的模型时，我们建议评估人员寻找上述所有五个途径的基线信息（见图17.2）——从面部表情、眼神接触、眼动、手势、语音特征以及言语风格和言语内容等方面寻找。基线的建立可以通过与其他人（如案件管理者、一线工作者）讨论该询问对象，通过该人的录音或面对面谈话来进行。如果使用最后一种方法，则可以在询问的融洽关系建立阶段轻松地完成基线数据的收集。

需要重点指出的是，融洽关系建立阶段还应当注意让询问对象相对放松，因为这有助于减少因与当前主题无关的问题引起的焦虑，这些焦虑往往会引发与欺骗无关的热点。本质上，我们的目标是采用一种降低噪声信号比（与主题无关的热点/主题明确的热点）的方式调节情势（放松询问对象），这与测谎人员在测谎前询问中的融洽关系建立阶段完成的工作并非不同。

◆ 观察热点

掌握了基线信息后，询问人员应积极观察和倾听，以对一个途径中的变化或多个途径间的不一致保持警觉，以及洞悉任何表明询问对象诚实的迹象。为了促进积极的倾听和观察，明智的做法是从本质上消除任何潜在的干扰因素，如心理因素（如关于案件、背景或个人主题中尚未解决的问题）、身体因素（如疲劳和/或饥饿）和/或环境因素（如噪声和/或视觉障碍）。与基线相比的任何显著变化都是一个热点，应当注意产生该变化的主题。热点应用于确定观察到的变化是否是由情绪或认知原因引起的。如果可能的话，应该稍后再次提出该主题以查看它是否会产生类似的热点。如果热点持续出现，人们可以相对确信它是由讨论中的特定主题产生的，而不是某些无关的问题。

评估其他假设

如上所述，了解到某个特定主题始终会引起热点只能提供如下信息，即表明该主题的重要性已得到确认。要确定热点实际意味着什么，除其他事项外（如熟练的询问技能），还需要考虑其他假设。如上所述，讨论中的主题可能会在询问对象身上引起一些争点，但不能直接关联到他/她有罪，如某人会就其密友失踪而接受询问。换句话说，在确定热点的可能原因之前，应始终考虑对热点的其他解释。事实上，我们提倡考虑多种假设（如有罪、无罪但了解主题、无辜），而不仅仅是两种假设（如有罪与无辜）。与司法背景下其他类型的评估和询问一样，最终结论应当是数据驱动的。实际上，通过获得正确的知识、实证验证过的技能以及强调批判性思维的结构化方法，人们不再需要在决策时插入偏见或仅仅依靠直觉。相反，我们可以让数据自己说话。只有依据大量且高质量的数据对其他替代性假设进行反复评估、排除，最终才能产生准确的决策——越接近这一理想，对自己的结论就会越有信心。

结　论

本章的目的有两个：第一，讨论有关真实性评估的文献；第二，为该主题引入一种基于证据和实践验证的方法。正如本章所强调的，所提出的方法是通过将理论研究与执法和司法心理健康专业人员的实地经验相结合而开发的，目的是开发出一种对用户友好、易懂且合乎伦理要求的评估流程，这种评估流程以技能为基础并且方便。当然，这种模式和相关培训大纲将不断发展，真实性评估的科学研究和实践也将不断发展。

由于该模式是建立在已知的心理过程之上，我们相信它适用于不同的文化。也就是说，尽管我们认识到在基线行为以及谎言和真相为何以及如何泄露这几个方面存在文化差异，但该框架的主要部分（图 17.2 的中心部分）可假定适用于所有人，无论文化背景如何：当一个人说谎或讲真话时，它可能会引起能在可观察到的行为中泄露出来的情绪和/或认知结果，形成需要跟进的热点。鉴于该模型的优势和适用性，近年来，我们看到该方法和相关方法［如波特、伍德沃思和伯特（Porter，Woodworth & Birt），2000］受到越来越多的关注，吸引了多个学科（心理—法律、执法、国土安全、机场安检、海关和边境管控、企业界）的兴趣。

应当指出的是，尽管本方法的各个组成部分已经得到了经验支持（见上文），但整个模型尚未得到全面验证。在很大程度上，这是由于上述研究的局限性（如在定性过程上强加定量结构）。尽管存在这些局限性，研究发现，对言语和非言语途径的培训显著提高了人们评估真实性的能力（从 40% 提高至 70%）［波特（Porter）等人，2000］。此外，有证据表明，那些天生擅长评估真实性的人［通过少量培训就能达到 80% 准确率以上的人；奥沙利文和埃克曼（O'Sullivan & Ekman），2004］使用的方法与本章中报告的方法并无不同。尽管前景看好，但这些研究仅仅是间接证据。因此，我们正在通过研究一系列真实案例来评估目前的方法，并致力通过之前和之后的对比研究（培训前后）来进行评估。我们邀请其他人独立测试目前评估真实性的方法，并希望在这样做的时候，他们将会考虑到上文概述中提到的关于该领域研究现状的限制。

必须强调的是，真实性评估通常不是一个独立的程序；相反，它通常作为更大程序的一部分嵌入。例如，准确评估真实性需要使用高质量、半结构化、非诱导性、非暗示性的询问［尤伊尔（Yuille），1988］。我们不提倡在询问中使用欺骗和/或酷刑，因为我们认为这些技巧不仅不道德，而且会导致太多的错误，进而偏离当前的任务：探寻知识。此外，询问需要相当多的准备工作，以便能够根据个人和相关讨论主题进行量身定制。事实上，至少在临床司法群体中，个体差异远远大于个体相似性。此外，还必须考虑到背景（如评估与治疗、警察询问与矫正谈话）以及触发事件（导致询问对象接受询问的原因），因为这些因素可能会影响询问对象的心理状态，也可能会影响询问人员，从而影响评估。

真实性评估在很大程度上取决于能够获得的证据、数据或信息的数量和质量。如果没有获得足够的高质量的信息来评估真实性，评估任务肯定无法准确完成。这类似于在没有任何附带信息或仅依靠临床判断的情况下进行风险评估：将作出糟糕的决定。

致 谢

我们要感谢埃克曼（Ekman）的团队：培训部门，特别是保罗·埃克曼（Paul Ekman）博士和约翰·亚伯勒（John Yarbrough）博士对本章所介绍的真实性评估方法所做出的整体贡献。

参考文献

❶ Akehurst, L., Kohnken, G., Vrij, A. & Bull, R. (1996). Lay persons' and police officers' beliefs regarding deceptive behavior. *Applied Cognitive Psychology*, 10, 461 - 471.

❷ Bransford, J., Brown, A. & Cocking, R. (1999). *How people learn: Brain, mind, experience, and school.* http://stills. nap. edu/html/howpeoplel, Accessed 4 October 2000.

❸ Colwell, K., Hiscock, C. K. & Memon, A. (2002). Interviewing techniques and the assessment of statement credibility. *Applied Cognitive Psychology*, 16, 287 - 300.

❹ Cooper, B. S. & Yuille, J. C. (2006). Psychopathy and deception. In H. F. Hervé & J. C. Yuille (Eds.), *The psychopath: Theory, research and practice* (pp. 487 - 503). Mahwah, NJ: Lawrence Erlbaum.

❺ Cooper, B. S., Hervé, H. F. & Yuille, J. C. (2007). *Evaluating truthfulness in offenders of violent crime: Verbal clues to credibility.* Paper presented at the 4th Annual Forensic Psychiatry Conference, Mental Health and the Justice System across the Lifespan, Victoria, BC, March.

❻ Cooper, B. S., Griesel, D. & Yuille, J. C. (2007). Clinical-forensic risk assessment: The past and current state of affairs. *Journal of Forensic Psychology Practice*, 7 (4), 1 - 63.

❼ Cooper, B. S., Ternes, M., Griesel, D., Viljoen, S. & Yuille, J. C. (2007). *An examination of the credibility of Canadian offenders' accounts of instrumental and reactive homicides.* Invited paper presented at the 30th International Congress on Law and Mental Health, Padua, Italy, June.

❽ DePaulo, B. M. (1992). Nonverbal behavior and self-presentation. *Psychological Bulletin*, 111 (2), 203 – 243.

❾ DePaulo, B. M. (1994). Spotting lies: Can humans learn to do better? *Current Directions in Psychological Science*, 3 (3), 83 – 86.

❿ DePaulo, B. M., Kashey, D. A., Kirkendol, S. E., Wyer, M. M. & Epstein, J. A. (1996). Lying in everyday life. *Journal of Personality and Social Psychology*, 70, 979 – 995.

⓫ DePaulo, B. M., Lindsay, J. J., Malone, B. E., Muhlenbruck, L., Charlton, K. & Cooper, H. (2003). Cues to deception. *Psychological Bulletin*, 129 (1), 74 – 118.

⓬ Ekman, P. (1992). *Telling lies: Clues to deceit in the marketplace, politics, and marriage.* New York: W. W. Norton.

⓭ Ekman, P. (2003). *Emotions revealed: Recognizing faces and feelings to improve communication and emotional life.* New York: Henry Holt and Co.

⓮ Ekman, P. & O'Sullivan, M. (1992). Who can catch a liar? *American Psychologist*, 46, 913 – 920.

⓯ Ekman, P., Friesen, W. V. & Scherer, K. R. (1978). Body movement and voice pitch in deceptive interaction. *Semiotica*, 16 (1), 23 – 27.

⓰ Ekman, P., O'Sullivan, M., Friesen, W. V. & Scherer, K. R. (1991). Face, voice, and body in detecting deceit. *Journal of Nonverbal Behavior*, 15, 125 – 135.

⓱ Ford, E. B. (2006). Lie detection: Historical, neuropsychiatric and legal dimensions. *Internal Journal of Law and Psychiatry*, 29, 159 – 177.

⓲ Frank, M. G. & Ekman, P. (1997). The ability to detect deceit generalizes across different types of high-stake lies. *Journal of Personality and Social Psychology*, 72, 1429 – 1439.

⓳ The Global Deception Team (2006). A world of lies. *Journal of Cross-*

Cultural Psychology, 3, 60 –74.

⑳ Griesel, D. & Yuille, J. C. (2007). Credibility assessment in eyewitness memory. In M. P. Toglia, J. D. Read, D. F. Ross & R. C. L. Lindsay (Eds.), *Handbook of eyewitness psychology. Volume I, Memory for events* (pp. 339 – 370). Mahwah, NJ: Lawrence Erlbaum.

㉑ Hervé, H., Cooper, B. S. & Yuille, J. C. (2007). Memory formation in offenders: Perspectives from a biopsychosocial theory of eyewitness memory. In S. A. Christianson (Ed.), *Offenders' memories of violent crimes* (pp. 37 –74). Chichester: John Wiley & Sons.

㉒ Hervé, H. F., Cooper, B. S. & Yuille, J. C. (2008). *Assessing credibility in correctional and forensic psychiatric contexts: An empirically-based practical approach.* Paper presented at the American Psychology and Law Society's conference, Jacksonville, FL, March.

㉓ Hodgkinson, G. P., Langan-Fox, J. & Sadler-Smith, E. (2008). Intuition: A fundamental bridging construct in the behavioural sciences. *British Journal of Psychology*, 99, 1 –27.

㉔ Horowitz, S. W. (1991). Empirical support for statement validity assessment. *Behavioral Assessment*, 13, 293 –313.

㉕ Lamb, M. E., Sternberg, K. J., Esplin, P. W., Hershkowitz, I., Orbach, Y. & Hovav, M. (1997). Criterion-based content analysis: A field validation study. *Child Abuse Neglect*, 21, 255 –264.

㉖ Mann, S., Vrij, A. & Bull, R. (2004). Detecting true lies: Police officers' ability to detect suspects' lies. *Journal of Applied Psychology*, 89, 137 –149.

㉗ McCarthy, A., Lee, K., Itakura, S. & Muir, D. W. (2006). Cultural display rules drive eye gaze during thinking. *Journal of Cross-Cultural Psychology*, 37, 717 –722.

㉘ Monahan, J. (1981). *The clinical prediction of violent behavior.* Washington, DC: Government Printing Office.

㉙ Monahan, J., Steadman, H. J., Silver, E., Appelbaum, P. S., Robbins, P. C., Mulvey, E. P., Roth, L. H., Grisso, T. & Banks, S. (2001). *Rethinking risk assessment: The MacArthur study of mental disorder and violence.* New York: Oxford University Press.

㉚ National Research Council, Division of Behavioral and Social Sciences and Education (1996). *The polygraph and lie detection: Committee to review the scientific evidence on the polygraph.* Washington, DC: The National Academies Press.

㉛ Nietzsche, F. (1967). *Will to power.* New York: Random House.

㉜ O'Sullivan, M. & Ekman, P. (2004). The wizards of deception detection. In P. A Granhag & Strömwell (Eds.), *Detecting Deception* (pp. 269 – 286). Cambridge: Cambridge University Press.

㉝ Porter, S. & Yuille, J. C. (1996). The language of deceit: An investigation of the verbal clues to deception in the interrogation context. *Law and Human Behavior*, 20, 442 – 458.

㉞ Porter, S., Woodworth, M. & Birt, A. R. (2000). Truth, lies and videotape: An investigation of the ability of federal parole officers to detect deception. *Law and Human Behavior*, 24, 643 – 658.

㉟ Spence, S. A., Hunter, M. D., Farrow, T. F. D., Green, R. D., Leung, D. H., Hughes, C. J. & Ganesan, V. (2004). A cognitive neurobiological account of deception: Evidence from functional Neuroimaging. *Philosophical Transactions of the Royal Society of London*, 359, 1755 – 1762.

㊱ Spidel, A., Hervé, H. F., Greaves, C., Cooper, B. S. & Hare, R. D. (2003). Psychopathy and deceptive motivations in young offenders. In M. Vanderhallen, G. Vervaeke, P. J. van Koppen & J. Goethals (Eds.), *Much ado about crime: Chapters on psychology and law.* Brussels: Politeia.

㊲ Steadman, H. J. & Cocozza, J. J. (1974). *Careers of the criminally insane.* Lexington, MA: Lexington Books, D. C. Heath & Co.

㊳ Steller, M. (1989). Recent developments in statements analysis. In

J. C. Yuille（Ed.）, *Credibility assessment.* Dordrecht: Kluwer Academic.

㊴ Steller, M. & Koehnken, G.（1989）. Statement analysis: Credibility assessment of children's testimonies in sexual abuse cases. In D. C. Raskin（Ed.）, *Psychological methods in criminal investigation and evidence.* New York: Springer.

㊵ Ternes, M., Cooper, B. S. & Yuille, J. C.（2007）. *Verbal clues to credibility in male offenders' memories for violent crime.* Paper presented at the 4th Annual Forensic Psychiatry Conference, Mental Health and the Justice System across the Lifespan. Victoria, BC, March.

㊶ Thornberry, T. P. & Jacoby, J. E.（1979）. *The criminally insane: A community follow-up of mentally ill offenders.* Chicago, IL: University of Chicago Press.

㊷ Undeutsch, U.（1989）. The development of statement reality analysis. In J. C. Yuille（Ed.）, *Credibility assessment*（pp. 101–120）. Dordrecht: Kluwer Academic.

㊸ Vrij, A.（2000）. *Detecting lies and deceit: The psychology of lying and the implications for professional practice.* Chichester: Wiley.

㊹ Vrij, A.（2004）. Why professionals fail to catch liars and how they can improve. *Legal and Criminological Psychology*, 9, 159–181.

㊺ Vrij, A. & Granhag, P. A.（2007）. Interviewing to detect deception. In S. A. Christianson（Ed.）, *Offenders' memories of violent crimes*,（pp. 279–304）. Chichester: John Wiley & Sons.

㊻ Vrij, A., Mann, S. M. & Fisher, R. P.（2006）. *An empirical test of the behavior analysis interview.* Paper presented at the 2nd Conference on International Investigative Interviewing, Portsmouth, July.

㊼ Yuille, J. C.（1988）. The systematic assessment of children's testimony. *Canadian Psychology*, 29（3）, 247–262.

㊽ Yuille, J. C.（1989）. *Credibility assessment.* Dordrecht: Kluwer Academic.